中国社会科学院重大课题
国家"十五"重点出版项目

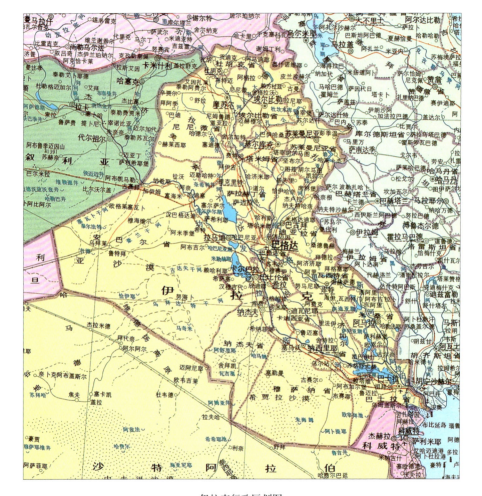

伊拉克行政区划图

伊拉克国旗

伊拉克国徽

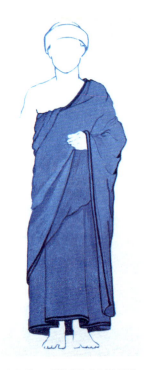

乌尔第三王朝时代盛行的服装
（公元前2050～前1950年）

巴比伦王朝时代的服装
（公元前1950～前1530年）

巴比伦王朝时期的服装
（公元前第二千纪）

巴比伦城门前的典仪。巴比伦城共有八个城门，其中的北门即"伊什塔尔神门"，光彩照人，鲜艳夺目，它以高大雄伟和门面装饰的彩色琉璃砖浮雕著称

巴比伦王国剧场遗址废墟

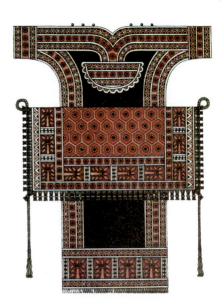

巴比伦时代的套服（公元前1050年）

尼布甲尼撒时代的巴比伦王国

巴比伦神庙遗址

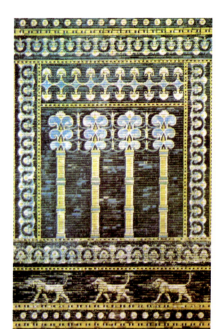

（上图）用彩釉雕刻的骏马

（下图）典仪大道两侧墙上雕刻的彩色吼狮

尼布甲尼撒二世觐见室正面使用
彩釉雕刻在墙壁上的彩画

用彩釉雕刻的雄狮

主宫殿的残垣断墙

新巴比伦王朝时期伊什塔尔门上用釉面砖镶嵌的角龙

巴比伦雄狮，这是一尊用玄武岩石雕塑的作品，是尼布甲尼撒二世时代保留至今最完整的一件贡品，现在依然矗立在它的出生地——尼布甲尼撒二世主宫前，为空中花园的守护神

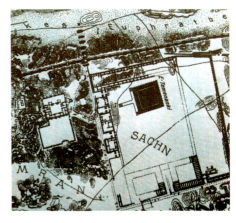

巴比伦神庙（平面略图）

典仪大道

宏伟壮观的巴比伦城，后人根据记载绘制的寺塔建筑图

空中花园南宫的废墟，即新巴比伦的尼布甲尼撒宫

巴格达街头竖立的
一千零一夜故事雕塑

从空中拍摄的巴比伦王国遗址

巴比伦城墙上均雕刻有各种兽形动
物嵌成的浮雕，譬如雕刻着许多公
牛和神话中的怪兽

阿什塔尔城门墙底部的遗迹

前　言

　　自 1840 年前后中国被迫开关、步入世界以来，对
外国舆地政情的了解即应时而起。还在第一次鸦片战争
期间，受林则徐之托，1842 年魏源编辑刊刻了近代中国
首部介绍当时世界主要国家舆地政情的大型志书《海国
图志》。林、魏之目的是为长期生活在闭关锁国之中、
对外部世界知之甚少的国人"睁眼看世界"，提供一部
基本的参考资料，尤其是让当时中国的各级统治者知道
"天朝上国"之外的天地，学习西方的科学技术，"师夷
之长技以制夷"。这部著作，在当时乃至其后相当长一
段时间内，产生过巨大影响，对国人了解外部世界起到
了积极的作用。

　　自那时起中国认识世界、融入世界的步伐就再也没
有停止过。中华人民共和国成立以后，尤其是 1978 年
改革开放以来，中国更以主动的自信自强的积极姿态，
加速融入世界的步伐。与之相适应，不同时期先后出版
过相当数量的不同层次的有关国际问题、列国政情、异
域风俗等方面的著作，数量之多，可谓汗牛充栋。它们

对时人了解外部世界起到了积极的作用。

当今世界，资本与现代科技正以前所未有的速度与广度在国际间流动和传播，"全球化"浪潮席卷世界各地，极大地影响着世界历史进程，对中国的发展也产生极其深刻的影响。面临不同以往的"大变局"，中国已经并将继续以更开放的姿态、更快的步伐全面步入世界，迎接时代的挑战。不同的是，我们所面临的已不是林则徐、魏源时代要不要"睁眼看世界"、要不要"开放"问题，而是在新的历史条件下，在新的世界发展大势下，如何更好地步入世界，如何在融入世界的进程中更好地维护民族国家的主权与独立，积极参与国际事务，为维护世界和平，促进世界与人类共同发展做出贡献。这就要求我们对外部世界有比以往更深切、全面的了解，我们只有更全面、更深入地了解世界，才能在更高的层次上融入世界，也才能在融入世界的进程中不迷失方向，保持自我。

与此时代要求相比，已有的种种有关介绍、论述各国史地政情的著述，无论就规模还是内容来看，已远远不能适应我们了解外部世界的要求。人们期盼有更新、更系统、更权威的著作问世。

中国社会科学院作为国家哲学社会科学的最高研究机构和国际问题综合研究中心，有 11 个专门研究国际问题和外国问题的研究所，学科门类齐全，研究力量雄

厚，有能力也有责任担当这一重任。早在 20 世纪 90 年
代初，中国社会科学院的领导和中国社会科学出版社就
提出编撰"简明国际百科全书"的设想。1993 年 3 月
11 日，时任中国社会科学院院长的胡绳先生在科研局的
一份报告上批示："我想，国际片各所可考虑出一套列
国志，体例类似几年前出的《简明中国百科全书》，以
一国（美、日、英、法等）或几个国家（北欧各国、印
支各国）为一册，请考虑可行否。"

中国社会科学院科研局根据胡绳院长的批示，在调
查研究的基础上，于 1994 年 2 月 28 日发出《关于编纂
〈简明国际百科全书〉和〈列国志〉立项的通报》。《列
国志》和《简明国际百科全书》一起被列为中国社会科
学院重点项目。按照当时的计划，首先编写《简明国际
百科全书》，待这一项目完成后，再着手编写《列国
志》。

1998 年，率先完成《简明国际百科全书》有关卷编
写任务的研究所开始了《列国志》的编写工作。随后，
其他研究所也陆续启动这一项目。为了保证《列国志》
这套大型丛书的高质量，科研局和社会科学文献出版社
于 1999 年 1 月 27 日召开国际学科片各研究所及世界历
史研究所负责人会议，讨论了这套大型丛书的编写大纲
及基本要求。根据会议精神，科研局随后印发了《关于
〈列国志〉编写工作有关事项的通知》，陆续为启动项目

拨付研究经费。

为了加强对《列国志》项目编撰出版工作的组织协调，根据时任中国社会科学院院长的李铁映同志的提议，2002年8月，成立了由分管国际学科片的陈佳贵副院长为主任的《列国志》编辑委员会。编委会成员包括国际片各研究所、科研局、研究生院及社会科学文献出版社等部门的主要领导及有关同志。科研局和社会科学文献出版社组成《列国志》项目工作组，社会科学文献出版社成立了《列国志》工作室。同年，《列国志》项目被批准为中国社会科学院重大课题，国家新闻出版总署将《列国志》项目列入国家重点图书出版计划。

在《列国志》编辑委员会的领导下，《列国志》各承担单位尤其是各位学者加快了编撰进度。作为一项大型研究项目和大型丛书，编委会对《列国志》提出的基本要求是：资料详实、准确、最新，文笔流畅，学术性和可读性兼备。《列国志》之所以强调学术性，是因为这套丛书不是一般的"手册"、"概览"，而是在尽可能吸收前人成果的基础上，体现专家学者们的研究所得和个人见解。正因为如此，《列国志》在强调基本要求的同时，本着文责自负的原则，没有对各卷的具体内容及学术观点强行统一。应当指出，参加这一浩繁工程的，除了中国社会科学院的专业科研人员以外，还有院外的一些在该领域颇有研究的专家学者。

现在凝聚着数百位专家学者心血、约计 200 卷的《列国志》丛书,将陆续出版与广大读者见面。我们希望这样一套大型丛书,能为各级干部了解、认识当代世界各国及主要国际组织的情况,了解世界发展趋势,把握时代发展脉络,提供有益的帮助;希望它能成为我国外交外事工作者、国际经贸企业及日渐增多的广大出国公民和旅游者走向世界的忠实"向导",引领其步入更广阔的世界;希望它在帮助中国人民认识世界的同时,也能够架起世界各国人民认识中国的一座"桥梁",一座中国走向世界、世界走向中国的"桥梁"。

《列国志》编辑委员会

2003 年 6 月

CONTENTS

目　录

CONTENTS

目 录

CONTENTS

目 录

CONTENTS

目　录

CONTENTS

目 录

CONTENTS

目　录

CONTENTS

目　录

CONTENTS

目　录

CONTENTS

目　录

CONTENTS

目　录

CONTENTS

目 录

序　言

本书是中国社会科学院重大科研项目《列国志》丛书中的《伊拉克》卷。

1979 年 10 月至 1981 年 6 月，我作为我国改革开放后国家教委派出的第一批进修生赴伊拉克学习。从那时起，我与伊拉克结下了不解之缘，跟踪研究这个文明古国成了我的主要工作之一，甚至成为我生活中的一部分。伊拉克局势发展与我的工作息息相关，它伴随着我走过了 20 多年的历程。其间，我撰写了大量有关伊拉克政治、经济、文化、历史、宗教、军事、两伊战争、海湾战争及伊拉克战争等方面的论文、调研报告，为新闻媒体撰写了大量文章，数字逾百万。鉴于书中一些史料属伊拉克的基本情况，本书吸收了作者多年跟踪研究的一些论文中的资料，并对此作了部分修改或新的补充。

就伊拉克撰写一本专著是我多年的夙愿。2000 年，中国社会科学院西亚非洲研究所承担了我院社科重大课题西亚非洲国家《列国志》项目，我的愿望随之得以实现。2002 年正式启动后，因参加其他科研项目的研撰工作，影响到本项目的进度。尤其是 2003 年伊拉克战争爆发，萨达姆政权迅速垮台，伊拉克一下子成了一个无主权、无总统、无政府、无军队的战乱国家，成为被美英联军的占领国，这种状况使原本已完成的一些章节发生了"天翻地覆"的变化，致使完成此书遇到了"不可抗拒"的障

碍。伊拉克局势瞬息万变，迫使整个写作计划和内容不断地进行调整，尤其是关于伊拉克新政府，如何下笔困扰着我，我只能急切地又不得不耐心地等待着伊拉克新政府的产生，写作一直处于断断续续的状态。

鉴于战后的伊拉克处于向后萨达姆过渡时期，处在新体制与旧体制交替的过程中，为使读者对伊拉克有一个整体概念，本书特意保留了历史本来面貌，政治上还留有旧政权的痕迹。需要说明的是，从萨达姆政府倒台到美英联军临时占领当局，到伊拉克临时管理委员会，到美国任命的两个伊拉克临时过渡政府，到民选的过渡国民议会及民选政府，情况错综复杂、纷乱失序。本着实事求是和真实地记录历史的原则，我在第三章政治部分中收录了战后每一届临时过渡政府。鉴于伊拉克复兴社会党在历史中的重大作用，第三章的团体一节中特别保留了关于伊拉克复兴社会党的介绍。在第四章经济部分，保留了伊拉克在复兴党领导下所取得的经济成就，在附录中保留了对萨达姆的介绍。

随着战后政治重建一步步向前推进，本书记录了阿拉维临时过渡政府、贾法里临时过渡政府的基本情况，尽力囊括伊拉克的过去、战后政治重建和当今现状。

总之，对伊拉克战争之前的伊拉克，本书将力求保持其历史原貌，而对战后的伊拉克，本书亦将对有关大事作客观陈述，并较完整地收录有关资料。特别要说明的是，本书绝大部分资料截止到 2005 年 1 月 30 日国民议会选举为止。

本书比较系统和翔实地介绍了伊拉克的地理、历史、政治、经济、军事、文化教育、社会生活、外交等方面的基本国情，是一本综合性的工具书。本书在吸收前人和同行研究成果的基础上，也容纳了自己多年的研究成果。

投入本书的写作是一项十分有益而重大的科研工程，耗时费力极大，我虽跟踪研究该国二十多年，但本课题内容涉及甚广，时间跨度长达 5000 多年，从远古至当今，涵盖内容宏富。在整个写作过程中，我常感力不从心，难以全方位地驾驭这个国家的方方面面，尤其难以"消化"那久远浩瀚的古文明，致使本书在最终完成之际心中难免忐忑不安。幸好有《列国志》丛书编辑委员会为我请到了我国中东学界的著名专家杨灏城研究员，我国中东特使、前驻伊拉克使馆孙必干大使专门为我的书稿进行审阅和鉴定，还有资深的中东军事专家赵国忠研究员做书稿的定稿审读。有这些国内长期从事中东研究的一流水平的外交家、历史学家和军事专家把关，大大地减轻了我心中的不安。他们十分认真、负责地审阅了全书各章节，提出了许多宝贵的修改意见，对本书质量大有增色。在此，我谨表衷心的感谢。

杨灏城老师在百忙当中已经是为我的第二部著作结项，本书倾注了他大量心血，在修改书稿的过程中，我深感杨老师极其严谨的治学态度和精益求精的敬业精神，他的悉心指导使我避免了不少不妥，保证了本书的质量，同时也令我感动和佩服。

本书于 2005 年 8 月完成初稿，提交给《列国志》丛书编委会。经上述资深专家认真审读后，同年 11 月 15 日召开结项会并通过专家评审和鉴定。之后，作者根据专家们提出的中肯意见进行仔细修改，尽量将有价值的意见吸收补充到本书中。2006 年 5 月，作者将书稿提交终审，赵国忠研究员再次进行了仔细的核对和定稿。之后，我作了最后一稿的修改。10 月，作者将书稿交社会科学文献出版社，由责任编辑进一步完成审定，《伊拉克》卷最终完成。从课题立项、撰写、结项、修改到最终定稿，可以看出这部列国志问世的艰难程度。4 年多来，包括作者和审读专家们均为这部著作付出了艰辛的劳动，我真诚地感谢他们，感谢西亚非洲研究所领导的支持，感谢温伯友研究员的关心，感谢责任编辑细心的工作。

虽然我几经研磨，倾注了大量心血，但书中依然尚有欠缺和不足，一些浅薄之处还未来得及更好地完善，尤其是伊拉克战后战乱四起，国家机构的重新设置、政治和政治结构变革、社会变迁、经济转轨、萨达姆的最终结局、战后重建等一系列情况都在动荡变化之中，上述情况还不能完整地收录到本书中，希望过些年后有修订增补的机会，以使这部工具书更加完整。因本人水平所限，书中的疏漏或不妥甚至错误之处在所难免，真诚地企盼学术界同仁和广大读者不吝斧正。

刘月琴

2005 年 6 月于郎家园寓所

2006 年 9 月修订

第一章

国土与人民

伊拉克共和国（The Republic of Iraq），简称伊拉克。伊拉克以世界文明古国著称，是人类文明的重要摇篮，世界文明发源地之一。这里拥有世界著名的两条大河——幼发拉底河和底格里斯河，它们是伊拉克的母亲河，养育了伊拉克人民。在这块神秘的土地上，孕育了世界最古老的两河流域文明。

伊拉克在中东国家中是地理、资源、文化和人文条件最好的国家之一。"在中东地区，埃及拥有古文明，拥有尼罗河，却没有丰富的石油资源；沙特阿拉伯拥有伊斯兰教的两大圣地，拥有世界储量第一的石油，却没有令人羡慕的大河。只有伊拉克……"①什么都有。她不仅拥有人类最悠久的文明史，5000多年的文明源远流长，光耀于世，还有丰富的水资源和储量巨大的黑金——石油资源。水和石油在当今世界均属于稀缺战略资源，而伊拉克集水资源和石油战略资源于一身，可谓是资源富国。

---

① 拙文《伊拉克，如此之"大"》，载《世界知识》2002年第18期。

第一节　自然地理

一　地理位置

伊拉克位于亚洲西南部，阿拉伯半岛北部，小亚细亚半岛和伊朗高原之间，它与 6 个国家接壤，东邻伊朗，西毗约旦和叙利亚，北接土耳其，南连科威特和沙特阿拉伯，东南临波斯湾（即阿拉伯湾）。伊拉克地处北半球温带，亚洲、非洲和欧洲三大洲交会处，地理位置十分重要，还处在印度洋和地中海之间陆路距离最短的地带，从而成为沟通南欧和南亚之间的陆路桥梁，属世界重要的交通枢纽地区之一。

伊拉克地处五海（里海、黑海、地中海、阿拉伯海和红海）环绕的地区，但它仅与通过波斯湾的阿拉伯海相连，海岸线长约 60 公里，陆地边界约 3631 公里。伊拉克地跨北纬 29°5′20″与 37°22′50″之间（南北跨距约 925 公里）；处于东经 38°45′与 48°45′之间（东西跨距约 950 公里）。

伊拉克国土面积 44.1814 万平方公里，其中包括 924 平方公里领水水域和占伊拉克—沙特阿拉伯两国共有的中立区一半面积（3522 平方公里）。

二　行政区划

伊拉克全国划分为北、中、南三大区，共设 18 个省，每个省设有若干个城区，每个城区下设县、乡和村，村是最小的行政单位。每个省由中央政府任命的省长负责管理，城镇由市长领导的市政委员会负责管理。伊拉克各省名称如下：[①]

[①]　括弧内为各省省会名。

2

（1）巴格达省（Baghdad）（首都巴格达）；（2）塔米姆省（Tameem）（基尔库克）；（3）萨拉赫丁省（Salahuddin）（萨迈拉）；（4）迪亚拉省（Diyala）（巴古拜）；（5）安巴尔省（Anbar）（拉马迪）；（6）卡尔巴拉省（Karbala）（卡尔巴拉）；（7）瓦西特省（Wasit）（库特）；（8）纳杰夫省（Najaf）（纳杰夫）；（9）卡迪西亚省（Qadisiyah）（迪瓦尼耶）；（10）巴比伦省（Babil）（希拉）；（11）穆萨纳省（Muthanna）（塞马沃）；（12）济加尔省（Dhiqar）（纳西里耶）；（13）米桑省（Misan）（阿马拉）；（14）巴士拉省（Basrah）（巴士拉）；（15）尼尼微省（Neineva）（摩苏尔）；（16）达胡克省（Dohuk）（达胡克）；（17）埃尔比勒省（Arbil）（埃尔比勒）；（18）苏莱曼尼亚省（Sulaymaniyah）（苏莱曼尼亚）。

全国 18 个省中，埃尔比勒、苏莱曼尼亚和达胡克三省为库尔德自治区。

三　地形

伊拉克地处伊朗西部扎格罗斯山脉与沙特阿拉伯北部的内夫得沙漠之间，地势为东、北、西三面高，中间为狭长形的凹地平原，地形复杂多样，呈不规则状，东西最长距离与南北最长距离大体上相等。从地形上可分为三个区，即东北部山地、中部冲积平原和西部荒漠高原。

1. 东北部山地

伊拉克东北部为库尔德山地，属于伊朗高原和亚美尼亚高原的边缘，由西北向东南走向的平行山脉组成，主要包括苏莱曼尼亚、埃尔比勒、达胡克、尼尼微和塔米姆省，地处底格里斯河上游。北部和东北部山地地带历来是库尔德人聚居区，素有库尔德山地之称。全国最高峰——赖万杜兹峰海拔 3658 米。山地面积约 9.04 万平方公里，约占全国面积的 1/5。

在地形特征上，库尔德山地有半山区和高山区之分。从山区

到平原的过渡地带构成了半山区，约占本区面积的 2/3，海拔在
200 ~ 1000 米之间。这里没有崇山峻岭，也无高大的灌木林和乔
木植物，由低矮漫长的山脉、众多的丘陵和山脉之间的一些平原
构成。高山区位于半山区和与土耳其、伊朗接壤的地区，即两伊
边境和伊土边境，约占该地区面积的 1/3，海拔一般在 1000 ~
2000 米，这里山高谷深，水流湍急，多悬崖峭壁，山巅常年积
雪，植被稀少，交通不便。[①] 最北部是亚美尼亚高原的边缘，亚
美尼亚高原平均海拔为 1500 ~ 2000 米，地势和地形复杂，多高
山峻岭及深谷，道路崎岖。

2. 西部荒漠高原

伊拉克西部和西南部为荒漠高原地带，面积 28 万平方公
里，约占国土总面积的 60%，海拔在 200 ~ 1000 米之间。在地
形上，西南部为阿拉伯高原的末端，地势由西向东，向幼发拉
底河西部地区渐次降低。这里"地表起伏不平，沙丘比高不
大，坡度平缓，沙地松软，有不少谷地"。[②] 西部是沙漠地带，
地势自西向东部平原倾斜。该地区气候干燥，雨水、植被和居民
稀少。

3. 中部冲积平原

中部是底格里斯河和幼发拉底河冲积形成的世界著名的美索
不达米亚平原，面积 9.3 万平方公里，约占全国国土面积的 1/5。
冲积平原呈长条形，长约 650 公里，宽约 250 公里。美索不达米
亚平原地带自西北向东南方向延伸，地势低平，海拔不足 100
米，最低处海拔仅为几厘米，大部分地区海拔为 45.72 米，巴格
达海拔为 32 米。两河在冲积平原落差很小，仅为 10 厘米左右，
因此水流缓慢。在两河中下游地区支流纵横交叉，多湖泊，沿岸

① 展学习著《伊拉克战争》，人民出版社，2004，第 6 页。
② 展学习著《伊拉克战争》，第 6 页。

多湿地和沼泽地，是全国主要农业区。平原的南部是三角洲平原、沼泽地区和海岸平原地区。

四　河流与湿地

伊拉克拥有两条世界著名的大河，即幼发拉底河和底格里斯河。两条河流均发源于土耳其东部群山之中，[①]分别自西北向东南方向纵贯伊拉克全境，在南部的库尔纳汇合为阿拉伯河，最后注入波斯湾。伊拉克水资源相对来说比较丰富，基本上可满足饮用、灌溉和工业用水的需要。

1. 幼发拉底河

幼发拉底河是一条国际河流，世界著名大河之一，被誉为伊拉克的母亲河。它发源于土耳其境内的亚美尼亚高原海拔3000米的高地上，全长2300公里，其中在伊拉克境内长约1200公里（1/3在荒漠高原，2/3在冲积平原），其余1100公里在伊拉克境外，约450公里在土耳其，650公里在叙利亚。

幼发拉底河在土耳其东部有许多源流，主要是：（1）富拉特河，流经埃尔祖鲁姆—埃尔津詹平原；（2）穆拉特河，流经亚美尼亚高原，在克斑马达尼与富拉特河汇合；（3）土赫马河，河水来自托罗斯山脉，在马拉提亚与幼发拉底河汇合。幼发拉底河在杰拉卜卢斯流入叙利亚，然后转向东南，在腊卡附近，其支流贝利赫河汇入。河水流经代尔祖尔之后，与另一条比贝利赫河更大的支流哈布尔河汇合，在流经阿布卡迈勒后，流入伊拉克。入境后流经库赛巴镇，继续向东南流入一个窄而深的峡谷，穿过荒漠高原，然后在拉马迪附近进入冲积平原。过了法卢贾，幼发拉底河与底格里斯河之间的距离仅有40公里，这里的水面比底

---

① 法塔哈·阿里·哈桑尼著《中东的水和政治游戏》，迈德布里出版社，开罗，1997，第15页。

5

格里斯河高出 7 米，地势逐渐向东倾斜。从阿拔斯王朝至今，农业一直利用这种地势灌溉，在幼发拉底河与底格里斯河之间开凿了许多水渠，以利浇灌两河之间的大面积土地。河水继续向低洼地流，沿岸分出许多支流，并与下游的湖泊和沼泽连成一片。在穆赛伊卜南边，有两条大支流，即希拉河和欣迪亚河。希拉河流向东南，流经希拉和哈希米亚后，又分成两条小河，一条是向东流的阿法克河，另一条是向南流的迪瓦尼亚河。欣迪亚河流向正南，分成两条小支流，一条是库法河，另一条是沙米亚河。这两条支流在希纳菲亚汇合后，分成两支，一支是萨马瓦河，另一支是苏怀尔河。在希德尔附近，两河重新汇合。幼发拉底河水由于分散于沿途的支流、水渠、湖泊和沼泽，加上水面大量蒸发，水量大量减少，据估计，从希拉到纳西里亚一段，夏季河水大约流失 63%。幼发拉底河在经苏克舒尤赫后，通过 5 条河汊流入哈马尔湖，[①] 经哈马尔湖和库儿马阿里河的大河道，在巴士拉以北 10 公里处流入阿拉伯河。

幼发拉底河流域面积为 44.4 万平方公里，约 46.3% 在伊拉克境内，其余 53.7% 在境外，其中 10.3% 在沙特阿拉伯，16% 在叙利亚，27.4% 在土耳其。幼发拉底河在伊拉克境内有不少谷地，如豪兰谷地、古达夫谷地等。幼发拉底河的水源都在上游，即降雪降雨量充沛的土耳其和叙利亚，土耳其高山上的积雪犹如幼发拉底河的水库，几乎是夏季河水的唯一来源。在伊拉克和沙特阿拉伯境内的河段，只在雨季时节，河水才有少量补充，其中一部分被蒸发，另一部分渗入地下，汇入幼发拉底河的水极为有限。

2. 底格里斯河

底格里斯河是伊拉克的第二条大河，发源于土耳其的东南高

① 哈马尔湖也称哈巴尼亚湖，是伊拉克最大的湖，呈长方形，长 130 公里，宽 48 公里。

地，在库儿马阿里河的河口与幼发拉底河汇合为阿拉伯河，全长1718公里，其中在伊拉克境内约1418公里，约占底格里斯河全长的82.5%。

底格里斯河的河源在幼发拉底河河源南边不远的地方，它有两个主要源头。（1）西面源头，名为底格里斯。大量的水来源于库勒杰克湖，在经过迪亚巴克尔城后，东流与另一源头汇合。西面源头流域地势不高，一般在海拔1000～1500米之间，个别地方在2000米以上。（2）东面源头，水源来自几条支流，最大的支流是巴特曼河、哈祖河和博坦河。东源头发源于凡湖南岸的山脉，东源头的流域比西源头流域的地势高很多，海拔在2000～4000米之间，有的地方在5000米。从两个源头汇合点起，河的流向为从北向南，然后又呈西北向东南方向，在菲什哈布尔进入伊拉克，此段长300公里，全部在伊拉克境外，其中250公里在土耳其，50公里为土耳其和叙利亚共有。这段河谷深狭，地势崎岖，常有巨石挡路。

河水进入伊拉克后，有5条支流流入，这些支流从北到南是：（1）哈布尔河；（2）大扎卜河；（3）小扎卜河；（4）阿季姆河；（5）迪亚拉河。[①] 每年注入水量占65.77%。底格里斯河东边和东北边是高山，它所有的支流均是在东边，这些支流的水量和长度不同，大扎卜河水量最大，几乎等于其余4条支流的总量。阿季姆河水量最小，夏季常干涸。底格里斯河从进入伊拉克到大扎卜河的河口，沿途地面起伏，山丘连绵，河道很深，但两岸地势较平坦。底格里斯河在萨迈拉南边进入三角洲地带的冲积平原，这里古代修建的堤坝把河水水位提高了10米，河水从堤坝上流入两条人工渠，一条是纳赫尔万渠；另一条名为阿斯哈基渠。

---

① 法塔哈·阿里·哈桑尼著《中东的水和政治游戏》，第16页。

河水流经巴格达后更趋平坦，从巴格达到库特直线距离只有190公里，而底格里斯河河道的长度却是308公里。这段河道弯弯曲曲，河岸较低，涨水时水面高于河岸，使两岸形成许多裂沟，大面积农田经常被淹没。

从库尔纳到库儿马阿里河河口，底格里斯河在阿拉伯河中奔流。底格里斯河从迪亚拉河口到幼发拉底河汇合处的河段对农业生产十分重要，这里河水流量最大，能使冲积平原近900万杜诺姆①面积的可耕田得到浇灌。

底格里斯河的流域面积是34.05万平方公里，比幼发拉底河的流域面积小。底格里斯河45.1%在伊拉克境内，43%在伊朗境内，11.9%在土耳其境内。然而，底格里斯河流域各段河水的受益程度与其面积不成正比，如在土耳其的一段因地势高、雨雪多，故水量大；小扎卜河的流域面积70%在伊拉克境内，但只能接纳小扎卜河60%的水流量，而在伊朗境内的那30%的流域面积，却能接纳40%的水流量，因为那里的雨雪比伊拉克充沛得多。

3. 阿拉伯河

伊拉克境内有一条短河，由两河汇合而成，即从两河汇合处到库儿马阿里河河口的一段，称为阿拉伯河，全长约204公里，在伊拉克境内长约110公里。两河在注入海湾之前先在库尔纳汇合，之后注入阿拉伯河。阿拉伯河从其源头到巴士拉南边21公里处的河段在伊拉克境内，再往南80公里直到河口处是伊拉克与伊朗的界河。阿拉伯河流域地区石油蕴藏量丰富，是伊拉克和伊朗的重要产油区。

阿拉伯河入海处的宽度为2公里多，而在巴士拉却只有1公里。阿拉伯河只有一条支流，即卡伦河。卡伦河河道短、坡陡、

---

① 伊拉克土地面积单位，1杜诺姆 = 939.3平方米，约为1.4亩。

水大，水流湍急，平均流速大于幼发拉底河。卡伦河全部流经伊朗，在伊朗的霍拉姆沙赫尔处注入阿拉伯河。这条河带来大量泥沙，阻碍了航行。泥沙形成若干个岛屿，当地称之为"坝"，主要分布在两处，一处是卡伦河河口附近的穆哈马拉坝，另一处是阿拉伯河河口的法奥坝。

4. 沼泽地带

幼发拉底河和底格里斯河在东南部连接着许多河川支流、湖泊和沼泽，形成了稠密的水网。在两河交汇处的庞大水网地带，有一块2万平方公里的湿地，被称为沼泽阿拉伯人聚居区。马丹人在此生息已经有5000年的历史，亦称土著沼泽阿拉伯人（Marsh Arabs）。马丹人祖祖辈辈在这片湿地上生息繁衍，他们的生活水平质量低下，只是在水网间渔猎、放牧和采集，居住在芦苇编筑成的房屋内。马丹人在宗教上属于伊斯兰教什叶派。据悉，这里是世界上生态环境最丰富的湿地之一。《圣经》中描述的伊甸园园址据说就在这里，即幼发拉底河和底格里斯河交汇点的岸上，现在还立着传说中亚当和夏娃偷吃禁果的那棵树的残干。[①]

1970年，湿地面积达9000平方公里，居民50万人。1991年海湾战争结束后，什叶派在南部发起反萨达姆政权的起义，为肃清反政府势力，萨达姆下令抽干什叶派赖以生活的湿地，把他们驱赶出湿地，并在此修坝、筑堤、开渠，导致湿地的生态平衡严重失衡，湿地面积急剧减少，仅剩下约760平方公里，居民不足10万人。

2004年7月，南部湿地得以重整，重新放水，人们走出沼泽地返回故土。目前，已有1/5的沼泽地再现水乡原貌。著名的阿韦尔沼泽地自然原生态保存较好，拥有一系列的湖泊，烟波浩

---

① 安丁：《沼泽阿拉伯人回家》，载《中国科技纵横》，2004，第26页。

森，古老的"纸莎草"生长繁茂，高达 3 米，人们用古老传统原始的方法建筑芦苇房屋，芦苇房屋到处都是，遍布于南方地区，形成了村镇。①

伊拉克沼泽地（湿地）建设引起国际关注，参与南部湿地生态项目监测考察的有美国、日本、国际组织、伊拉克大学的科学家和马丹人的代表等。他们的任务是观察这里的自然环境、植物生长和动物生活的状况。2004 年，联合国专门设置了一个1100 万美元的项目，以恢复该湿地的生态平衡系统，并致力于芦苇地的再生，芦苇地是天然的污水过滤器。

五　气候

拉克大部分地区属亚热带大陆性气候，终年天晴，阳光充足，日照度很高。雨量稀少，空气明净，冬季寒冷干燥，夏季炎热干旱、无雨。东北部山区属地中海型气候，其他地区属亚热带沙漠气候。

伊拉克气候复杂，由于各地气温、降水量和其他自然条件各不相同，气候性质不属于单一类型气候。从气温角度看，属于亚热带气候，从降水量和雨季情况看，则为大陆性气候。伊拉克气候具有雨量稀少，春、秋过渡季节短，平均日温差和年温差较大，呈大陆性气候的特点，② 但它同时又具有冬季降雨、夏季无雨等不同于大陆性气候的其他一些特点。有人认为，若把雨季及其分类作为比较的基础，伊拉克气候属于地中海型气候，但就气温而言，则更接近大陆性气候而非地中海型气候。因此，伊拉克气候兼上述三种气候的特点，属综合类型，非单一类型，不能将

---

① http：//jczs. sina. com. cn，2003 年 1 月 21 日，舰船知识网络版。
② 贾希姆·穆罕默德·海拉夫等：《伊拉克地理》，兰亭等编译，北京出版社，1982，第 61 页。

其只列为大陆性气候或亚热带气候或地中海型气候。

气候区域还有另一种分法，可分为三种类型：（1）地中海型气候区，在北部和东北部山区，约占全国总面积的21%，年平均降水量在 400 ~ 1000 毫米之间，这个地区冬季寒冷，夏季炎热；（2）亚热带平原性气候区，介乎地中海型气候与热带沙漠性气候之间的一种过渡性气候区，位于整个半山区地带，在中部地区的雨季和旱季比较明显，约占全国总面积的18%；（3）亚热带沙漠性气候区，即中部和南部整个冲积平原和荒漠高原地带，约占全国总面积的70%，年降水量在 50 ~ 200 毫米之间，冬季时间较短，夏季时间较长；在西部高原地区，冬季和夏季昼夜的温差很大。以上三个气候区，分别具有各不相同的气温和不同的雨量特点。

1. 气温

伊拉克各气候区之间无明显界限，每个气候区内的气温本身也存在不同程度的差异，气候变化是循序渐进的，尤其是在平原气候区与沙漠气候区之间。从纬度跨距来看，伊拉克位于北温带的南部，处于炎热的沙漠气候与地中海气候的过渡地带。有研究表明，"伊拉克的气温从东南向西北，从东南向东北逐渐降低，冲积平原是温度最高的地区。"[1] 众所周知，海洋性气候对严冬和酷暑具有调节作用，伊拉克由于未受到海洋性气候的影响，年平均气温很高。受地理位置影响，冬冷夏热，夏季十分炎热，气温高而且干燥无雨，北部地区寒冷。夏季漫长，骄阳似火，灼热难耐，每年 5 ~ 9 月，白天阴凉处的气温在 35 ~ 50℃之间，夜晚在 20 ~ 35℃之间。酷热季节从每年的 6 月下旬一直延续到 7 月底，即有"炎夏40天"之称。冬季短暂，气温在 0 ~ 25℃左右。1 月是最寒冷的月份，气温可降至 0℃，有时结冰。

---

[1] 穆罕默德·海拉夫等著《伊拉克地理》，第 47 页。

2. 季节

伊拉克四季不分明,大体上为寒暑两季,春秋两季是过渡性季节,且时间短,气候凉爽宜人。北方的春季约有两个月,即3月和4月;中部和南部春季很短,一些年份里甚至还不到1个月。因此,由冬季到夏季的转换往往是突然降临。冬季从11月持续到来年3月初。夏季时间最长,酷热;冬季短,气候温和。巴格达一年四季任何一个月的平均日照时间都不少于6小时,摩苏尔的平均日照时间为4小时。摩苏尔的雨量比巴格达多些。

从12月中旬至1月底约40天为最冷,1月是最寒冷的月份,巴格达的霜冻全年多达10次以上,但持续12小时以上的霜冻不多见;甚至在南部地区也会出现霜冻;摩苏尔地区在整个冬季夜间都有霜冻。寒季的相对湿度比较大。

从4月底到10月初为夏季,夏季气温很高,但南部阿拉伯河和沼泽地带例外。6~8月干燥无雨,为酷暑时节。巴士拉的夏季气温虽低于巴格达和摩苏尔,但它的夏季更令人难熬,这是由于巴士拉的相对湿度大于巴格达和摩苏尔两地所致。夏季各月晴空万里,日照时间长达13~14小时,从中午到下午5点一般无法工作。日落后,气温开始下降,一直持续到次日清晨。夜间气温比日间低很多。7月是最热的月份,中部和南部地区气温极高,可高达50℃。

夏季有时风力特大,风速可高达每小时65公里左右,而且气温越高风力越大,尤以午后为甚,傍晚趋于平静。狂风骤起时尘土飞扬,西部沙漠附近地区更是严重。北部山区地势高,气温相对比平原地区低。辽阔的沙漠地区和荒漠地带情形也大致相同,白天与夜晚的温差很大。

3. 降水

伊拉克降水量较少(东北部山区除外),全年平均降水量由南至北递增(100~500毫米),北部山区降水较多,可以达到

700 毫米，故水源充足。全国雨季呈季节性，仲夏无雨，夏初雨量很小，雨季集中在冬春两季，即每年 11 月至来年 4 月，其中 1 月和 2 月的雨水最大。降雨量分布呈从西南向东北越来越多，西部沙漠地区几乎无降雨，中部和南部地区约 3/4 的面积的降雨量都在 25 毫米以下，其余 1/4 面积的降雨量在 25～100 毫米之间。南北地区之间雨量差异很大，相差 20 倍，即南部为 5 毫米，北部则为 100 毫米。南部地区全年的雨期为 20～40 天，北方摩苏尔一带，全年雨期长达 55～60 天，基本上可以满足农田灌溉需要。摩苏尔地区的耕地大多高于河面，导致引水灌溉较困难，因此，降雨量对该地区尤其重要。

伊拉克北部山区有降雪，且降雪量较大，背阴的山麓有积雪，致使阿马迪亚、拉万迪兹等城镇之间的交通每年总要中断七八周的时间。高山地区下雪，半山地区有时有雪。

4. 风

伊拉克全年秋、冬、春三季风向为西北风。每年从 11 月初到来年 3 月初，易遭飓风袭击，气候反复无常。因受飓风影响，冬季天空多云。飓风主要来自阿拉伯湾，当飓风登陆伊拉克时，通常以被称为"沙尔吉"风的东南风为先导，"沙尔吉"风温暖而潮湿，当它腾空而去时，气温随之下降，出现烟雾弥漫的景象，旋即成雨。一般在每年 7 月"沙尔吉"风会光临伊拉克，引起湿度上升，人们感到窒息难忍。当飓风中心一离开，东南风立刻转为西北风。由于北部和东部地区的山脉呈西北向南走向，大风总顺着山脉的延伸方向移动，常年刮西北风。印度西北部是亚洲低气压中心，也是伊拉克西北风的风向所在。另外，阿拉伯湾的低气压也是促成这种风向的一个因素。[①] 伊拉克的自然灾害之一是沙尘暴。

---

① 穆罕默德·海拉夫：《伊拉克地理》，第 58 页。

第二节 自然资源

伊拉克自然资源十分丰富，有举世瞩目的石油、天然气等矿产资源，还有丰富的水资源。

一 矿产

1. 石油和天然气

伊拉克矿产资源十分丰富，主要有石油和天然气。它拥有世界上重要的油藏构造，在底格里斯河与扎格罗斯山脉之间，即北部扎格罗斯山脉的山前地带和南部两河下游的三角洲地带，拥有极其丰富的石油矿藏，是石油富集地带，形成了全国最大的两个油区，即以基尔库克为中心的北部油区和以鲁迈拉为中心的南部油区。北部油区中基尔库克油田的储藏量达11亿吨（1吨=7.33桶），巴伊哈桑、艾因扎莱、耐夫特哈奈、坚布尔四大油田的储藏量都在2亿吨以上。南部油区中鲁迈拉油田的储藏量达14.97亿吨，另外还有北鲁迈拉、祖拜尔、布祖甘、马季农、西古尔奈、本乌玛尔等重要油田。

目前，伊拉克全国已探明石油储量为1150亿桶（2005年数字），[①] 占全球石油总储量的8.9%（另说占10.9%、9.7%），占欧佩克储量的12.75%，仅次于沙特阿拉伯、加拿大和伊朗，居世界第四位。伊拉克石油层距离地面最近，开采成本很低。石油储量分布在全国73个地区，目前仅开采了15个地区，其中超大型油田有6个，主要石油生产基地在基尔库克、摩苏尔和南部鲁迈拉。值得指出的是，伊拉克处于中东产油区的中心地带，是中东地区石油供应最具增长潜力的国家，未探明的石油储量高达

---

① 美国《油气杂志》，2005年12月16日。

2140 亿桶，远远超过目前的储量。伊拉克石油专家认为，伊拉克还有 1/3 的国土尚未进行石油勘探和开发，预计勘探后的石油储量可高达 3000 亿桶，这个数量将超过沙特阿拉伯公布的石油储量，跃居世界第一。2001 年 6 月，伊拉克宣布，它是最具开发潜力的石油大国，当石油开采枯竭时，世界上开采出的最后一桶石油将是伊拉克的石油。据有关部门预测，伊拉克政局一旦稳定，石油日产量可望恢复到海湾战争前的 350 万桶，5 年后可增至 600 万桶，将成为世界第一大产油国。

伊拉克天然气资源较丰富，储量为 3.1 万亿立方米，约占世界天然气总储量的 2.4%。

2. 其他矿产

除石油和天然气矿产资源外，伊拉克已进行开采的其他矿产有铁矿、铜矿、盐矿、沥青、磷矿、石膏、石灰石、白云石和陶土等，这些矿产的生产规模都比较小。

二　植被

总体上看，伊拉克植被稀疏。由于伊拉克的气候、地形和土壤存在的巨大差异，这片土地上生长的天然植物也就各不相同，有繁茂的湖区植物和稀少的沙漠区植物，也有山地森林和平原草本植物。天然植物区同气候区相吻合。水分是决定植物生长的基本因素，天然植物属于一种耐高温的植物。如地中海型气候区内的植物主要是栎树，其次是松树和杨树等。除天然植物外还有人工培育生长的葡萄树、橄榄树等。橘树生长在气温高、生长期长、并能依靠灌溉水的平原地区和沙漠地区。

平原植物区的草本植物主要生长在平原气候区内。沙漠气候区内，遍布江河流域的数以千万计的椰枣树，虽系人工培育，但也可以算作是干旱沙漠气候区的天然植物，其数量之多，使我们完全有理由把它们作为伊拉克土地上植物保护伞的一部分。伊拉克天然植物区可划分为以下 5 个有明显差异的植物区。

1. 沙漠植物区

沙漠植物区包括荒漠高原地区和冲积平原地区，约占伊拉克总面积的 70%。沙漠植物以稀为贵，主要是牧草，人们十分注意保护牧草，以保持土壤，减少风沙侵蚀。沙漠植物可分为两大类，多年生植物和一年生植物。多年生植物是一类常年生长的植物，抗干旱与抗高温能力很强。一年生植物生长期短，在与其适应的季节生长，干枯后种子入地，次年复生，如此年复一年地周而复始。这两类植物的分布均与河水、地下水和雨水的分布及土壤的种类密切相关。一般情况下，这两类植物都较稀疏，只在雨季才枝叶茂盛。

沙漠植物的种类多达 450 种，占全国 2500 种天然植物总数的 18%，其中一年生植物约占 75%，多年生植物约占 25%。一年生植物种类占世界沙漠植物种类中的 13%，[①] 一年生沙漠植物指锦葵、野大麦等群落植物。多年生长的沙漠植物有观音柳、滨枣、柽柳[②]等。天气酷热和地下水位低是一年生植物多、多年生植物少的原因所在。

2. 草原植物区

草原植物区位于半山区和草原气候区内，约占伊拉克总面积的 15%。这里多数植物为草本植物、荆棘类和球茎类植物。部分草原植物区曾遭受过严重侵蚀，由于放牧无度和耕作不善，土壤流失严重。该区天然植物种类很多，密度大，后植物减少，但仍是重要的牧场。

---

① 穆罕默德·海拉夫：《伊拉克地理》，第 67 页。
② 一种落叶小乔木，老枝是红色的，叶子像鳞片，夏秋两季开花，花为淡红色，结蒴果，能耐碱抗旱，适合于防沙。

草本区植物分为两类，一类是草原耐旱植物，如多年生荆棘类属灌木；另一类是草原耐潮植物，这类植物密度大，适于在 300～500 毫米降雨量条件下生长。草原植物带位于高山丘陵的山麓地带，与森林地带相毗邻。在该植物区内还有一些属于森林植物区的乔木，生长在高山和丘陵地带，山上森林茂密，山下绿草如茵。伊拉克主要天然牧场都在这里，这里的植物对土壤保护起着重要作用，但有些植物已退化，还有的已绝迹。

3. 森林、野草植物区

森林、野草植物区位于北部和东北部边缘的高山地区，约占国土总面积的 6%，处于地中海型气候区内。该区地势倾斜，易于排涝。由于山脉大多由石灰岩构成，土壤中石灰质比较丰富。森林面积和密度由多种因素决定，向、背风雨对树木有直接影响，向风的西坡和西南坡树木密度大，背雨的东南坡树木密度小。另外，树木生长受岩石层影响，在无法保持水分的多孔岩层上几乎寸草不生、光秃秃一片；孔少、漏水不严重的岩层宜于树木生长；泉水、溪水也影响树木的分布和密度。本区林带占地面积为 70%，其余 30% 为草本植物和灌木。

栎树森林 占伊拉克林带的 96%，其余 4% 为松树和河岸乔木。栎林可以分为三种植物类属：（1）普通旱栎属，生长在海拔 450～750 米的高度，即山麓地带；（2）五倍子栎属，生长在海拔 750～1200 米的高度，即山腰地带，五倍子栎属时而也与普通旱栎属在同一地带生长；（3）攀缘栎属，生长在海拔 1200～1800 米的高度。这些栎林中还夹杂生长着大量多年生的草本植物，而且比沙漠、草原植物区的草本植物种类更为繁多，密度更大。这些植物在夏季可用于牧放，也可晒干作为越冬饲料。栎树枝和栎树叶晒干后也能作为越冬饲料。

河岸林 这是河岸和山谷树木的统称。主要包括柳树、榆树、核桃树、桑树、野无花果树、野苹果树、筬悬树等。在河岸植物区还有一种自然生长的野生白杨，当地称之为西洋树，属于天然植物。白杨树遍布各处，属人工种植，宜生长在海拔600～1500米的山区，在中部地区一些椰枣园中也有种植。另外，伊拉克还引种了一种名为白白杨的新树种。

草本植物和灌木 草本植物和灌木组成的植物带，占地面积约2600平方公里，面积比森林植物区大，是天然牧场。这里盛产西黄芪，是一种低矮荆棘类属的灌木，零散地生长在丛草之中，有一定经济价值，其茎干含有胶质，有多种用途，可同染料并用。草本植物包括苜蓿等，这类植物可以用作饲料，也可用于配药。

4. 河岸植物区

约占伊拉克总面积的4%，这一植物带，既包括大、小河流的岸边，也包括有农业排灌沟渠的地方。河岸植物区常年有充足的水，植物茂盛葱郁，在全国各植物区生长的乔木、灌木、草本植物在这一区内都能生长。

冲积平原河岸地区的植物区与山区河岸地区的植物不一样，前者主要包括白杨、柳树和怪柳三种乔木，另外还有鼠李、甘草、大蓟、克里特翘摇等植物。大蓟、克里特翘摇在河岸上生长得十分密集，在远离河岸的原野生长较稀疏，它们属于荚类植物，对土壤改良有利。大蓟茎高2米，像林木一样，生长在排水条件良好的土地上。克里特翘摇则生长在含一定盐分的贫瘠土地。这两种植物具有鉴别土质优劣的功能。

草本植物和灌木植物可提供放牧场所，可作燃料，甘草主要用于出口，也可作燃料。河岸植物区的树木均具有经济价值，既能作燃料，又可提供商品和民用木材。河岸地区还有人工培育的树木，如枣椰树、桑树、酸枣树、樟树、酸苹果树、无花果树等。山地河岸区植物主要有柳树、白杨树、核桃树、筬悬树等。

5. 沼泽植物区

位于冲积平原南部地区，在阿马拉、纳西里耶和古尔奈三城之间形成了一个三角地带，是伊拉克最辽阔的湖沼汇集之地，一向被称为伊拉克的植物王国，遍布中部和南部其他地区的湖泊和沼泽也生长着与本区相同的植物。沼泽区的植物具有密度大、种类多的特点。分布最广、用途最多的植物是毛竹和芦苇，属两种高茎植物，毛竹的平均高度达 6～7 米，在常年湖沼中央形成了若干个长约 50 公里、宽约 30 公里的毛竹林小岛。芦苇的平均高度为 2.4 米。毛竹和芦苇是沼泽区居民用以建造住宅的材料，还可作燃料，粗大的毛竹可供当地人划船，嫩竹是水牛的上佳饲料，其茎干脆嫩新鲜，毛竹还是造纸业的主要原料。

一般来说，伊拉克的天然植物比较贫乏，而且大部分属季节性植物。

三　动物

伊拉克的动物种类比较丰富，拥有很多品种，它们是：狮、老虎、熊、豹、狼、狐狸、骆驼、野牛、犀牛、马、羚羊、野驴等，还有鸟类、蜥蜴、猴、松鼠、孔雀、兔、乌龟、蛇、变色龙、青蛙、乌鸦、刺猬、猫头鹰、野猫、蚂蚁等。狗、绵羊、山羊、牛、驴、鸭、鹅、鸡，甚至野猪等都是被驯养的动物。

2003 年 3 月，在美英对伊拉克发动的战争中，巴格达动物园里所有的动物几乎被抢劫一空。动物园原饲养了 300 余种动物，许多属于珍禽异兽类，均被明抢暗偷，仅几天时间就一扫而空。只剩下数只老虎和数头狮子，这恐怕是因为老虎和狮子凶猛令抢劫者畏惧才作罢。

第三节　居民与宗教

一　人口

拉克全国人口为 2400 万（2002）。在人口结构中，阿拉伯人占 73.5%，库尔德人占 21.6%，其余为土耳其人、土库曼人、亚美尼亚人、亚述人和犹太人等，约占人口的 4.9%。

伊斯兰教为国教，全国 95% 以上居民信奉伊斯兰教。按宗教教派人口统计，什叶派穆斯林占全国人口总数的 58% 强；长期以来在政治上居统治地位的逊尼派穆斯林占 38% 弱，属于少数派，其中还包括占全国人口 21.6% 以上的库尔德人。如果只计算逊尼派阿拉伯人的比例，他们只占全国人口总数的 16% 稍多一些。其余 4% 为其他教派。

伊拉克人力资源缺乏，国家实施的人口政策是：鼓励生育、增加人口，人口增长率呈不断上升趋势，在世界上名列前茅。1960～1970 年人口自然增长率为 3.1%，1970～1980 年增长率为 3.3%。近年来，伊拉克人口保持以 3% 的比例持续增长，[①] 2000 年人口增长率为 2.84%。

伊拉克人口密度为每平方公里 55 人，但人口地域分布不均匀，城乡分布不均匀，其特征是人口集中在大城市，主要分布在首都巴格达（600 万）、北部城市摩苏尔（150 万）和南部城市巴士拉（144 万）。其他城市人口相对较少，如基尔库克（55 万）、提克里特（26 万）、萨迈拉（20 万）、费卢杰（30 万）、卡尔巴拉（13 万）、纳西里耶（14.2 万）。人口的年龄结构属于年轻型结构，其中年龄在 20 岁以下的人口占全国人口总数的一

---

① 阿拉伯联盟驻华代表处：《阿拉伯人之家》，2001，第 38 页。

半以上。[1] 人口平均寿命为 66.95 岁，其中男性为 65.92 岁，女性为 68.03 岁。[2]

二 民族

伊拉克是一个多民族国家，阿拉伯民族是主体民族，非主体民族包括库尔德族、土库曼族、土耳其族、亚美尼亚族、犹太族、迦勒底人、亚述人、叶基德人和伊朗人等。库尔德人是最大的少数民族，其他少数民族人口占 5% 左右，多为土库曼人和土耳其人。

（一）阿拉伯民族

伊拉克的阿拉伯人主要是当地土著居民与由阿拉伯半岛外迁来的阿拉伯人经过若干世纪相互融合所形成，其主要特征是讲阿拉伯语，信仰伊斯兰教，具有伊斯兰教和伊斯兰教法律赋予的价值观、伦理道德及风俗习惯。随着时代的变迁，阿拉伯人的民族性也不断发生变化。伊拉克历史上，无论是在费萨尔封建王朝、或是伊拉克共和国初期的卡塞姆政府统治时期、或是在阿拉伯复兴社会党执政时期，逊尼派阿拉伯人一直居执政地位。阿拉伯民族作为主体民族，政治地位始终远远高于其他民族，经济地位和生活质量也优越于其他民族。2003 年伊拉克战争后，在伊拉克战后政治重建中，什叶派阿拉伯人政治上"翻身"，掌握了国家最高权力。

（二）库尔德族

库尔德人是伊拉克最大的少数民族，是居阿拉伯民族之后的第二大民族，人口约 400 多万，占全国人口的 1/5 左右。主要居住在北部和东北部山区，分布在苏莱曼尼亚、埃尔比勒、杜胡克

---

① 李树藩等主编《最新各国概况》，长春出版社，1993，第 140 页。
② 肖宪主编《1945 年以来的中东》，中国社会科学出版社，2004，第 107 页。

三省及摩苏尔和基尔库克地区。北部山区地势险峻、军事战略地位非常重要。库尔德人是西亚地区最古老的土著民族之一，主要从事农业和牧业。长期以来，伊拉克库尔德族活跃在比较偏远的北部地区，大多数人过着游牧生活，比较封闭。伊拉克库尔德斯坦地区的石油储量占全国储量的 60%～70%。长期以来，库尔德少数民族一直保持着以部落为生活基础的社会结构，保持着独立的语言和文化传统，具有强烈的民族意识。

伊拉克库尔德人与周边国家土耳其、伊朗、叙利亚和阿塞拜疆的 2000 多万库尔德人有密切联系。近一个世纪以来，他们为争取民族独立而屡遭所在国政府的镇压，与所在各国居统治地位的强势民族阿拉伯人、土耳其人、波斯人经常发生冲突，处于不利的弱势地位，但他们始终未被压服。伊拉克库尔德人争取独立的斗争有影响其邻国库尔德人"闹独立"的示范作用，因此，库尔德民族问题是一个跨国界、具有地区性和国际影响的政治问题。

1. 要求民族独立与自治

第一次世界大战期间，英国殖民当局占领了苏莱曼尼亚、埃尔比勒、基尔库克和摩苏尔。库尔德人为铲除英国的殖民统治英勇奋战，进行反英武装斗争。1922 年，英国殖民当局为镇压伊拉克的反英起义，拉拢、利用库尔德人对付阿拉伯人，甚至还发表了政府声明，表示同意库尔德人建立自治政府。但好景不长，英国单方面撕毁允许库尔德人自治的协议，① 放弃了对库尔德人的支持。1925 年，土耳其被迫与英国人签订条约，以摩苏尔为中心的库尔德人聚居区正式划入伊拉克版图。

1930 年，伊拉克议会通过《英伊同盟条约》，根据该条约，英国当局决定在适当时机，适当的条件下结束对伊拉克的委任统治。此时，库尔德人要求民族自治和独立的运动十分高涨。第二

---

① 这是伊拉克库尔德人第一次被大国——英国背信弃义地出卖。

次世界大战期间，库尔德人要求民族独立的声势越来越强烈，给英国当局造成压力。1943 年，库尔德人巴尔扎尼部落的势力崛起，著名的库尔德领导人穆斯塔法·巴尔扎尼领导了一场轰轰烈烈的大规模反英武装起义，起义席卷整个库尔德斯坦地区，持续了长达两年之久，直到 1945 年被英军镇压。此后，库尔德起义大军退往伊朗库尔德人聚居区，伊拉克的库尔德民族独立运动便一直在穆斯塔法·巴尔扎尼①的领导下。

第二次世界大战之后，伊拉克库尔德少数民族继续争取民族自治和独立，与伊拉克政府不断抗争。1946 年，伊拉克"库尔德民主党"宣布成立，巴尔扎尼当选为中央委员会主席。该党明确提出，实行民族自治，分享石油收入，发展民族经济，实行适合库尔德地区特点的土地改革等纲领，库尔德人与阿拉伯人联合起来，共同反对西方列强的控制，实现伊拉克的独立和议会制度。该党广泛吸收了库尔德共产党、库尔德解放阵线及伊朗库尔德民主党在伊拉克的支部等派别，因此，该党实际上是一个多党联合阵线。

1946 年，伊朗境内的库尔德人在苏联的大力支持下，在伊朗西部建立了"马哈巴德自治共和国"，总统是卡乔·穆罕默德。巴尔扎尼率领的万人武装便是这个库尔德自治国的主要力量之一，巴尔扎尼被任命为马哈巴德自治共和国的元帅。苏联支持伊朗库尔德人，其真正目的是经济利益驱使，它利用库尔德民族问题对伊朗政府施压，与英国争夺在伊朗的利益。然而，苏联与伊朗签署了共同开发伊朗北部油田的"苏伊石油协议"后，便从伊朗撤军，放弃对"马哈巴德自治共和国"的支持。由于各大国之间的争夺与妥协，尤其是苏联背弃对库尔德人独立的承诺后，库尔德民族独立运动失去了大国支持，"马哈巴德自治共和

---

① 巴尔扎尼出生在伊拉克北部一个宗教学者家庭，自幼受伊斯兰教系统的经学教育，获"毛拉"称号。

国"遭到伊朗政府镇压,一年后倾覆,成为历史上短命的库尔德自治国家,[①] 这也是库尔德人建立的一个唯一"国家"。此后,分布在各国的库尔德人争取民族自治和独立的活动均遭到本国政府的镇压。

1958 年伊拉克共和国成立,建国初期,卡塞姆政府立足未稳,便致力于改善与库尔德人的关系。首先在临时宪法中规定,阿拉伯人和库尔德人同为伊拉克的两大民族。卡塞姆政府对库尔德人实施多项怀柔政策,例如:释放在押的库尔德人,允许被驱逐的库尔德人返回家园,宣布库尔德民主党为合法政党,允许出版报刊,并给予了巴尔扎尼部落大量的军事和经济援助。当年流亡苏联十几年的巴尔扎尼便是在这一背景下返回伊拉克重新领导库尔德民主党的。但又是好景不长,库尔德人与卡塞姆政府很快反目为仇,卡塞姆与谋求独立的库尔德人无法达成一致。库尔德人的独立意识很强,要求充分的自治,卡塞姆政府担心国内什叶派起来效仿,断然拒绝了库尔德人的自治要求。与此同时,1961年卡塞姆政府颁布的《农业改革法》触动了库尔德大土地所有者的经济利益,遭到部落保守势力的强烈反对。诸多的矛盾导致库尔德人与卡塞姆政府的矛盾激化,卡塞姆政府努力改善与库尔德人的关系宣告失败,双方冲突再起。巴尔扎尼领导的武装力量与伊拉克政府军反复进行较量,武装冲突屡屡发生。

1961 年后,库尔德人依靠武装斗争做后盾,频繁与政府军兵戎相见,双方关系紧张。卡塞姆政府对库尔德人的政策转向镇压与安抚并重。不过,库尔德人的政治目标十分明确,即坚持在北部聚居区实行民族自治,要求享有更多的权利。一些库尔德党派甚至提出建立一个独立的库尔德国家,这一目标使他们与政府

---

① 这是库尔德人被英国出卖后,又被苏联出卖的历史,因屡遭出卖,他们的心灵留下了难以抚平的巨大创伤。

的矛盾无法化解。

1964 年 10 月，库尔德民主党在与复兴党政府谈判中仍坚持强硬立场，重申要求实现民族自治，提出在库尔德民族聚居的 4 个省实行区域自治；保留 2 万人的武装力量，并纳入国家正规军编制，享有军饷；库尔德人在政府中担任副总统和副总理职务；按人口比例分享拨款、关税和石油收入的 25％；在伊拉克与其他阿拉伯国家合并时，库尔德斯坦作为独立的地区参加。上述要求遭到复兴党政府的断然拒绝，双方战事又起。整个 20 世纪 60 年代，库尔德人与政府军一直处于战争状态，双方谈谈打打，打了 10 年的拉锯战。

2. 1970 年《三·一一宣言》

1968 年复兴党第二次上台执政，提出彻底、和平地解决库尔德问题。1970 年 3 月，双方经过谈判最终达成和平协议。协议规定，允许在库尔德人构成多数的省份实行民族自治，承认库尔德民族是伊拉克两大主要民族之一；发展库尔德人的经济、文化和教育。同年 3 月 11 日，伊拉克政府颁布关于和平解决库尔德少数民族问题法案，即著名的《三·一一宣言》，宣布与库尔德民主党领导人巴尔扎尼达成协议，复兴党政府在全国统一的范畴内，将为库尔德人提供充分的自治。

《三·一一宣言》内容包括 15 项，主要是：（1）补充修改伊拉克临时宪法，承认伊拉克由两个主要民族构成，阿拉伯民族和库尔德民族；（2）在库尔德人占多数的地区，库尔德语为法定官方语言；（3）吸收库尔德人进入政府，并在部分重要部门任职，任命 1 名库尔德人担任伊拉克共和国副总统；（4）解散巴尔扎尼领导的大部分库尔德人武装力量——萨拉丁部队（巴尔扎尼武装力量达 10 万人），允许保留 1 万名库尔德人武装，以国家边防军的形式存在，军饷由国家支付，库尔德人应将其秘密电台和重武器上缴政府；（5）进行农业改革，发展库尔德地区的经济、文化和教育，建立库尔德青年、妇女、教师、学生等群众社会组织；（6）根据《三·一一宣言》精神修改库尔德省的法律，建立库尔德少数民族自治区。宣言规定，在正式实行自治前，将进行人口普查，以确定哪些省为库尔德省，保证4年内实行民族区域自治。①

1970年《三·一一宣言》确定了民族平等、允许自治、反对分裂的原则，但存在两大问题，一是确定库尔德人自治的过渡期为4年，时间较长，增加了不定因素；二是重新核定基尔库克库尔德人口数字问题有难度。②

3. 1974年《伊拉克库尔德斯坦自治法》

《三·一一宣言》在颁布后一段时间内，双方都还比较满意。但由于长期形成的矛盾极为错综复杂，不是凭一纸协议一下子就能解决。由于双方对完全履行协议内容均缺乏诚意，巴尔扎尼在得到伊朗、以色列和美国的支持后，单方面改变立场，频频向政府施压，提高要价，谋取独立，复兴党政府无法满足这些要求，并担心巴尔扎尼在实行半独立的自治后将导致国家分裂。于是，1974年3月11日，复兴党政府单方面按期正式颁布《伊拉克库尔德斯坦自治法》，成立专门的行政委员会负责实施，并限库尔德民主党的代表在两周内加入全国民族进步阵线，以表示遵守"自治法"。该自治法规定，库尔德地区享有民族自治，但受伊拉克共和国政治、法律和经济统一的约束。该自治法遭到巴尔扎尼的拒绝，库尔德人与政府之间的武装冲突重开。

4. 1975年阿尔及尔协议

1974年，库尔德人与政府军发生大规模武装冲突，双方伤

---

① 哈米德·穆罕茂德·尔萨著《中东地区库尔德问题——从开始到1991年》，迈德布里出版社，开罗，1992，第213~225页。

② 哈米德·穆罕茂德·尔萨著《中东地区库尔德问题——从开始到1991年》，1992，第226页。

亡 6 万人，其中伊拉克政府军占 1.6 万人。伊朗暗中插手伊拉克内部事务，支持、怂恿伊拉克库尔德人的反政府活动，并向他们提供大批武器和弹药，以向伊拉克政府施加压力，造成双方打得不可开交，严重对峙。1975 年在阿尔及利亚召开石油输出国组织首脑会议期间，阿尔及利亚总统布迈丁出面斡旋，促成萨达姆会见了伊朗国王巴列维，伊拉克与伊朗签订了阿尔及尔协议。根据协议，伊拉克同意阿拉伯河全线以主航道中心线划定两国河界，作为交换条件，伊朗停止对伊拉克库尔德人的支持，中断对巴尔扎尼的军事、经济援助。这一协议签署后，伊朗停止了对库尔德人的武器援助，伊拉克政府很快平息了库尔德人的武装叛乱。巴尔扎尼陷入孤立无援的状况，不得不停止与政府军的对抗，他先逃亡伊朗，后辗转到美国，1979 年 3 月客死异国他乡美国。库尔德民族独立运动转入低谷，库尔德人与伊拉克政府军之间的小规模冲突时有发生。20 世纪 70 年代，巴尔扎尼的两个儿子①试图再次发动武装起义，均未成功。

5. **库尔德民主党发生分裂**

1975 年，马苏德·巴尔扎尼领导的库尔德民主党内部发生分裂，贾拉勒·塔拉巴尼率一部分人离去，另立一派，组成库尔德斯坦爱国联盟。从此，库尔德人分为两大派，以马苏德·巴尔扎尼为首的库尔德民主党和以贾拉勒·塔拉巴尼为首的库尔德斯坦爱国联盟。

库尔德民主党有长期与政府对抗的经验和教训，两伊战争期间曾在伊朗境内建立基地。库尔德斯坦爱国联盟在两伊和伊叙边界地区建有基地。两派都极力寻求邻国及外国力量的支持，这正中美国下怀，可借机利用民族矛盾进行"倒萨"活动。

----

① 巴尔扎尼的两个儿子易德里斯·巴尔扎尼和马苏德·巴尔扎尼在父亲死后，共同负责领导库尔德民主党。

巴尔扎尼派与塔拉巴尼派长期水火不容，势不两立，彼此削弱，两大派系更注重本派控制的势力范围，本派利益高于一切。库尔德内部矛盾及派系十分复杂，有亲伊朗的、亲叙利亚的、亲西方的、亲政府的，还有主张与萨达姆政府合作，这削弱了库尔德人的整体力量。

6. 两伊战争期间的库尔德人

伊拉克政府认为，库尔德武装是境内最具实力、有组织的反对派，对政府构成的威胁最大。1975 年阿尔及尔协议对伊拉克十分不利，那时伊拉克国力处于弱势，为平息库尔德人的武装起义，只能被迫与伊朗妥协，强忍莫大的愤慨，这便是后来伊拉克单方面撕毁阿尔及尔协议，两伊战争爆发的主要原因之一。1979 年伊朗爆发了伊斯兰革命，导致国内暂时混乱，国力衰退。1980 年 9 月两伊战争爆发，伊拉克军队攻入伊朗境内，扬言要洗雪 1975 年阿尔及尔协议的"耻辱"，夺回阿拉伯河的全部主权。

库尔德民主党与伊朗关系密切，宣布支持霍梅尼政权的伊斯兰革命，得到伊朗政府支持，其势力逐渐得以恢复，日渐壮大。于是，他们与伊拉克政府之间的矛盾和对抗重新激化。1983 年，伊拉克库尔德民主党充当了伊朗侵入伊拉克北部的先头部队。

库尔德斯坦爱国联盟一度与萨达姆政府合作，共同抵抗伊朗，但终因双方诸多利益难以协调，最终倒向伊朗霍梅尼政府的怀抱。面对库尔德人支援伊朗，在国内作乱，处在战争中的萨达姆政府从伊朗战场调回军队，对库尔德人的反叛进行镇压，甚至不惜使用神经毒气弹和化学武器，哈拉卜贾镇约 5000 人无一幸免，多个库尔德村庄遭清洗。这促成了库尔德民主党与爱国联盟两党迅速和解，两党又与库尔德斯坦社会主义党、伊拉克共产党库尔德支部等一些小党派组成伊拉克库尔德斯坦阵线，联合抵抗萨达姆政府。

两伊战争停火后，萨达姆政府调集了 6 万兵力、大量坦克、甚至使用毒气弹清洗库尔德人村庄，若干个村庄被夷为平地，百万库尔德人被驱逐出境，流离失所的库尔德难民高达 150 万人之多。遭到清洗和镇压的一些库尔德武装被迫退往伊朗和叙利亚境内。

7. 海湾战争后的库尔德人

1991 年 3 月，海湾战争结束初期，库尔德人与南部什叶派联合行动，大举兴兵反叛，发动了声势浩大的反萨达姆政权风暴，分别从南北包抄，对政府形成严重的夹击之势。他们直接攻打战略要地和城市，甚至一度夺取了北部石油重镇基尔库克，控制了库尔德斯坦 95% 的地区，对萨达姆政府构成严重威胁。萨达姆调集精锐兵力，镇压了这次政治叛乱。

之后，由于惧怕萨达姆政府军的报复和镇压，大批库尔德人逃往伊朗和土耳其境内。据统计，约有 150 万难民涌入伊朗，50 万难民逃到土耳其，还有数十万人滞留在土伊边境一带，造成了约 300 万人大规模的库尔德难民潮。后来，库尔德人陆续返回家园。

8. 库尔德"禁飞区"和难民安全区

海湾战争结束后，伊拉克发生了空前的难民潮，引起美、英、法等国对伊事务进一步干涉。1991 年 4 月，英国借口阻止萨达姆政权对库尔德人的镇压，提议在伊拉克北纬 36°线以北地区建立"禁飞区"和难民安全区，限制伊政府的活动区域，向库尔德人提供保护。英国这一提议得到美、法等国的支持。4 月 21 日，美、英、法三国军队开进伊北部地区，正式启动"禁飞区"。从此，库尔德斯坦地区便一直处于美、英、法军事控制下，库尔德人在"安全区"内受到美英战机提供的保护。被划入"禁飞区"的土地面积为 4.4 万平方公里，基本上不受萨达姆的控制。美英战机每天执行"巡逻"任务，空袭那些被怀疑是伊军雷达、通信设备以及生产生化武器的地方。

建立"禁飞区"和难民安全区，使解决库尔德问题有了一个库尔德人能接受的方案，"禁飞区"是海湾战争的产物，受益

者是伊库尔德人，美、英等国。美英"禁飞区"在政治上对伊进行制约，军事上剥夺、控制了伊拉克制空权。美、英、法三国占据空中绝对优势，禁止萨达姆政府任何空中活动，甚至包括民航飞机，使伊拉克陷于"无空权"境地，失去空中主权。

7月15日，美国等多国部队撤出伊拉克，驻扎在土耳其南部，由一支3500人组成的快速反应部队，继续对库尔德人提供保护，加强对伊北部的控制。

伊拉克政府拒绝承认由美英单方面划定的"禁飞区"，其重要理由是，它未经联合国批准，无任何形式的法律授权，无任何法律依据的支持，被视为非法。1999年12月，法国宣布退出美、英两国在伊北部"禁飞区"的飞行侦察、监视活动。

9. 库尔德政府和库尔德议会

1992年5月，在美国支持下，伊拉克库尔德人举行历史上第一次议会选举，[①] 6月，成立了库尔德议会；7月，成立了库尔德政府；此外，建立了库尔德军队，发行使用库尔德货币，公开与伊拉克中央政府分庭抗礼。在库尔德政府中，库尔德爱国联盟与库尔德民主党的势力各占一半，权力平分，巴尔扎尼派出任议会议长，塔拉巴尼派出任政府总理。在美、英、法军事力量干预下，萨达姆政府无力施展权力控制局势，伊拉克库尔德人实现了梦寐以求的建国目标。

不过，这个库尔德议会和库尔德政府均未得到中央政府的承认，它远远超出了萨达姆政府允许在库尔德斯坦地区实行民族自治的底线，也未得到国际上任何国家的承认，处于"名不正、

---

① 1992年5月19日，伊拉克库尔德斯坦国民议会宣告成立。库尔德人选举出105名议会议员，其中包括100名库尔德穆斯林和5名基督教徒。国民议会大选是由北部4省库尔德反对党组织举行的，目的是成立库尔德斯坦各党派统一阵线。大选得到美、英的支持和保护，驻守在土耳其境内多国部队的大批直升机和喷气战斗机在选举之日低空盘旋，以确保大选顺利进行。

言不顺"的状态。为避免引起周边邻国土耳其、叙利亚及伊朗库尔德人群起效仿，发生多米诺骨牌的连锁反应，美、英在这个问题上较为谨慎，美、英支持库尔德人推翻萨达姆政权，而非建立独立的库尔德民族国家，两者有本质区别。

萨达姆政府对此十分无奈，但也不能听凭库尔德人在北部闹"独立"，政府采取切断库尔德人食品、药品、能源、燃料等供应的手段，取消了库尔德公务员的薪金、养老金、社会保险等措施。由于伊拉克处在严厉的国际制裁中，库尔德安全区成了萨达姆政府难以触及的"独立王国"。

10. 与周边国家库尔德人关系

库尔德人分布于土耳其、伊拉克、伊朗、叙利亚、阿塞拜疆等国家，是所在国内部一支重要的政治力量。由于库尔德人的民族凝聚力很强，分散在各国的库尔德人均强烈要求民族独立或自治，并在各国之间相互呼应和支持，对所在国的安全与稳定造成直接影响。因此，有关各国都面临着库尔德民族难题。

在地缘政治中，库尔德人问题非伊拉克一国问题，而是几个国家共有的问题。伊拉克与邻国政府在反对库尔德人闹独立上，彼此立场默契。在条件适宜的情况下，它们可通过联手合作打击库尔德人的武装，以防止库尔德人谋取独立的活动引发连锁反应。土耳其与伊拉克和伊朗、两伊之间都有阻止库尔德人闹独立的协议，甚至萨达姆有时对土耳其越境围剿本国库尔德人也持默不作声的态度，这对库尔德人的发展具有一定牵制作用。甚至美国也担心若允许库尔德人建立独立国家，将势必影响地区稳定，周围国家政府将群起反对。另外，美国也避免伊拉克分裂为两个或三个小国，引发地区动乱。因此，在库尔德人建国问题上美国的态度不明确，实际上持不支持立场。

某些库尔德组织常进行跨国反政府行动，一些国家便越境追击，常造成与邻国关系紧张。如，土耳其军队经常不取得伊拉克政府同意，就擅自进入伊拉克境内搜寻打击土耳其库尔德工人党武装，招致伊拉克的强烈不满和抗议。

两伊经常利用对方库尔德少数民族，进行反对方政府的颠覆活动。伊朗采取支持伊拉克库尔德反政府组织的手段，削弱和牵制伊拉克当局。伊拉克的什叶派又将伊朗作为反政府活动的大后方和策源地，伊拉克什叶派伊斯兰革命最高委员会总部就设在伊朗，其主要领导人大都流亡伊朗。

叙利亚与伊拉克因库尔德问题也有不和。叙利亚在两伊战争后期，采取了支持伊拉克库尔德人反政府的立场。

11. 伊拉克战争后的库尔德人

海湾战争后，库尔德两大派虽分歧依旧严重，但在反萨达姆政权的斗争中却经常能通力合作。美国一直把北部库尔德人聚居区作为"倒萨"基地，与库尔德各派密切合作。

2003 年伊拉克战争中，库尔德人参加了美英联军对伊拉克发动的"倒萨"战争。他们在开战之前就积极扮演了里应外合的角色，是布什政府"倒萨"的内部盾牌，战争中库尔德人成为"倒萨"联军的组成部分。战后，在美英联军的保护下，2004 年 6 月 1 日伊拉克临时过渡政府成立，库尔德人获得副总统和副总理两个重要职务，在内阁中得到外交部长和国防部长两个要职，取得了空前的政治地位。

（三）土库曼民族

土库曼人在伊拉克有 300 万，人口仅次于库尔德人。在伊拉克战争结束后成立的临时管理委员会中，库尔德人按照人口比例占了 5 个席位，但是土库曼人只占 1 席，土库曼人为此举行了游行示威，表示强烈抗议。

（四）犹太民族

伊拉克犹太人的历史可追溯到公元前 6 世纪新巴比伦王国时期，他们是富有的异教徒，从乡村徙居到城市居住。

历史上，犹太人曾建立了两个犹太国家，北方的以色列王国，定都撒马利亚；南方的犹太王国，定都耶路撒冷。这两个犹太王国分别亡于亚述人和迦勒底人之手。公元前722年，亚述人进攻北部以色列王国，攻占了首都撒马利亚，灭以色列王国。20年后，亚述帝国向南部的犹太王国发动了进攻。公元前598年和公元前587年，新巴比伦王国的国王尼布甲尼撒二世曾两次大举进攻耶路撒冷，公元前586年，耶路撒冷在被围攻长达一年多后，被尼布甲尼撒的军队攻破，惨遭劫掠和破坏，犹太人的圣殿被毁，耶路撒冷一片血海和战火，南部犹太王国最终被新巴比伦王国所灭。从那时起，伊拉克与以色列结下了死仇。

许多世纪以来，伊斯兰教都在影响犹太人。伊拉克的犹太人大都聚居在巴格达。20世纪20年代，"巴格达的犹太人占总人数的1/3。到40年代，伊拉克讲阿拉伯语的犹太人已达12万，是阿拉伯东部犹太人最多的国家。"[①] 据统计，"1948年，伊拉克的犹太人达16万~18万人，其中居住在巴格达的犹太人不低于10万，其余分布在伊拉克各地。"[②] 值得指出的是，巴格达犹太社团从巴比伦王国时期到现在一直在坚持活动，从未中断。

20世纪30年代后期，随着泛阿拉伯主义势力的日益扩大，伊拉克人反对犹太人的倾向抬头。1938年8月，巴格达爆发了反对犹太人的示威游行，犹太人的住宅区不停地发生爆炸。阿拉伯委员会与德国纳粹分子相互勾结，伊拉克的福图瓦青年组织和穆萨纳俱乐部等一些组织掀起了反犹太人运动。伊拉克的犹太人在阿以冲突期间沦为社会的"贱民"。从1967年开始，复兴党政府向伊拉克人民灌输反犹思想，政府认为，阿以战争的失败应

---

① 〔美〕萨米尔·哈里勒著《萨达姆的伊拉克》，汤玉明等译，西北大学出版社，1991，第180页。

② M. H. Shulewitz ed. , The Forgotten Millions——The Modern Jewish Exodus from Arab Lands, Cassell, London, 1999, p. 87~88.

该由犹太人负责。犹太人在伊拉克成了反犹太主义的牺牲品，成为阿以战争阿方失败的替罪羊。

1941 年、1967～1970 年，伊拉克发动了两次大规模反犹太人运动，这与泛阿拉伯主义势力密切相关。阿里夫在执政后期，实施了一系列的反犹太人的政策，如犹太人的财产被没收，流动资金被冻结，经济合同、政府奖学金、新的就业机会均被取消；伊拉克各大学颁布了多项限制犹太人入学的规定，并对犹太学生人数加以限制。在 1967 年阿以战争和 1968 年 7 月复兴党武装夺权期间，大约有 100 名犹太人被监禁。[①]

伊拉克复兴党执政后，出现了层出不穷的犹太人"间谍"案。1968 年 10 月，伊拉克政府说，在巴士拉破获了一个犹太复国主义间谍集团，17 名犹太人被押送到巴格达的一个军营，然后又被带到复兴党的审讯中心。1970 年 1 月 5 日，伊拉克公审了第一批"间谍"，17 个被告当中有 13 个是居住在伊拉克的犹太人。不久，他们在解放广场被处以极刑。[②]

长期以来，伊拉克阿拉伯人与犹太人关系紧张，与以色列呈敌对状态，犹太人成为阿拉伯民族共同的敌人，反对犹太复国主义和以色列一直是伊拉克复兴党政权一面不可缺少的旗帜。因阿以冲突的原因，绝大多数犹太人已经离开伊拉克，回到以色列定居，现居住在伊拉克的犹太人仅为数十人。

三 语言

伊拉克官方语言为阿拉伯语，通用英语。北部库尔德地区的官方语言为库尔德语，也使用土耳其语。东部地区少数部族讲波斯语。

---

① 〔美〕萨米尔·哈里勒著《萨达姆的伊拉克》，第 50 页。
② 〔美〕萨米尔·哈里勒著《萨达姆的伊拉克》，第 307 页。

四　宗教信仰

拉克是个多宗教信仰的国家，除主流宗教伊斯兰教外，还有基督教和犹太教等，下面分述各宗教情况。

（一）伊斯兰教

伊拉克是伊斯兰教国家，全国居民绝大部分（占96%）信仰伊斯兰教。宪法规定，伊斯兰教为国教。

伊拉克穆斯林分为逊尼派和什叶派，两派分布地域不同，生活在不同的地理区域，主要分布地区如下：居住在北部和西部的阿拉伯人、贝都因人、库尔德人、土库曼人及巴格达和巴士拉的多数居民大都属于逊尼派。什叶派穆斯林居住在巴比伦省以南的卡尔巴拉省、纳杰夫省、卡迪西亚省、米桑省等。南部城市纳杰夫是什叶派的宗教圣地，纳杰夫的神圣地位在什叶派穆斯林心目中甚至超过麦加的地位，因为什叶派首任伊玛目阿里的灵柩安葬于此。中部城市卡尔巴拉也是什叶派穆斯林的另一重要圣地，这是阿里之子侯赛因的殉难地。

1. 逊尼派

伊斯兰教的主流派别，他们坚持前四任哈里发的正统性和合法性，接受哈里发帝国的政治现实，奉《古兰经》为真主的启示，逐渐成为大多数穆斯林接受的体制。

伊斯兰教派的产生首先是政治原因所致，即由确立穆罕默德继承人问题引发，最终分为逊尼派和什叶派两大教派。逊尼派亦称为正统派，人数众多。不过，逊尼派在伊拉克却是少数派，约占穆斯林的38%。伊拉克长期掌权的一直是占人口少数的逊尼派。

逊尼派与什叶派对继承人合法性存在分歧，这起源于伊斯兰教历史上四大哈里发时期，四任哈里发是贝克尔、欧麦尔、奥斯曼和阿里，都是经众议推选而产生，逊尼派承认四任哈里发的合

法地位和权力。

2. 什叶派

伊拉克什叶派穆斯林人口众多，有 1400 万左右，占全国人口的 58% 以上。什叶派最初只是作为拥护伊斯兰教创始人穆罕默德、第四任正统哈里发（继承人）阿里的一个政治集团，以后逐渐发展，有了与逊尼派不同的教义。什叶派与逊尼派最大的不同是，认为穆罕默德的堂弟和女婿阿里及其 11 个直系子孙才是先知合法的继承人，才有资格继承哈里发，什叶派将哈里发称为伊玛目，伊玛目是最高的宗教领袖。

伊拉克是什叶派的故乡，库法是什叶派的发祥地，什叶派的重要圣地都集中在伊拉克。伊拉克什叶派和逊尼派人口结构与权力分配严重失衡，什叶派占全国人口的多数，长期处于无权地位，而占人口少数的逊尼派阿拉伯人则居统治地位，于是，什叶派争取权力始终是伊拉克历届政府需要处理的大麻烦。一直处于被统治地位的什叶派，为争取自身权力和利益，向逊尼派统治者发起过无数次挑战，都以失败告终，他们受到严厉的压制，被排斥在国家最高权力之外。

什叶派与萨达姆政府的关系早在两伊战争爆发前就已严重恶化。1974 年和 1977 年，当局两次出动军警驱赶参加反政府示威游行的什叶派，数百人遭逮捕后被判刑或处决。之后，又有不少什叶派领袖先后遭到杀害，造成什叶派许多人逃离家园，到国外寻求避难。

1980 年两伊战争爆发，部分什叶派持支持伊朗的立场。因受到伊朗输出伊斯兰革命的鼓动，一批什叶派组织在伊拉克境内纷纷建立，它们主张通过伊斯兰革命推翻萨达姆的复兴党政权，建立伊朗模式的伊斯兰共和国，这一政治目标使它们与政府关系进一步恶化。两伊战争期间，一些亲伊朗的什叶派逃到伊朗，在伊朗境内成立了"伊拉克伊斯兰革命最高委员会"，以统一伊拉克各伊斯兰组织并推翻萨达姆政权为己任，总部设在德黑兰，主席是哈吉·伊斯兰·哈基姆。该组织得到伊朗的大力支持，它的下属分支团体多达十几个，大多建立于 1980 年前后。什叶派从事反政府活动最活跃的时期在两伊战争期间，也就是霍梅尼极力煽动伊拉克什叶派起来造反时。伊拉克什叶派与伊朗什叶派存在渊源关系，同属一个派系。为避免伊拉克的什叶派响应霍梅尼建立伊斯兰共和国的号召，因而伊拉克什叶派备受萨达姆政府的严密监视。

1991 年 3 月，海湾战争结束，萨达姆政权处于极困难时期，伊拉克什叶派趁机在南部地区掀起大规模反叛活动，占领了巴士拉等一些城市，严重威胁到政府的执政安全。萨达姆政府调动军队，镇压了什叶派的反叛。

2003 年伊拉克战争后，什叶派的命运发生根本转机，成了战争的最大受益者。战后，在 2004 年 6 月 1 日成立的伊拉克临时过渡政府中，什叶派获得了史无前例的政治权力，赢得伊拉克临时过渡政府总理、副总统等要职。伊临时过渡政府实施总理内阁负责制，由总理执掌实权。总理由什叶派穆斯林伊亚德·阿拉维出任。总理内阁制规定，总理权限最大并拥有实权。由此看来，什叶派登上了国家最高权力宝座，首次执掌大权。此外，什叶派还在内阁中获得 3 个重要部长职务，即财政部长、石油部长和卫生部长。

2005 年 1 月 30 日，在伊拉克临时国民议会大选中，什叶派获得多数席位，再次确立其在伊拉克的政治地位。同年 4 月 7 日，前临时过渡政府副总统易卜拉欣·贾法里获总理职务。

（二）基督教

伊拉克国内有少数人信奉基督教，基督教徒人口原有 100 万，后逐渐减少，现估计有 70 万左右，约占全国人口的 3%。伊拉克的基督教徒是迦勒底人的后裔，属于天主教（亦称东正

教）。基督教徒也建有社会组织，主要是亚述民主运动。

伊拉克历届政府对基督教的政策基本上比较宽松，在伊斯兰教占据社会统治地位的大背景下，前萨达姆政权奉行世俗政策，对基督教和犹太教的立场迥然不同，对基督教徒采取拉拢政策，尤其是对基督教徒中的精英还十分重用，伊拉克前副总理阿齐兹就是一名基督教徒。

伊拉克的基督教徒与穆斯林能和谐共处。生活在主体为穆斯林的伊斯兰世界当中的基督教徒，他们的生活环境较为宽松和自由，能自由地进行宗教活动。他们主要聚居在北部地区摩苏尔、埃尔比勒和基尔库克等地，在巴格达也有基督教的小规模独立社区。基督教徒中的一半聚居在摩苏尔，摩苏尔有 7 个基督教徒聚居村，这里还建有多米尼肯女修道院。

基督教徒在伊拉克虽是少数群体，但政府一向重视向他们提供宗教活动场所，基督教徒生活的地方都建有基督教堂，他们可以经常举行重大的宗教活动或仪式，庆祝宗教节日。

2004 年 8 月 1 日，伊拉克基督教聚居区发生了重大恶性恐怖事件，5 座基督教堂相继发生连环爆炸袭击，至少有 20 人死亡，百余人受伤。这 5 座教堂是，位于巴格达市中心卡拉达大街上的一座亚美尼亚人的教堂、位于同一条街上仅有 400 米远的一座亚述人的天主教堂、巴格达南部杜拉区的两座教堂和摩苏尔市中心穆罕蒂斯奈区的马尔·布里斯教堂。

（三）叶基德派

叶基德派属于占主流的伊斯兰教世界内另类的宗教信仰集团，他们与库尔德民族属于同一种族，使用库尔德语，他们认为世界上只有孔雀天使才是灵魂不灭的象征。[①] 该派信徒人数不多，具体数字尚不详。

---

① 李树藩等主编《最新各国概况》，长春出版社，1993，第 141 页。

（四）宗教政策

关于伊拉克政府奉行的宗教政策，伊拉克颁布的几部临时宪法均规定，伊斯兰教为伊拉克国教。伊拉克历届政府都奉行政教分离政策，禁止宗教干预国家政治和国务。复兴党奉行宗教自由，认为伊斯兰教是阿拉伯民族的传统信仰，是阿拉伯人的文明遗产，是一种社会现实，反对宗教政治化，反对将伊斯兰法作为当今社会的法律基础，也不主张把伊斯兰法作为现代公民生活的准则，否则，社会必将走向分裂和倒退。复兴党强调各教派的团结，以防止外部敌人利用宗教矛盾挑拨离间。

伊拉克复兴党政府对什叶派的宗教高等院校、宗教出版物进行严格的控制和检查。在伊拉克发生的宗教重大事件中，什叶派宗教人士遭迫害的事时有发生，尤其是在南部纳杰夫什叶派的圣城，这里宗教事端发生频繁。萨达姆政府对什叶派采取高压与安抚并重政策，以减少什叶派给政府找麻烦。不过，什叶派穆斯林对萨达姆政府依然不满。

（五）宗教机构

伊拉克复兴党政府在宗教事务管理上设置了"宗教基金事务部"，负责管理伊国内及对外的重大宗教事务。该部下设：部务委员会、部长办公室（处级）、计划和执行司、教派司、宣传司、公共关系处等。另外，在卡尔巴拉省、纳杰夫省、萨拉丁省等设立了宗教局。

第四节 民俗与节日

一 民俗

伊拉克的民俗习尚与伊斯兰教的主张密切相关，完全沿袭保持了伊斯兰教所倡导的传统习俗。

（一）服饰

伊拉克人的服饰既蕴涵着传统习俗，也不乏现代气息。由于受国际礼仪潮流的影响，男人在外交场所或正式场合经常西装革履，打领带。妇女则是正式套装或套裙。这种穿戴大多适合于政府机关的官员和职员，而大多数人依然喜欢传统装束。

1. 男人服装

像伊斯兰国家的所有穆斯林一样，传统的阿拉伯长袍是伊拉克男人服饰的主要款式。长袍通常为宽袖，长及脚踝，颜色为黑色、灰色、深蓝色或白色。什叶派穆斯林的长袍一律为黑色，主要是表示对第四任正统哈里发阿里（先知穆罕默德的后代）在库法殉道的深切哀悼，以示尊敬。阿拉伯长袍无尊卑等级之分，做工简单，衣料质地随意或根据经济条件而选择，多为棉布。随着社会的发展，伊拉克受到西方文化的冲击，服装发生了不小的改变，但传统阿拉伯大袍因宽松舒适而依然受欢迎。另外，缠头也是一大特点。男人头缠白色头巾，身着肥大的长袍，这是典型的阿拉伯民族服装。伊拉克男人的包头巾别具特色，属沙漠环境的习俗，与帽子的功能一样，冬季能抵御寒冷，夏季能遮阳防晒。头巾多是一块白布或双色格布，戴在头上，然后再套上一个头箍固定。

许多年轻男士着装款式多样，喜欢西装革履、衣冠楚楚，在外交场所，穿西装、打领带、穿皮鞋。男青年更愿追赶时髦，牛仔裤、T恤衫、夹克衫、运动服等都很流行。

2. 妇女服饰

穿衣戴帽在伊斯兰世界是重要的宗教礼仪，非小事情。伊斯兰教对穿戴有明确规定，要求妇女在公共场所或外出时必须把全身都包起来，尤其是在宗教节日或进入清真寺做礼拜时，更要严格地从头到脚全部裹起来。头戴面纱，身着大黑袍是伊拉克妇女的传统宗教服装，面纱很薄，并不影响视线和看物，然而外人却不能看见主人的真面容。妇女一年四季都不穿长裤，只穿裙子或外披大斗篷。已婚妇女的大斗篷一律为黑色，以示庄重。

现今，传统上必须戴的面纱已逐渐被淘汰，不过在边远地区仍然流行，但城市妇女大多已摘掉了面纱，取而代之的是艳丽的服装。受外来西方文化的影响，城市姑娘衣着款式大都十分入时，城市服饰已经是东西方服装款式共存、传统与现代相结合了。

3. 饰物与化妆

与所有阿拉伯国家的妇女一样，伊拉克妇女喜爱化妆，几无不化妆的女人，而且是浓妆艳抹，涂浓浓的口红，描眼眉、眼袋十分盛行。妇女的服装看起来简单，其实不然，在她们的大袍子里面五光十色，富有者甚至佩带一大串金手镯，浑身上下都戴着金银首饰，耳环、耳坠一环又一环，项链一圈又一圈，戒指、手镯、脚饰应有尽有。喜欢使用香水，香水的品种很多。

巴格达是国际大都市，与世界其他大都市别无二致，一些人喜欢追赶世界服装潮流，穿着新潮。伊拉克人接受西方文化很快，国际上流行的各种服装在巴格达都有。尤其是大学生喜欢穿牛仔裤，紧身衣也比比皆是。冬季，着运动服、夹层风衣（改造了的阿拉伯长袍）、旅游鞋的很普遍。一些人穿着随便，土洋结合，在传统阿拉伯长袍上套上一件西装，脚下穿上一双进口高级皮鞋。身着现代裙装的女士，头上顶块白色或蓝色的阿拉伯头巾也很自然时尚。

（二）饮食

饮食是一种文化，它能反映出不同民族的生活习惯和文化思维等特点。伊拉克人的饮食与众多阿拉伯国家有许多相同之处，也有其独特之处，饮食品种很多，具有浓厚的阿拉伯民族饮食特色。

面食 是阿拉伯人的主食之一。夏天，人们要储备好全年用的麦子，先把小麦放在大桶里蒸煮，然后放在平顶房子上晾干，

再磨碎、过筛，分出粗粮、细粮等不同的三类。最粗的一类叫作"萨米德"，人们常用它煮稀饭或做"布丁"；中粗的一类用来做"塔布里"或"克贝"；最细的是精面粉，大都用来烘烤传统的面包。

"胡卜兹" "胡卜兹"是伊拉克人对面包的称呼，人们十分喜爱吃这种烤面包，是日常生活离不开的主食。市场上有许多销售"胡卜兹"的面包房。烤制"胡卜兹"的灶具十分简单，一般是在很大的烤炉上烤制，这与中国新疆维吾尔族的烤馕类似。十分有趣的是，人们在吃"胡卜兹"时大都将瓤去掉，只吃面包皮，相信这种吃法利于减肥。

抓饭 米饭是伊拉克的主食之一，著名的阿拉伯抓饭就是米饭的一种。在米饭蒸熟后，再与羊肉、牛肉或鸡肉上锅炒，浇上肉汤、葡萄干和香菜焖制，经常还加入少许香料提味。抓饭色泽诱人，呈浅黄色，味道鲜美，简单并富有营养，十分可口。由于人们一般直接用手抓着吃，不使用刀、叉等餐具，因此有抓饭之俗称。"库兹"是一种伊拉克最通常的羊肉夹饭。

克贝 克贝是一种油煎的锅饼，类似我国的馅饼，但它的馅不是包在中间，而是与面粉搅和在一起，一般是用肉、香芹菜、松仁、核桃仁及其他蔬菜和香料做馅制作而成。

夹馅面包 面包切开一半，里面夹上肉饼、洋葱、辣椒、西红柿、果酱、香菜、蔬菜、黄油或奶酪等，类似三明治。

粥 除面食和米饭外，人们日常喜欢食用粥。百姓家中常吃的粥是用小扁豆、大麦、大米、黍子等为原料，加上植物油一起煮成稀粥。

烧烤类食品 烤鱼、烤鸡、烤全羊及烤肉串是伊拉克人传统食品，也是几道大菜和特色菜。烤肉，伊拉克人在吃烤肉时具有独特的传统。羊肉不洗，直接烧烤，因为《古兰经》认为羊是洁净的动物。而食用牛肉和骆驼肉等则必须要清洗干净后才能烹制，这是由于阿拉伯人的祖先是游牧民族，一次就能吃掉一只羊，而大牲畜则需要保留多日，因天气炎热不宜保存容易变质，必须用水清洗干净才能除掉臭味儿。烤鱼，巴格达烤鱼最具阿拉伯特色，是伊拉克的名食，鱼大都是从底格里斯河中打捞上来就立即下锅烹调，鲜美无比。另外，马斯库夫是一种著名的伊拉克风味烤鱼。烤肉串，烤肉串在伊拉克是到处可见的大众食品，把牛、羊肉切成小块儿，穿在铁钎子上用火烤熟，切成片夹在薄饼或面包里，吃时配上洋葱、西红柿和各种蔬菜。茄包，把茄子掏个洞，在茄子洞里放入米饭，蒸熟后食用。

甜食 甜食一般是面点和糖果，是伊拉克人酷爱的食物，制作特点是放入大量的糖，味道极甜。加入油和香料的点心，每层之间都有各种蜜饯、核桃、芝麻等，或加上雪白的椰丝或糖丝，这种点心格外受欢迎。蜜渣是一种小点心，呈糊状，盛在小碟子里，然后用面包蘸着吃。此外，具有阿拉伯浓厚特色的果脯，用芝麻、花生、核桃等制作成的油质酥糖也十分出名。

"舒尔白" 阿拉伯语意思是"汤"，极富阿拉伯特色，经常是将各种蔬菜与番茄酱一同烹制而成（几乎是煮）的汤，是餐桌上必备的一道佳肴。

沙拉 用切碎的西红柿、柿子椒、香菜末搅拌，淋上橄榄油制成。或是在土豆泥上撒上香菜末即可。

饮料 在伊拉克有一种饮料，它是用风干后的薄皮橙子泡制而成，对人体的作用与浓茶相似，具有生津止渴、消乏提神的功效，味道稍微带有酸味。

水 伊拉克人传统上盛水的罐子非常特别，是用黏土掺进一些炉灰烧制而成。罐子上特制有许多小孔，装上水后，罐子就会"出汗"，里面的水一边蒸发、一边冷却，水温比气温要低 5 ~ 6℃左右，喝起来很解渴。马路上，有很多这种水罐。20 世纪 70 年代以后，伊拉克经济达到了中等收入国家，人民生活水平极大

地提高，饮用水也实现了现代化，巴格达的路边饮水处已很少使用水罐，取而代之的是自来水饮水处，这种水已经过消毒，完全达到卫生标准，可直接饮用。

蔬菜 伊拉克人烹调蔬菜与中国完全不同，每道菜都放入大量的番茄酱调制，最大的特点是烹制得很烂、很软，已经吃不出蔬菜原有的味道，这是伊拉克食用蔬菜的一大特色。

泡菜 由于气候炎热的原因，伊拉克人很喜欢吃带有酸味的菜，无论是菜或汤都配上酸料。各类蔬菜都可以制作成酸菜，如多种颜色的橄榄（黑色、绿色、混合色）、酸黄瓜、酸萝卜、酸圆白菜、酸茄子，等等。人们日常习惯吃生菜，许多蔬菜都能够生吃。

食用油 玉米油、葵花子油、花生油和橄榄油为常用食用油。

饮茶 伊拉克人爱饮茶，以红茶为主，由于天气炎热，人们喜欢冷饮，但惟有喝红茶是热饮。伊拉克人喝茶习惯与其他阿拉伯国家一样，一天需饮用数次。他们习惯以茶待客，浓浓的茶香使人深感亲切。无论你走到哪里，到朋友家做客或会见政府官员、教授、校长等，人们首先会请你喝上一小杯（相当中国 8 钱的酒盅大小）红茶，还会拿出西瓜子、葵花子、鸡豆、花生、无花果、阿月浑子等干果热情地招待客人。浓浓的、甜甜的红茶是最好的礼遇，一杯茶过后，接下来就是喝冰水或凉水。伊拉克人日常习惯喝生水，不喝开水。

咖啡也是常用饮料，人们在喝咖啡时有时会放些砂仁（小豆蔻），在招待客人喝咖啡前，主人倒出一小杯先喝，这是表示对你非常尊重，现在喝咖啡的人越来越多。可乐、果汁、矿泉水、牛奶等也是普通饮料。另外，抽水烟是伊拉克人的一大爱好。

饮茶习惯 伊拉克人每天必喝红茶，巴格达等城市的街头巷尾都开有茶馆，人们喜欢去茶馆品茶和聊天，亲朋好友聚会更少不了红茶。在巴格达的大街小巷到处都能看到身背小茶炉或铜茶壶，手持茶具（茶具的卫生实在不够标准）四处叫卖的卖茶水人，他们穿梭于热闹的街道，一股股的茶香散发在空中。

饮茶的方法很多，先在杯中放入白糖或糖块，之后把茶水冲入即可。喜欢喝浓的人习惯煮茶，方法是将茶叶放入茶壶，冲满水，放在茶炉上煮，当茶水颜色变浓时，用滤勺将茶叶滤掉，即可饮用。红茶有不同的煮法，有不同的名称：清茶，一般是煮开即成的红茶；醇茶，用文火较长时间慢工夫煮制而成的红茶；浓茶，用开水煮成后味道苦、色泽黑的红茶；淡茶，这是另一种茶，在浓茶中对入一半白开水；蜜茶，放置大量糖的红茶；香茶，放入少量白糖的红茶；酸茶，用柠檬汁调制成的柠檬茶，为酸茶。伊拉克人相信每天饮茶有利于健康，一些人喜欢甜茶，喝茶方式新奇，边舔糖边喝茶，更有甚者有人干脆把糖罐摆在眼前，随喝随加糖。

饮食特色 独特的生活习惯养成了人们的饮食习惯，凉、冰、甜、酸、生、烂为伊拉克人所喜爱。凉，人们喜欢喝凉水，吃凉的食品。甜，即喜欢特别甜的食品和饮料，甜点具有极甜的特点。酸是另一大特色，烹调蔬菜时一般都放置大量番茄酱，红红的颜色，酸酸的味道。主要蔬菜都可制作成酸菜，如酸黄瓜、酸萝卜、酸茄子、酸圆白菜、酸橄榄等，十分爽口。生，人们喜欢吃生菜，绿色菜末与西红柿丁、黄瓜丁和柠檬汁搅拌在一起，很能促进食欲。烂，所有蔬菜烹制得很烂，已品尝不到蔬菜原本的味道。

水果 伊拉克水果品种很多，其中椰枣闻名于世。椰枣常年都有，被誉为"四季水果"。伊拉克人把枣椰树称之为"永恒之树"，这是因为枣椰树在炎热的季节，能够深深扎根于干旱的土地，枝叶四季常青，终年不凋，寿命长达百年之久，具有极顽强的生命力。椰枣具有极为丰富的营养，是伊拉克人不可缺少的一种食品，市场上各色品种、各个等级的椰枣应有尽有，其价格也大不一样。伊拉克各地都种有橙子树，南方气候十分适宜橙子生长，圣城卡尔巴拉还有橙子之乡之美称。橙子有甜橙和酸橙两种，甜橙十分可口，尤其脐橙更甜。到市场购买橙子一定要买甜橙，否则买到酸橙就难吃了，又苦又酸。葡萄是广受欢迎的水果，巴格达家家户户都种有葡萄。

（三）居住

20世纪80年代，伊拉克人的居住条件很好，上层高收入家庭的住房十分豪华，是宫殿式的，十分讲究。中等收入者都有私宅，房子为别墅式，有两三层高，独门独院，四周有围墙，院内有花园、草坪、果园、车库等。住房宽敞，有内、外客厅。

海湾战争之后，人民居住条件大大下降，居住环境恶化。萨达姆政府为解决居民住房，大量兴建单元式楼房，以低廉的价格出售给收入较低的政府职员和工人，同时为私人建房者提供优惠贷款。

相比之下，农民的住房条件相对较差，许多房屋是用泥土垒起来的，据说这种泥土建的房子具有冬暖夏凉的特点。农村住房比较宽松，间距较远，一些住宅是茅屋或窝棚。现在农村的住宅有些是水泥结构或灰泥结构。城市住宅比较拥挤，楼房相互间距很近。

2003年3月美英联军对伊拉克发动战争后，许多民宅遭到严重毁坏，人们的居住条件和环境明显下降。据不完全统计，有数以万计的家庭因战争而失去住所，他们只能临时栖息在废弃的军营或被炸毁的大楼内。

（四）婚姻

在社会生活中，结婚在伊拉克人心中是人生大事，备受重视。一般情况下，父母有权决定、包办子女的婚姻大事，家中已婚的长子也拥有绝对的发言权。结婚程序一般需要经过求婚、订婚和婚礼三大过程。求婚是指男方家人需要正式向女方家求婚，在被征得同意后方可履行订婚程序。订婚之前，待出嫁的姑娘要独自一人在房间里虔诚地念诵《古兰经》，以求"安拉"能够宽恕她即将离开养育自己成人的父母双亲，同时祈求"安拉"保佑自己能获得幸福，赐予吉利，万事如意。

订婚仪式一般在女方家中举行，订婚的主要内容是，商定彩礼数额、首饰数量，定下结婚具体日期。订婚仪式既可以简单也可以复杂。简单的仪式只有男女双方的父母双亲参加，复杂的仪式则由双方的全体家庭成员参加，并邀请教长、名人或邻居作为证婚人出席。讲究一些的还可以举行隆重的订婚仪式，其盛大场面甚至不亚于正式的结婚仪式。

订婚后，双方家人便开始做一系列的结婚准备，结婚仪式就进入了倒计时。女方家需要置办嫁妆，男方家需准备彩礼和结婚用品。现今，新郎家为新婚夫妇提供的"彩礼"数额一般约需50万第纳尔，合350美元。举行婚礼是正式结婚的重要标志，婚礼一般要持续三天以上时间，其间人们穿上最漂亮的衣服，佩戴最昂贵的首饰，尽情地载歌载舞，品尝美味佳肴。

许多伊拉克人的婚姻还是近亲结合，伊拉克前总统萨达姆与原配夫人萨吉达就是堂兄妹关系。表亲在伊拉克人的婚姻中很普遍，叔表亲和姨表亲通婚十分流行，这是非常古老的传统习俗，娶叔叔的女儿或舅舅的女儿是亲上加亲，把堂妹或表妹娶进家十分正常自然。家族联姻、同族联姻属于传统的婚姻观念。伊拉克现代人也已懂得近亲结婚的危害，正在逐渐打破近亲结合的习俗，走向文明生活。同时，父母也已开始尊重子女在婚姻上的自主选择。

《古兰经》允许每个穆斯林男子可以娶4个妻子，但在实际生活中并不流行。由于现代伊拉克人追求男女平等，多妻制已大大减少，绝大多数人自愿选择一夫一妻制。作为伊斯兰教国家，伊拉克人的离婚率很低，夫妻关系大都稳定。与其他伊斯兰国家一样，男人享有休妻的权力，不必去法院，仪式极为简单易行，通常男人只要对女人连说三声"塔拉克"，就可离婚，表明离婚完成。阿拉伯语"塔拉克"的意思是，我休了你。

伊拉克现在也实行婚姻登记手续，国家设置了婚姻登记处。结婚者需要到结婚登记处正式提出申请，政府发给新郎和新娘结婚证书。伊拉克基督教徒享有宗教自由的政策，他们可在基督教堂举行婚礼。

（五）礼节

伊拉克人以热情、好客、礼貌著称。熟人见面嘘寒问暖，热情有加，先是彼此高兴地打招呼，满嘴不停地说着一串串亲切的问候语，然后行拥抱礼和亲吻礼，亲吻的次数根据双方关系而定，一般关系通常在左右面颊各吻一下，关系亲密者则反复吻多次。在进行这些动作的同时，口中的寒暄语一直不停地涌出，语速极快极流利，就像连珠炮似的滔滔不绝。人们的问候语滚瓜烂熟，问答流畅，外人看来，分外亲热，气氛热烈，十分具有感染力。

寒暄语一般是固定成套的，寒暄的范围和内容无所不包，如健康、工作、家庭、生活、天气、宗教等，面面俱到。浓浓的人情味包围着问候者，相互表达问候与关心，给对方传递一种温暖。

伊拉克人尊崇礼貌和彬彬有礼的社交行为，在人际交往中有文化氛围，有独特的阿拉伯习俗礼节。在外交场合，多行握手礼，握手不能用力，握手后右掌心贴胸表示尊敬或感谢。

在国际社会上，用拇指和食指圈成圆圈表示"OK"，而这个手势对阿拉伯人的意思是"恶毒的眼光"。伊拉克人不使用左手吃饭，认为左手不洁净。男人不能盯着妇女看，更不能触摸，即使是在车站行使检查或在房间搜查，也不能采取他国认为正常的搜身方式。伸出胳膊、掌心朝上、握拳、拇指伸出，表示"停止"。在伊拉克用手指某人的动作是严重侮辱他人。①

（六）割礼

这是伊拉克男孩子的大喜事，亦是重要的宗教习俗，表示已长大成人，是男人人生中一次重大经历。每个男孩子在 12 岁之前，必须完成割礼（即割去阴茎包皮）仪式。伊斯兰教认为，这种古老习俗不仅对身体有益，而且对日后的婚姻生活也大有好处，从医学角度讲，也符合现代医学卫生标准。

（七）丧葬

伊拉克人死后实行土葬，不需要事先看风水，只需在干燥的地方挖掘一个一米多深的墓穴，等待下葬。下葬前，尸体必须先用肥皂水洗净擦干后，然后用白布分三层将全身缠裹起来，放入一个公用的专门木椁里，到清真寺接受洗礼和祈祷（无条件者也可以安排在自家院里完成），由教长（伊玛目）主持殡礼，朗诵《古兰经》相关章节后，将尸体安放入墓穴下葬，屍体面朝麦加方向仰卧，再将公用木椁取出。

二 节 日

伊拉克的法定节日既采用国际通用的公历纪年，同时也使用伊斯兰教历纪年。因此，伊拉克人庆祝或纪念的主要节日便分为三类：① 国际性节日；② 本国政治性节日和其他节日；③ 宗教节日。其中，前两种为固定节日，宗教节日为非固定节日。下面介绍伊拉克的主要节日（按时序）。

（一）固定节日（公历）

新年：1 月 1 日；

---

① 《美军在阿拉伯文化氛围下接受训练》，载 2004 年 2 月 17 日《今日美国报》。

建军节：1 月 6 日；

春节：3 月 21 日；

国际劳动节：5 月 1 日；

革命节：7 月 14 日。1958 年 7 月 14 日，以卡塞姆为首的"自由军官组织"发动军事政变，一举推翻费萨尔王朝，建立伊拉克共和国，这一历史性纪念日曾被定为国庆日。

国庆节：7 月 17 日。1968 年 7 月 17 日，贝克尔率领复兴党军官发动军事政变，建立第二个阿拉伯复兴社会党政权，1980年，伊政府决定，将国庆日改为 7 月 17 日。

（二）伊拉克战争后新增节日

解放日：4 月 9 日。2004 年 7 月 13 日，伊拉克临管会决定，取消前政府所有与萨达姆和复兴党有关的节日，同时将 4 月 9 日（即萨达姆政权被推翻之日）定为全国性假日。

权力交接日：6 月 28 日。2004 年 6 月 28 日，以布雷默为首的美英联军占领当局向伊临时政府正式移交主权。阿拉维临时过渡政府发布公告，将这一日定为全国假日。

（三）伊斯兰宗教节日①

伊拉克的伊斯兰教节日和纪念日很多，与其他伊斯兰国家一样，重大的宗教节日有开斋节、宰牲节和圣纪等。不同宗教教派（什叶派或逊尼派）也有各自特有的节日，纪念方式各有不同。由于伊斯兰教历比公历每年少 10 天左右，全年只有 354 天，故在与公历对照时无固定日期。因此，宗教节日的日期也不固定，随伊斯兰教历而定。

1. 开斋节（伊斯兰教历 10 月 1 日）

这是伊斯兰教最盛大的节日之一，延续三天。伊斯兰教历严

---

① 伊斯兰宗教纪念日计算方法是，月亮圆缺一次为 1 个月，12 个月为一年，单月为 30 天，双月为 29 天，不设置闰月，全年共 354 天。伊斯兰教历以日落为一天之始，故与公历的换算通常有一日之差。

格规定，每年伊斯兰教历 9 月为斋月，斋月最后一天如见新月，次日（10 月 1 日）就为开斋节，若因天气原因不能看见新月，则继续斋戒，开斋节顺延一天。

开斋节到来前的数日，家家户户已忙着提早做各种准备，备足充足的食品，采购首饰、服装和礼品等。富裕家庭有义务向穷人施舍，而且一般会提供最好的食物，让所有的穆斯林共同享受安拉恩赐的生活。开斋节这天，人们聚在一起吃开斋饭，颇具温馨感。每逢此日，穆斯林沐浴，着盛装到清真寺参加会礼，举行盛大的庆祝活动，欢天喜地互相道喜祝贺。此刻，穆斯林皆兄弟、人人平等、不分贵贱高低的宗教人文气氛甚浓。

2. 宰牲节（伊斯兰教历 12 月 10 日）

伊斯兰教历的 12 月 10 日为宰牲节，是穆斯林一年一度在麦加举行盛大朝觐活动的最后一天。在这一天，人们依照伊斯兰教规定，宰羊献祭，以纪念安拉的大仁大慈。宰牲节是穆斯林重大节日之一，放假三天，人们一般利用假期探亲访友，相互拜会，馈赠礼品，沐浴礼拜，举行会礼，赞颂慈惠的真主。

宰牲节的来历是根据一个古老的著名传说而来。相传，先知易卜拉欣在一个夜间梦见了安拉，并受到启示。安拉命他杀其子易斯马仪献祭，以生死观考验他们父子俩对安拉的忠诚程度。易卜拉欣表现非凡，决定服从安拉的旨意，杀掉独生儿子，忍痛献子。与此同时，他的儿子对安拉的忠诚也表现得极为感人，表示赞同父亲奉命行事。当易卜拉欣举刀正要砍下其子的头时，安拉立即启示他可用羊代替其子。而且更令人高兴的是，安拉派遣天使神速地送来一只羊，特许用这只羊取代易斯马仪献祭赎罪。古代阿拉伯人便根据这一传说，开始以宰羊献祭，纪念安拉的慈惠。伊斯兰教承袭了这一古老习俗，确定 12 月 10 日为宰牲节。宰牲节亦称"献牲节"或"忠孝节"，中国穆斯林称之为"古尔邦节"。

3. 伊斯兰教元旦（伊斯兰教历 1 月 1 日）

穆斯林将穆罕默德于公元 622 年从麦加迁徙到麦地那的这段历史称为"希吉拉"，阿拉伯语意为迁徙。这一纪念日是在穆罕默德归真后确立。第二任哈里发欧麦尔统治时，他为纪念穆罕默德在麦加传教时因屡遭麦加贵族的百般迫害，由麦加迁徙到麦地那的历史性日子，定该年为伊斯兰教历纪元，并将该年岁首（公元 622 年 7 月 16 日）定为元旦。

4. 圣纪（伊斯兰教历 3 月 12 日）

伊斯兰教历的 3 月 12 日为先知穆罕默德诞辰纪念日，故称圣纪。一般认为，穆罕默德出生于古阿拉伯太阳历象年元年（公元 571 年 3 月 12 日）。伊斯兰教历 11 年 3 月 12 日（公元 632 年）还是穆罕默德的逝世日，故该日又称之为"圣忌"。因此，这一天极为重要，既是穆罕默德的诞辰日，也是他的忌日。穆斯林在这一天必须去清真寺参加集体礼拜，朗诵《古兰经》，赞颂穆罕默德，聆听教长讲述穆罕默德的生平事迹。

5. 斋月（伊斯兰教历 9 月）

斋月是在伊斯兰教历的第九个月，为期一个整月。斋戒的满月以新月出现为标志，之后是开斋节。伊拉克每年斋月期间为半日工作制。伊斯兰教认为斋月是安拉降示《古兰经》经文之月，是一年中最为吉祥和高贵的月份，也是穆斯林的圣月，斋月必须斋戒一个月。斋月中每日需在黎明前吃好封斋饭，从日出到日落禁止一切饮食、吸烟和禁欲等，日落后才可吃开斋饭。斋月期间，富人每天需向贫穷者施舍斋饭。

据说，每年严格禁食一个月，对健康者的身体大有好处，此外还能锻炼人的意志、品行和忍耐力。当然，《古兰经》也规定了病人、孕妇、哺乳妇女、旅行者可以例外。

6. 阿舒拉节（伊斯兰教历 1 月 10 日）

阿舒拉为阿拉伯语第十的译音。每年伊斯兰教历的 1 月 10

日为什叶派的追悼日。相传这一天是神圣的日子，安拉在此日创造人、天园和火狱等。这一日也被认为是人类始祖阿丹（亚当）、努海（诺亚）、易卜拉欣（亚伯拉罕）、穆萨（摩西）等众先知获救的日子。原为犹太教的赎罪日。公元622年，穆罕默德由麦加迁徙麦地那后，曾将此日定为斋戒日，这一日便成为伊斯兰教的圣日。后来，穆罕默德规定以伊斯兰教第九个月"拉马丹"作为斋月，保留阿舒拉为自愿斋戒日。

阿舒拉节在伊拉克有极特殊的意义，是什叶派最大的圣节，因为这一天是先知穆罕默德外孙侯赛因的遇难日。公元680年，倭马亚王朝（又译伍麦叶）哈里发穆阿威叶去世前，宣布其子叶齐德继承哈里发，伊拉克的穆斯林拒绝承认并奋起反抗，他们向阿里的次子侯赛因发出召唤，拥戴他为伊玛目。侯赛因应库法穆斯林要求，决定赴库法继承伊玛目，这对当时继位倭马亚王朝哈里发的叶齐德构成严峻挑战。侯赛因率卫队及家眷一行百余人离开麦加前往库法，[①] 途中在伊拉克境内卡尔巴拉遭遇倭马亚王朝骑兵的袭击，侯赛因一行奋力拼搏，终因寡不敌众，全军覆没，无一人幸免，倭马亚人残忍地割下侯赛因的首级，立即送往大马士革的朝廷，在大马士革暴晒三天。不久，齐亚德在一片骂声中，被迫将侯赛因的首级送还卡尔巴拉，与尸体合葬。此日恰是伊斯兰教历1月10日"阿舒拉节"，为哀悼侯赛因壮烈殉难，这日被定为蒙难日和哀悼日，什叶派尊侯赛因为殉教圣徒。

什叶派崇拜圣徒和圣墓，"阿舒拉节"一直十分盛大而不寻常，分节前和节后两部分举行，安排有不同的宗教仪式。节前仪式于侯赛因的受难日在巴格达郊区的卡齐麦因清真寺举行悼念活动，以纪念此次战斗和侯赛因受难。节后的悼念仪式主要是纪念

① 侯赛因在穆阿威叶执政时一直隐居在麦地那，穆阿威叶的儿子即位后，他移居到麦加。

"头颅的归来",安排在受难日之后 40 天内在卡尔巴拉举行。

每逢阿舒拉节,什叶派在侯赛因清真寺即侯赛因陵墓举行的纪念活动尤其隆重,纪念活动持续数日,朗诵悼念诗是一项主要内容。最动人心魄的是,侯赛因遇难实况在此上演,再现当年的悲壮场面。数以万计的穆斯林动情地号啕大哭,拼命地自罚,鞭打折磨自身,直到浑身是血,以示哀悼。侯赛因清真寺外墙上涂满了悼念者的鲜血,这源于库法人悔恨当年未去营救侯赛因。纪念活动之所以隆重,皆因侯赛因拥有双重身份,他既是第四任哈里发阿里的儿子,又是先知穆罕默德的外孙,是惟一与先知有血脉关系的人。什叶派穆斯林到该圣地进行朝觐被视为无比的荣耀。

7. 登霄节(伊斯兰教历 7 月 27 日夜)

伊斯兰教历 7 月 27 日为登霄节,亦称之"登霄夜"(夜行)。"登霄"在阿拉伯语中的意思是"阶梯"或"上升"一词的译音。根据《古兰经》17 章第一节的经文记载,相传公元 621 年,穆罕默德在伊斯兰教历 7 月 27 日夜晚,由天使哲布勒伊来陪同,乘一匹白色的"天马"夜行,从麦加飞抵圣城耶路撒冷,在那里"登霄"升天遨游了七重天。穆罕默德见到了古代众先知,其中有易卜拉欣(圣经中的亚伯拉罕)、穆萨(摩西)和耶稣等,并与众先知们谈话。穆罕默德还看到了天园(天堂)、火狱等情景,黎明时返回麦加。后来,穆斯林把耶路撒冷尊为伊斯兰教的三大圣地之一,并把伊斯兰教历 7 月 27 日尊为登霄节,把这夜定为登霄夜。每逢这一日都举行隆重的祈祷、礼拜活动,以示纪念。

8. "盖德尔"夜(伊斯兰教历 9 月 27 日)

伊斯兰教历 9 月 27 日被穆斯林尊为盖德尔夜,"盖德尔"是阿拉伯语的音译,原文意思是珍贵的夜、平安之夜、高贵的夜。根据《古兰经》97 章经文,安拉就是在这一夜通过天使哲布勒伊来开始向其使者穆罕默德降示《古兰经》的经文。这一夜安拉已把世间所有的事都安排妥帖，穆斯林又称它为"前定之夜"。《古兰经》指出："那高贵的夜间，胜过一千个月。"①即在这个夜里，做一件善功胜过平时 1000 个月所做的善事，可获得安拉的最高奖赏，故又有"大赦之夜"之称。

《古兰经》中只记载了该夜在拉马丹月（伊斯兰教历 9 月）中，并没有说明具体日子，人们普遍认为是在斋月的二十七夜。这一夜穆斯林彻夜不眠，举行礼拜、做祈祷，颂扬真主。

9. 法蒂玛忌日（伊斯兰教历 6 月 15 日）

伊斯兰教历 6 月 15 日是穆罕默德之女，阿里之妻法蒂玛的忌日，这一天的夜里，穆斯林妇女要到清真寺去聆听阿訇讲演法蒂玛的功德和德行，然后捐助财物。②

10. 圣诞节（公历 12 月 25 日）

基督教传说中耶稣诞生纪念日。在《圣经》故事中，并未提及耶稣确切的出生日期，但世界各国的多数教会规定，以 12 月 25 日作为圣诞节。届时，伊拉克的基督教徒将举行盛大的祈祷庆祝活动，并放假三天。

11. 复活节（3 月 21 日后月圆后的第一个星期日）

基督教纪念"耶稣复活"的节日。基督教称耶稣被钉死在十字架后的第三日复活。公元 325 年，该节日被定于每年春分月圆后的第一个星期天（于 3 月 21 日至 4 月 25 日之间）。届时全国的基督教徒放假三天，以进行庆祝活动。

---

① 马坚译《古兰经》（第九七章：[3]），中国社会科学出版社，1981，第 479 页。
② 金宜久主编《伊斯兰教概论》，青海人民出版社，1987，第 109 页。

第二章

历　史

第一节　史前和古代文明

伊拉克是世界文明发源地之一，这里的人民早在远古时代十分的艰苦生活中创造出了不朽的古文明，在这块神秘的土地上孕育了世界上最古老的文化，在人类文明发展史上作出的杰出贡献功不可没。两河流域璀璨夺目的古代文明究竟包括什么内容？确切地说，它久远的历史包括若干个历史文明时期，按照时间依次是：史前文明、苏美尔文明、阿卡德文明、乌尔文明、古巴比伦文明、亚述文明和新巴比伦文明。这一系列的古文明构成了庞大的源远流长的两河流域古文明史，伊拉克人民由衷地感到骄傲，因为两河流域的古文明不仅属于伊拉克，同时也属于世界。

一　两河流域史前文明

（一）两河流域的地理区域和自然环境

古代两河流域有一个来自希腊文十分美丽的名字，称为"美索不达米亚"，这是古代希腊人和罗马人对幼发拉底河和底格里斯河流域地区的称呼，意即两河之间的地区，亦称两河流域，两河上游地区是山地，两河流域是指中、下游地区，是该地区土地最肥沃的地方，两河流域地理区域包括现代的伊拉克全境以及叙利亚和土耳其与其相连的部分。

美索不达米亚平原位于安纳托利亚伊朗高原与阿拉伯高原之间，呈长条形地带，长 1000 多公里，宽 300～400 公里的区域，是世界古文化的发源地之一，分上美索不达米亚和下美索不达米亚。上美索不达米亚地势较高，海拔 200～500 米，向东倾斜，地表呈波状起伏。下美索不达米亚为冲积平原，地势较低，大部分海拔在 100 米以下，低的地方因积水而形成了许多湖泊或沼泽，是一片泥质平原、湖泊及沼泽交错分布的广大地区。

河流与人类社会文明的进步和发展有密切关系，两者自然地融会在一起。两河流域地处干旱地带，每年的春季，上游山区的融雪流入幼发拉底河和底格里斯河，给两河提供了充足的水源，河水带来大量泥沙沉淀，造成河水泛滥。两河流域北部山峦重叠，形成高地，河岸高起，所以每当河水泛滥时，遭受淹没的地方肯定是沿岸地带。南部是一片平坦的冲积平原，两河相距较近，当河水泛滥时，大部分地区几乎都被水浸灌。当时，农业灌溉完全利用两河的河水。据史料记载，南部的灌溉条件比北部要好些，但也容易受灾，"在人们掌握一定的防洪与排水技术前，南部平原地区并不适于居住。"[1] "两河流域的河谷平原地带最初并不适于农业，甚至不适于人居。"[2] 据考古资料表明，两河流域挖掘出的旧石器时代文化遗址都在北部山地的山坡或山麓丘陵上。新石器时代的农业遗址也都在北部和东部的山地上。这表明，两河流域的人类最先是在北部山地繁衍生息的，当时北部地

---

① 吴于廑、齐世荣主编《世界史》，古代史编上卷，高等教育出版社，2001，第 58 页。
② 刘家和主编《世界上古史》，吉林人民出版社，1985，第 100 页。

区比南部地区更适宜人类居住。因为那里雨水稍多，又没有两河泛滥的威胁，两河流域的原始文化始于北部地区，南部苏美尔文化则晚于北部。

（二）史前文明时期（12万年以前的旧石器时期）

1. 旧石器时期洞穴遗址

在远古时期，两河流域的人类历史已经开始。在距今12万年前的旧石器时代，伊拉克北部山区已有洞居史前人类活动的记录。在小扎卜河和迪亚拉河上游，苏莱曼尼亚南20公里处哈扎尔麦德的"黑洞"中，发现了穆斯特文化石器。其西面45公里处的巴尔达巴勒卡遗址发现了12万年以前的旧石器中期的人造石斧和石片刮器等燧石工具。该遗址在1949年由伊拉克人首先发现，后美国学者又进行了挖掘工作。然而，旧石器时期中的典型遗址是由美国学者R.索勒基在1951年开始挖掘的"沙尼达尔洞"，该洞位于上两处遗址北方的大扎卜河上游东岸，离河岸2.5公里。该洞很大，深10米，最宽处53米，至今冬季仍有当地库尔德牧人在洞中居住。遗址共分4层，覆盖了旧石器中期到新石器时期的各个阶段。最底层厚8.5米（D层），由连续的灶坑和灰层组成，其中混杂有骨和燧石工具。石制品有典型欧洲穆斯特文化中的石尖状器、刮削器和钻子。动物骨有牛、绵羊和山羊以及龟甲。[①] 还有4具人的骨骼。这些早期智人于4.5万~6万年之前住在此洞里，后死于洞顶崩塌。

沙尼达尔洞的C层属于旧石器晚期，碳14鉴定所得年限在3.4万年和2.5万年之间。该层中的石器具有欧洲奥瑞纳文化的刀片工具特点，但由于使用形状特殊的精制雕刻器，被发掘者命名为"巴腊多斯特"文化。通过在叙利亚荒漠发现的石器时代

---

① 汝信总主编、刘文鹏主编《古代西亚北非文明》，中国社会科学出版社，1999，第209页。

遗址，伊拉克旧石器时代的居民与周围叙利亚和巴勒斯坦旧石器古人互有联系，两处的旧石器制造技术在有些细节上是共同的，他们与北方的小亚细亚半岛和东方伊朗高原上的史前人也有往来。

2. 中石器的猎人和新石器时代的农民（全新世公元前 10000 ~ 前 4300 年）

在伊拉克东部和北部发现了中石器时代的猎人和新石器时代的农民。新石器工具的各种形状的小石片揭示了人类已能够在远距离猎杀动物——发明了弓箭。近东的新石器文化明显脱胎于旧石器晚期的奥瑞纳文化晚期的石刀片制造术，它的开端大约在公元前 1 万年。[①]

近东地区新石器革命的证据在公元前 7000 年左右已十分清楚，这里早于世界其他地区，其原因是这里是世界惟一生长野生小麦、红小麦和大麦的地区。伊拉克和巴勒斯坦都是最古老的农村，但伊拉克可能较早于巴勒斯坦。

（三）两河流域北部的彩陶文化

两河流域北部文明经过了无陶和有陶新石器两个阶段后，进入了农、牧业大发展的早期铜石并用文化时期，这个时期的主要特点是出现了真正的彩陶器，哈孙纳文化代表了新的彩陶文化的出现。

1. 哈孙纳文化

哈孙纳文化产生于公元前 5500 ~ 前 5000 年左右。在新石器时代农业文化时期，以哈孙纳文化和哈拉夫文化为代表的两河流域文明都位于北部丘陵地带。哈孙纳文化时期已经进入了铜石并用时代，出现了彩陶文化。哈孙纳类型的陶器，最初是由英国考古学者马洛万于 1931 ~ 1932 年在亚述古都尼尼微最早地层第 1

---

① 汝信总主编、刘文鹏主编《古代西亚北非文明》，中国社会科学出版社，1999，第 211 页。

层（深 27 米）发现的。在发现尼尼微的哈孙纳彩陶层后，又发现了萨马腊（萨迈拉）文化和哈拉夫文化的两种彩陶（分别在1、2 二个层次）。1943 年伊拉克学者萨法尔发掘了尼尼微正南38 公里，位于底格里斯河西岸的哈孙纳史前遗址，发现了和尼尼微最底层同样的彩陶和一个村落，遂命名这种彩陶及文化为"哈孙纳陶文化"。20 世纪 70 年代，苏联考古队发掘了一批哈孙纳文化村落，极大地丰富了该文化的内容，使这一文化研究有了宝贵的遗址和史料。哈孙纳陶器的特点呈现出单一的、规范化发展，一改乌姆文化百花齐放的杂乱现象。

2. 萨马腊文化（萨迈拉）

萨马腊文化的年代约在公元前 5500～前 5000 年左右。在哈孙纳和马塔腊等遗址的上层，发现了一种和哈孙纳彩陶共生但器形和图饰制作更精美的彩陶。这种彩陶最早于 1911 年在巴格达以北约 110 公里、小扎卜河和阿季姆河之间的伊斯兰城市萨马腊的史前遗址中发现，因而命名为"萨马腊彩陶"。20 世纪 60 年代，两个典型的萨马腊文化遗址被发现：萨马腊南 11 公里的棱万和其东较远的乔加马米。萨马腊文化分布以棱万和萨马腊为中心，北部进入哈孙纳文化区，西北接哈布尔上游的哈拉夫文化区，西至幼发拉底河鲍高斯，南达两河流域冲积平原，东南临两伊边境的乔加马米。[1] 萨马腊文化遗址分布稀广，但分布面积超过其他彩陶文化。

3. 哈拉夫文化

哈拉夫文化的年代约在公元前 5500～前 4500 年之间。哈拉夫文化分布较广，分为东西两个区。西区包括叙利亚东北部和与其相邻的土耳其的东南部，东区为伊拉克境内的哈拉夫文化遗址。哈拉夫文化向西传播至地中海岸边，这时各地都吸收哈拉夫

---

① 汝信总主编、刘文鹏主编《古代西亚北非文明》，第 218 页。

文化，许多遗物是土著文化和哈拉夫文化的结合物。[①] 当哈拉夫文化向东南扩展并与两河地区的萨马腊文化相遇时，后者向东南方向退却，许多萨马腊遗址被哈拉夫文化特性的人民居住，完全取代或混杂，但没有互相渗透的明显证据。

哈拉夫文化分期主要依靠彩陶的风格确定，分为早期、中期和晚期。早期彩陶的标志性绘图有人、牛、羊、蛇、豹等各种动物纹图，还有简单的几何纹图；中期彩陶则以几何纹图为主，图案细小、复杂，少有动物纹图；晚期彩陶由单一的红褐色彩发展到三彩绘制，代表器物是精绘大彩盘。

哈拉夫文化的典型遗址有哈拉夫（在哈布尔河上游，1911年首次发掘）、尼尼微（1931年发掘）、加伽巴扎、阿帕契亚（1933年发掘）和雅瑞姆二号丘（1969年发掘）、阿斯瓦得、卡赫美什等。哈拉夫文化的生产工具是石锄、石斧及由沥青粘接的燧石叶镰刀和骨制柄。

北方的哈拉夫文化经历了1000多年的发展，在公元前4500年时达到全盛，直到约公元前4300年，哈拉夫文化逐渐走向衰落。两河每年定期泛滥，土壤每年都能得到更新，冲积的淤泥使土地肥沃，农业文明以此为基础得以发展。人们在生产中逐渐掌握了利用河水的能力，两河流域南部平原地带才发展成为适宜农业发展和居住的地方，南部苏美尔文明才得以开创并逐渐超过了北部。

二　苏美尔城邦文明（约公元前4500～前2000年）

古代两河流域分为南、北两大部分，大体上以今日巴格达为中心，以希拉—萨马腊为界，北部称为亚述，南部称为巴比伦尼亚。巴比伦尼亚又分为南、北两部分，尼普尔（今名努法尔）以北称为阿卡德地区，以南称为苏美尔地区。世

---

① 汝信总主编、刘文鹏主编《古代西亚北非文明》，第220页。

界上最古老的奴隶制城邦国家就发源在南部的苏美尔地区，并从这里走向成熟和辉煌。

（一）苏美尔人：两河流域最早的居民

两河流域最早的居民是谁？现尚无准确定论。史前学者知道的美索不达米亚的最早定居者是苏美尔人。从公元前第五千纪时，苏美尔人已定居在这里繁衍生息。从公元前4000年后不久开始的美索不达米亚铜石并用时代（欧贝德时期）的灌溉文化，大概是由他们创造的。[①] 史料记载，两河流域最早文明的创造者是苏美尔人，他们讲苏美尔语，主要居住在苏美尔南部地区。他们的信仰是原始的，崇拜天体和自然物体，如太阳、月亮、星辰、天、地、江、河等。关于苏美尔人的起源，学术界一直没有最终定论。有关苏美尔人的血统，史学家们众说纷纭，莫衷一是。大多数人认为，苏美尔人属于地中海人种的一种亚细亚型。苏美尔的各城邦先后在两河流域兴旺发展起来，其后不久，另外一些人从阿拉伯半岛沿岸和近水的地区来到苏美尔城邦，他们讲的是属于闪族语系的一种语言，苏美尔人与这些人混居并融合，成为南部两河流域的主要居民。因此，苏美尔人应是一个来自伊朗和阿拉伯半岛部落的混合体的民族，故两河流域古文明是一个多民族互相承袭的历史。

（二）苏美尔奴隶制城邦国家

公元前4500～前2500年，苏美尔南部地区的原始氏族部落内部出现了社会分化，相继出现了数十个"奴隶制城邦国家"，这是最初国家形成时期。苏美尔文明主要是指苏美尔城邦文明，即早王朝时期。从欧贝德时期起，苏美尔城邦开始出现，最早期城邦国的规模不大，人口也不多。例如，乌尔城邦国面积仅为

---

① 〔美〕威廉·兰格主编《世界史编年手册（古代和中世纪）》，刘绪贻等译，生活·读书·新知三联书店，1981，第44页。

90 平方公里，人口为 6000 人左右。由于各城邦国的领土都不大，因此也称为"城市国家"，其中著名的城邦国有：埃利都、乌鲁克、乌尔、拉尔萨、拉伽什、乌玛、苏路帕克、尼普尔、西巴尔和基什等，史称苏美尔城邦国家时代，为世界最早出现的政治统治制度。这些城邦小国最初形成时，以某一个小城市为中心向四围辐射，由周围的几个农村村镇围绕着中心小城市发展为一个独立的城邦。城邦国统治者是国王，国王既是行政首脑，也是宗教权威和军事统帅，掌握行政、宗教、司法和军事大权。

埃利都城邦国（公元前 5300～前 3500 年）　欧贝德时期的典型遗址为古苏美尔城（埃利都），埃利都是最早的古苏美尔城邦，它是城市雏形时期的欧贝德文化代表。埃利都位于苏美尔的最南端，临波斯湾，为地下淡水神恩齐之祭地。

乌鲁克城邦国（公元前 3400～前 3100 年）　两河流域城邦时期的文化是以最著名的苏美尔城邦乌鲁克命名。在苏美尔众多的城邦国中，乌鲁克是最早的著名城邦国之一，此时进入了城市国家形成的阶段。乌鲁克文化最值得书写的是其宏伟的神庙建筑、铜器工艺和印刷技术。

神庙建筑。乌鲁克时期出现了规模巨大的神庙建筑，是苏美尔城邦国建筑史上最典型的杰作。已被发掘出的乌鲁克中心神庙有 18 层，从底部 18 层到 13 层为欧贝德人的居住区。城市一直是世界各民族历史的文明中心，其中，建筑艺术代表着文化的精华，统治阶级一般总是集中最高超的技术建筑神庙和殿堂，乌鲁克也不例外。神庙发挥着重要的政治、宗教、经济和文化作用，各城邦国都建有若干个神庙，其中城邦主神神庙的地位最高。神庙不仅是城邦国的政治中心，还是经济中心、军事中心和文化中心，担负着城邦国行政机关的作用，城邦官吏大多由祭司或神庙人员充任。神庙不仅是世俗中心，也是宗教中心，僧侣和祭司是

城邦国的统治者，他们主持生产，决定对外战争，管理宗教和外事活动。

神庙经济内部分工细致，分有农业、牧业和捕鱼业等。神庙还控制着城邦的手工业和商业。神庙使用奴隶，有些奴隶属神庙所有。

铜器工艺。公元前4000年后半期，是苏美尔地区原始氏族社会逐渐走向解体的时期，苏美尔人处于从新石器时代到早期青铜器时代的过渡过程中，为铜器和石器并用时代，开始向文明时代过渡。据考古文献记载，这个时期苏美尔人已大量使用陶器和铜器。乌鲁克时期的陶器一般没有绘饰，最多是加上一些灰色或红色的釉。在乌鲁克出土的文化遗址中，发现了许多铜器和金饰，如铜凿、青铜针、金环等金饰品，表明此时的手工业重点已经从制作陶器转向制作金器、银器和铜器的时代，文化和文明进一步发展。

印章技术。乌鲁克人堪称是史前文化印章术的发明者。在这一时期，印章的类型发生了进步和变革，可以产生连续不断的大幅印纹的滚筒印（滚压使用）代替了直戳印。从直戳印发展到滚转轧制大幅印纹是苏美尔古文明的一次重大进步。它说明现代滚版印刷图文技术的雏形产生于乌鲁克城邦国时期，这是乌鲁克文化最具特点的代表性文化成就之一。值得指出的是，两河流域的滚筒印纹不仅可以作为文字的载体，还可以作为图绘的载体，滚筒印章技术是两河流域古文化中特有的美术。

（三）苏美尔的政治制度

苏美尔城邦国是走向文明社会的重要标志，苏美尔人创造了世界上最早的政治制度和行政管理体系。从氏族制度演变发展而来的苏美尔城邦设置了三个政治机构，即城邦首领、贵族会议和民众大会。它们分别由氏族社会末期军事民主制时期的政治制度演变而来，即军事首领、氏族长老会议和民主会议。城邦的政治机构与军事民主制时期的机构有本质的区别，该政治机构是奴隶主贵族阶级直接的统治工具。

城邦首领兼有世俗和宗教两种职能。作为世俗最高统治者，他们主管城邦一切事务，包括行政管理、修筑水利工程、战时统帅军队。在宗教上，他们是城邦主神最高祭司，居住在主神庙内，主持城邦的祭祀活动，掌管神庙的经济。

关于贵族会议和民众会议。由于早期城邦会议的史料严重缺失，学术界大都从苏美尔神话和史诗中寻找线索。一般认为，由各地区长老组成国家的长老议事会，从会议成员中选出国家首脑拍达西（或称恩西）。拍达西统治国家，管理生产，决定城邦的战争，战时指挥军队等所有大事。拍达西的"权力和行动受长老议事会的限制和监督。司法由长老议事会遴选的审判官掌管。国家在各村社中派有税吏，各村社必须向国家纳税，数目由议事会规定"①。名义上，民众会议有权选举拍达西，但是操纵并控制民众会议的是城邦主和贵族会议，民众会议在城邦中的作用一般，它只是城邦首领和贵族会议操纵的工具。

（四）两河流域南部地区的文化

世界考古史上长期进行的考古、发掘工作成就，已使两河流域南部的远古历史可上溯到公元前第四千纪，大体上可分为苏美尔的欧贝德时期（约公元前 4000～前 3500 年）、乌鲁克时期（约公元前 3400～前 3100 年）和阿卡德的捷姆迭特—那色（约公元前 3100～前 2900 年）三个文化时期。这三种古文化依次更替，占据了公元前第四千纪的整整 1000 年时间。

---

① 周一良、吴于廑主编《世界通史》，齐思和主编《上古部分》，人民出版社，1973，第 75 页。

1. 欧贝德文化时期

两河流域北部的哈拉夫文化经历了 1000 多年的兴盛发展，直到约公元前 4300 年哈拉夫文化逐渐走向衰落时，南部苏美尔地区才逐渐得以开发，后被新兴的民族文化所取代，新兴民族的文化被命名为"欧贝德文化"。在远古时代，欧贝德文化的到来被赞誉为两河流域升起了"文明的曙光"，因为它产生于文明起源地——南方苏美尔地区。

早期苏美尔人的生产水平很低，他们的经济活动主要从事原始的农业、牧业和手工业生产，种植大麦和小麦等农作物，此时他们已初步掌握了利用河水进行人工灌溉的技术。畜牧业中畜养绵羊和猪、饲养家禽。陶器为手工制作，颜色是单调的黑色或棕色，饰有简单的几何图形。已有纺织，发现了纺锤轮。渔猎在经济生活中起重要作用。已有造船。劳动工具绝大部分是用石头和骨头制作的石器和骨器，使用石锄和镶有燧石齿的镰刀，开始出现铜器。商业活动比较活跃，他们与西亚各族、印度进行产品贸易活动。居民住宅大都为泥土和芦苇筑造的小屋。

2. 乌鲁克时期

乌鲁克时期，两河流域地区在经济和文化上比以前有了进步，苏美尔人开始种植大麦，驯服牛和驴。石器仍很流行，铜器越来越多，陶器绝大部分已从手工制作发展到用陶轮制作，并经过很好的焙烧。出现了一些巨大的塔庙建筑。乌鲁克后期产生了最古的图画文字，这是后来楔形文字的前身。

3. 捷姆迭特—那色时期

捷姆迭特—那色时期的生产水平显著提高，灌溉农业和手工业具有相当水平，出现了比较完善的灌溉网，农业由锄耕转向犁耕，使用木犁。农作物有大麦、小麦、芝麻和豆科作物。酿酒业和榨油业开始发展，果木和蔬菜品种增多，畜牧种类也有增加。

冶金业达到了较高水平，出现了熔炉和专门的冶金匠，铜和天然合金已取得明显优势。陶器、石器、铠甲、驾具、羊毛和亚麻制品等手工制品以精美多样著称。随着生产水平的提高，商业和对外贸易也有了发展。船舶、车、沼泽地带用的运输工具也有进步，已用驴驮载。

（五）奴隶制关系和土地所有制

随着原始社会日益趋向解体，奴隶制社会逐渐取而代之。苏美尔时期，社会分裂为奴隶主和奴隶、富人和穷人，同一氏族内部的协作，变成了氏族成员之间的对抗。奴隶主不但剥削奴隶而且还剥削贫穷的同氏族部落成员。苏美尔人最初奴隶的来源是俘虏，当时有的圆筒印章上刻着战争和捆缚奴隶的画面。城邦居民包括4个等级：（1）奴隶主贵族，其中包括世俗贵族和神庙高级祭司；（2）公社成员，按家族占有小块份地，有公民权，有服兵役和服劳役的义务；（3）自由民，失去公民身份的人；（4）奴隶，包括神庙奴隶和私有奴隶。

早期苏美尔城市国家的经济以灌溉农业为主，畜牧业也很重要。土地基本上分为两类，一类属于神庙所有，一类属于农村公社所有。城邦的王作为奴隶主贵族的代表，主管神庙土地，并力图把它变成王室财产。农村公社的土地已经分配给各个家族，保有份地的公社成员就是城邦的公民。土地名义上归国家所有，实际上仍为各个村社所占有和使用，出让土地须经村社同意。近代考古发现了大量这个时期的土地买卖文件，从中看出，村社内部已经有了土地兼并的现象，贵族竭力兼并公社成员的土地，通过买卖掌握了大量土地。兴修和管理水利工程是国家的重要职能之一。手工业有一定发展，出现了金属模压和制版的方法。寺庙在经济上占有突出的地位。

（六）楔形文字

"人类的第一个伟大文化是苏美尔人在下美索不达米亚创造

的，这个文化的基本形态早在原始文字时期（公元前3200～前2850年）已经形成。顾名思义，这个时期的特征是文字的发明。"① 在乌鲁克的一个寺庙里，发现已知的最早铭文，这是一种象形文字的泥版，是楔形文字的先驱，年代约稍早于公元前3000年。

苏美尔人对人类最伟大的贡献之一是发明了文字，苏美尔文明曾在两河流域大放异彩。文字的发明及其在社会生活中广泛应用，代表苏美尔人已过渡到文明时代。约公元前3200年，在乌鲁克城邦文化后期，苏美尔人创造出了世界最早的书写系统，即最古老的图画文字，这被认为是世界上最重要的一项发明——象形文字出现。此前，或许还有更原始的文字，但目前无从考证，迄今有文物考证价值的就是这些被挖掘出来的象形文字。象形文字并非全部属于图画文字，它还带有一些线形符号。在基什城邦附近的土丘上，出土了一块约公元前3500年的石板，石板上刻有图画符号及线形符号，这是迄今所发现的最早的一种文字，这种图画文字就是后来著名的楔形文字的前身，这个时期被称为"原始文化时期"。

楔形文字②最先用图画造字，在捷姆迭特—那色城邦文化时期，图画文字已发展成为苏美尔语的表意文字，即由一个或几个符号组合起来，表明一个新的意思。例如，由代表眼和水的两个符号组合在一起，可表示哭。表意文字进一步发展，又有了表音字和形声字，一个符号能表示若干发音相同的字。表意文字和表音文字一字多义，多有不便，人们便在符号前加上一些限定性的

---

① 〔美〕威廉·兰格主编《世界史编年手册》，（古代和中世纪部分），刘绪贻等译，1981，第46页。

② 楔形文字的符号最初有600个左右，常用符号约为300个，它一符多义，十分复杂，到乌鲁克末期，楔形文字的符号已增加到2000多个，捷姆迭特—那色时期产生了苏美尔语的楔形文字。

部首符号，以分辨清楚。经过不断改进，苏美尔语文体系基本上接近了完备。随着商业的发展，楔形文字向外广泛传播，约公元前1500年，在西亚地区各城邦国政治、经济、文化和外交等文书中普遍使用，成为通用文字。

苏美尔人的聪明才智为人类文明发展作出了最杰出的贡献，他们表现出丰富的想象力和卓越的艺术才能，不仅最早发明了图画文字，而且还同时发明了书写这种文字而专门使用的一种特制的笔。最初的笔是用芦苇秆制作而成，准确地说，当时的书写方法采用的是镌刻形式，楔形文字的书写最初是被镌刻在石头上，后经改进又镌刻在泥板上。泥板是用湿黏土制成，书写笔是削成三角形尖头的芦苇秆、木棒或骨棒，在泥板上压出图形，之后晾干、晒干或烘干，以利长期保存。由于这种书写方法的落笔处线条粗大，提笔处线条尖细，每一笔画的痕迹都自然地呈楔形状，故得名楔形文字。苏美尔之后出现的国家，阿卡德人、亚述人和巴比伦人在使用楔形文字时都对其进行过改造。

考古挖掘出的许多记有楔形文字的珍贵砖石、铭文、拓片是今日研究古代两河流域文明最宝贵的原始资料。正是苏美尔人发明的楔形文字具有独特的书写方法，独特的原始笔和独特的"纸张"，才能得以长期保存，它给人类文明社会留下了最宝贵的遗产，亦是世界文物宝库中之精品，其价值无比。

（七）第一部著名的史诗：吉尔枷美什

苏美尔人在文学上的贡献是无与伦比的，为人类文明留下了许多光辉灿烂的文学作品，大多是描写宗教神话的史诗，其中最具代表性的作品是：人类文化史上第一部史诗——著名的《吉尔枷美什史诗》。这部史诗讲述了一个十分动人的故事，故事内容是乌鲁克城邦首领吉尔枷美什的精彩人生，他被描绘成一个半人半神的大英雄，由于他骄傲暴戾的行动引起诸神不满，于是诸神就创造了一个"巨人"去惩罚他，但两个人在决斗中却成为

了朋友。此后，在朋友的帮助下吉尔枷美什改邪从善，立下了许多功绩，他的英雄气概得到女神伊斯塔尔的爱慕，但女神求爱却遭拒绝，因而触怒了众神。众神为惩罚他，杀害了他的朋友"巨人"，吉尔枷美什万分悲痛，决心去寻找长生不死的药。他历经千辛万苦，终于寻觅到了一棵永生的仙草，但十分不幸的是，他在归途中仙草被一条蛇偷吃了，他徒劳而归。

借助文学故事打动人，反映了苏美尔人探索生与死奥秘的追求，同时也表现了他们敢于反对神的意志。神话本身就是人类借助想象征服邪恶、实现美好的愿望。《吉尔枷美什史诗》是一部悲剧，它的结局以失败告终，这更加表现了这部史诗的价值。故事起源于苏美尔城邦时代，经历代传诵，到巴比伦时期编撰成书，现存版本是亚述帝国时期的手抄本。

（八）苏美尔人对天文学的贡献

苏美尔人智慧绝伦，他们是最早通晓、制定历法的古老民族之一。苏美尔人观察天象富有经验，许多神庙里都设立了观象台，当时的天文学与占星术合在一起，由祭司掌管。他们最早认识了金、木、水、火、土五大行星，知晓五大行星的运行轨道。观察出太阳在恒星背景上的运动轨道——黄道，依照黄道上各星座占据的地段，绘制了太阳在一年 12 个月所处的位置，即黄道 12 星座图。

他们根据月亮的运行规律制定历法，以月亮圆缺的周而复始，定为一个月。把一年分为 12 个月，每个月又分为 30 天。纳布·里曼努计算出一年为 365 天 6 小时 15 分 41 秒，这与近代的计算仅仅相差 26 分 55 秒。苏美尔人在"计时学"领域为人类文明作出了最伟大的贡献，为世界文明发展与进步奠定了坚实的基础。

（九）苏美尔人的数学贡献

苏美尔人对人类文明贡献是多领域的，他们的数学知识达到很高水平，成就卓著。公元前 3000 年时，苏美尔人最先创造并使用了 60 进位制、10 进位制。他们运用 60 进位计算时间和圆周，将圆周分为 360 度。在时间计算上，他们将 1 小时定为 60 分，1 分为 60 秒。另外，他们最先使用算术四则运算和分数应用，为人类在数学领域作出了最重要贡献。

苏美尔人发明的 60 进位制影响深远，被后来的阿卡德人、巴比伦人、阿拉伯人和希腊人接受并使用，此后又继续传播到欧洲和全世界。今天，我们用于计算时间、圆周、弧形等所采用的 60 进位制的来源就是苏美尔人的惊人创造。苏美尔人勤劳而智慧，其数学知识是在长期劳动生产中运用积累而来。他们对世界的数学贡献对现代文明具有深远影响，为人类知识宝库奠定了最初的基石，在人类文化史上占有重要地位。

（十）各城邦国互相兼并

苏美尔城邦国家内部阶级斗争尖锐复杂，各城邦国之间经常爆发争夺霸权的战争。为了城邦争霸，获取奴隶，夺取土地、河流及灌溉网的控制权，各城邦国之间经常互相兼并，长期处于混战状态。公元前第三千纪纪前半期，战争越演越烈，苏路帕克、乌鲁克、乌尔和基什等分别在城邦中坐大，起过霸主作用，曾先后是最强大的城邦。其中，基什与乌鲁克之间争霸、拉伽什与基什之间争霸，在文献资料中都有详细记载。基什城邦王麦西里姆称霸时，曾充当过拉伽什与乌玛之间边界冲突的调解人，后拉伽什逐渐强大，公元前第三千纪纪中期，拉伽什挣脱了基什的统治，在与其他城邦的争夺战中取得优势，逐步谋得霸主地位，先后征服了乌尔、乌玛、乌鲁克、拉尔萨和埃利都等城邦，成为苏美尔诸多城邦之霸主。

（十一）乌鲁卡吉那的改革

约公元前 2384～前 2378 年，在卢伽尔安达统治时期，拉伽什城邦内部的阶级矛盾日益加剧并激化，依靠战争、军队和剥

削，拍达西强大富裕起来，与某些寺庙祭司逐渐发生了冲突，拍达西和一些显贵侵犯了拉伽什郊外寺庙和下层祭司的利益，迫使这些寺庙向国家纳税，支配他们的牲畜和粮食。拉伽什内部，人民与奴隶主贵族之间及拍达西与某些寺庙祭司之间的矛盾日益尖锐。另外，频繁的战争，修建宫殿、寺庙和灌溉工程加重了人民的负担，以致爆发了大规模平民起义，最终推翻了卢伽尔安达的统治。出身奴隶主贵族的乌鲁卡吉那乘机夺取政权（约公元前2378～前2371年），成为新"恩西"，后又改称"卢伽尔"。

公元前2370年，乌鲁卡吉那执政后在拉伽什城邦实行了一系列的改革，宣布废除各项"弊政"，恢复庙产，废除寺庙的纳税义务，罢除监督和税吏，减轻宗教费用，尤其是对平民的经济负担有所减轻。他的改革内容还包括：颁布法律、禁止欺骗、偷盗、抢劫和债务奴役以及保护孤儿寡妇等。此外，他大修水利，开凿了两条河渠，对促进社会生产和发展起到了一定积极作用。

（十二）苏美尔城邦国解体

拉伽什内部的显贵对乌鲁卡吉那的改革十分不满，伺机推翻他的统治，邻近各城邦对他的政治改革也十分不安和敌视，内部不稳定为邻近城邦夺权提供了时机，乌玛城邦与乌鲁克城邦结成"反拉伽什联盟"，在乌鲁卡吉那做霸主7年后，他的改革宣告失败，乌玛城邦王率军征战拉伽什，并征服了拉伽什。

乌玛城邦国的统治者卢伽尔·扎吉西（约公元前2373～前2349年）灭拉伽什后，继而又征服了乌鲁克、乌尔、拉尔萨、阿达布等一些城邦，完成了对苏美尔地区的统一，定都乌鲁克城。当南部苏美尔地区统一为一个国家时，北部阿卡德人逐渐强大，他们联合起来征战苏美尔人，最终灭卢伽尔·扎吉西，取代了苏美尔人在各城邦国的统治，成为新霸主，两河流域的历史从此进入阿卡德王国时期。

三 阿卡德王国（约公元前 2371～前 2191 年）

历史上巴比伦尼亚的北部被称为阿卡德。约公元前第三千纪初期，一支属于闪族语系的游牧部落来到巴比伦尼亚北部，称为阿卡德人，他们与苏美尔人混居在两河流域的南部。不久，同属闪族语系的阿摩利人、亚述人、迦勒底人也源源不断地定居在两河流域。另外，两河流域周围还定居着许多其他部落，如苏巴里人、胡里特人、库提人、加喜特人、路路贝人、埃兰人等。

阿卡德城位于两河流域南部的北端，两河最为接近的地方，地理位置优越，是商道的中心。阿卡德人陆续来到苏美尔以北地区定居时，苏美尔各城邦国内部阶级矛盾日益加剧，斗争十分激烈，城邦国因动荡不安而走向衰弱，阿卡德人乘机崛起。

苏美尔与闪族诸国激烈争夺、相互倾轧，战争历时长达千年之久。诸如拉伽什、阿卡德和乌尔这些城邦都有过各自称王称霸的全盛时期。这些城邦国各有长老、神庙、书吏及诉讼机构。各地区的长老组成城邦国长老会议，由长老会议成员中推选出城邦国首脑，称为拍达西。拍达西的权力和行动受长老会议的限制和监督，平时履行统治城邦国、负责生产、祭祀和塔庙建筑的职责，战时统率军队。

（一）最早的中央集权国家

约在公元前 2371 年，萨尔贡①（萨尔贡一字阿卡德语为

---

① 关于萨尔贡一世历史上有许多传说。相传他出身贫寒，自称"母卑，父不知所在"。他出生后，被母亲丢弃在幼发拉底河边，被一好心的园丁收养，成年后进入王宫。萨尔贡在基什王乌尔扎巴尼的宫廷中当过园丁，曾兼任"献杯者"职务，成为国王乌尔札巴尼的近臣，见到过苏美尔文明的真谛。所以，当基什被乌玛王卢伽尔·扎吉西击败时，萨尔贡有机会乘机夺权，自立为王。

"沙鲁金"，意思是真正的王）率兵征服了两河流域北部阿卡德周围的诸多苏美尔人的城邦，在北部地区建立了统一的阿卡德王国（公元前 2371 ~ 前 2191 年），成为阿卡德王国的创建人和统治者，史称萨尔贡一世（公元前 2371 ~ 前 2316 年在位）。[①] 萨尔贡建国初期，由于基什城邦旧贵族势力依然强大，萨尔贡一世仍沿用基什的国号，称自己为"基什王"。

萨尔贡一世在统一阿卡德地区后，得到了苏美尔城邦贵族的支持，他亲率强兵进攻苏美尔各城邦，先后出征达 30 多次，击溃了乌玛城邦国统治者卢伽尔·扎吉西和其他 50 个城邦首脑率领的联军，[②] 其势力到达波斯湾。约公元前 2316 年，萨尔贡征服了两河流域南部苏美尔各主要城邦和北部阿卡德各城邦，完成了对巴比伦尼亚南部和北部的统一，在两河流域建立了最早的中央集权国家，这标志着奴隶制城邦国发展到奴隶制王国统治，阿卡德王国对西亚历史和文明的进步具有重大贡献。萨尔贡地位稳固后，建立了新都阿卡德城。此时，萨尔贡的王衔仍带有城邦国的特点，自称"阿卡德城之王、基什城之王、国土之王"等。

苏美尔南部和北部统一后，萨尔贡一世挥师南下，阿卡德军所向披靡，降服乌尔，攻占乌鲁克，征伐拉伽什，昔日的苏美尔城邦尽遭摧毁，苏美尔旧贵族势力受到沉重打击。萨尔贡对外进行军事扩张，先后攻占了北部的苏巴尔图（即后来的亚述），东南部的依蓝，并远征西部，降服了叙利亚、腓尼基、巴勒斯坦和小亚细亚；在东部，埃兰（今伊朗胡齐斯坦地区）和苏萨等城也被拿下。此时，萨尔贡一世的势力庞大，他废除基什国号，自封"天下四方之王"。阿卡德王国疆土面积从南部阿拉伯湾（波斯湾）、阿拉伯半岛，直到西部地中海和伊拉克北部地区。到

① 刘家和主编《世界上古史》，第 107 页。
② 周一良、吴于廑主编《世界通史》，齐思和主编《上古部分》，第 78 页。

"纳拉姆辛统治时期（约公元前 2290～前 2254 年），阿卡德王国的势力再度扩张，北达亚美尼亚和库尔德斯坦山脉，东至扎格罗斯山，西抵叙利亚、阿拉伯和马干国。纳拉姆辛不但以'天下四方之王'为常号，而且还自称'神圣的纳拉姆辛，阿卡德的强大的神'，王权开始神化"[①]。纳拉姆辛死后，阿卡德王国迅速衰落。

阿卡德人在古代文明史上占有十分重要的地位，阿卡德王国的建立结束了苏美尔人在两河流域的历史，开创了闪族人成为两河流域主角民族的历史。

（二）政治

萨尔贡一世对内统治加强了国家机器的作用，中央政府机构拥有众多官员。萨尔贡一世组建了两河流域历史上的第一支常备军，人数达 5400 人。地方行政长官多为阿卡德的贵族出任。为缓和征服者和被征服者之间的矛盾，萨尔贡一世特别任命了一些归顺的当地贵族担任官吏。例如，拉伽什的乌鲁卡基那在晚年时曾任当地总督。

在阿卡德王国时代，萨尔贡虽然建立了中央集权统治，但这个时期的中央集权制尚未最终形成，国家机构尚不完善，许多制度还未建立，原各城邦都拥有一定的独立性，地区旧贵族势力仍然十分顽强。

（三）经济

南部两河流域的统一在客观上适应了当时社会经济发展的需要，有利于工、农业生产水平的提高和发展。阿卡德王国积极推动经济发展，国家经济、交通和运输业有了新的进展，手工业行业日渐增多，常见行业多达十几种。手工业的兴盛极大地促进了南、北商业的发展和物资交流，商业活动繁忙而活跃，交通有了

---

① 　周一良、吴于廑主编《世界通史》，齐思和主编《上古部分》，第 79 页。

发展，对外贸易远达印度河流域地区，从而促进了海运贸易加速发展。水利得到迅速发展，灌溉技术进步，灌溉网进一步扩大和完善，农业生产水平有了明显提高。阿卡德王国时期，阿卡德人统一了度量衡，在两河流域文明史上作出了杰出贡献。

（四）奴隶制关系和土地所有制

萨尔贡统治时期，奴隶制进入了新的发展阶段。奴隶来源于长期的对外战争，大批战俘沦为奴隶，使奴隶制发展拥有了基础。文献记载，萨尔贡一世在统一巴比伦尼亚的过程中对各城邦人民十分凶暴，他肆意摧毁许多城邦的行为在许多铭文中屡见不鲜。以前城市国家的拍达西经济丧失了独立地位，由统一国家直接控制。萨尔贡一世和他的继承者们经常撤换不服从管理的各城邦的拍达西（首脑），改革各地的经济结构，使原农村公社进一步分化。

这个时期土地兼并的情况很严重。"从玛尼什吐苏（约公元前2305～前2291年）方尖碑上的铭文可以知道，国王向村社购买土地时，出卖的一方并不是全村社，而是显贵家族的家长。家族的其他人员获得一定的报酬，他们是所谓地价共享者。"① 随着村社内部土地的不断减少，丧失土地的农民越来越多，他们变成了雇工或充当常备兵。雇工因签有契约而无权出走，否则一律按照逃跑奴隶论处，将受到极严格的惩罚。此时使用奴隶和买卖奴隶已经十分普遍，如在土地兼并中，地价不仅可以使用银子、大麦或其他实物支付，也可用奴隶支付，奴隶作为商品可以自由买卖。

（五）阿卡德王国灭亡

阿卡德王国国土版图辽阔，萨尔贡虽然征服了广大的地区，但他直接统治的地方大概只限于两河流域南部。两河流域北部的

---

① 奴隶买卖价格等详细情况可见刘家和主编《世界上古史》，第109页。

苏巴尔图，东边的埃兰等只是其属国，仍保持半独立的状态，黎巴嫩山脉一带则仅是征服所及的边远地区。萨尔贡统治末期，阿卡德内部发生多次人民起义，在他死后，王国不断走向分裂。其次子瑞穆什（公元前 2235～前 2227 年）继位时，南方乌尔叛乱，中部和东部也发生叛乱。其长子马尼什图苏（公元前 2226～前 2212 年）在位时，被征服的各城邦再次纷纷独立，脱离了阿卡德的统治，萨尔贡国王的后裔们忙于平息内部此起彼伏的动乱，王国日益走向衰落。奴隶与奴隶主、贵族与平民之间矛盾尖锐，国内局势动荡，被征服者的反抗斗争，即原各城邦人民起义风起云涌，尤其是边远地区的城邦。乌鲁克、乌玛、尼普尔、基什等城都曾先后发生反抗阿卡德统治的斗争。此外，统治集团内部纷争激烈，外患日趋严重。阿卡德王国兴盛时期维持了不足 200 年，公元前 2191 年，东北部扎格罗斯山区（今属伊朗）另一支闪族游牧民族库提人攻入该地区，灭阿卡德王国，成为巴比伦尼亚地区的新霸主。

四 乌尔第三王朝（约公元前 2113～前 2006 年）

（一）乌尔第三王朝的建立

乌尔第一王朝（约公元前 26 世纪早期至公元前 25 世纪中期）和第二王朝（约公元前 25 世纪中期至公元前 24 世纪晚期）存在于苏美尔早期，两个王朝都是城邦国。公元前 2350 年左右，乌尔第二王朝被阿卡德王朝所征服。由于史料缺乏，其历史很不清楚，仅知第一、第二王朝各有 4 个王。[①]

库提人取代阿卡德王国的统治，遭到苏美尔人和阿卡德人的强烈反抗，库提人的权力因此很不稳固。其中仍有不少原苏美尔城邦不处在库提人的权力控制下，如拉伽什和乌鲁克等，这些城

---

① 《中国大百科全书》（外国历史Ⅱ），中国大百科全书出版社，第 951 页。

邦仍享有独立地位，并不断掀起反抗库提人对巴比伦尼亚地区进行统治的斗争。公元前2120年，苏美尔人逐渐复兴，著名的乌鲁克王乌图赫加尔（约公元前2120～前2114年在位）奋起反抗，战胜库提人，结束了库提人的统治，重新恢复了苏美尔—阿卡德的独立。后来，这位乌鲁克国王因干预乌尔与拉伽什的冲突，被乌尔所灭。不久，乌尔王乌尔纳姆（公元前2113～前2096年在位）战胜了乌图赫加尔，乌尔城邦重新崛起，乌尔纳姆建立乌尔第三王朝（公元前2113～前2006年），重新统一了巴比伦尼亚。古代史上，乌尔第三王朝被称为苏美尔人的"复兴"时代。不过，复兴时间很短，只是苏美尔人最后的辉煌。

（二）版图和政治体制

乌尔第三王朝的创建者为乌尔纳姆，该王朝政权是整个苏美尔—阿卡德的政治中心。在他和他的儿子舒尔基统治时期，乌尔王朝十分强盛，为西亚著名强国，其版图西起叙利亚，北至亚述，西北达小亚细亚，东南抵达依蓝。

早期苏美尔城邦国家体制到了乌尔第三王朝时已发生了很大变化，政治上"中央集权制进一步加强，各城邦国'恩西'的地位大不如前，已降为从属于中央政权的地方统治者，失去了以往的特权。'恩西'不再世袭"[1]。国王权力增大，掌握军、政大权，直接任命国家官吏，统率军队，控制法庭。国王被称为"神"，被庶民视为神的化身，是集政、军、法、神权于一身的专制君主。国王在被征服的地区设总督管理行政事务，官吏被视为国王的奴隶，国王可派遣钦差监督、视察各地的工作。为确保实行中央集权制，全国设置了约40个行政单位，委派"恩西"为地方官，负责行政和宗教事务，"恩西"职务可以调任，甚至免职。

---

[1]　关于恩西权力减弱的详细资料，请见刘家和主编《世界上古史》，第110页。

（三）第一部法典：《乌尔纳姆法典》

乌尔第三王朝开国君主乌尔纳姆统治时期，为加强有效统治，颁布了《乌尔纳姆法典》，这部法典是世界史上迄今为止所发现的已知的最早一部成文法典，它主要反映了私有经济在当时社会生活中所占有的重要地位。法典内容涉及广泛，包括民法、刑法、婚姻法、诉讼法等，其内容维护了奴隶主阶级的利益，并以法律形式确立乌尔王朝在两河流域的最高统治地位。十分可惜的是，这部法典内容保存得很不完整，有一半以上的文字已被毁坏，只残存两块已破碎的泥版文书，这两块片断保存至今，现存于土耳其伊斯坦布尔的古代东方博物馆。

（四）社会经济

乌尔第三王朝时期，经济有较大发展，当时青铜器已广泛流行，据史料记载，当时的南部两河流域已完全进入了青铜器时代，生产力有新发展，出现了大规模王室手工业作坊。水利灌溉网进一步完善，灌溉面积扩大，水利设施有了长足的进步，乌尔、尼普尔、埃利都、拉伽什等地都修建了许多河渠，犁耕开始用牛，农具得到改进，出现了带播种器的犁和便于高地灌溉的扬水器。椰枣、葡萄等水果种植较前普及。除游牧业外，畜牧业已发展为圈养，提高到了一个新水平。手工业出现了奴隶作坊，用工规模扩大到百人以上。商业繁荣，商品种类很多，已开始了商品交易，其中，粮、油、羊毛、盐、铜等重要商品的价格都由国家规定。交换媒介使用银子。

土地所有制 "乌尔第三王朝的王室占有全王国 3/5 以上的土地，并在这些土地上建立规模很大的农庄、牧场、种植园和手工作坊"。[①] 王室直接管理农、牧场及种植园和手工业作坊，剥削广大奴隶和依附于王室经济的自由民。根据乌尔第三王朝时

---

① 周一良、吴于廑主编《世界通史》，齐思和主编《上古部分》，第 81 页。

期保存下来的很多经济报告及文献史料记载，奴隶劳动广泛应用，他们全年都在辛勤工作。农忙时，王室还雇用大量佣工。由于王室的残酷剥削，奴隶和自由民死亡率很高。王室和神庙祭司的管理人和会计所编制的报告记载了各种劳动力口粮分配及死亡情况。

奴隶制关系 "除了王室奴隶制经济以外，私有奴隶制也在发展。这时期的私人买卖奴隶的文书很多，有的商人购买奴隶，可能以此谋利"。① 一般商人、手工匠、小祭司、神庙的乐师、甚至牧人都拥有奴隶。此外，即使私人经济中也常使用雇工。"许多贫穷的人不得不在农忙季节到王室经济中去当雇工，领取一份比奴隶稍多的口粮，同奴隶和依附民一起惨遭压榨。许多人穷得走投无路，甚至不得不自卖为奴。这类卖身文书不少"。② 也有不少穷人变为雇工，或者由雇工沦为债奴。迄今所发现的一些海运贸易商的书信也证实了王室和神庙以外的私有经济十分繁荣，私有经济发展较快，雇佣关系和债务奴隶制较以前又有了进一步发展。

（五）建筑

乌尔纳姆统治时期，神庙建筑发展迅速，乌鲁克城建造了供奉阿什塔尔神的祭坛，其遗址至今仍在。附近还有苏美尔文明后期的重要中心，即作为乌尔第三王朝的政治、经济和文化中心的乌尔城，其遗址宏伟壮观。当今在乌尔依然可以看到一座红色的塔式祭坛，两侧和中央修建了台阶，通向祭坛顶部，顶部供奉着月亮神。乌尔城内还有古代宫殿遗址，在乌尔地区挖掘出的墓穴中，出土了许多金、银、宝石、首饰及用黄金制作的乐器，这些出土文物成为伊拉克国家博物馆中的稀世珍宝。考古发现，这个

---

① 刘家和主编《世界上古史》，第110页。
② 刘家和主编《世界上古史》，第110页。

时期的部分民房宽敞考究。

（六）乌尔第三王朝衰亡

乌尔第三王朝共历五王，当第四王淑辛统治时，西北方的阿摩利人开始侵入乌尔。到第五王伊比辛继位后，其实力已难以抵御阿摩利人和东部埃兰人的入侵势头。伊比辛统治后期，王朝处于内外交困状态，内部阶级矛盾十分尖锐，许多城邦不再向乌尔的保护神献祭，而且奴隶逃亡现象十分严重，自由民的破产和债务奴隶的增多极大地削弱了国家的兵源。王朝外部，在东南、西北两面同时遭到埃兰人和阿摩利人的不断侵袭，王朝四面楚歌，日益衰弱，约公元前 2006 年，乌尔第三王朝被埃兰人和阿摩利人所灭，末代国王伊比辛被埃兰大军俘虏，王室的大批财宝也同时被掠走，乌尔城夷为废墟，乌尔第三王朝宣告灭亡。自此，苏美尔人退出两河流域文明的舞台，闪族人取而代之，他们在继承苏美尔人文明的基础上，先后建立了两个巴比伦王国和亚述帝国。

五 古巴比伦王国（公元前 1894～前 689 年）

（一）古巴比伦王国第一王朝（公元前 1894～前 1595 年）

乌尔第三王朝灭亡时，南部两河流域又陷于诸邦分立的局面。阿摩利人入侵巴比伦尼亚并在此定居，他们赶走了埃兰人，在两河流域建立了两个国家，北方为伊新，南方为拉尔萨。阿摩利人讲闪族语，与阿卡德人的语言较为接近，定居后很快发展起来。阿摩利人在各自统治的城邦国自立为王，独树王旗，古巴比伦是其中之一。不久，阿摩利诸城邦陷入群雄割据状态，各城邦国分立，彼此间或联合或并吞，纵横捭阖。如，南部苏美尔地区的拉尔萨，北部阿卡德地区的伊新[①]，伊新以北的

[①] 萨利赫·艾哈迈德·阿拉等合著《伊拉克通史》，伊拉克国家图书馆注册，巴格达，1983，第 84 页。

幼发拉底河中游的马里，底格里斯河中游迪亚拉河流域的埃什努那等一些邦国激烈地逐鹿两河流域，为争夺两河流域的统治权不断交战，陷于混战状态长达百年之久。

乌尔第三王朝末期，古巴比伦的地位已日趋重要。古巴比伦城邦国建立于公元前 1894 年，由王朝的奠基者苏穆阿布姆创建（公元前 1894～前 1881 年在位），史称古巴比伦王国[①]，亦称"巴比伦第一王朝"。伊拉克人称苏穆阿布姆是巴比伦王朝真正的建国者，他的名字在其继承者中是永恒的。[②] 古巴比伦王国初期国力不强，是个小城邦国。苏穆阿布姆是众多阿摩利人部落酋长中最杰出者，他在位时，以修建神庙、疏通河流著称，他的主要功绩是修筑了巴比伦城墙，在巴比伦城建造了伊新主神"伊辛那"神庙，曾向伊新国王布尔辛示好；他还建造了乌尔主神"南那"神庙和庙门，推尊乌尔兼拉尔萨王苏穆埃勒为霸主；他将巴比伦以南 30 公里处的迪勒巴特城，修建成抵抗邻国入侵的重要要塞。苏穆阿布姆执政时，广泛与邻邦结盟，曾与基什结好，后又与苏亚拉地区的一些阿摩利人酋长结盟，发展友善关系，为其完成一统奠定了坚实的基础。

古巴比伦王朝的第二代王苏穆拉埃勒（公元前 1880～前 1845 年）是老王的兄弟或侄子（记载模糊），他统治时期创立世袭制，实行"王位传子"的统治制度，巴比伦王国后几代王都是他的子孙。他的儿子第三代王统治巴比伦王朝 14 年（公元前 1844～前 1830 年），孙子第四代王统治了 17 年（公元前 1830～前 1813 年）；重孙第五代王在位 19 年（公元前 1812～前 1793 年）。

① 历史上通常把古巴比伦王国的建国之年定在公元前 1894 年，事实上，古巴比伦统一国家的建成是在第六代国王汉穆拉比时期，即百年以后。

② 前引《伊拉克通史》，第 88 页。

古巴比伦王国的前期创业史长达百年，历经开国首王苏穆阿布姆和后五代君主。历代国王前仆后继地不断兼并邻邦、扩展疆域，修建城墙、庙宇、要塞，修建水渠、造福黎民，为盛世的到来和巴比伦尼亚最终统一奠定了基础。

（二）汉穆拉比国王一统天下（约公元前 1792～前 1750 年）

古巴比伦王国的兴盛时期是在第六代君王汉穆拉比时代，他是一位伟大的军事家，继位后开始进行对外征服和统一两河流域的战争。当时两河流域政治上为两强对峙局面，即以拉尔萨为首的南方王朝和新兴的北方巴比伦王朝。伊新、拉尔萨、马里、亚述、埃什努那、埃兰等国彼此争斗激烈，陷在征服与被征服的状况，元气大伤。汉穆拉比即位正值此时，外部形势对他很有利，为他提供了大展宏图和建功立业的时机。

汉穆拉比一统天下靠的是过人的智谋，他巧妙地利用各城邦国彼此削弱的时机，采取各个击破战略，先与拉尔萨结盟，联合灭伊新和乌鲁克，接着又与马里结盟，征服拉尔萨，挥兵直逼盟国马里城下，迫马里臣服。之后，又攻占埃兰和埃什努那。汉穆拉比历经 38 年的戎马生涯，最终完成了两河流域南北的统一，他的王国进入最强盛时，疆土远远超过历史上任何王朝，成为版图最大的王国，他被尊称为"威武之王、四方之王汉穆拉比"。

（三）中央集权专制制度

汉穆拉比是古巴比伦王国最杰出的统治者，他不断地结盟、兼并、征服各国，最终建立了奴隶制中央集权专制制度的国家，这是继阿卡德王国之后建立的又一中央集权制国家，它表明两河流域各古国的文明具有连续性和一脉相传的传承性。

政治 古巴比伦时代各城邦的政治制度与苏美尔—阿卡德时代及乌尔第三王朝时代不同。汉穆拉比是在统一两河流域的征战过程中，建立了君权神授的奴隶制中央集权专制制度，使两河流域地区再次归于统一。他崇尚王权神授，自称是"众神之王"，

使专制王权和神权两位一体。在他统治时期，巴比伦城成为两河流域的政治、宗教、经济、文化中心，他的统治代表着古巴比伦王国的最强盛时期。

随着中央集权制的加强，国王的权力增强，是绝对的，汉穆拉比总揽国家行政、立法、司法、军事、财政和宗教等全部权力。各城市和各地区的行政、税收、水利灌溉由行政官吏管辖。汉穆拉比建立了中央政府机构，设置了庞大的官僚机构，在大行政区设置总督管理，在较大的城市任命名为"沙卡那库"的官员管辖，小城市派遣被称为"拉比亚努姆"的行政官员治理。在行政管理系统中，国王直接任命从中央到地方的各级官吏，甚至包括基层农村公社的首领。

经济　汉穆拉比严格控制着国家经济，是最大的奴隶主，他拥有巨大的王室和神庙经济，王室、神庙都有大量的土地，约占全国可耕地一半以上。此外，王室还掌管大量的畜群和手工业。国王还垄断着王国的贸易、管理税收、放高利贷等，王国对地方实行征收各种税收的政策。国王掌握劳动力的调动，地方神庙的收入在国王控制之下。值得指出的是，古巴比伦王国对各地人民实行赋税和徭役剥削。"人民必须缴纳各种各样的赋税，如粮食收获税、牲畜繁殖税、枣树园税、芝麻田税等"。[①] 国家不断向地方征收实物和银子的诏令在已发现的文献中不乏记载。奴隶租种奴隶主的土地，必须缴纳收成的 1/3 或 1/2；租种果园或菜园，必须缴纳收成的 2/3；高利贷的利息高达本金的 1/3。

汉穆拉比重视发展农业，致力于兴修水利工程，开凿河渠，疏浚灌溉河渠，为各地的农耕和农业发展提供了充足的水源，将水利系统置于国家统一管理下。国家还不时地征发劳役，以维修和开掘渠道。

---

① 周一良、吴于廑主编《世界通史》，齐思和主编《上古部分》，第84页。

军事　汉穆拉比国王为保护专制统治制度，建立了一支常备军，供随时征召及作战，常备军是巴比伦王国奴隶制的统治支柱。国家规定了服兵役义务。为保障常备军的可靠、稳定和旺盛的战斗力，王国规定了军官和士兵从国家领取服役"份地"，"份地"可以继承，但不可以买卖，以此确保军人的经济地位和利益。此外，还规定了严明的纪律，严禁军官侵吞士兵的财物、出雇士兵或将其献给有势力的他人，违反者将被处以死刑。汉穆拉比国王独揽军事大权，直接掌管军队和调动军队。

（四）阶级结构

随着奴隶制私有经济的发展，古巴比伦的社会关系日趋复杂，等级制度出现，主要分为三个等级："①阿维鲁，为全权自由民，上层是统治阶级，下层多是纳税、服兵役和徭役的自耕农和士兵。②穆什钦努，为依附于王室土地的无权自由民，古巴比伦时代还存在其他类似穆什钦努的依附阶层。③瓦尔都（男奴）和阿姆图（女奴）是奴隶阶级。"[1]　三个等级的人所享有的法律地位截然不同。国王和王室拥有众多的奴隶。国王之下是官僚、祭司、大商人等上层统治者，他们都拥有奴隶。也出现相当数量的中、小奴隶主，一般占有不多的土地和三五个奴隶不等。

（五）土地制度

古巴比伦时代的土地制度较为复杂，汉穆拉比时期王室占有的土地分为三类："供养（维持）宫廷之田"；以供职为条件所授份地；以纳赋税（纳贡）为条件所授份地。国王和王室掌握着大量土地，土地经营方法与乌尔第三王朝不同，发生了很大变化，这时的王室土地主要是由对王室负有不同义务的人们分散使用或经营，经营者分为三类：一是祭司或商人，他们领得土地，作为替国王服务的报酬，这种土地可以买卖，但购买者必须接替

卖者继续为国王服务，这类人大都是富有的奴隶主。二是服兵役义务者，他们领取土地作为服役报酬，无权出卖土地。三是纳贡人，他们领取土地耕种，向国王交纳租税。

除国王和王室土地外，还有属于神庙的土地，城市土地及私人土地，私有土地占相当数量。村社土地已大部分为个别家庭所有，只残存少量的公有土地。但水源仍归村社所有，全村共同使用。村社对水源的掌握，使它对土地使用有实际支配的作用。土地可以自由买卖，私有土地制随之发展。私有土地面积都不大，十之八九不超过八九公顷。①

为便于管理，土地作为"份地"分配给每个家庭。"份地"持有者必须向国家缴纳实物租税，若没有实物缴纳，应以其他不动产作抵押，或以家属供债权人奴役抵偿，债权人有权对债务人使用私刑。这种"份地"不是完全由个人自由支配的私有财产，农村公社对其保持着部分所有权。

（六）奴隶制

古巴比伦王国时期已发展到奴隶制的极盛时期，奴隶制关系十分发达。奴隶的主要来源是战俘，也有从外地买来的。当时买卖奴隶很普遍，《汉穆拉比法典》中规定，奴隶一般价格为20舍克勒（合168克银子），在实际买卖交易中会因奴隶具体情况价格各异，男奴一般比女奴价格贵。

奴隶属奴隶主所有，是可以自由买卖的私有财产，还可以转让或抵押。众多奴隶从事各种繁重劳动，但生活却日益恶化。当时高利贷十分盛行，加剧了贫富差距，导致社会分化加速。高利贷主的盘剥极其严重，他们的利益受到《汉穆拉比法典》的明文保护。法典规定，债务人欠债不还可以家人抵债，成为债奴，还可夺取其家庭财产。奴隶逃亡者、藏匿逃奴者、盗窃他人奴隶

---

① 周一良、吴于廑主编《世界通史》，齐思和主编《上古部分》，第87页。

者，均处以死刑。奴隶被剥夺人身自由，必须绝对服从奴隶主，如果敢稍微伤害主人，即可受到鞭笞、割耳或断骨等刑罚。为防止奴隶逃跑，奴隶主给奴隶设置了专门发式和烙印作标志。如果理发师私自剃掉奴隶专用发式，要处以断指罪，烙印师消除奴隶印记，处罚割手刑。由此看出，当时奴隶制十分残酷，这部法典完全保护了奴隶主、贵族、大商人和高利贷者的利益，维护了高度集权的奴隶制度。

（七）《汉穆拉比法典》①

汉穆拉比国王是古代史上著名的立法家，他统治时期的功绩之一是编制了一部法典，史称《汉穆拉比法典》。这部法典的颁布被认为是人类古代文明史上一部基本完整保存下来的成文法典。法典在汉穆拉比统治的次年着手制定，最终成文是在他完成对巴比伦尼亚的统一之后，即他统治的第33～38年间。

在迄今发现的苏美尔楔形文字泥版文书中，有关法律内容的占文献的95%左右。古代美索不达米亚编纂法典始于苏美尔时期，鼎盛期是古巴比伦王国时期，而法典编纂达到顶峰标志的是举世闻名的《汉穆拉比法典》。

《汉穆拉比法典》原文是用阿卡德文镌刻在一块黑色的玄武岩石柱上，被供放在巴比伦最大的"马尔都克神庙"内。法典废除了原各城邦国的法律和法令，全国使用这部统一的法典，从而消除了巴比伦王国境内各城邦在司法上的混乱状态，加强了中央集权和奴隶制国家的统一。法典是根据社会经济发展的需要，巩固政权和维护奴隶主阶级的利益而制定的，它全面反映并记录了当时的社会情况。

---

① 《汉穆拉比法典》不是古代两河流域史上的第一部成文法典，在它之前已经有了乌尔第三王朝的《乌尔纳姆法典》。《汉穆拉比法典》长期被盛传是古代第一部法典，一是古巴比伦王国的名气大，二是有可能指法典内容保存的完整性而言。

法典正文共 282 条法规条文，共 3500 行，内容为三大部分，前言、正文和结语。前言主要宣传王权神授，颂扬汉穆拉比的丰功伟绩。结语则昭彰汉穆拉比国王尊奉神意，保护黎民百姓，故创立公正法典以垂久远，并警告后世，若有敢不遵法典之王，必因违犯神意而遭神罚。法典内容十分广泛，包罗万象，它包括诉讼程序、租佃、雇佣关系、商业、高利贷关系、奴隶、债务、军人份地、诬陷、盗窃、窝藏、抢劫的处理、兵役制度、经济纠纷、商贸、人质、债务、婚姻、收养、遗产继承、人身伤害、医疗、建筑等诸多方面的内容，林林总总所有领域一览无遗，令人惊叹，该法典成为研究古巴比伦王国社会的最重要文献史料。

法典石碑直到 20 世纪初（1901），由法国和伊朗组成的联合考古队在伊朗西南部的苏萨古城（埃兰古都）遗址发现，这块极为珍贵的石碑出土后，被法国劫走，一直被收藏在巴黎的"罗浮宫博物馆"内展出，成为最重要的馆藏之一。法典在出土时已经被分为三块，后复原。法典石碑保存得相当完整，只有少数条文受磨损，但根据已发现的副本进行了核补。如此珍贵的法典石碑怎么会流落伊朗呢？据考证，历史上古巴比伦王国的东部，今日伊朗境内，当年有个埃兰城邦国一度十分强盛，于公元前 13 世纪上半叶，埃兰人曾入侵巴比伦尼亚，将法典石柱作为战利品劫掠到苏萨，这便是法典流落在伊朗的奥秘。

（八）古巴比伦人的贡献

1. 数学

古巴比伦人在数学领域有新的发明。与其他科学一样，数学是在人们日常生活实际需要中产生的，是从丈量土地，测量容积，计算时间和制造器皿，掌握农时的需要或兴修水利中产生。古巴比伦人在苏美尔人的数学成就基础上，计数沿用十进位制，计时沿用六十进位制。六十进位制被希腊人和阿拉伯人接受，后传播到欧洲。今天我们计算时间、圆周、弧形等所采用的六十进位制就是来源于此。古巴比伦数学家已经掌握四则运算，知道分数，会开平方和立方，能求平方根和立方根，解二次方程和一些三次方程式，还计算出圆周率的值约为 3。巴比伦人应用了"位值"的概念，即某个数的值取决于它在数字中的位置，如 95 和 59，95 中的 9 表示 90，而 59 中的 9 则表示 9。巴比伦人在生产劳动中，应用发展了数学，其数学贡献是在苏美尔人的成就上进一步发展出来的。

在几何学领域，古巴比伦数学家知道运用商高定理（勾平方 + 股平方 = 弦平方），能计算长方形、三角形和梯形面积，并且将这些方法结合起来计算不规则形状的面积，能计算圆的面积和圆锥的体积。

2. 天文学成就

古巴比伦人天文观测水平很高，他们把天空分成不同的区域，分属不同的神，按照地区记载他们所观测到的星座。他们对五大行星的运行轨道观测得相当准确。置闰月已经有一定规律。太阴月的持续时间，测定为二十九日十二时四十四分三又三分之一秒，这与现代天文学家测定的数字相差只有零点四秒。巴比伦人通过长期观察星象，熟悉了星体的运行周期，发现月球每过 223 个塑望日，即 18 年零 11 日又回到其原来相对于太阳的位置，回到原来交叉点和近地点。根据这个周期，他们能够预测日食和月食。他们根据日、月、星、辰的相对位置进行观测，作为指定历法的依据。

在天文学中使用数学知识是古巴比伦人对人类的重要贡献。文献记载，古巴比伦人通过天文观测，已经能区分行星和恒星，又通过计算绘制出恒星图，标出星际之间的距离，进一步弄清了金星、木星、水星、火星、土星五大行星的运行轨道，出没规律。他们观察出太阳在恒星背景上的运动轨道——黄道，依黄道上各星座代表的地段划出太阳在一年 12 个月所处

的位置，即黄道 12 宫。他们还记载了对流星、彗星等星变异象的观察。

这使得两河流域的天文学成就更具精确性。这一辉煌成就对近现代欧洲天文学的发展具有重大影响。著名的希腊天文学家希柏卡斯，在天文学领域享有很高的威望，然而在大量的泥版文献出土后，证明他的理论多是承袭古巴比伦人的研究成果。此外，古巴比伦人在建筑、造型艺术、物理学、化学、地理学、生物学及医学方面都取得了一定成就。

3. 建筑和雕刻艺术

古巴比伦人的建筑和雕刻在古代达到很高的水平，从高超的艺术中，可领略古巴比伦人的心智和杰作。风格典雅的塔庙是苏美尔建筑的典型代表，古巴比伦人进一步发展和提高，在王宫建筑艺术和技术领域十分突出，王宫面积庞大，建有大厅和众多房间，厅房墙壁大多装饰彩色壁画，壁画表现征战、狩猎、献贡及宫廷生活等内容。王宫内遍植奇花异草，景色宜人，宏伟富丽的王宫表明古巴比伦人高超的建筑技能、智慧和才能。古巴比伦时期的雕刻具有丰富的表现力，《汉穆拉比法典》上镂刻的彩色浮雕十分清楚，沙马什神面目线条清晰，庄严而肃穆。

4. 马尔都克塔庙

古巴比伦王国十分重视利用神权来巩固和提高王权的神圣和权威，历代国王都大力建筑神庙。古巴比伦城的主神是"马尔都克"神，最大的神庙是城内的"马尔都克"神庙，这座著名的神庙旁矗立着"马尔都克"塔庙，呈正方形梯状，长、宽、高各为91.5 米。"马尔都克"神庙是巴比伦第三代王萨比乌姆统治（公元前1844～前1830年）时修建，巴比伦尼亚最重要的节日是新年，一年一度的庆祝仪式和活动在塔庙举行。汉穆拉比国王自称是神派遣他来统治人类的，他是巴比伦的太阳，是伟大的君主，他和他的继承者们都十分重视履行对马尔都克塔庙的宗教义务。

（九）古巴比伦王国的后期及衰亡（公元前 1749～前 1595 年）

古巴比伦王国由盛而衰是在汉穆拉比国王死后的时期。汉穆拉比死后，他的子孙共有 5 代君王，统治时间长达 155 年。其子萨姆苏伊鲁纳继位，在位 38 年。他统治 8 年后，拉尔萨举旗造反，并联合旧属乌尔、乌鲁克和伊新等城共同举义。与此同时，东部山区出现了大批迁徙来的外族——雅利安民族的加喜特部落开始侵入两河流域中心地带。萨姆苏伊鲁纳必须先阻止加喜特人的入侵，之后讨伐乌鲁克、伊新、乌尔等南方的反叛。

古巴比伦王国虽威震四方，但内部阶级矛盾十分尖锐，奴隶逃亡情况十分严重，下层自由民反抗债务奴役的斗争此起彼伏。乌尔、乌鲁克、伊新等地频繁发生大规模暴动，旧势力的起义一波未平一波又起，迫使王国宣布毁掉欠债的泥版，以缓解矛盾。另外，那些被征服国家的残余势力依然存在，他们积蓄力量恢复实力，不时地掀起反叛活动，弄得王国难得安宁。萨姆苏伊鲁纳连年征战，他曾两次击败"海国王朝"，陷入了与伊新、埃什努那的战乱之中。在他执政后期国力衰落，只能坐守半壁江山。

古巴比伦王国后期陷入严重的内外交困之中，内部有此起彼伏的反叛，外部有加喜特人乘虚入侵巴比伦尼亚，内外矛盾不断激化，国势日渐衰落。约公元前 1595 年，北方的赫梯人南侵，灭古巴比伦王国。

*　　　　　*　　　　　*

赫梯人灭古巴比伦王国后，巴比伦的后裔们继续维持了巴比伦王国多年。被驱逐到南方沿海地区的伊新率先建立"海国王朝"，史称巴比伦第二王朝（公元前 1595～前 1518 年）。该王朝统治好景不长，仅维持了几十年就被北部的加喜特人（又名喀西特人）战胜并取代，加喜特人于公元前 1518 年占领巴比伦，建立巴比伦第三王朝（公元前 1518 ~ 前 1204 年）。加喜特人在两河流域统治达 300 余年，最终毁于亚述和埃兰的不断进攻，于公元前 13 世纪末覆灭。巴比伦第三王朝灭亡后，伊新再次崛起，建立巴比伦第四王朝（公元前 1165 ~ 前 689 年）。这个时期，最著名的国王是尼布甲尼撒一世（公元前 1146 ~ 前 1123 年在位），他曾战胜亚述和埃兰，将疆域推进到波斯湾。巴比伦第四王朝统治巴比伦尼亚达 400 余年，该王朝中、后期的分裂割据局面使其政治上不断衰落，时常遭到埃兰和亚述的进攻，几度被亚述攻陷。在它衰亡后，统一两河流域的是亚述人。

古巴比伦王国从第一王朝到第四王朝，历经公元前 1894 ~ 前 689 年的历史长河，长达 1205 年的时间，后来建立的第五王朝则称为新巴比伦王国。

第二节　两河流域奴隶制国家的继续发展

一　亚述帝国（公元前 2500 ~ 前 612 年）

亚述帝国是古代两河流域文明的重要组成部分，是 4500 多年前的著名帝国，它是承前启后的古文明重要时期。巴比伦王国先后有两个，即古巴比伦王国和新巴比伦王国，而介于古巴比伦王国衰落与新巴比伦王国兴起之间的重要历史就是亚述帝国，曾雄居西亚千余年，具有承前启后的重要历史作用。

亚述帝国是古代两河流域著名的奴隶制国家，位于今伊拉克北部，即以摩苏尔为中心的周围地区。大约从公元前第三千纪末以亚述为中心发展起来，逐渐形成为一个城市国家。亚述帝国的历史跌宕起伏，历经千余年，三起三落，经历了三个时期，古亚

述时期（亦称早期亚述，约公元前 2500～前 1500 年）；中亚述时期（约公元前 1400～前 1078 年）；新亚述时期（约公元前 935～前 612 年）。[①] 亚述帝国曾是两河流域古文明的主导，其历史是一部多民族互相征服与反征服的战争史。

（一）古亚述时期（又名阿淑尔城邦时期）：建国立业

亚述最早的居民是胡里特人，后闪族人迁移到这里并与胡里特人逐渐融合成为亚述人。亚述人最早生活在底格里斯河中游的西岸，精于商业。公元前第三千纪亚述是古代西亚的交通贸易中心。亚述城邦约出现于公元前第三千纪末，城邦的最高权力机构是阿淑尔城邦长老会议，设主要管理宗教事务的"伊沙库"一职，"伊沙库"的权力同苏美尔城邦的拍达西（恩西）相似，他有权召集长老会议，但不经长老会议同意，个人不能作出任何决定。从国家权力机构看，古亚述是一个寡头贵族统治的城邦。

最早在亚述攫取王权的是沙姆希亚达德一世（约公元前 1815～前 1783 年）。他以武力夺取政权，继而向外扩张领土，曾一度控制了阿卡德北部，降服马里，势力抵达地中海。有铭文记载，他效仿古巴比伦王国的专制政体，自称为"天下之王"。在沙姆希亚达德一世之子统治时代，古巴比伦王国势力兴起，亚述受到严重打击。不久，小亚细亚东部兴起的米坦尼人（胡里特人建立的国家）摧毁了亚述在各地建立的商业据点和贸易网，古亚述国力大衰，沦陷为米坦尼的藩属，早期亚述的历史结束。

（二）中期亚述：大力拓展

米坦尼统治亚述达百余年，公元前 1400 年左右，米坦尼为赫梯所败。亚述乘机摆脱米坦尼的控制，进行征服战争，重新崛起。亚述王乌巴利特一世（约公元前 1365～前 1330 年），打败

---

① 刘文鹏主编《古代西亚北非文明》，第 285 页。

米坦尼，重建亚述帝国，史称中期亚述。中期亚述以后的统治者一律都采用"亚述王"称号。

公元前 13 世纪，亚述国力逐渐增强。史料记载，沙勒马那沙尔一世（公元前 1273～前 1244 年）和图库尔蒂—尼努尔塔一世（约公元前 1294～约前 1208 年）时期是中期亚述发展的鼎盛时期，亚述灭米坦尼，打败了加喜特巴比伦，击败赫梯帝国和巴比伦王国，生擒巴比伦王，占领整个两河流域，疆域扩展到亚述历史上最大范围，[1] 并将首都从阿淑尔迁往图库尔蒂—尼努尔塔镇。此后，亚述还建立过几个首都，如卡拉赫（今尼姆路德[2]）、杜尔·沙鲁金（今霍尔沙巴德）、尼尼微（尼尼微与摩苏尔遥遥相对）等。但阿淑尔城始终是帝国的宗教中心，在政治上起重要作用，阿淑尔至尼尼微地区一直被视为亚述的本土和核心。中亚述时期，君主专制国家政体已基本形成，中央集权制进一步强化，专属于国王的官吏已经产生。国家常备军已经建立，其兵源主要是自由民。

该时期编纂了一部法典，史称《中期亚述法典》，保存下来的法典泥版主要有三表。"第一表内容包括 20 条，规定有关地产、房屋方面的权利和义务；第二表包括 12 条，规定有关债务、抵押、买卖等方面的权利和义务；第三表包括 59 条，规定有关婚姻、家庭方面的权利和义务"。[3]

社会的统治阶级是大土地所有者和商人、高利贷者、大奴隶主阶级。奴隶阶级除战俘和外地买来的外，还有债务奴隶。

经济上，中亚述时期的农业经济日益重要，兴修水利、修建河渠、维修灌溉系统极大地促进了农业发展。当时仍保留着村社

---

① 《中国大百科全书》（外国历史Ⅱ），第 1028 页。

② 尼姆路德位于摩苏尔东南约 32 公里处，就是《圣经》上所说的加拉，在此地出土了著名的"黑色方尖碑"和巨型带翼牛。

③ 刘家和主编《世界上古史》，第 124 页。

土地制度，村社农民需向国家服劳役和缴纳实物税。各大家族定期得到国家分配使用的土地，他们的土地慢慢地变为私有，并可以继承或买卖。国王在各大贵族的私有地上保留一份土地，其收获归己或赐予臣下。国家拥有共同使用的土地。村社土地制度不断削弱，掠夺土地时有发生。这个时期的生产关系仍为奴隶制关系，但奴隶主拥有的奴隶数目不多，奴隶价格偏贵。债务奴隶盛行，高利贷活动使大量自由民失去土地，变为人身依附者或债务奴隶。中期亚述法典允许债主殴打奴隶。以多种方式奴役同族人的状况十分普遍，如债务奴役、高利贷奴役、高利贷者"收养"奴役及家长制奴役等。

中期亚述在提格拉特·帕拉沙尔一世统治时期（约公元前1115～前1077年）十分强盛，曾大举扩张，征服了巴比伦、叙利亚和腓尼基以至亚美尼亚山区。在提格拉特·帕拉沙尔一世统治末年，不断受到南部闪族部落阿拉美亚人的入侵，公元前11世纪末，阿拉美亚人占领了底格里斯河以东大面积地盘，导致历时400年的中亚述分裂，走向衰落。

（三）新亚述帝国：鼎盛时期

中亚述在衰落时，亚述人的势力未被完全摧毁，仍保留了某些据点。从公元前935年阿淑尔丹开始，亚述在衰弱100多年后，第三次崛起并逐步强盛，其社会背景和外部条件正值西亚和北非的各强国都已衰落或灭亡，如小亚细亚的赫梯帝国已解体，埃及和巴比伦的势力已四分五裂；叙利亚、腓尼基、巴勒斯坦等诸国纷争激烈，乌拉尔图虽未彻底衰落，但力量大不如前，埃兰已走下坡路，势力十分微弱，亚述乘机连续对外扩张领土，恢复了昔日的江山和地位。

"阿淑尔丹二世和阿达德尼腊瑞二世（公元前911～前891年）是亚述再度中兴的两代王。这两代王并没有像萨尔贡二世、阿淑尔巴尼拔那样闻名于世，但是正是他们，挣脱了亚述之敌的

束缚，揭开了亚述历史上最后的，也是最辉煌的一页"。①

亚述那西尔帕二世（公元前883～前859年在位）入侵美索不达米亚和叙利亚，势力扩张到腓尼基海岸。稍后，其继承人沙勒马那沙尔三世（公元前859～前824年）继续发动对外战争，两河流域北部及叙利亚地区的诸多小国纷纷被征服。亚述历代国王不断扩张，到公元前8世纪下半期，对外军事扩张规模大大超过以往。

亚述大规模的对外扩展始自提格拉特·帕拉沙尔三世（公元前745～前727年在位）。公元前743年，提格拉特·帕拉沙尔三世对劲敌乌拉尔图发动战争，一举获胜。之后，进攻叙利亚，于公元前732年攻陷叙首都大马士革，杀其王，势力直逼地中海东岸。公元前729年，攻克巴比伦，完成了两河流域南北统一，自称巴比伦之王。

新亚述帝国时期的疆域北起乌拉尔图（今伊朗），东南至埃兰，西达地中海岸，西南抵埃及北界。

（四）枭雄辈出及帝国的对外扩张

两河流域的文明传奇而神秘，它的历史是一部多民族不断地通过战争相互征服、相互取代的文明史，也是一部战争史。这里河水丰盈、大地膏腴，可谓人杰地灵。亚述帝国的辉煌历史造就出几代赫赫有名、闻名于世的著名国王，他们的功绩载入史册。

1. 提格拉特·帕拉沙尔三世

他是亚述帝国真正的创立者，战功卓著，他奠定了亚述在西亚的霸主地位。

2. 萨尔贡二世（公元前722～前705年在位）

他是亚述帝国最著名的国王之一，在他统治时期，亚述帝国进入了鼎盛时期。萨尔贡二世对内建立起以军事官僚贵族、神庙

---

① 刘文鹏主编《古代西亚北非文明》，第291页。

祭司和工商业奴隶主为支柱的专制王权。对外，他进行大规模扩张，扫平了西方和南方，击溃北敌。公元前 721 年，征服了以色列和埃及。公元前 720 ~ 前 717 年占领叙利亚全境。公元前 714 年，战败乌拉尔图王国，其后又占领伊朗高原西北部的米底地区。公元前 710 年，征服巴比伦王国，势力远达小亚细亚和塞浦路斯。

3. 辛那克里布（公元前 704 ~ 前 681 年在位）

他是萨尔贡二世的长子。据史料记载，他在位时对外进行征服，四战埃兰、三平巴比伦，有萨尔贡王朝之美誉。他兴建了盖世皇宫，皇宫每边长近 200 米，拥有 2 座大殿、71 个房间、1 幢椭圆形建筑、1 个植物园及 1 座凉亭。皇宫内的浮雕长达 3000 米，浮雕残片现藏于大英博物馆。

4. 伊萨哈顿（公元前 680 ~ 前 669 年在位）

伊萨哈顿国王统治时，新亚述帝国势力达到顶峰。公元前 671 年，攻陷埃及，占领孟菲斯城，完成了对埃及的控制，自称上埃及和下埃及的努比亚之王。新亚述赫然成为地跨西亚、北非两大洲的一个奴隶制大帝国。它拥有辽阔的疆域，版图包括两河流域全境、埃兰、叙利亚、巴勒斯坦及埃及北部，古代西亚和北非埃及文明发达地区尽囊括在帝国之内。

5. 亚述巴尼拔（公元前 668 ~ 前 627 年在位）

亚述巴尼拔是亚述帝国最后一位国王。他发动了一系列的对外战争，曾 9 次远征，完成了亚述历史上最狂暴的对外征服。约公元前 662 年远征埃及，将其首都底比斯夷为平地；约公元前 646 年，攻占巴比伦城，平定了内部叛乱；公元前 639 年吞并埃兰。在他统治时期，亚述帝国的国力和文化均达到最兴盛状态。亚述巴尼拔的丰功伟业是兴建了巨大豪华的巴尼拔王宫和著名的泥版文字图书馆，馆中藏品丰富，收藏了当时世界各地的书籍，详细记载了亚述帝国的兴衰史。

（五）军事帝国：用铁铸造

史书记载，亚述军队靠军事征服铸造了亚述的辉煌。公元前10世纪，亚述进入铁器时代，亚述人从赫梯人那里引进了炼铁技术，并用于制造武器。亚述历史证明，铁器的广泛使用是人类历史发展的一次进步。铁制兵器装备了亚述军队，改进了军事设备，亚述靠使用铁铠甲、铁头盔、铁剑、铁盾牌对外进行扩张，最终在西亚铸造了一个庞大的新军事帝国。亚述王提格拉特·帕拉沙尔三世进行了军事改革，推行募兵制，建立了一支完全由王室供应的常备军，[①] 这是当时堪称世界上最早使用铁制武器的强大军队。兵种设置齐全，包括各种专职兵种，由骑兵、重装步兵、轻装步兵、攻城部队、工兵、辎重队组成。这支军队装备精良，将士们都身穿铠甲、头戴铁盔、手持盾牌防护，使用战车、铁剑、弓箭、短剑和长枪等武器，提高了作战技术。亚述常备军以骁勇善战著称，攻城时，有专门的特制武器"投石机"、"围城器"和"撞城槌"。渡河时，装备了充气皮囊，可谓兵器先进，兵强马壮，战斗力明显提高。亚述军队是对外扩张、成就帝国大业最有效的军事工具，亚述军在东征西讨中之所以所向披靡，拥有非凡的战斗力，使用铁制兵器是重要原因之一。

史料上对亚述帝国多有残暴和大肆杀戮的记载，包括亚述人史官的记载。历史记录了亚述王嗜血成性，亚述军残忍凶暴，用极残暴的手段惩治不肯投降的民族，大肆屠戮居民，如敲碎战败国居民的头颅、斩首、割断喉管、割耳、割鼻、剥皮剐肉等骇人听闻的酷刑。现保留的宫壁浮雕中，有大量对俘房实施斩首、断手、刖足、五马分尸等酷刑的血腥画面。犹太人在其经典著作中将亚述首府尼尼微描绘成"血腥的狮穴"，亚述军队被称为古代西亚最残酷的一支军队。

---

① 周一良、吴于廑主编《世界通史》，齐思和主编《上古部分》，第131页。

（六）奴隶制

早期亚述和中亚述时期，奴隶数目还不多，奴隶价格很贵。战俘很少。奴役同族人的现象相当普遍，首先是债务奴役，借贷条件十分苛刻，债务人往往以土地、房屋、全部家产或子女作抵押，受押的子女便陷入债务奴役。其次是劳动力奴役，债务人必须在收割时向债主提供劳动力，以抵债息。第三是高利贷者可以"收养"同一村社的贫穷成员，被收养者连同土地、房屋都受其控制。第四是家长制在中亚述时期十分盛行，家长对子女的权力如同对奴隶一样，常拿子女去抵债，妻子是购买而来，其地位等同于奴隶。

公元前 8～前 7 世纪是新亚述帝国奴隶制最发达的时期，奴隶数目大幅度增加，国王、官僚、寺院都拥有千百名奴隶，普通的中、小奴隶主也都有 5～20 个奴隶。奴隶的主要来源是俘虏，有少数战俘甚至被编入军队供职。战俘作为国王的战利品，其中有许多被分配给了神庙贵族、军事行政贵族、城市贵族以至于士兵，成了大大小小奴隶主们的奴隶。由于奴隶人数太多，国王无力组织大规模的奴隶制农庄，便采用了让他们一家一户去种地，向他们征收各种赋税或征召各种劳役的剥削方法。战俘始终没有人身自由，随时可以被国王赏赐给人当奴隶。奴隶是农业生产的主要劳力，他们耕种、修路、开河、建筑，亚述帝国时期的奴隶制比以前大有发展，大量奴隶用于农业生产更是两河流域前所未有的现象。

（七）土地所有制

早期亚述时期，村社土地分配给大家族或个人使用，很少买卖。中亚述时期，农业在经济中占有重要地位，统治者重视修建河渠，为民所用。村社土地制度依然存在，不过已日趋削弱，一部分土地定期分配给各家族使用，一部分土地共同使用。"村社内部的分化已经明显，掠夺土地的现象时有发生，大家族占有的

土地渐不实行定期分配，变为私有，可以继承、买卖。不过土地买卖还须经过村社的同意"。① 新亚述帝国时期，土地所有制发生了很大变化，亚述在无数次战争中获取了大量土地，成为国王的财产。全国大部分土地由王室直接经营，分为小块，由奴隶耕作。国王对土地的支配权加强，土地买卖由国王监督，国王在各大家族的私有地上保有一份土地，其收入或归己或转赐臣下，受赐者可以将其所得收益转让。神庙土地也有很大增长，来源多为国王的赏赐及贵族赠送。除国王、贵族、神庙土地外，还保留自由农民的土地，自由民须向国家服劳役，纳土地税。

铁器用于农业生产带动了农业进步。亚述文献记载，此时的生产水平大大提高，铁器和铁工具已取代了青铜器，铁犁、铁锄及铁锹等铁制农具在农业生产中已广泛使用，水利灌溉日益扩大并不断完善，农业生产力得到极大提高，为长期的对外战争提供了充足的给养。

（八）亚述文化

新亚述帝国全盛时期，文化达到历史最兴盛阶段。亚述文化主要承袭了巴比伦文化的精华，博采西亚各国文化之长，为人类留下了光辉灿烂的不朽的篇章。在亚述首府尼尼微发现的一座王家大图书馆是西亚最早的图书馆，为亚述巴尼拔国王所建，馆中藏有大量珍贵的泥版文书，据统计多达两万块之多，这些文物如同一个浩瀚的文明瑰宝的海洋。泥版文书是考古的宝贝，其内容包括宗教铭记、各类铭文、法律、命令、经济报表、历史、辞典、文学、天文、地理、医学、王室公函、书信、艺术作品、神话，等等。值得指出的是，馆内还藏有一份图书目录，记载了所藏全部文书的名称，这表明当时这座图书馆具有较高的管理水平。亚述历代国王都在宫墙、碑柱上记载了各自统治时期的丰功

---

① 周一良、吴于廑主编《世界通史》，齐思和主编《上古部分》，第127页。

伟绩，并构成了一幅完整的、连续的年代记，对研究亚述历史是不可多得的宝贵原始资料。

（九）亚述建筑

亚述人建筑的神庙、王宫和宫殿规模以巨大宏伟著称，它代表了这个时代最高建筑水平和成就，值得大书特书。亚述历代统治者曾在摩苏尔地区的亚述（阿淑尔）、卡拉赫、杜尔·沙鲁金和尼尼微四地建都。如今在摩苏尔及其周围地区所能见到的亚述、尼姆鲁德和尼尼微三座古都遗址均是亚述帝国留下的极重要建筑史迹。作为两河流域历史的珍贵遗址和见证，亚述的第一座古都——阿淑尔在 2003 年召开的世界遗产大会上荣登"世界遗产名录"，同时也被列入"濒危世界遗产名录"，足见其不可估量的文化价值。

古时人与自然的关系及人们的生活理念，对神权和王权顶礼膜拜。在建筑风格上，亚述古都体现了极强的时代感，其建筑灵魂和建筑艺术融入了神权与王权思想，并体现在政治、宗教和文化的内涵中，代表了那个时代的文化精髓和古人无限的创造力。建筑为帝王的政治需求服务，当年历代亚述王都热衷于兴建巨大的建筑。如，在尼尼微挖掘出的宫殿，在每个宫殿大门两侧都有用整块花岗岩雕琢的庞大的人面飞牛或人面狮的石雕，这些栩栩如生的巨大雕像作为王宫或寺庙的守护神，成为亚述帝国的标志性建筑和独特符号，建筑气魄雄伟，其文化价值无比。这些既有人的智慧又有猛兽力量合成的"人兽"石雕，具有与生俱来的霸气和威严，具有超人力的震慑力，目的是体现神权和王权合二为一的无上权威。这些经典建筑的取材多用石料，虽历经几千年的风蚀，遗迹留存至今的为数不少。另外，亚述神庙和宫殿内墙壁上有许多巨大精巧的石壁浮雕装饰，每幅浮雕都有一个主题，或是歌颂国王战胜敌人或是记载狩猎活动，具有极高的艺术水准。这些巨大的浮雕为后人研究亚述历史提供了文字记载外的珍

贵资料。

（十）亚述最高神：战神

亚述帝国的宗教打上了战争的印记，帝国的最高神是战神，称为亚述神。它取代了巴比伦主神马尔都克，为众神之首。战神之所以成为亚述最高神，完全是征服者——帝国君主在对外进行征服中，利用宗教思想表达至高无上的军事权力，这也表现了亚述作为军事帝国的象征。

（十一）医学、化学和生物学的贡献

亚述人在医学、化学和生物学领域对人类文明有所贡献和创造。他们掌握了防腐技术和防腐药品，运用防腐技术，可以将动物的尸体做成标本加以保存，这与埃及人制作木乃伊的技术是一样的。亚述国王拥有皇家动物园和果园，这代表了亚述人在动物学和植物学领域已具有相当高的管理水平。在尼尼微发现的古王宫图书馆所出土的图书资料中，可以看到记载亚述早期的科学著作，其中有医药和化学的配方指南、生物学和矿物学的术语汇编、天文学观测记录等。这些文献资料揭示了亚述文化的丰富多彩。

（十二）亚述帝国的疆域

到公元前 7 世纪中叶，新亚述最终拓展成为一个显赫而庞大的军事帝国，其疆域十分辽阔，地跨西亚和北非，版图远远超过了两河流域全境。它东接伊朗，西临地中海以至埃及，北及高加索，南濒波斯湾。赫然成为举世瞩目的奴隶制大帝国，古代西亚和北非文明发达的地区尽囊括在帝国领土之内。

（十三）盛极而衰：亚述灭亡

亚述巴尼拔逝世后，亚述帝国急剧衰落。亚述帝国是中央集权的军事奴隶制大帝国。它的权力为金字塔结构模式，国王具有至高无上的权力，拥有复杂的官僚机构，通过众多的官吏行使全部权力。国王的统治基础是，依靠军事贵族、神庙祭司集团和工商业奴隶主集团的支持，这批人构成了专制王权的支柱。在这个基础上，建立了庞大的官僚制度，据记载，当时有官僚达 10 多万人。国王作为军事贵族，任用了一批军事贵族为帝国的文武官职，神庙祭司在维护国王神权地位上是一股强大的政治势力，被征服地区的人民被强迫履行各种义务和纳贡。

亚述巴尼拔统治后期，内部阶级矛盾和民族矛盾愈演愈烈，被征服人民对亚述奴隶主的残酷压迫和掠夺愈来愈不满，经常举行反抗和起义，屡平屡起。统治集团内部争权夺利、钩心斗角，斗争十分激烈。工商业非军事奴隶主及祭司集团的力量逐渐强大，他们与军事贵族之间的矛盾越来越尖锐，双方经常处于剑拔弩张的冲突中，危及帝国的统治。另外，外部环境对亚述帝国也愈来愈不利，被征服地区埃及摆脱了亚述统治，建立第 26 王朝，波斯西部的米底人和巴比伦尼亚的迦勒底人势力日益壮大，亚述帝国在内、外敌对势力的夹击下，由盛而衰，逐渐走向衰落成为必然。公元前 612 年，巴比伦和米底组成联军攻陷亚述首府尼尼微，灭亚述帝国。公元前 605 年，新巴比伦国王尼布甲尼撒最终击溃亚述的残余部队，曾在两河流域称雄一时的亚述帝国灭亡。

二 新巴比伦王国（公元前 626～前 538 年）

伊拉克作为世界四大文明古国之一，有着极丰富的文化遗产，新巴比伦文明是其中最优秀的代表之一。

（一）新巴比伦王国的建立

亚述帝国灭亡后，再次崛起的新巴比伦王国由迦勒底人建立，史书上的新巴比伦王国，又有"迦勒底王国"之称。迦勒底人是闪族中的一支，他们的部落约在公元前 1000 年初，在亚述帝国时定居两河流域南部地区，曾是亚述帝国的臣民。

公元前 626 年，亚述国王任命的巴比伦王逝世，遂另派迦勒底人的首领那波帕拉萨尔率军驻守巴比伦。他前往巴比伦赴任后，举兵造反，自立为王，推翻了亚述帝国对巴比伦的统治，建立迦勒底王国，亦称新巴比伦王国（公元前 626 ~ 前 538年）。

此后，那波帕拉萨尔作为新巴比伦王国的创建者、开国君主举旗起义，领导迦勒底人反抗亚述帝国的统治。公元前 612 年，新巴比伦王国与伊朗高原新兴的强国米底王国①结盟，联合攻陷亚述首都尼尼微，共灭西亚最强大的亚述帝国。之后，新巴比伦王国与米底王国两分天下，共同瓜分了亚述帝国的遗产，其中新巴比伦王国分得两河流域南部、叙利亚、巴勒斯坦和腓尼基等领土，北部归米底王国。从此，迦勒底人的新巴比伦王国占据亚述帝国的半壁江山，在西亚建立了霸权，国势盛极一时。

（二）鼎盛时期

尼布甲尼撒二世是新巴比伦王国的第二代君主。在他统治时期（公元前 604 ~ 前 562 年），新巴比伦王国在军事、经济、文化方面都达到了新的高峰，国力空前大增，王国如日中天，成为新巴比伦王国历史上最为辉煌的极盛时代。尼布甲尼撒二世的功绩和名气堪能与古巴比伦王国的汉穆拉比国王相媲美，他的功绩在《圣经》中有记载。他在位 40 余年，威震四方，不仅统一了两河流域南部地区，而且在与埃及争夺西亚势力中，打败了埃及、攻陷了腓尼基、占领了叙利亚和巴勒斯坦，使新巴比伦王国的势力扩展到东起扎格罗斯山脉，西至地中海东岸的广大地区。

在新巴比伦王国内部，尼布甲尼撒二世大力发展农业和畜牧业，整修水利。他动员组织了全国的人力、物力和财力重建巴比

---

① 公元前 673 年，米底首领卡什塔里提推翻亚述帝国的统治，在伊朗高原建立米底王国。公元前 624 年，在伊朗高原的米底出现了一个强有力的人，他统一了众多的米底各部落，成为亚述帝国的强敌。

伦城，对巴比伦进行了大规模建设，将这座古城建设得规模空前、富丽堂皇、宏伟气派。新巴比伦王国的政治、经济、军事和文化突飞猛进地发展，手工业、商业活动十分活跃。据史书记载，当时的巴比伦城是世界闻名的大都市，拥有 10 万人，王宫、剧院、寺庙俱全。尼布甲尼撒二世执政时，巴比伦城因无比辉煌而成为当时世界上最繁华的著名城市。

（三）世界奇迹：空中花园

尼布甲尼撒二世时代是新巴比伦王国的鼎盛时期，被称为世界七大奇迹之一的"空中花园"便是这个时期最伟大的建筑杰作。相传，这座举世闻名的花园是尼布甲尼撒二世专门为其王后所建。王后是波斯米底王国一位美丽的公主，她远嫁到巴比伦王国后，因思乡心切，每日多愁善感，郁郁寡欢。国王为博得她的欢心，表现出丰富的想象力，独具匠心，下令堆筑土山，为她造出了一座"空中花园"。

"空中花园"是人工花园，它的主体结构呈立体梯形，一座宝塔形状的多层平台建筑，完全靠人力修建，拥有 7 层，由列柱支撑，柱高约 25 米，最底层是石块基座，上面各层铺设芦苇和涂抹了沥青的土砖，土砖上有铅板，铅板上堆积了厚厚的土，传说中的那些奇花异草就层层叠叠地种植在土上。更精彩的是，塔顶上有常年涌出的清泉，从四面的水道中喷泻而下，凉爽宜人，颇为壮观。从下往上观望，宛如悬挂在空中的花园一般，令人称奇。"空中花园"还拥有一套齐备的灌溉系统，能够引河水浇灌花草树木。

"空中花园"以其精美绝伦的构思和独特奇异的造型炫耀于世，被列为古代世界七大奇迹之一，成为伊拉克人的骄傲。尼布甲尼撒二世与米底公主迷人的爱情故事更是动人心弦，久远流传。但遗憾的是，后来由于河水连年泛滥，"空中花园"连同巴比伦城一起湮没。

（四）巴比伦之囚

这是一段古老而著名的历史记载，也是现代以色列人痛恨伊拉克人的历史原因之一。

公元前604年，尼布甲尼撒二世即位，当时，叙利亚闻风立即归顺新巴比伦王国，但埃及、巴勒斯坦和腓尼基却不愿归降。埃及与推罗、西顿等腓尼基城市维持着结盟关系，并一直对这一地区心存野心，此时形势相当复杂。

尼布甲尼撒国王为征服埃及和巴勒斯坦等地，与米底王国继续保持盟国关系。他多次发动对外战争，扩展疆土。公元前598年，尼布甲尼撒第一次远征巴勒斯坦，新巴比伦大军兵临耶路撒冷城下，犹大国不战而降，新巴比伦军队首次攻占耶路撒冷告捷。尼布甲尼撒在班师返回巴比伦尼亚之前，特别扶持了犹太人齐德齐亚为耶路撒冷的统治者。为防止犹太人择机复辟，新巴比伦大军将8000名犹太人俘往巴比伦尼亚，其中包括犹大国王、贵族、普通居民、青壮年和能工巧匠。

正如尼布甲尼撒所料，在巴比伦军撤走后，心怀灭国仇恨的犹太人重组军队，修复城池，并游说埃及法老联合反抗新巴比伦。公元前590年，埃及法老第26王朝普萨姆提克出兵巴勒斯坦，占领西顿，推罗国王见势投靠了埃及，新巴比伦王国扶植的犹太人齐德齐亚统治的耶路撒冷，巴勒斯坦和外约旦等一些小国纷纷投向埃及。与此同时，米底王国与新巴比伦王国关系出现紧张，冲突之箭已在弦上。新巴比伦王国筑造了一堵横跨两河平原的坚固"长城"，以抵抗米底人的进犯。而米底人因陷于内部纷争，暂且顾不上与巴比伦人作战。

公元前587年，尼布甲尼撒二世率军第二次亲征巴勒斯坦，进攻犹大国，发誓彻底消灭犹大王国。强兵之下，先迫埃及放弃了对巴勒斯坦的野心。尼布甲尼撒的军队连连夺取战略要地，直逼圣城耶路撒冷，犹太人殊死抵抗。尼布甲尼撒二世围城长达

18 个月，耶路撒冷城内粮草断绝，犹太人的军力耗尽，国王齐德齐亚突围失败，被生擒俘获。[①] 公元前 586 年，尼布甲尼撒二世攻占耶路撒冷，灭犹大王国。犹大王国大部分臣民被俘，除少数贫民外，所有王室成员、王公贵族、祭司、能工巧匠及民众数万人全部被押往巴比伦尼亚沦为奴隶，这便是《圣经·旧约》上记载的"巴比伦之囚"事件。

（五）奴隶制

新巴比伦王国时期，奴隶制私有经济有很大发展。奴隶广泛用于经济生活的各个领域，奴隶数量增多，剥削形式更加多样，如，奴隶除交纳地租外，还须交纳"人身租"，即双份租金。奴隶买卖和抵押广泛流行，有的大奴隶主私人奴隶多达百人以上。神庙大都拥有众多奴隶，各神庙的高级祭司事实上都是大奴隶主，并形成奴隶主集团。奴隶的地位是世代为奴，不得改变身份。

奴隶主剥削奴隶的方式有某些改变，这与亚述帝国残酷对待被奴役人民而迅速消亡的历史教训有关。如，奴隶主允许奴隶独立经营，或贷款给奴隶，奴隶可以代替主人经商，以主人之名独立经营手工业作坊或小店铺或耕种，他们须向奴隶主缴纳年贡、地租和利润，还须缴纳人身租及作为贷款的利息。虽独立经营，但人身隶属关系没有发生任何改变，仍是主人的私人财产，主人可以任意将他们买卖、转让或作为陪嫁等。奴隶身上甚至烙有主人的名字，以防逃跑。从外国购买来的奴隶身上被烙上两种文字的名字，外籍奴隶必须使用巴比伦尼亚的名字。由于多数奴隶处境悲惨，奴隶逃跑现象严重，于是，在买卖奴隶的交易中，卖主须向买主保证奴隶不逃亡。尽管如此，奴隶逃亡仍屡禁不止。新

[①] 犹大国王齐德齐亚被新巴比伦军队俘获后，被剜掉了双眼，押往巴比伦尼亚，不久后死于狱中。

巴比伦王朝时期，奴隶和奴隶主之间的矛盾日益激化，成为社会不可调和的阶级矛盾。

（六）新巴比伦王国的灭亡

尼布甲尼撒二世在世时，新巴比伦王国内部矛盾已在上升并不断激化，许多贵族和祭司集团对迦勒底人的统治极为不满，多次发动政变。新巴比伦王国的祭司集团是一个强有力的社会阶层，权力甚至大过王权，[①] 不仅掌握着国家的经济命脉，而且还左右着政治局势的走向，他们完全操纵着王位的继承。尼布甲尼撒二世以强悍著称，但在他统治后期，也不得不倚靠强大的祭司集团的支持。在他之后的历任国王，逐渐成了祭司集团手中的傀儡，受制于祭司集团的意志，新巴比伦王国在国内重重矛盾中逐渐走向了衰亡之路。

尼布甲尼撒二世去世后，祭司集团加大干预国事的力度，屡次发动政变，在很短时间内，他们居然废除了三位国王，其中两位被杀。公元前555年，即位的那波尼德国王（公元前555～前538年在位）执政后，试图摆脱祭司集团的控制，但内外局势对他已十分不利。他对内需平息内乱，对外忙于应付外患，镇压叙利亚、巴勒斯坦等地不断发生的起义，此时正值波斯帝国兴起。公元前539年，波斯居鲁士国王率波斯军队沿两河南下，向新巴比伦王国发起猛烈进攻，昔日那些不满新巴比伦末代王那波尼德统治的巴比伦贵族祭司集团投附波斯。公元前538年，新巴比伦的贵族祭司集团和商人们与波斯居鲁士大军里应外合，他们居然打开城门迎接居鲁士王，导致新巴比伦王国几乎不战而亡。居鲁士二世征服了新巴比伦王国，两河流域随之并入波斯帝国的版图。

---

① 新巴比伦国王每年元旦行坐朝仪式时，须从马尔杜克神庙的祭司手中接受象征王权的宝器，这表明了王权与祭司集团之间的关系。

新巴比伦王国是两河流域的最后一个古代帝国，迦勒底人是闪族人控制巴比伦的最后一批人，迦勒底人演绎了两河流域文明最后一段辉煌后，宣告结束。在它覆灭后，两河流域陷入外来的异族统治。

三 波斯帝国及异族统治时期

（一）波斯帝国时期（公元前 550～前 330 年）

在波斯帝国以前，伊朗高原西部曾兴起过埃兰人和米底人。公元前第三千纪上半期，埃兰部落已出现奴隶制萌芽，公元前第二千纪后半期，埃兰发展成一个强大的国家，公元前 7 世纪中叶（公元前 639 年），埃兰为亚述帝国所灭。公元前 7 世纪后半期，伊朗高原出现米底（米地亚）人建立的国家。居住在西南部法尔斯地区的波斯人臣属于西北部的米底王国。

居鲁士二世的统治 波斯人原属于印欧语系的一支，约在公元前 3000～前 2000 年从中亚一带迁徙到伊朗高原西南部（今法尔斯省）。波斯人原分为 10 个部落，其中 6 个从事农业，4 个从事畜牧业，后来，部落中产生了贵族氏族，阿契美尼德氏族就是贵族氏族之一。出身于这个贵族氏族的居鲁士（由于他的祖父也叫居鲁士，故史书上尊称他为居鲁士二世，以示区别）于公元前 558 年领导波斯人举行起义，反抗米底王国的统治。由于他英勇善战，雄才大略，被推举为首领。公元前 550 年，居鲁士二世团结波斯各部落，率波斯人灭米底王国，统一了波斯各部落，随即创建波斯人的阿契美尼德家族王朝（公元前 550～前 330 年），后定都波斯波利斯（今设拉子的东北，还有另一都城为苏萨），成为一个强大的奴隶制国家，历史上称为波斯帝国（专指阿契美尼德帝国）。随后，居鲁士二世又相继征服了四邻的部落，那些部落先后臣服于波斯帝国。

居鲁士二世统一波斯后，继续实施向外扩张的计划。公元前

546 年，他挥师出征小亚细亚，先后征服了爱琴海沿岸的希腊各城邦国、吕底亚王国和两河流域南部。此后国力大增，又乘胜打垮了埃及、巴比伦和吕底亚三国的反波斯联盟，从东、北、西三个方向对新巴比伦王国形成足够大的威胁，为最终占领巴比伦尼亚扫平了道路，创造了有利条件。

新巴比伦王国灭亡后，古代由两河流域占主导地位的政治平衡被打破，政治版图的面积向东扩展了几倍，近东历史进入了东、西方文明交会的新时期，开始与东、西方文明包括古老的中华文明相接触。新兴的波斯帝国在征服了小亚细亚各国后，促使亚洲与欧洲的希腊文明相交流，那些原来分立的、模糊的古代各文明地区，突然间连成了一大片，并互相交融。在交融的过程中，古老的两河流域文明逐渐让位，新兴的希腊文明、波斯文明、中亚文明相继诞生并交替称霸，并在两河流域的古老文明基础上不断创造出更新的文明，世界文明发生了取代与进步，进入了互相交融的重要时期，各种文明呈自然延续状态。

波斯帝国对伊拉克的统治属于异族统治。"波斯帝国曾是一个比两河流域和埃及落后得多的民族，它与西亚北非的古代文明的关系，在某种意义上也可以说是游牧世界与农耕世界的关系。这不仅因为波斯人在公元前 2000 年代时还是一个游牧部落，而且因为在其征服西亚北非古代农耕文明地区时，它比西亚北非的古代农耕文明仍要落后许多。波斯人以一个落后民族征服了三大文明中心，并君临其上，将如此大的一个帝国维系和统治了 200 年左右，表现出了更大的规模，也提供了一幅更为鲜明的图画。"[1]

波斯帝国兴盛时正值西亚北非的古代文明由盛而衰之时。波斯帝国是军事征服的产物，在西亚起到过十分重要的作用。它从

---

[1] 吴于廑、齐世荣主编《世界史》（古代史编，上卷），第 195 页。

游牧民族的小国发展成为一个大帝国，其政治制度受到亚述帝国的影响，它继承了亚述的行省制度，巴比伦和亚述成为波斯帝国的一个行省。

居鲁士二世占领两河流域后，对犹太人做过一件具有历史意义的事，他下令释放了所有的"巴比伦囚徒"，允许这些犹太人返回家园，重建耶路撒冷和圣殿。不久，居鲁士二世继续出兵中亚，先后征服花拉子模等城邦，并波及到帝国的其他地区，中亚各城邦国奋起反抗波斯帝国的统治，居鲁士二世率军出征镇压各地的反抗，公元前529年，波斯军队在与马萨盖特人的战斗中，居鲁士二世阵亡。

居鲁士二世死后，他的儿子冈比斯继承王位（公元前529～前522年在位），他继承父业，继续对外扩张，企图重振波斯帝国的雄威。当时，波斯帝国的疆域包括小亚细亚、两河流域、巴勒斯坦和埃及，远至中亚的阿姆河与锡尔河之间的广大地区。冈比斯征服埃及后，继续向南部地区努比亚挺进，但遭惨败。波斯国内的米地亚人趁冈比斯远征埃及之际，举兵起义，反对阿契美尼德的统治，冈比斯闻讯返回，在归途中病亡（公元前522年）。

大流士一世统治时期　冈比斯死后，波斯境内混乱四起，米地亚人、琐罗亚斯德教（拜火教或祆教）的祭司高墨达夺取了政权，并推举冈比斯的弟弟巴尔迪亚为新国王，高墨达在背后操纵，帝国内许多被征服的城邦国纷纷宣布独立。波斯人一直仇视米地亚人操纵王室，寻机政变，出身波斯阿契美尼德贵族旁支的大流士（公元前550～前486年）联合波斯贵族各部落，于公元前522年打垮米地亚人，杀了高墨达，自诩波斯王，史称大流士一世，成为古代波斯帝国的第三代君主。

大流士一世统治时期（公元前522～前486年），加强中央集权制，在被征服地区设省，每个省设总督、将军和司税收的大臣各一名，各大臣直属国王。他颁布法律，削弱部落势力，继续向外扩张，先后共出征多达19次，领土不断扩大。波斯帝国的版图东到阿姆河，延伸到印度河西岸（今巴基斯坦境内），西至尼罗河中下游，北达里海和黑海一带，南濒波斯湾，还包括爱琴海上的岛屿、巴尔干半岛东北部的马其顿，成为一个地跨欧亚非三大洲的大帝国。

公元前499年，波斯帝国的属地小亚细亚沿岸的米利都在希腊诸城邦的支持下，发动反对波斯帝国统治的起义。大流士一世立即派军征讨并将其镇压。之后，他决意惩罚希腊人。公元前492年，大流士一世派舰队讨伐希腊，史称希波战争。波斯军队中途在阿陀斯海角遭遇飓风袭击，大部分舰只沉没海底，只能返回。两年后，公元前490年，大流士一世征集了10万大军和600艘船只，再次出征希腊，在雅典东北部的马拉松平原登陆。仅有1万人的希腊军队奋勇抗敌，在马拉松战役中击败波斯军队，波斯军败退，希腊人利用巧妙战术，以弱胜强的战绩载入史册，马拉松长跑的典故①亦源于此。

大流士一世最终未能实现征服希腊的宏图，公元前486年11月背负遗憾抱病身亡。大流士之子薛西斯一世继位后企图复仇，他于公元前480年率军远征，讨伐希腊，在萨拉米斯海战中，波斯舰队败于希腊，薛西斯一世败退而归。公元前449年，波斯军队与希腊军队在塞浦路斯岛决战，希腊海军占据优势，波斯军队遭重创。从此，波斯帝国的实力一蹶不振，走向衰落。

（二）异族统治时期

希腊化时期（公元前330～前129年） 公元前6世纪初，

① 希腊军队获胜后，即刻向雅典报捷，传令兵菲力彼得斯长跑42.195公里，回到雅典报告胜利消息后便倒地牺牲。为纪念马拉松战役及菲力彼得斯的事迹，第一届奥林匹克运动会特举行了马拉松长跑比赛，正式比赛全程长42.195公里，就是传令兵长跑的距离。

希波（希腊与波斯）战争爆发，波斯军队败于希腊城邦联军，之后希波之间屡起战端，纷争不断。公元前 4 世纪，巴尔干的马其顿统一了希腊诸邦。公元前 334 年，马其顿王国亚历山大大帝率军 4 万人东征波斯，占领大部分波斯领土。公元前 331 年，亚历山大率军东渡幼发拉底河，在尼尼微附近打败波斯军队。公元前 330 年，大流士三世在逃亡中被其属下所杀，波斯帝国宣告灭亡，沦为亚历山大帝国的属地，西亚、南亚和北非地区随即进入希腊化时期，亦是异族统治时期。

　　波斯帝国灭亡后，伊拉克经历了一段希腊马其顿历史时期。亚历山大一度建立起一个地跨亚、非、欧三大洲的庞大帝国，其疆域囊括巴尔干半岛、印度、埃及和波斯。据说，他在两河流域重建了巴比伦的马尔杜克神庙，允许人们崇拜，促使马其顿—希腊国家与东方因素相融合。亚历山大建立的帝国沿用了波斯帝国原有的政治结构，"他采用波斯宫廷礼仪，率领万名将士与波斯女子成婚，朝拜各地的神庙，吸收当地人进入政府机构和军队，行省也基本沿袭原有疆界。"① 马其顿人在新帝国内占据优势地位，包括掌握行政、军事、财政各个领域的权力，只是在中、下层才任用波斯人担任职务；推行希腊化统治政策，建立了许多希腊式城市，建立希腊移民区，一批又一批的希腊人迁入波斯，有希腊商人、手工业者、知识分子及其他职业者；倡导希腊文化；改善幼发拉底河的灌溉系统；计划把巴比伦改造成为帝国的首都。然而，亚历山大的宏愿尚未来得及实现，就于公元前 323 年病殁于巴比伦，亚历山大帝国随之分裂。他的继承者继续居住在巴比伦，直到公元前 320 年迁往马其顿。

　　为争夺帝国的遗产，亚历山大的部将们之间开始了内战，亚

---

① 彭树智主编《中东国家通史》，黄民兴著《伊拉克卷》，商务印书馆，2002，第 52 页。

历山大帝国最终分裂为三个希腊化国家，即塞琉古、托勒密和马其顿。塞琉古占据西亚，建立塞琉古王朝；托勒密占据埃及，建立托勒密王朝；马其顿占据希腊，建立安提柯王朝。三个王朝形成鼎足之势。伊拉克隶属波斯，处于塞琉古王国的统治下。

塞琉古王国（公元前 305～前 64 年）　　塞琉古是马其顿贵族安条克之子，曾为亚历山大的部将，塞琉古王国在三个希腊化的国家中最大，建立者是塞琉古一世（公元前 305～前 280 年），该王国的首都设在叙利亚的安条克城①，亦称叙利亚王国。不过，需要指出的是，塞琉古一世对外推行扩张，该王国鼎盛时疆域囊括小亚细亚大部分、两河流域、叙利亚、巴勒斯坦、伊朗高原大部分和中亚一部分，是幅员辽阔的大帝国，版图远远超出叙利亚，非一般史书称的所谓"叙利亚王国"。中国史书上称塞琉古王国为"条支"。

塞琉古王国时期，奴隶仍大量存在。塞琉古王国继承了亚历山大大帝推行的希腊化政策，其政治体制沿袭波斯帝国的制度。公元前 1 世纪，罗马帝国东侵，塞琉古王国于公元前 64 年为罗马帝国所灭。

（三）安息帝国的统治（公元前 247～公元 224 年，又名帕提亚帝国）

安息帝国是伊朗古代奴隶制王国，创建者是阿萨息斯一世，据说他是游牧部落阿帕勒或帕勒人的首领。公元前 250 年，他举兵起义，攻入塞琉古王朝统治下的帕提亚行省（今伊朗的呼罗珊地区），占领尼萨地区。公元前 247 年，阿萨息斯杀死塞琉古王国的总督，自立为王，宣布独立，建立阿萨息斯王朝（公元前 247～前 224 年）。该王朝被西方学者称之为帕提亚帝国。中

---

①　安条克是首都之一。另外，底格里斯河附近的塞琉西亚和阿克巴特也是首都。事实上，安条克、塞琉西亚和阿克巴特是不同地区的政治中心。

国《史记》以其氏族之名名其国，称之为"安息"。

安息帝国之初，受到塞琉古王国的威胁。公元前 2 世纪末，塞琉古王国日趋衰落，安息王朝日渐强大。在密特里达提一世统治时期（公元前 171～前 138 年），安息帝国占领了伊朗高原的西部、两河流域以北和中亚细亚南部，成为一个强大的帝国。公元前 141 年，密特里达提一世成为巴比伦尼亚的国王，塞琉古的统治势力被赶到了幼发拉底河以西。公元前 138 年，安息军队将塞琉古王国安条克三世的军队一举歼灭。公元前 129 年，安条克七世率军与安息军队决战，但遭惨败并身亡，安息结束了希腊人对波斯的统治。

安息是横贯亚洲大陆丝绸之路的必经之地，过境贸易发达。公元前 115 年，中国汉朝的张骞第二次出使西域，曾派遣他的副使访问了安息，安息国王特派出两万名骑兵在东部边界迎接。从此，安息与中国一直保持友好关系，东西方交通有了很大发展，丝绸之路成了一条重要的国际商道。

安息与罗马的战争　公元前 1 世纪，罗马帝国在灭塞琉古后，企图继续东侵，争夺东方和西方的贸易通道（印度和中国），与安息帝国发生了激烈争夺。公元前 53 年，罗马帝国大举侵犯安息，但最终未能得逞，大军惨败，在卡尔海战役中，安息军队击败了罗马军队，罗马军的统帅克拉苏阵亡。公元前 36 年，安息军队再次击败罗马帝国由安东尼率领的远征大军。此后，罗马帝国与安息帝国又发生过多次战争，互有胜负。安息为对付罗马，将首都从里海东南迁至底格里斯河东岸的泰西封城。安息帝国经济最发达的地区是两河流域。帝国的东部山地、沙漠边缘草原地带比较落后，居民仍属游牧部落。

安息帝国与罗马在长达 200 多年的战争中，虽阻止了罗马向东扩张，但同时也削弱了自身力量，元气大伤，加上帝国内部斗争日趋激烈，公元 224 年，安息帝国为波斯的萨珊王朝所灭。

（四）萨珊王朝（公元 224～651 年）

萨珊王朝亦是异族对伊拉克的统治，是继波斯帝国、安息王国之后，第三个统治伊拉克的波斯王朝。

公元 224 年，帕提亚的波斯侯阿尔达希尔一世联合各地王公举兵独立，攻入伊朗西部和中部，帕提亚末王阿尔塔邦五世战败被杀。公元 226 年，阿尔达希尔占领帕提亚首都泰西封，重新统一伊朗高原，建立萨珊王朝（公元 224～642 年），取代安息王朝，两河流域归萨珊王朝统治。此王朝因阿尔达希尔的始祖萨珊而得名，仍定都泰西封。萨珊王朝的统治及中央集权较帕提亚时期更强。全国分为 18 个省，总督由国王任命，听命于中央。[①] 由于萨珊王朝是由波斯人建立，史称新波斯帝国，以区别于古波斯帝国。"萨珊王朝是古代波斯最辉煌的时期"，[②] 它标志着波斯历史进入了封建社会的新时期。当时，阿尔达希尔一世基本上统一了波斯和两河流域南部地区，直至公元 637 年，萨珊王朝被阿拉伯人击败，新波斯帝国解体，两河流域归顺阿拉伯人，开始进入伊斯兰文明时期。

自公元前 550 年波斯帝国建立，到公元 651 年萨珊王朝灭亡，历经 1200 余年，这段历史时期，波斯帝国是一个地跨亚、非、欧三大洲的大帝国，是社会发展的鼎盛时期。

两河流域的王朝换了若干代，但文明和文化不曾中断，一直在发展，而且保持了一种连续性和传承性。两河流域文明历经若干个重要历史时期，不断地改朝换代和易主，新王朝不断地取代旧王朝，各时期的历史不是对接，而是交叉着延续，它们相互影响、渗透、交融、改革、传播和流动。各时期的文化、文字、书写、宗教、政治、科学等领域均光大了过去历史的文明，并在很

---

① 周一良、吴于廑主编《世界通史》，齐思和主编《上古部分》，第 376 页。
② 《古代西亚北非文明》，第 412 页。

短时间内就广泛传播于整个地区。两河流域的若干个文明古国代表了不同时期古文明历史及其成就，它是一个连续的整体线索，两河流域古文明成就对全人类作出的宝贵贡献是永恒的，它作为人类优秀的文化遗产所蕴涵的历史价值为全人类所共享。

第三节　中世纪简史
——伊斯兰文明时期

一　伊斯兰教兴起及社会背景

公元6世纪时，世界两强波斯萨珊王朝和拜占庭帝国为控制东西方重要贸易商道——阿拉伯半岛的商路展开了长期、剧烈的争夺，阿拉伯半岛成为冲突中心，由此激发了阿拉伯人民族意识的觉醒。另一方面，阿拉伯半岛内部战争连绵不断，各部落间的战争无休无止，仇杀、劫掠层出不穷，造成社会动荡不安。农、商、畜牧业发展受到严重影响，各阶层社会矛盾急剧恶化，传统的氏族社会制度不断瓦解，新型的阶级社会开始形成。闪族最古老的原始信仰的部落宗教受到严重冲击，面临严峻挑战，开始转向超越部落信仰的方向运转，基督教和犹太教在这个地区竞相传播对阿拉伯人产生了极大影响，用一种新的、强大的精神力量将四分五裂的各部落联为一体已为人心所向。正是在这种背景下，阿拉伯半岛麦加人穆罕默德于公元622年创立了伊斯兰教。

公元631年底，穆罕默德统一了阿拉伯半岛大部分地区，政教合一的阿拉伯国家已具雏形。公元632年，穆罕默德在麦地那归真时，伊斯兰教已成为阿拉伯半岛统一国家的精神支柱。

二　阿拉伯人征服伊拉克（公元637年）

7世纪中叶，伊斯兰教开始向阿拉伯半岛以外拓展，阿拉伯人开始了大规模的对外征战，并对波斯萨珊王朝

和拜占庭帝国形成了严重挑战。

公元 635 年阿拉伯人征服大马士革。公元 636 年阿拉伯军队在约旦河支流雅尔穆克河谷同拜占庭展开激战，拜占庭军队遭到毁灭性失败。此后不久，穆斯林大军又先后征服拉塔基亚、阿勒颇等地，攻克约旦、雅法、加沙、贝鲁特和耶路撒冷，征服了整个沙姆地区。在从拜占庭手中夺取叙利亚后，阿拉伯大军高举着伊斯兰大旗，直取两河流域。

征服伊拉克发生在正统四大哈里发时期，史称伊斯兰开拓时代。公元 637 年，伊斯兰军队在卡迪西亚（今伊拉克贾夫纳城西）之战中战胜波斯军队，占领萨珊王朝首都泰西封，这标志着伊拉克此时归顺了阿拉伯人。[1] 之后，伊斯兰大军征服整个美索不达米亚是在公元 639～641 年间完成。641 年伊斯兰大军征服埃及，横跨亚、非两大洲的阿拉伯帝国初步形成。"阿拉伯人征服伊拉克，标志着伊拉克进入了一个新时期，也标志着伊拉克阿拉伯化和伊斯兰化的肇始"。[2] 自世界文明诞生以来，约 2000 年中作为世界史中心的美索不达米亚地区在公元 7 世纪又出现重大转机，创造了伊斯兰文明，再次成为世界史上的文明中心，巴格达是伊斯兰文明中心之一。

三　四大哈里发时期的伊拉克（公元 632～661 年）

第一任哈里发艾卜·伯克尔（公元 632～634 年在位）是穆罕默德的挚友和岳父，他当选哈里发经过了众议。他在位期间，主要功绩是：平息了阿拉伯半岛一些部落的反叛，开始向叙利亚和伊拉克进军。

在第二任哈里发欧麦尔时期（公元 634～644 年），阿拉伯

---

① 伊斯兰史书记载，穆斯林对伊拉克的征服始于公元 633 年。
② 黄民兴著《伊拉克卷》，第 78 页。

人在伊拉克的巴士拉和库法建立了两个驻军营地，此后这两座营地发展成为伊斯兰文明的重要城市，古代巴比伦、泰西封等地文化先后移植到这里并不断完善和发展，巴士拉和库法两城的知名度愈来愈高，一直是穆斯林世界著名的宗教文化城市。哈里发欧麦尔对伊斯兰教的发展作出了十分重大的贡献，历史上被誉为阿拉伯帝国的第二位奠基者。他执政 10 年，阿拉伯人的对外征服战争呈势如破竹、节节胜利之势，先后征服了叙利亚、巴勒斯坦、伊拉克、波斯及北非地区的埃及和利比亚的东部地区，为阿拉伯帝国的建立和伊斯兰教发展成为世界性宗教奠定了有利基础，欧麦尔的个人威望也随之达到顶峰。公元 644 年 11 月 3 日，欧麦尔率众信徒举行晨礼时不幸遇刺身亡，刺杀欧麦尔的是一个波斯奴隶。

欧麦尔临终前指定 6 名圣门弟子为继承人选举团。经过推选，奥斯曼被推举为第三任哈里发（公元 644～656 年在位）。奥斯曼出身于麦加前统治贵族倭马亚家族，该家族在伊斯兰教诞生前是古莱氏族中最具势力的家族，其势力曾大于先知穆罕默德所属的哈希姆家族。奥斯曼当选哈里发标志着倭马亚家族重新得到曾经失去的权力。奥斯曼继任哈里发导致阿拉伯政权内部发生严重分歧。他任人唯亲，排挤圣门弟子，实行家族专政，把同族人都委以重要职务[1]，并赐封大量土地给亲属，凡此种种，引起了圣门弟子和阿拉伯人的强烈不满，使已经缓和了的阿拉伯社会矛盾、部落主义和阶级矛盾重新又起，一些省区不断发生暴乱。圣门弟子对奥斯曼极度不满，阿里、祖拜尔和塔勒哈都是欧麦尔生前指定的哈里发候选人，他们都想推翻奥斯曼夺取哈里发职

---

[1] 奥斯曼的同父异母兄弟瓦立德·伊本·欧格巴任库法总督；堂弟麦尔旺任奥斯曼的总书记官，掌握国家财政；堂弟穆阿威叶任沙姆总督；同父异母兄弟阿卜杜拉任埃及总督，等等。

位。此外，穆罕默德的遗孀阿伊莎及被免除埃及总督的阿慕尔等人也同样想逼迫奥斯曼退位，形势对奥斯曼十分不利。公元656年6月，一批来自埃及的暴动者闯进奥斯曼的住宅，乱刀刺杀了正在诵读《古兰经》的哈里发奥斯曼。

奥斯曼死后，阿里继位第四任哈里发（公元656~661年在位）。阿里是先知穆罕默德的堂弟和女婿，是第三个信仰伊斯兰教的人，曾三次落选哈里发。他上台后迎面而来的是来自几方面的政治劲敌：（1）塔勒哈、祖拜尔两人因落选哈里发[1]而激烈地反对阿里，他们怀疑阿里支持了杀害奥斯曼的凶手，要求阿里缉拿凶手，为奥斯曼报仇，并赴麦加联合以往与阿里不和的先知遗孀阿伊莎，掀起了反对阿里继任哈里发的活动。（2）穆阿威叶是奥斯曼的亲属（堂弟），沙姆地区总督，他拥兵自重，指责阿里杀害奥斯曼，为奥斯曼报仇更是首当其冲。阿里为躲避政治反对派势力的干扰，于657年从麦地那迁都库法（伊拉克纳杰夫东北，又译库费），以远离攻击，库法逐渐发展为穆斯林公社的政治、经济、宗教和文化中心。

尽管如此，穆斯林之间因争夺哈里发权力还是爆发了内战。公元656年12月，在巴士拉附近爆发了"骆驼之役"，阿里一举打败了塔勒哈、祖拜尔和阿伊莎"三路联军"对巴士拉的占领。之后，阿里又转入同穆阿威叶之间的争夺。公元657年7月，阿里与穆阿威叶决战于幼发拉底河畔的"绥芬"，阿里占据优势，大胜穆阿威叶的军队。就在阿里即将大获全胜的紧要关头，穆阿威叶的谋臣阿慕尔·伊本·阿绥（曾任埃及总督）令全军将士枪挑《古兰经》，高呼以《古兰经》为裁判，以和平方式解决争端的口号。胜利在望的阿里迫于不能杀死高擎圣书的人，被迫停战，绥芬之战最终以《古兰经》仲裁而告终。

---

[1] 此二人曾是第二任哈里发欧麦尔亲自指定的哈里发候选人。

穆阿威叶的缓兵之计为自己赢得了时间并扭转了败局，而阿里阵营内部却为此产生了严重分歧，反对与穆阿威叶妥协的主战者、不满者愤怒地退出阿里队伍，另立一新派——哈瓦立及派，阿里的力量迅速削弱。公元661年1月，阿里在前往库法清真寺做礼拜途中，不幸遇刺身亡，而刺客正是自己阵营内分裂出去的一名哈瓦立及派穆斯林。阿里死后，正统哈里发时代宣告结束。阿里的陵墓坐落在库法附近，现今伊拉克圣城纳杰夫，是什叶派的重要圣城。

四 倭马亚王朝时期（公元661~750年）

阿里遇刺后，穆阿威叶便在叙利亚自称为哈里发（公元661~680年在位），定都大马士革。但伊拉克地区的穆斯林拒不承认他的合法性，宣布阿里和法特梅（先知穆罕默德的女儿）所生的长子哈桑为合法继承人。6个月后，哈桑在穆阿威叶的威逼及劝诱之下，宣布放弃哈里发的权力，携眷属退居麦地那，公元669年，可能是中毒身亡。

倭马亚贵族在与圣族哈希姆贵族争夺哈里发的激烈斗争中大获全胜。哈里发穆阿威叶为保住已夺取的权力，在他统治期间，进行了哈里发制度的重大改革，将哈里发的产生方式由民主、协商、公议选举制改为家族世袭制。这一改革极大地影响了阿拉伯伊斯兰社会的发展。公元679年，穆阿威叶提名其子叶基德为哈里发继承人，并将各省的部落代表召到大马士革令他们向叶基德宣誓效忠。

公元680年，叶基德继位哈里发，麦地那、麦加、库法、巴士拉的贵族拒绝宣誓效忠，特别是伊拉克人强烈反对叶基德继位。他们给阿里的次子侯赛因写信，请他赴库法继任哈里发，继承父业。侯赛因先派堂弟穆斯林·伊本·阿奎尔去库法查看实情，受到库法人的热烈欢迎。后又赴麦加，取得了祖拜尔之子阿卜杜拉·伊本·祖拜尔的支持。公元680年10月，伊玛目侯赛因率百余人的驼队，由希贾兹（汉志）前往库法。途中，在库法西北的卡尔巴拉遭遇伊拉克总督欧贝杜拉（欧贝杜拉的父亲是穆阿威叶的结拜兄弟）的伏击。10月10日，欧贝杜拉令欧麦尔将军包围了侯赛因一行，并截断退路，迫侯赛因无条件投降，承认叶基德为合法的哈里发。侯赛因拒降，奋力拼搏，终因力量悬殊，寡不敌众，在战斗中悲壮遇难。[①] 侯赛因殉难在伊斯兰史及倭马亚王朝史上都是极不光彩的一页。先知外孙死于穆斯林之手造成内部严重分裂，其深刻影响一直持续至今，什叶派从此发展起来，不久产生了自己的教义，其中最重要的理论是，除先知家族外，任何人不配担任阿拉伯帝国的哈里发，只有阿里的后裔才有资格担任伊玛目。承认伊玛目必须由阿里的后裔担任成为正式教条，而且与伊斯兰教义中承认穆罕默德是先知这一教条同等重要。伊拉克的库法成为什叶派的诞生地和大本营。

倭马亚王朝历经14位哈里发，历届哈里发对伊拉克都严加控制，特别是对什叶派及阿里家人。倭马亚的统治者残杀了许多没有自卫能力的什叶派人。从此，伊拉克丧失了哈里发国家权力中心的地位和种种利益。阿里信徒的社会状况急剧下降，他们同倭马亚王朝的矛盾不断加深，时常爆发反对倭马亚统治的斗争，此时伊拉克是什叶派活动的政治、宗教中心。阿里的后裔一直没有放弃夺回哈里发权力的斗争，还权于阿里家族一直是他们明确的奋斗目标。在倭马亚王朝时期，什叶派穆斯林不畏镇压和迫害，成为反对倭马亚人统治的一支强有力的政治反对派力量。此外，哈瓦立及派、阿拔斯人等也都以伊拉克为主要基地，从事反

---

① 为纪念侯赛因殉难，什叶派规定卡尔巴拉为圣城，伊斯兰教历1月上旬为哀悼旬，举行追悼会，后逐渐演变为1月10日及之后40天为纪念日，在巴格达卡齐麦因及卡尔巴拉都有再现侯赛因遇难的场景。

对倭马亚人统治的大业。伊拉克最终成为摧毁倭马亚王朝的各政治反对派的聚集地和中心。

五 阿拔斯王朝时期（公元 750~1258 年）

公元 750 年，以穆罕默德叔父阿拔斯的后裔阿布·阿拔斯为首的政治反对派的夺权活动取得成功。阿拔斯人成功地利用了反对倭马亚统治的主要社会力量，在还权于先知家族的旗帜下，联合什叶派、哈瓦立及派以及艾卜·穆斯利姆为代表的呼罗珊地区的穆斯林，共灭倭马亚王朝，建立了阿拔斯王朝。阿拔斯王朝是阿拉伯历史上最光辉的时期。值得指出的是，在中世纪史中，伊斯兰时代是极其重要的时代。日籍华裔学者谢世辉教授近年的研究成果指出，"从 7 世纪至 17 世纪的世界史的第一个中心地区在西亚的伊斯兰文明圈"。[1] 阿拔斯王朝是阿拉伯历史上的极盛时期。由此可见，伊拉克对伊斯兰文明的发展作出了重要贡献，成为中世纪伊斯兰文明的一个重要中心，历时 500 年的阿拔斯王朝跌宕起伏，历经以下 5 个时期。

（一）第一时期：黄金时代（公元 750~847 年）

阿拔斯王朝的黄金时代历时近百年，有 9 位哈里发执政。

巴格达是中世纪伊斯兰世界的名城，阿拉伯帝国阿拔斯王朝（公元 750~1258 年）的首都。阿拔斯王朝开国哈里发最初建都库法，后迁都幼发拉底河东岸的安巴尔。第二代哈里发曼苏尔（公元 754~775 年在位）登基伊始，另择新都，于 758 年选址在巴格达兴建新都。他动用劳工多达 10 万人之众，历时 4 年，耗费 480 多万迪尔汗，于公元 762 年最终建成新都，称和平城，也称曼苏尔城。

---

[1] 〔日〕谢世辉著《世界史的变革——向欧洲中心论挑战》，蒋立峰译，人民出版社，1989，第 8 页。

阿拔斯王朝定都巴格达，标志着伊拉克成为阿拉伯帝国的政治、经济、宗教、文化中心，巴格达随之成为东西方家喻户晓的名城，闻名遐迩。曼苏尔在执政的 21 年中，奠定了稳固的政治基础，被认为是阿拔斯王朝最重要的时期之一。曼苏尔平定了各教派的暴动，消灭了政治反对派势力，稳定了政局，确立了哈里发的绝对权威和地位，建立了高度集中的哈里发中央政权，并发展为当时世界盛极一时的阿拉伯帝国，因而历史学家公认曼苏尔是阿拔斯王朝真正的奠基者。

从哈里发曼苏尔时期开始，一直到第 9 任哈里发瓦西格（公元 842~847 年在位），阿拔斯王朝进入全盛时期，巴格达成为著名的国际都市。阿拉伯帝国以其辽阔的地域、先进的文化、巨大的成就、发达的经济，成为中世纪强大的帝国而闻名于世，能够与其媲美的只有当时中国的唐朝。

阿拉伯科学取得极大的发展，进入了世人颂扬备至的光辉时期。同时，阿拔斯王朝也成为阿拉伯帝国和伊斯兰史上最著名的时代。

阿拔斯王朝前期，鉴于波斯人在建立阿拔斯王朝时作出的重要贡献，波斯人在宫廷中拥有重要地位成为突出特点。哈里发起用了大量非阿拉伯人担任帝国高级官吏，尤其是使用波斯人担任宰相和大臣[1]。这个时期，"纯粹阿拉伯人统治的时代结束了，取代它的是阿拉伯贵族和非阿拉伯贵族的联合统治。"[2] 阿拉伯帝国亦有伊斯兰帝国之称。

阿拔斯王朝鼎盛时期，帝国经济繁荣，工业、农业、商业、交通运输业极其发达。巴格达曾为东西方贸易的集散地，拥有惊

---

[1] 波斯人哈立德·伊本·巴尔麦克在曼苏尔时期曾任宰相职务，其家族中许多成员都出任过阿拔斯王朝的宰相或大臣，有阿拔斯王朝宰相世家之称。

[2] 郭应德著《阿拉伯中古史简编》，北京大学出版社，1987，第 84 页。

人的财富，堪称当时世界上最繁华的国际大都市。市场繁荣。椰枣、各类水果、蔬菜和鲜花十分丰富。阿拉伯地毯、锦缎、宝石、金银器皿、刀剑等享有盛名。中国的瓷器、丝绸、麝香，印度的宝石和香料，非洲东部的象牙和金粉，欧洲的毛皮、蜂蜜、黄蜡等应有尽有，极大地繁荣了帝国市场，并为开展对外贸易提供了条件。

阿拔斯王朝时期值得大书特书的是科学、文化领域突飞猛进的发展，使其在许多方面走在世界前列。涌现出一大批著名的文学家、史学家、思想家、天文学家、数学家、医学家、地理学家等，创造了光辉灿烂的科学文化，沟通了东西方文化，极大地丰富了人类智慧的宝库。阿拔斯王朝 500 年间，科学、文化艺术得到空前的繁荣发展。巴格达、巴士拉成为伊斯兰世界著名的学术中心。这里人才荟萃、群星灿烂，学术气氛极为浓厚，成为世界各国学者的云集地，各类学科百家争鸣，学术著作大放异彩。此间，大学者辈出，佳作如林。在哈里发拉希德（公元 786～809 年在位）和马蒙（公元 813～833 年在位）时期，享誉东西方世界的《一千零一夜》、《克里莱和迪木乃》、《安泰尔传》、《泰伯里历史》、《黄金草原》等一批文学、史学巨著几乎一起问世，被誉为人类文化的瑰宝。此外，著名医学家拉齐创办了巴格达大医院，他著的《医学集成》、《曼苏尔医书》等在世界医学史上占有重要地位。还有医学家伊本·西那著的《医典》曾作为欧洲各大学的教科书。数学家花拉子密以编写世界第一部代数学而闻名于世，他在数学研究方面作出了巨大贡献，《积分和方程计算法》成为中世纪欧洲各大学的主要教科书之一。一批天文学家的重要研究成果也先后闻世。另外，哲学、法学、文学、语言学、修辞学、地理学、宗教学、诗歌、散文、小说文学、说唱表演艺术的民间文学等各类作品大量涌现，史称著述时代。这些多学科和多领域的著述，以丰富多彩的内容极大地丰富了中世纪阿

拉伯文库。巴格达作为阿拉伯帝国的中心，对阿拉伯—伊斯兰文明的形成作出了突出贡献，起到承先启后和继往开来的历史作用。巴格达成为帝国各地学者们心向神往的地方，这里蕴藏着阿拉伯—伊斯兰辉煌文化的历史见证。

（二）第二时期：衰退时代（公元 847～944 年）

这个时期历时约百年，经历了 12 个哈里发，由第 10 位哈里发穆台瓦基勒（公元 847～861 年在位）至第 21 位哈里发穆台基（公元 940～944 年在位）止，史称衰退时代。阿拔斯王朝衰退的一个重要标志是突厥人进入宫廷。为防止阿拉伯人争夺权力和各地不断爆发的人民起义，第 8 任哈里发穆耳台绥木（公元 833～842 年在位）执政时从中亚输入了上千名突厥奴隶补充军队，并组成了宫廷卫队，还提升了一些人担任军官。突厥人进入宫廷后拥兵自恃，逐渐取得权势，甚至参与宫廷阴谋，控制朝政，左右哈里发的废立。阿拔斯哈里发大权旁落，被突厥宫廷卫队架空，他只起精神领袖的作用，阿拔斯王朝逐渐变为一个依靠外部军事力量的专制政体。公元 836 年，这支由突厥人组成的宫廷护卫队使巴格达陷入恐怖之中，哈里发穆耳台绥木被迫迁移到新都萨迈腊，只留下其子瓦西格驻守巴格达主持政务。迁都萨迈腊标志着巴格达权力中心衰落，突厥军官的权势增强。

公元 847 年，哈里发瓦西格（公元 842～847 年在位）去世，阿拔斯王朝昔日的光辉日趋暗淡，人类历史发展的中心地位从此外移。哈里发的权威明显下降，并成为握有实权的突厥将领的御用工具。不久，阿拉伯帝国边远省份的总督奋起，先后纷纷独立，分别建立了各自的王国①，巴格达的哈里发仅统治着那些半

---

① 这些分立的王朝是：埃及的图伦王朝（公元 868～904 年），呼罗珊的塔希尔王朝（公元 820～872 年），波斯中部的萨法尔王朝（公元 867～908 年），阿姆河流域的萨曼王朝（公元 874～999 年），波斯大部分地区的伽色尼王朝（公元 962～1186 年）等。

独立的行省。阿拉伯帝国分裂为若干个并列的地方王朝，它们分疆裂土，割据一方，各自为政，形成混战局面，使巴格达中央政府处于软弱无力的地位，成为徒有其名的帝国中心，帝国的哈里发政权慢慢地走向崩溃。

（三）第三时期：布韦希王朝（公元 945～1055 年）

布韦希王朝亦称白益王朝，白益人属于德莱姆部落，分布于伊朗高原北部山区，属于波斯人的支系，信奉伊斯兰什叶派教义。

公元 935 年，出生于白益家族的阿里时任萨曼王朝（波斯人建立的王朝）驻哈马丹和伊斯法罕的地方长官，他撮合两个兄弟哈桑和艾哈迈德谋反起事，夺取了波斯的法尔斯省。此时巴格达哈里发穆斯台克菲（公元 944～946 年在位）无力与突厥将军周旋，特要求三兄弟出兵巴格达。艾哈迈德随即于公元 945 年率军直入巴格达，在阿拔斯哈里发的国土上建立布韦希王朝。布韦希王朝的建立标志着伊拉克作为阿拉伯帝国的政治、经济、社会地位走向衰落。

布韦希王朝的领土包括伊拉克、杰齐拉（叙利亚东部地区）、波斯及亚美尼亚等地区，首都设在伊朗的设拉子，但巴格达仍是中央权力和各种力量的中心，布韦希王朝的统治者活跃于巴格达和设拉子两地。布韦希人赶走了突厥人宫廷护卫队，成为巴格达的实权统治者。

从布韦希人占领巴格达到 1055 年布韦希王朝灭亡为止，该朝历时百余年，经历了阿拔斯王朝 5 代哈里发，即由阿拔斯王朝第 22 位哈里发到第 26 位哈里发。此时伊斯兰阿拉伯帝国已经严重分裂，阿拔斯王朝的主权和领土大大缩小，布韦希人在巴格达行使中央统治，阿拔斯王朝的哈里发们成为他们名副其实的傀儡和摆设，只能屈从于布韦希人发号施令，仅有虚名而已。

布韦希人执政时统一了伊朗和伊拉克，一度恢复了繁荣盛世，首都设拉子当时是东、西方学者重要的聚集地。布韦希人大

力支持什叶派穆斯林，确立了什叶派节日。布韦希王朝在阿拉伯
—伊斯兰文明史中占有重要地位。

11 世纪上半叶，阿拔斯王朝的政局十分不稳，哈里发的政
权旁落布韦希人之手，疆土四分五裂，社会动荡。而巴格达的哈
里发噶伊木（1031～1075 年在位）一筹莫展，苦于布韦希贵族
对其权力架空而无可奈何。不仅如此，埃及法蒂玛王朝也乘机制
造麻烦，他们利用布韦希人在朝中制造内乱，企图从内部削弱哈
里发的地位，以取而代之。正值此时，塞尔柱人崛起。哈里发噶
伊木内外交困，万般无奈，只能被迫向正在崛起的塞尔柱人求
助，寄希望于塞尔柱人能帮他解救王朝于危难时刻。然而，这一
希望不仅很快化为泡影，还"引狼入室"。1055 年 12 月，塞尔
柱人侵入巴格达，取代布韦希人的权势，布韦希王朝灭亡。

阿拔斯王朝在遭到突厥人统治百年的蹂躏后，紧接着又遭布
韦希人统治下的百年浩劫，两场大浩劫使国力大衰，国运暗淡，
从此苟延残喘，一蹶不振。

**（四）第四时期：塞尔柱帝国和花拉子模王朝控制下的巴格
达（1055～1194 年，1194～1258 年）**

塞尔柱人自 10 世纪崛起于中亚，因部落酋长塞尔柱的名字
而得名。塞尔柱人属突厥族的乌古思部落，最初居住在河外
（中亚）的吉尔吉斯草原，后向西、向南迁移，占领了锡尔河下
游的占德和布哈拉，后皈依伊斯兰教，属于逊尼派。1037 年，
塞尔柱人夺取木鹿和内沙布尔。塞尔柱帝国的创建人是突格里
勒·伯克酋长（1037～1063 年在位）。1055 年，突格里勒·伯
克奉哈里发之邀率领其部下进军巴格达，他们由中亚细亚经高加
索，占领摩苏尔，入主巴格达，一举推翻布韦希王朝的统治，[①]

---

① 布韦希王朝最后一位君主马立克·拉希木（1048～1055 年在位），他于 1058
年死于被关押的土牢中。

建立塞尔柱王朝。哈里发噶伊木率领文武百官亲自出城迎接，奖赏突格里勒·伯克战胜了什叶派布韦希人，并把他视为拯救巴格达的"救星"。噶伊木亲封突格里勒为"东方和西方之主"之称号，同时正式赐"苏丹"（意为权威）之称号。

突格里勒·伯克占领巴格达后，最初借拥护阿拔斯王朝哈里发的名义，扩张领地，率塞尔柱人向外开疆拓土，1063 年，突格里勒·伯克去世，其子阿尔普·阿萨兰继承他的遗志，继续对外扩张领土。在东部，降服了喀布尔和布斯特之间的苏布兰小王朝。在西部，塞尔柱人进攻拜占庭帝国，1064 年占领了拜占庭亚美尼亚省的首府阿尼，将拜占庭军队逼到了马尔马拉海岸，整个小亚细亚完全落在塞尔柱人手中。1071 年 8 月俘虏了拜占庭皇帝。从此，小亚细亚开始突厥化和伊斯兰化，大批塞尔柱人定居小亚细亚，在那里建立了为时 200 多年的罗姆塞尔柱王朝。1070 年，塞尔柱人攻陷阿勒颇，其势力扩张到大马士革和耶路撒冷，并收复了麦加和麦地那。1072 年 12 月，阿尔普·阿萨兰在进攻河外地区的途中，被谋反者杀死。[①]

到 11 世纪末叶，塞尔柱帝国的版图东起锡尔河流域，西至叙利亚和小亚细亚，成为一个雄踞中亚和西亚强大的军事帝国。

塞尔柱人立国后，阿拔斯王朝的哈里发被剥夺了大部分世俗政治权力，只保留了宗教地位。塞尔柱帝国事实上已经取代阿拔斯王朝，塞尔柱苏丹借哈里发最高宗教领袖的权威名义发号施令，"挟天子，令诸侯"，成为真正的统治者。[②] 阿拔斯王朝的哈里发成为塞尔柱人的御用工具，哈里发嘎伊木被胁迫任命突格里勒·伯克为摄政王。

---

① 郭应德著《阿拉伯中古史简编》，北京大学出版社，1987，第 111 页。
② 赵国忠主编《简明西亚北非百科全书》，中国社会科学出版社，2000，第 80页。

塞尔柱帝国统治时期，巴格达的阿拔斯王朝有 9 位哈里发执政，历时 139 年。从第 26 位哈里发嘎伊木到第 34 位哈里发纳绥尔。突厥人的塞尔柱帝国有过 3 代著名君主（称苏丹），即开国君主突格里勒·伯克、他的儿子阿尔普·阿萨兰（1063～1072 年在位）和孙子马立克沙（1072～1092 年在位）。

马立克沙统治时期塞尔柱帝国基本上完成统一，恢复了政治和宗教的统一，社会相对稳定。他开凿运河，修筑大坝，建造清真寺，重视教育，人民生活较富裕，东部曾一度十分繁荣，是塞尔柱帝国的黄金时代。1091 年，马立克沙把首都从伊斯法罕迁到巴格达，① 此时，他的权势已登峰造极，在聚礼日的祈祷词中，马立克沙苏丹的名字与哈里发的名字并列提及，使哈里发享有的名义权力亦受到削弱。不过，马立克沙始终未废黜哈里发取而代之。

1092 年，塞尔柱帝国第三代君主马立克沙逝世，第四任末代苏丹桑贾尔执政，诸子争夺王位的阋墙之争开始。由于亲王皇族之间爆发了内战，称雄割据的分裂局面使帝国不断走向衰落，塞尔柱帝国的强盛时代结束。尽管名义上控制巴格达的塞尔柱帝国一直维持到 1194 年，对阿拉伯帝国仍拥有名义主权，但实际上大塞尔柱帝国已经解体，分裂成若干个地方小王朝，如，罗姆（科尼亚）的塞尔柱王朝（1084～1300 年），吉尔曼的塞尔柱王朝（1041～1187 年），叙利亚的塞尔柱王朝（1094～1117），米迪亚的塞尔柱王朝（1117～1194 年），摩苏尔的赞吉王朝（1127～1262 年）等。

阿拔斯王朝哈里发纳绥尔为恢复失去的权力，支持花拉子模突厥王朝的统治者塔卡什（1172～1200 年在位）进攻当时占领

---

① 塞尔柱帝国无固定的首都，最初的政治中心并不在巴格达，而是设在伊斯法罕及伊朗各地，苏丹通过驻巴格达的军事代表发号施令。

巴格达的米迪亚塞尔柱王朝。1194 年，米迪亚塞尔柱王朝惨败，塞尔柱人控制阿拔斯王朝的历史最终结束，但阿拔斯王朝哈里发仍未如愿恢复权力和尊严。塔卡什效仿塞尔柱人的做法独揽王朝权力，自封为苏丹，并以苏丹的名义铸造钱币，哈里发依旧是个傀儡。阿拔斯王朝的哈里发陷入了与花拉子模突厥王朝的争夺中，历史上称哈里发纳绥尔是前门拒虎，后门进狼，引狼入室。正当塞尔柱人陷入内讧、混战之时，西欧十字军乘机东侵，进入了叙利亚和巴勒斯坦，此时的阿拔斯王朝和塞尔柱帝国均已力不从心，无力抵御外敌入侵。

哈里发纳绥尔于 1216 年曾乞求蒙古成吉思汗派军援助，[①]这一决策失误铸成了更大的历史性错误，蒙古人最终带给阿拔斯王朝的命运不是援助，而是摧毁性的大灾难。

花拉子模王朝时期，巴格达共有 4 位哈里发执政，即从第 34 位哈里发纳绥尔（1180～1225 年在位）到第 37 位哈里发穆斯台耳绥木（1242～1258 年在位）。

（五）第五时期，蒙古人入侵（1258 年）

13 世纪，当西欧十字军在阿拔斯王朝西部横行霸道趋于衰败之时，蒙古成吉思汗[②]亲率大军从东方向西方席卷而来，他于 1220 年深入到河外，攻陷了布哈拉、撒马尔罕、赫拉特等中亚城市。成吉思汗率领的蒙古大军骁勇善战，长于骑射，蒙军横扫中亚花拉子模王朝的军队，犹如旋风般，蒙古大军摧毁了中亚的宫殿、清真寺、学校、图书馆，使撒马尔罕、布哈拉等著名城市，呼罗珊、米地亚及整个中亚大地，变得面目全非。

---

① 郭应德著《阿拉伯史纲》，第 111 页。
② 1206 年，成吉思汗（意为大汗）建立了中央集权国家，1227 年在对外征战中病故。

1258 年，成吉思汗之孙旭烈兀率领蒙军占领伊拉克全境，攻陷巴格达。旭烈兀杀害了阿拔斯王朝末代哈里发穆斯台耳绥木，灭阿拔斯王朝。史料记载，烧杀劫掠巴格达 7 日之久，底格里斯河水尽赤。"巴格达之陷落，死居民 80 万人，各大宫殿、巨室、清真寺都被焚毁，文物书籍被投入江河，以致河水为之淤塞，这是千百年历史上少有的人间浩劫。"[1] 巴格达遭到毁灭，历时 500 余年的阿拔斯王朝在蒙古大军的铁蹄下最终灭亡，阿拉伯哈里发帝国史宣告结束。13 世纪以后，曾经称霸亚、非、欧三大洲的阿拉伯民族开始被异族统治，伊拉克随即落入异族之手。

六 蒙古伊儿汗国的统治（1258～1338 年）

蒙古大军灭阿拔斯王朝后，俨然变成巴格达的主人，成为原阿拔斯王朝东部国土的统治者，伊拉克历史进入了异族统治时期。先是蒙古人统治，继蒙古人之后，波斯人和土耳其人接踵而至，他们先后交替统治伊拉克，伊拉克的文明发生了严重倒退，表现为延续着由蒙古、土耳其等游牧民族文明对农耕文明的统治。再之后的历史，有西方资本主义列强入侵西亚地区，英国制造了殖民主义统治的权威，为这个多灾多难的国家带来了工业文明，伊拉克在极度苦难中奋力抗争。

巴格达于 1258 年失陷后，伊拉克全境陷入蒙古人的统治。之前，成吉思汗的孙子旭烈兀率大军 10 万西征侵占波斯全境，于 1256 年以波斯为中心建立伊儿汗国，定都大不里士，伊拉克是汗国的一个省，巴格达降为省会。伊儿汗国的疆域东起阿姆河，西至叙利亚边境，北起高加索山，南临印度洋、波斯和小亚细亚。囊括今伊拉克、土库曼斯坦、格鲁吉亚、阿塞拜疆、亚美

---

[1]　纳忠著《阿拉伯通史》上卷，商务印书馆，1997，第 635 页。

尼亚等地，是 13 ~ 15 世纪西亚地区的政治、经济、文化中心。伊儿汗国在名义上从属于蒙古大汗，事实上它已是独立国家。蒙古大军继续向西攻克叙利亚、阿勒颇、大马士革、哈里木等地。1260 年，蒙古大军进攻沙姆地区时败于埃及的马木路克军队，蒙古军队西侵步伐最终受阻。

成吉思汗把幅员辽阔的蒙古帝国分封给他的四个儿子，形成了窝阔台、察合台、伊尔和钦察四大汗国。其中，伊儿汗国继承的是阿拔斯王朝伊拉克和伊朗等地的国土遗产。1263 年，大汗元世祖忽必烈皇帝授予其弟旭烈兀（1253 ~ 1265 年在位）"伊儿汗"封号，其意为波斯的统治者，并将阿姆河以南地区划为他的统辖地，伊儿汗系旭烈兀的封号，伊儿汗国名亦由此而来。旭烈兀是伊儿汗国的开国奠基者，他和他的后裔们在西亚进行蒙古人统治以伊儿汗国而闻名于世。

伊儿汗国的专制统治靠军事力量维系，蒙古、波斯和突厥的封建贵族在政治上占据优势，残酷的封建剥削和压迫激起农民起义，他们打起反抗蒙古人统治的旗帜，使汗国的统治基础发生动摇。伊儿汗国在第七代伊尔合赞汗（1295 ~ 1304 年在位）执政时，改变对内政策，开始亲近伊斯兰教教长和本地的封建贵族，他任用波斯人赖世德丁为首相，极力笼络民心，主动向当地封建主和伊斯兰教长示好。值得指出的是，为缓和社会矛盾、改变蒙古人被当地人视为异教徒的形象，他甚至放弃蒙古人的萨满教，改宗信奉伊斯兰教，并将什叶派的伊斯兰教定为国教，号称苏丹。他还颁令军队将士改奉伊斯兰教。伊斯兰文明对蒙古人产生了重要影响，蒙古人作为征服者的身份而改奉了被征服者信奉的宗教，成为伊斯兰教历史上一个骄傲。

旭烈兀王朝中有一个著名的人物合赞汗（苏丹），他统治时期实施了一系列改革，改变了旭烈兀建立的封建军事制，建立了采邑制，即为继承占有制，将农民固定在土地上。合赞汗苏丹的改革促进了经济发展。他还加强了与拜占庭、威尼斯、中国及其他国家的交往。

伊儿汗国后期的统治很不稳定，由于它对西亚各地人民进行残酷的经济剥削和压迫，激起农民不断反抗，反蒙古统治的起义连绵不断，汗国内动荡不安，各种矛盾日益激化，最终导致汗国解体。1338 年，伊儿汗国统治 80 年后为帖木儿帝国所灭。此后，突厥人及波斯人的地方小王朝在各地纷纷建立，割据及混战局面再次遍及这个地区。

七　哲拉伊尔王朝统治时期（1338～1411 年）

儿汗统治末期，汗国统治受到来自多方面挑战，内部出现诸多小王朝。1338 年，蒙古贵族谢赫·哈桑·哲拉伊尔在伊拉克（美索不达米亚）宣布建立哲拉伊尔王朝（1338～1411 年），定都巴格达，该王朝是在伊儿汗国解体后出现的诸多地方王朝中势力较强大的一支。哲拉伊尔原本是个部族，该部族是随着蒙古的征服者旭烈兀西征占领巴格达时进入伊拉克的，开国君主谢赫·大哈桑的祖父是该部族的酋长，与伊儿汗国王室有姻亲关系。

哲拉伊尔王朝的领土疆界是在原伊儿汗国基础上开拓建立。1356 年，哲拉伊尔去世，其子欧瓦伊斯继承王位。欧瓦伊斯雄心勃勃，致力扩展领土，他亲自率兵出征，征服了阿塞拜疆、摩苏尔、迪亚巴克尔（今土耳其东部）等地，版图得到很大扩展，确立了在原伊儿汗国疆界内的稳固地位。在他的统治下，巴格达曾一度再现昔日繁荣。欧瓦伊斯之后的统治者是阿米尔·侯赛因。在他统治期间，王朝大部分时间与两个新兴的土库曼人建立的黑羊王朝和白羊王朝作战。在此期间，帖木儿帝国还曾一度占领过巴格达和美索不达米亚。哲拉伊尔王朝虽然没有过显赫之时，但仍维持了 70 余年的统治。1411

年，黑羊王朝土库曼人灭哲拉伊尔王朝，[①] 哲拉伊尔王朝宣告解体。

八 帖木儿帝国（1370～1500 年）

14 世纪最后的 30 年，帖木儿在中亚河中地区崛起。帖木儿出生于一个突厥化的蒙古贵族家庭，他以"元驸马"自诩，宣称是成吉思汗的后代，蒙古帝国的继承人。帖木儿曾出任西察合台汗国的大臣，1369 年，帖木儿大军占领撒马尔罕，建立中亚国家，自命大埃米尔。他于 1370 年灭西察合台汗国，并利用中亚的突厥游牧部落发动数次远征，建立了帖木儿帝国（1370～1500 年）。该帝国属于"草原帝国"，其兴盛也快，其灭亡也快。在帖木儿统治的 30 多年间（1370～1405 年），他夺取了阿富汗和伊朗全境；1386 年占领阿塞拜疆；1393 年占领巴格达、巴士拉、瓦西特和美索不达米亚等地；还攻克了阿勒颇、哈马、霍姆斯、巴勒贝克和大马士革；袭击了小亚细亚，俘虏了土耳其苏丹巴叶济德一世，攻占了布鲁萨和土麦拿；侵入印度北部等地，屠杀了德里居民达 8 万人；形成了庞大的帖木儿帝国。帖木儿帝国曾有过兴旺繁荣的时期。1405 年，帖木儿在向中国进军途中病逝。

帖木儿的儿子沙鲁哈统治（1405～1447 年）时帝国强盛过一个时期，在他去世后，帖木儿帝国内部因相互倾轧而不断走向分裂，国势日渐衰弱。"1500 年，北方的游牧部落乌兹别克人侵占撒马儿罕和布哈拉一带地区，帖木儿帝国覆灭，分裂为两个国家。乌兹别克人分别在布哈拉和基发建立布哈拉汗国和基发汗国，一直存在到 19 世纪后期"。[②]

---

① 《中国大百科全书》（外国历史Ⅰ），第 409 页。
② 郭应德著《阿拉伯中古史简编》，第 126 页。

九　土库曼人的统治：黑羊王朝和白羊王朝（1378～
1468，1378～1502 年）

世纪末至 15 世纪初，土库曼游牧部落在底格里斯河
上游的迪亚巴克尔地区兴起，土库曼人在伊朗西北部
先后建立黑羊王朝（1378～1468 年）和白羊王朝（1378～
1502），两大王朝的统治者都是土库曼人，他们盘踞在从里海西
南到美索不达米亚之间的广大地区，交替统治伊拉克、阿塞拜
疆、亚美尼亚等地百余年。

黑羊部族信奉伊斯兰教什叶派，原是哲拉伊尔王朝的藩属。
约在 1375 年以后，开始统治摩苏尔至埃尔祖鲁姆一带。卡拉·穆
罕默德在位（1380～1389 年）时开始强大，定都大不里士。黑羊
王朝的旗帜上因雕刻了黑色绵羊图案标志，故以该图案而命名。

卡拉·穆罕默德之子卡拉·优素福继位后，受到帖木儿帝国
向西亚扩张的进攻，1400 年他被帖木儿战败逃亡埃及。1406 年，
他重新占领大不里士，攻克了哈马丹等地。他曾两度执政
（1390～1400 年和 1406～1420 年）。1410 年，黑羊王朝占领巴格
达，灭哲拉伊尔王朝，伊拉克随即落入黑羊王朝的控制下。黑羊
王朝从帖木儿帝国手中夺取了阿塞拜疆的南部、亚美尼亚、库尔
德斯坦和伊拉克。

卡拉·优素福之子伊斯坎达尔（1420～1438 年在位）和杰
汉·沙（1438～1467 年在位）先后嗣位，黑羊王朝的国力达到
极盛。黑羊王朝统治时期，一直与统治伊朗的帖木儿帝国严重敌
对，在帖木儿帝国苏丹沙鲁哈统治时期，帖木儿帝国曾一度征服
过黑羊王朝，这个时期伊拉克一直处在动荡不安之中。1447 年，
沙鲁哈去世，黑羊王朝攻占了伊斯法罕、阿塞拜疆和亚美尼亚的
一部分，以后又征服了格鲁吉亚、法尔斯和克尔曼等地，"取得
了原属帖木儿帝国的统治权。杰汉·沙采用'汗'和'苏丹'

称号。黑羊王朝成为西亚的伊斯兰教大国，在政治、军事和行政组织各方面都达到高度发展的水平。"① 杰汉·沙于 1467 年出征白羊王朝的乌尊·哈桑，失败被杀。1468 年黑羊王朝为白羊王朝所灭。

白羊王朝是"土库曼游牧部落在伊朗建立的封建王朝。1378～1502 年统治阿塞拜疆、亚美尼亚和伊拉克一带"。② 白羊王朝信奉伊斯兰教逊尼派。该王朝建立初期占据美索不达米亚的部分地区和亚美尼亚的一部分，定都大不里士。白羊王朝也因王朝旗帜上雕刻了白色绵羊图案标志，故得名。

白羊王朝的创建者是卡拉·奥斯曼（1378～1435 年在位）。14 世纪中叶，白羊部落与黑羊部落联盟为邻，二者长期互相为敌。1402 年，卡拉·奥斯曼参加帖木儿的安卡拉战役，帖木儿把迪亚巴克尔整个地区赐予他作为封土。卡拉·奥斯曼的孙子乌尊·哈桑苏丹统治时期（1466～1478 年），王朝国力强盛。1467年，乌尊·哈桑苏丹击败黑羊王朝的统治者杰汉·沙，次年，在西亚地区各王朝激烈角逐中吞并黑羊王朝，继承了其全部遗产。同年，战败帖木儿帝国，占领巴格达，领土扩张南至波斯湾，东抵赫拉特。白羊王朝还征服了库尔德斯坦、亚美尼亚和波斯等地，疆土包括原黑羊王朝的版图及波斯湾以北地区。

15 世纪下半叶，白羊王朝内讧不断，该王朝统治时期的伊拉克动荡不安，内部激烈的争权夺利极大地削弱了王朝力量，国势日衰。1473 年，乌尊·哈桑为奥斯曼土耳其人所战败。1499年，波斯人伊斯玛仪·萨法维乘机进攻正在衰落的白羊王朝。1501 年，萨法维征服了阿塞拜疆、迪亚巴克尔，在伊拉克北部夺权。次年又征服巴格达，白羊王朝末代苏丹穆拉德逃亡迪亚巴

① 《中国大百科全书》（外国历史Ⅰ），第 409 页。
② 《中国大百科全书》（外国历史Ⅰ），第 97 页。

克尔，该王朝宣告覆灭，波斯萨法维人继承了土库曼人白羊王朝的全部疆土。

十　波斯萨法维王朝统治伊拉克时期（1502～1638年）

02年，波斯萨法维人灭白羊王朝并占领巴格达。伊斯梅尔·萨法维建立萨法维王朝（1502～1722），自任国王，为伊斯梅尔一世（1502～1524），他宣布什叶派伊斯兰教为国教，什叶派教义为其信条，定都大不里士。伊拉克随即落入萨法维人之手。萨法维人出自波斯一个什叶派家族，该家族在当地享有极高的声誉，属于望族。自萨法维王朝起，什叶派伊斯兰教逐渐成为波斯文化和政治的重要组成部分，成为波斯民族主义的核心内容。伊斯梅尔一世是个强大的君主，他建立王朝不久，就先后占领亚美尼亚、摩苏尔、迪亚巴克尔、纳杰夫和卡尔巴拉，他创建的王朝包括半个波斯和整个美索不达米亚。1524年，伊斯梅尔去世，其子塔赫马斯普继位。

塔赫马斯普统治时期（1524～1576），占领了伊拉克绝大部分领土，已拓展成为奥斯曼帝国的强邻。塔赫马斯普及其后裔统治期间，波斯人与奥斯曼土耳其人之间为争雄西亚地区展开了长期激烈的争夺与冲突，主要争夺目标是美索不达米亚平原。争夺的结果是，波斯尽管数次占据两河流域，甚至一度夺取巴格达，但每次持续时间都很短暂。1534年，奥斯曼苏丹苏莱曼一世夺取了巴格达，在争夺中居上风，但尚未夺取伊拉克全境。1548年和1553年双方战事再起，奥斯曼军队再次夺取波斯大片土地。

1554年，波斯人与奥斯曼土耳其人签订停战协定。次年，双方在伊斯坦布尔签订和约，实现和平，波斯人控制阿塞拜疆，放弃对伊拉克的占领，奥斯曼帝国占有两河流域。亚美尼亚和格鲁吉亚由两国共同瓜分。此后，波斯与奥斯曼帝国之间的战争又延续了长达百年之久。

萨法维王朝系由波斯、突厥、阿拉伯、土耳其和亚美尼亚等多种民族组成，是西亚地区的大国。1587 年，阿拔斯一世（1587～1629 年在位）登基执政时，萨法维王朝虽然处于内外交困的境地，但实力依然很强。其间，萨法维王朝曾将首都大不里士、阿塞拜疆、亚美尼亚、格鲁吉亚等地割让给奥斯曼帝国，被迫迁都伊斯法罕。1603 年后的几年内，波斯萨法维王朝阿拔斯一世乘奥斯曼帝国忙于欧洲战事混乱之机，先后收复了亚美尼亚、巴格达、卡尔巴拉、纳杰夫、格鲁吉亚东部、巴库等失地，重振波斯帝国昔日的雄威。1622 年，波斯打败印度的莫卧尔帝国，占领阿富汗。阿拔斯一世统治时期，萨法维王朝的疆土包括亚美尼亚、库尔德斯坦、阿富汗、部分两河流域，是一个强大的帝国。1623 年，阿拔斯一世率精良军队，重新占领巴格达、美索不达米亚、摩苏尔和迪亚巴克尔，波斯人和土耳其人之间的战火再起，陷入激烈的争雄中。1629 年，阿拔斯一世去世，萨法维王朝国势转衰，此后，又历经几度兴衰历史。

第四节　奥斯曼帝国统治下的伊拉克

从1534 年到 1638 年，伊拉克历史为波斯和奥斯曼相互交替控制时期，这一时期时而是波斯人占上风，时而是土耳其人居优势，彼此交战频繁。直到 1638 年，土耳其人最终从波斯人手中夺得伊拉克，伊拉克陷入奥斯曼帝国土耳其人的统治。鉴于奥斯曼帝国对伊拉克的统治跨越中世纪、近代和现代，故作为一个单独的章节来叙述。

一　奥斯曼土耳其人的统治（1638～1917 年）

17世纪初期，奥斯曼帝国征服了伊拉克，伊拉克成为奥斯曼帝国的领土。奥斯曼苏丹将其划为三个行省，即

巴格达省、摩苏尔省和巴士拉省，三省均派有总督驻扎。

奥斯曼帝国土耳其人为中亚地区游牧的西突厥部落中的一支，属突厥部落乌古兹。13 世纪初期，成吉思汗西侵时，突厥乌古兹部落从呼罗珊西迁亚美尼亚，以后渐渐迁移到里海附近、波斯的北部及东部。1299 年，奥斯曼一世创建奥斯曼国家的雏形。1326 年，奥斯曼之子奥尔汗战胜拜占庭人，攻克布鲁萨并定为国都，开始使用苏丹称号。1453 年灭拜占庭帝国，迁都君士坦丁堡（后改名为伊斯坦布尔）。

1534 年苏丹苏里曼一世远征伊拉克，攻占巴格达等地。1548 年和 1553 年，奥斯曼帝国与波斯帝国之间的战事又起，1555 年两国缔结《阿马西亚条约》，奥斯曼帝国占有伊拉克，波斯帝国占有阿塞拜疆、亚美尼亚和格鲁吉亚东部。1623 年，波斯帝国阿拔斯一世利用奥斯曼帝国巴格达总督叛乱逃亡波斯之机，出兵攻占了巴格达等地。1629 年阿拔斯一世去世后，波斯帝国国势转衰。1630 年，奥斯曼帝国苏丹穆拉德四世率军长驱直入，攻占了大不里士等地，1638 年，夺回巴格达。在奥斯曼帝国强兵之下，1639 年迫波斯人签订城下和约，即《祖哈布条约》（又称《席林堡条约》）。[①] 条约划定的两国边境地区宽达100 多公里，东起扎格鲁斯山，西抵底格里斯河和阿拉伯河。《祖哈布条约》结束了奥斯曼帝国与波斯帝国之间延续了一百多年的战争，开创了近百年的和平时期。伊拉克此后便长期处于奥斯曼帝国的统治下，奥斯曼苏丹穆拉德四世攻克巴格达对伊拉克进行统治时已是奥斯曼帝国后期。

奥斯曼帝国是西亚地区一个庞大的军事封建帝国，在它控制下的伊拉克遭受着苏丹、总督和本地封建主的三重剥削，苏丹集

---

① 杨灏城、朱克柔主编《民族冲突和宗教争端》，人民出版社，1996，第 131页。

全国的政治、宗教大权于一身，享有至高无上的统治权，所有臣民都被视为苏丹的奴隶。伊拉克在土耳其人统治下民不聊生，人民生活十分悲惨。在伊拉克游牧区和半游牧区，奥斯曼苏丹利用当地部落贵族，向牧民和农民强征贡物，农民被迫为封建主耕种，缴纳繁重的赋税，若缴不出租税，便会受到鞭打和酷刑。如果逃亡一旦被抓回来就会判罪，以至处以死刑。另外，农民还要服各种徭役（如修路、造桥、建筑碉堡和宫殿等无偿劳动），所有这些均加重了农民的生活负担。16 世纪末和 17 世纪初，农民起义席卷整个奥斯曼帝国，阿拉伯游击队到处袭击奥斯曼近卫军，反抗奥斯曼的统治。奥斯曼苏丹调集大军征讨，屡次败北。城市的手工业者和小商人同样备受压迫，毫无政治权利。他们"遭到帕夏和封建主的掠夺。苛捐杂税，不一而足。勒索诛求，永无休止。甚至罗织罪名，非法侵夺。倾家荡产者，比比皆是"。[①] 18 世纪中叶的伊拉克农村，大面积土地荒废，奥斯曼统治者只问征税和征兵，从不关心劳动人民的疾苦，饥饿和瘟疫在全国流行和蔓延，许多人被夺去了生命。

　　在土耳其人统治时代，伊拉克经历了以下几个时期。（1）1534 ~ 1638 年为奥斯曼不完全统治时期，大部分地区处于无政府状态。土耳其人与波斯萨法维王朝反复争夺伊拉克，异常激烈，波斯军曾占据了伊拉克北部和巴格达。（2）从 17 世纪上半叶到 18 世纪上半叶为奥斯曼帝国完全统治时期，土耳其人与波斯人之间未发生战争。在这段时期里，伊拉克的帕夏们搜刮掠夺，卖官鬻爵，民不聊生。当地封建主迫使奥斯曼政府委任他们为行政长官，享有高度自治，上交苏丹的贡赋很少。（3）1747 ~ 1831 年为地方势力割据时期，摩苏尔的权力一度落入望族贾利利人手中。[②] 巴格

---

①　郭应德著《阿拉伯史纲》，第 283 页。
②　郭应德著《阿拉伯史纲》，第 300 页。

达的大权一度曾被马木鲁克人夺取，直到 1831 年才被土耳其人重新夺回，马木鲁克时代宣告结束，土耳其人在伊拉克开始进行直接统治。

二 反抗奥斯曼帝国与伊拉克民族主义的兴起

17 世纪初始，奥斯曼帝国的三个行省巴格达、巴士拉和摩苏尔不断爆发反对土耳其人统治的起义。之前，英国与奥斯曼帝国争夺伊拉克领土的斗争也已拉开序幕，伊拉克成为殖民主义列强瞄准的猎物。1869～1872 年，米德哈特帕夏任巴格达总督期间，课征重税，强行征兵，勒令游牧人定居，他的暴政激起了阿拉伯部落的武装反抗。奥斯曼的专制统治给伊拉克人民带来深重的灾难，政治腐败，社会扰攘，天灾不断，国家长期处于落后状态。18 世纪，奥斯曼帝国每况愈下，内部危机日益加深，进入衰落时期，一方面成为西方殖民列强的争夺对象，遭到欧洲列强的宰割，另一方面面临阿拉伯人民更加激烈的反抗，各地的起义此起彼伏，奥斯曼帝国不断走向衰落。

从 19 世纪中叶至第一次世界大战，帝国主义入侵中东地区，波斯和奥斯曼帝国逐渐变成半封建半殖民地国家。19 世纪初，英国在与奥斯曼帝国和其他西方列强争夺伊拉克的角逐中居领先地位，英国在伊拉克的势力居列强首位。面对奥斯曼的统治，1908 年，土耳其革命爆发，1909 年，青年土耳其党人结束了阿卜杜·哈米德二世苏丹的统治，执政的青年土耳其党人决定实行现代化改革，允诺给予阿拉伯人更多的权力。一些伊拉克军官参加了青年土耳其党组织的"统一与进步委员会"，进行争取民族独立的斗争。伊拉克本土也受到了土耳其革命的冲击，一些伊拉克人担任了高级官职，其中有人当选为奥斯曼帝国众议院议员。在议会中，伊拉克议员与叙利亚议员联合组成了一个集团。同时，一些伊拉克人参加了在巴黎、伊斯坦布尔、大马士革、开罗

等地建立的民族主义组织，如"奥斯曼地方分权党"（主张奥斯曼帝国改为联邦制）、"盖哈唐协会"（参加该协会的主要是伊拉克军官，倡导建立土耳其—阿拉伯二元帝国）、"青年阿拉伯协会"（争取阿拉伯人的充分自由和独立）、"盟约党"（由阿拉伯军官组成，目标与青年阿拉伯协会相同），这些组织均在伊拉克设立了分支机构，起到了很大作用。伊拉克本土也成立了自己的组织，出现了进步青年团体和一批政党，起而反抗奥斯曼帝国的统治。如，巴格达民族科学俱乐部和巴士拉改革协会等。① 这些组织的活动代表着伊拉克民族主义的兴起。

20 世纪初，伊拉克的民族主义者成立了一些反对奥斯曼帝国统治的秘密团体和组织，其中影响最大的是青年阿拉伯协会和奥斯曼军队中的伊拉克和叙利亚籍下级军官组成的盟约党，它们的斗争目标是实现伊拉克独立。第一次世界大战期间，这两个秘密组织在反对奥斯曼帝国统治的起义中起了重要作用。第一次世界大战结束后，它们与汉志（希贾兹）的圣族哈希姆家族的领袖、麦加的谢里夫侯赛因取得秘密联系，主张发动武装起义推翻奥斯曼帝国的统治，建立阿拉伯地区统一、独立的国家，并拥戴侯赛因领导这一行动。侯赛因欣然接受，并与英国进行谈判。英国利用反对奥斯曼帝国统治的阿拉伯民族主义情绪，接受上述条件，一方面允诺战后在阿拉伯半岛和肥沃"新月地带"建立独立的阿拉伯国家，另一方面又秘密与法国勾结、策划瓜分阿拉伯地区。

1915 年，英军向巴格达进军，但战败，退到库特。1916 年6 月，侯赛因宣布"阿拉伯起义"，伊拉克籍的军官参加了汉志的军队，与英国军队共同作战，打到叙利亚，攻克了大马士革。1920 年 3 月叙利亚宣布独立，立侯赛因之子费萨尔为国王。伊

---

① 彭树智主编《中东国家通史》，黄民兴著《伊拉克卷》，商务印书馆，2002，第 165 页。

拉克地区积极开展反奥斯曼帝国的武装斗争，给同盟国以沉重打击，英国所处的弱势有所扭转。此时，英国利用伊拉克人民反对奥斯曼帝国统治的高昂情绪，谎称将帮助伊拉克人摆脱奥斯曼的统治，成立独立的伊拉克。然而，战争胜利后，英国未付诸诺言。事实上，英国早在战争期间就已背弃了诺言，1916 年 5 月 16 日，英国代表赛克斯与法国代表乔治·皮科秘密地订立了《赛克斯—皮科协定》，即处理战后奥斯曼帝国领土的协定，根据该协定，西方殖民主义列强私下将西亚阿拉伯国家人为地强行瓜分，伊拉克的中部和南部由英国占有，黎巴嫩和叙利亚由法国占有；巴勒斯坦由"国际共管"等。诸列强除瓜分了土耳其本土外，还分割了隶属奥斯曼帝国的阿拉伯地区。

第五节　殖民、委任统治时期

一　英国的入侵和占领（1914～1920 年）

第一次世界大战给被压迫民族，其中包括伊拉克带来了极大的灾难。1914 年 8 月，第一次世界大战爆发。10 月，奥斯曼帝国参战，伊拉克不可避免地成为战场。11 月，英国对土耳其奥斯曼帝国宣战，英国军队和奥斯曼军队展开激战，最终英国战胜了奥斯曼帝国。同月，英军占领了巴士拉。1915 年初，英国在巴士拉任命了一名军事总督，负责民政事务，同时解散了奥斯曼帝国的行政机构，通过军事占领方式建立了殖民机构，开始管理、控制巴士拉的事务。1917 年 3 月，英军占领巴格达。11 月，第一次世界大战停战时，英军占领摩苏尔，奥斯曼军队开始从巴格达撤退。此后，英国将巴格达、巴士拉和摩苏尔三省合并为一个国家。至此，英国取代了奥斯曼帝国，开始对伊拉克进行控制。

1918 年 10 月，摩苏尔停战协定签署后，伊拉克便纳入了英国殖民统治的体系中，行政管理权正式归属英国。英军总司令通过设在伊拉克的民政专员控制伊拉克所有事务，民政专员成了伊拉克实际上的最高统治者。

1919 年，英国在伊拉克共设立了 16 个大区（省），每个省均为一个英国政务官的管辖区。各省设置两个或两个以上的县，由政务官的助手统管，县以下设立乡，乡长由伊拉克籍人担任并负责治理工作。除上述机构外，英国还通过外交部、停战事务部对伊拉克进行殖民统治，在巴格达、巴士拉和摩苏尔三大城市均委派英国军官为总督，并设立由英国人管辖的行政机构，控制整个伊拉克。

二　英国委任统治与反英起义

1920 年 4 月 25 日，国际联盟在圣雷莫召开最高理事会，正式决定把伊拉克划归英国委任统治。圣雷莫会议的结果使伊拉克举国愤慨，立即激起人民强烈的反抗，伊拉克争取民族解放的运动兴起。

1920 年 5 月初，全国爆发了声势浩大的反英起义，这是伊拉克人民民族觉醒的重要标志。起义口号是：要求民族独立和自由、取消委任统治制度。领导这次大起义的是各主要部落酋长、资产阶级上层的民族主义者及爱国的宗教领袖。伊拉克全国的广大工人、农民、许多部落、各民族主义党派和众多的宗教人士都积极地投身到争取民族解放的斗争中，武装起义遍及全境。独立捍卫者协会、盟约党、什叶派及逊尼派宗教人士在巴格达、卡尔巴拉、纳杰夫、摩苏尔等地区分别举行会议，酝酿举行反英武装起义，要求取消委任统治，实现民族独立和人民的合法权利。

5 月 25 日，由 15 人组成的社会各方代表与英当局进行谈判。代表们要求召开全国代表大会，建立伊拉克政府，遭到英国驻伊民政专员威尔逊的拒绝。这一结果导致了反英运动急剧发展，6月2日，巴格达市民举行了大规模示威游行，威尔逊称这是宣战。不久，全国各地的起义随即爆发，大规模起义遍及整个伊拉克。

7月，英军被迫撤出纳贾夫和卡尔巴拉。8月，迪亚拉地区被起义部落攻占，英军在巴格达的安全受到直接威胁，处境十分困难。之后，英国调兵增援，但无济于事，被迫与起义军签订"停战协议"，以平息起义。不久后，英军喘息过来，断然撕毁"停战协议"，进而在各起义部落之间挑拨离间，拉拢、收买亲英分子，分化起义队伍，诱降部分起义部落酋长，挑起各部落之间的冲突，使其内部分裂矛盾激化。8月11日，英驻伊高级专员威尔逊下令逮捕了大批独立运动的领导人，随即派兵镇压了各地的起义，到10月底，英军最终镇压了这次起义。起义虽然失败，但人民的力量仍沉重打击了英国殖民主义者，动摇了委任统治地位。1920年伊拉克起义的重要意义是，最终迫使英国不得不认真考虑如何对付伊拉克要求国家独立的问题。

三　临时政府

英国为维持在伊拉克的委任统治，开始考虑变换对伊拉克的统治形式。1920年10月，珀西·考克斯接替威尔逊出任驻伊拉克高级专员，考克斯和他的顾问精心策划了一场组织伊拉克临时政府的计划。在议会选举之前，先设一个国务会议管理全国的行政事务。他拉拢伊拉克封建主上层和买办资产阶级，允诺让他们直接管理国家事务。11月，英国在伊拉克成立了临时管理机构——国务会议，并设主席一名（主席是纳吉卜家族的阿卜杜拉·拉赫曼·盖拉尼），部长若干名，国务会议作为虚设的"政府"在英国高级专员的监督下开展工作。同年12月26日，英国发表宣言，正式宣布放弃"委任统治制度"，同意成立以阿卜杜拉·拉赫曼·盖拉尼为首的伊拉克内阁。内阁部

长大都是封建酋长及资产阶级的代表人物，包括旧议员、旧高级军官、酋长、部落和家族的头面人物及宗教界（伊斯兰教和基督教）领袖，还有犹太人的金融巨头。库尔德人拒绝参加政府。

英国千方百计地变换了一种所谓的间接统治方式，间接统治是通过他们在伊拉克的代理人实现的。英国借助虚设的政府，利用当地权力机构进行殖民统治。当时，许多部落酋长和民族资产阶级接受了盖拉尼为首的伊拉克政府，不再反抗英国。

临时政府成立后，英国表面上放弃了委任统治权，但临时政府仍在英国驻伊高级专员控制监督下工作，且无权处置外交和军事事务。盖拉尼的权力是由英国委任，英国在给盖拉尼的委任书中规定，他须服从英国在伊拉克建立民族政府的意愿，英国有权在伊拉克设立最高全权代表和顾问。内阁和各级管理机构中一律设有一批英籍顾问，实际上英籍顾问才是伊拉克真正的统治者。1920 年伊拉克临时政府中有英国高级专员任命的 8 名英籍顾问，每个部长均配备了一名英籍顾问，专员和顾问实际上掌管朝政。

英国在伊拉克实施了一套完整的行政管理体制，以维持殖民统治制度。1920 年 12 月，英国驻伊高级官员颁布伊拉克划分行政区的法律，将伊全国划分为 10 个省，每个省均派驻英籍顾问（即后来的行政督察）。1922 年，英国将 10 个省扩为 11 个省，下辖 35 个县、85 个村镇。不难看出，英国事实上享有伊拉克的立法权和行政权。

英国设在伊拉克各级部门所有的顾问都以决策者的身份行使权力。由于配备了英籍顾问，从临时政府到各部、各省及各级行政管理机构中均形成了双重领导局面。伊拉克籍的领导及英籍顾问都认为自己是最高领导者，但权力依旧掌握在英国人手中。英国人任意地发号施令，完全凌驾于伊拉克籍领导人之上，成为实际上的统治者，伊拉克政府是处在英国控制下的傀儡政府，委任统治仍在延续。

四 建立伊拉克王国

英国在镇压了 1920 年伊拉克人民起义后，慑于人民的压力及缓解反英情绪，决定考虑伊拉克"独立"。英国在放弃委任统治制度之前，精心策划并导演了君主政体的建立和所谓的"公民投票"，公然无视伊拉克人民的权利，为伊拉克挑选了一名非本国国籍的国王。

关于伊拉克国王人选，英国煞费苦心竟没能在伊拉克本国觅到一位"合适"的候选人。英国认为盖拉尼年纪太老，而且在他的家族中找不出符合条件的继承者；英国也不接受巴格达和基尔库克等地推荐的候选人；对内志的埃米尔阿卜杜·阿齐兹·本·沙特也不满意；经反复挑选，根据英殖民大臣丘吉尔的策划，英最终决定立前汉志王谢里夫侯赛因的幼子、前叙利亚国王费萨尔·本·侯赛因·哈希姆为伊拉克国王。盖拉尼临时政府于 1921 年 6 月 11 日宣布，伊拉克为君主立宪国，国名为伊拉克王国，费萨尔为伊拉克国王。

费萨尔的父亲谢里夫侯赛因·本·阿里是麦加的行政长官和汉志地区总督（奥斯曼苏丹任命），是先知穆罕默德的直系后裔，属麦加圣族——哈希姆家族。确立阿拉伯圣族做伊拉克君主出于英国的精心安排。费萨尔曾与英国携手①，在推翻奥斯曼帝国的战斗中立下赫赫战功，他率领阿拉伯部队勇猛作战，一路攻打到大马士革，在叙利亚建立了阿拉伯民族政府，并被拥戴为叙利亚国王。不久，法国军队攻入大马士革，废黜了费萨尔政府。

---

① 1915 年 12 月，在塔伊夫召开的会议上，侯赛因以建立阿拉伯独立国家为条件与英国谈判，英国同意在推翻奥斯曼帝国的统治后，允诺侯赛因在阿拉伯半岛和肥沃的新月地区建立由他统治的独立的阿拉伯国家。随即侯赛因与英国达成结盟协议，向叙利亚、黎巴嫩、约旦和巴勒斯坦等地发兵，发动了阿拉伯大起义，共同推翻了奥斯曼帝国。

英国曾允诺侯赛因在战后建立独立的阿拉伯国家，把被法国废黜的前叙利亚国王费萨尔立为伊拉克国王，算对侯赛因的承诺有了一个交代。另外，在伊拉克独立之前，英国为建立一个亲英的伊拉克政权、确立政治代理人创造了必要的条件。

有先知血统的侯赛因家族成了伊拉克国王，血统纯洁而高贵，但国王却不具有统治权，只是国家最高权力的象征，英国殖民者占据主导地位，剥夺了君主的统治权，代行统治权力。伊拉克王国以殖民者的意志，参照宗主国的政治制度模式，建立了现代国家，但它代表了封建君主制与殖民制度的结合。

伊拉克王国的成立在名义上标志着伊拉克独立。此后，英又策划了建立君主立宪政体及实行所谓全民投票的计划，费萨尔一世获得了96%以上大多数选民的支持，于1921年8月23日在巴格达举行了加冕仪式，正式成为伊拉克王国国王。与此同时，伊内政部英籍顾问康沃利斯开始兼任费萨尔国王的私人顾问。英国高级专员公署就设在底格里斯河的右岸，与伊拉克王国的政府机构隔岸相望。

1921年9月，伊拉克王国新内阁组成，前临时政府中的大部分大臣被留任。为了加强对伊拉克的控制力度，英国与费萨尔王朝缔结了关于保留英国职员的协定，各部分别与103名英高级官员同意的英籍职员签订了为期5~15年不等期限的合同。在各部、省及县都能看到伊拉克的政府官员、省长和县长们与他们的英籍顾问和职员一起工作。

五 同盟条约与殖民统治的延续

英国在给伊拉克选定了一位国王之后，继而推出对伊统治的新花招，即通过签署英伊同盟条约确认其在伊拉克的统治地位。这一计划早在费萨尔从叙利亚赴伊拉克任国王之前已达成协议，是英国殖民统治一环扣一环的重要步骤之一。

根据1915年费萨尔国王写给英国驻埃及高级专员麦克马洪的

信的第三条——关于英国和未来阿拉伯国家签订联合防御条约问题，1922年10月10日，英国与费萨尔王朝签订了为期20年的《英伊同盟条约》，该条约于1924年11月10日和12月12日先后由英王乔治五世和费萨尔国王批准后生效，条约有效期为4年。

《英伊同盟条约》对英国在伊享有的特权作了若干具体规定，重现了委任统治的大部分条款。如：英国有权在伊拉克驻扎军队，承担主要防务任务，占有军事基地，有权监督伊拉克军队，英国为伊拉克军队提供武器装备、教练和军官，军队的调动须经双方一致同意，英国在伊拉克享有治外法权等。根据条约，伊拉克须接受英驻伊高级专员对政治、外交、军事、经济、财政、司法等方面的指导，不经英方同意，伊方不得任命非伊拉克籍人为官员。上述条款使英通过条约确立了殖民统治的合法地位，这显然是委任统治的延续，条约删除了委任统治的文字，但在内容中却保护了英国在伊拉克的全部权力和利益。因此，《英伊同盟条约》是英国对伊进行殖民统治的一种新形式，英国通过双边条约取得了殖民统治的法律保护。

《英伊同盟条约》刚一签订就激起伊拉克人民的强烈反抗，全国上下大声疾呼，各地接连爆发了反英起义，强烈要求废除该条约，要求英军全部从伊拉克撤走。在全国各阶层人民的巨大压力下，英国与费萨尔王朝修改了1922年《英伊同盟条约》，后又签署了1926年、1927年和1930年《英伊同盟条约》，这些条约都是由后一个取代前一个。

1930年6月，英国迫使伊拉克费萨尔王朝与之签订了为期25年的第二个《英伊同盟条约》。根据条约，伊拉克的内政、外交、国防、经济完全掌握在英国人手中。条约规定，英国军队有权占领伊拉克境内两个最大的空军基地哈巴尼亚（巴格达西面）和塞巴（巴士拉附近）；有权在基地附近驻扎军队；英国人在伊拉克享有治外法权。伊拉克军官应由英国训练和指挥，伊拉克军队由英国军事代表团监督，一旦发生战争，两国应该"互助"，伊拉克应向英国的陆海空军提供一切便利和帮助，英军有在伊拉克陆地、领水、领海、领空自由活动的权利等。战时，伊拉克军队必须聘用英国顾问和教官，必须由英国提供武器装备等。由此可见，英国所谓结束委任统治仅是名义上的，殖民统治的实质未发生任何改变。条约完全保护了英委任统治时期享有的各种特权，英籍行政官员在各部、省、县继续留任。1930 年条约完全是 1922 年条约的翻版。

自从 1922 年以后，英国在伊拉克进行殖民统治的合法基础便是上述一系列的不平等条约。剖析《英伊同盟条约》的背景及过程，显而易见，同盟条约形式是殖民统治的延续，它保障了英国殖民统治的地位和所有利益。

1932 年英国宣布结束对伊拉克的委任统治，伊拉克以一个形式上的独立国家加入了国际联盟。尽管加入了国际联盟，但其实质地位仍未得到任何改变，伊拉克仍处于英国的控制下，只是一个名义上的独立国家。事实上，自 1921 年伊拉克王国诞生后，一直仅在名义上被称为独立国家。

六 殖民统治制度的终结和伊拉克的独立

伊拉克人民为争取国家真正独立和废除丧权辱国的《英伊同盟条约》，进行了长期不懈的武装斗争，多次掀起民族独立运动。1935 年全国爆发了大规模起义，要求废除英伊条约，要求英国军队撤出伊拉克。在争取民族解放运动的斗争中，伊拉克军队一直发挥着重要作用。1936 年伊拉克军队中以贝克尔·西德基将军为首的一批军官首次发动军事政变，推翻了哈里·哈希姆政府，建立了以希克梅特·苏莱曼为首相的新政权，伊封建王朝曾一度垮台。此后，军队又连续发动了数次未果的军事政变。1941 年 4 月，反英领袖拉希德·阿里·盖拉尼

联合一批军官发动军事政变成功，并成立了国防政府，亲英的伊拉克摄政王等人逃亡德黑兰，费萨尔王朝险些寿终正寝，这次政变最终因英国镇压而告失败。1947 年 10 月，英国被迫将驻伊军队从 18 万人裁减到 1 万人。

1948 年 1 月 15 日，英国与伊拉克在英国的朴次茅斯签订了为期 20 年的第三个《英伊同盟条约》，即《朴次茅斯条约》。该条约规定，英国有权干涉伊拉克的外交，可以建新的军事基地；英国军队无论在战时或是在"共同利益"遭到威胁时，都可进驻伊拉克领土。

该条约签订后，伊拉克人民奋起反抗，各地举行的大规模示威和罢工长达数月之久，一些城市还举行了武装起义，石油工业和铁路集中的地区罢工运动空前高涨，全国参加斗争的人数高达 30 多万，在人民起义的强大压力下，伊拉克议会只能宣布拒绝批准《朴次茅斯条约》。

第二次世界大战后，美国极力挤进了对伊拉克的控制和渗透，企图把伊拉克变为遏制社会主义阵营的基地。1951 年，西方国家策划了"中东司令部"未遂计划，1955 年搞了"巴格达条约组织"。英国不断变换方式，力图维持对伊拉克已发生动摇的统治地位。伊拉克人民坚持不懈地进行斗争，不断打击英国和本国封建王朝的统治。伊拉克人民进行的民族解放运动的主力军是工人和农民，但发挥领导作用的却是民族资产阶级，因为人民的觉醒首先是资产阶级民主意识的觉醒。

伊拉克军队发挥了极其重要的作用，军队中的一批官兵在历次运动中发挥了中流砥柱的作用，他们的贡献是重大的。1952 ~ 1956 年伊拉克军队中先后建立了数个秘密的"自由军官组织"。1957 年前，它们彼此间尚无联系，处于秘密活动状态，1957 年后，各"自由军官组织"积极联合起来，成立了以阿卜杜勒·卡里姆·卡塞姆为主席的自由军官最高委员会。他们提出的明确目标是：

"推翻君主政体制度，建立共和政权，阿拉伯统一；退出英镑区；实施农业土改法，把土地分给农民；实现经济、社会、教育等领域的根本改革，消除落后与贫困等，这些思想和原则逐渐发展成熟"。①

伊拉克自由军官组织最高委员会建立后，曾制定过数次起义计划，但均未成功。最高委员会曾到开罗与纳赛尔总统联系并会晤，以取得支持。到 1958 年，分散在军队中的自由军官人数已发展到 203 名，相当大程度上已能控制各部队力量。② 1958 年革命爆发前夕，自由军官组织最高委员会同全国民族统一战线领导机构紧密联系，共同研究局势，制定起义行动方案。经过严密的组织和准备，7 月 14 日，伊拉克精锐步兵旅旅长卡塞姆将军，领导"自由军官组织"发动军事政变，攻入伊拉克王宫，将年仅 23 岁的费萨尔二世及所有王室成员处决，一举推翻了费萨尔封建王朝的统治。

伊拉克人民反封、反殖、反帝的民族解放运动最终取得成功，结束了英国的殖民统治和任人宰割的历史，实现了政治上的真正独立，建立了名副其实的独立主权国家伊拉克共和国。

第六节　伊拉克共和国时期

一　卡塞姆政权统治时期（1958 年 7 月 14 日～1963年 2 月 8 日）

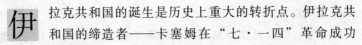

伊拉克共和国的诞生是历史上重大的转折点。伊拉克共和国的缔造者——卡塞姆在"七·一四"革命成功

---

① 伊拉克文化部编《伊拉克 1958 年七·一四革命》，拉希德出版社，1979，第 160 页。

② 伊拉克文化部编《伊拉克 1958 年七·一四革命》，拉希德出版社，1979，第 189 页。

后，成立了以卡塞姆任总理的新政府，取代了费萨尔封建王朝的统治。卡塞姆政府成立后，很快宣布退出英镑区、英美帝国主义操纵的"巴格达条约组织"。颁布废除封建君主制、没收王室财产的法令。成立了以法迪勒·阿巴斯·马赫达维上校为首的人民法庭，对费萨尔王朝的内阁大臣进行审判和处置，宣布废除旧议会、废除英国强加给伊拉克的宪法——1924年组织法，并于7月26日颁布伊拉克共和国临时宪法，释放了被监禁的全部政治犯，准许流亡国外的政治犯回国。

卡塞姆政府宣布走社会主义道路，在国内采取了一系列改革政策。1958年9月，政府颁发了第30号农业土地改革法，以改变农村土地占有不平等状况，规定了私人占有土地的最高限额在灌溉区不得超过1000杜诺姆（伊拉克土地面积单位，1杜诺姆=1.4亩），在非灌溉区不得超过2000杜诺姆，超额部分由国家征购。还规定分配给农民土地，建立农业合作社。土地革命具有进步意义，它打击了封建势力，在一定范围内解决了部分农民急需土地的严重问题。1961年、1963年政府又相继对土改法做了重大修改。在民族工业方面，政府颁布了鼓励发展工业的法令，成立了工业发展委员会，实施保护关税、限制外商活动的政策。在关系到国家命脉的石油工业，共和国成立后，政府立即接管了外国石油公司的炼油厂和石油产品销售网。1961年12月，卡塞姆政府颁布了［1961］第80号法令，规定收回外国经营的各石油公司全部未开发的租借区，其中包括已探明的但未开发的油田及有关设施。

卡塞姆执政时期，国内政局动荡不安。一批民族主义政党都曾参加了推翻君主制、殖民统治的民族解放斗争，阿拉伯复兴社会党（以下简称复兴党）就是其中的一支。独立后，这些政党没有分享到胜利成果。复兴党、伊拉克共产党（以下简称伊共）等一些政党极力反对卡塞姆独揽大权，时刻伺机推翻卡塞姆政权并取而代之。卡塞姆与第二号人物阿卜杜勒·萨拉姆·阿里夫之间矛盾尖锐，1958 年 9 月 30 日，阿里夫被罢免副总理和内政部长职务，并于 11 月 4 日被捕入狱。

1959 年 3 月，伊拉克爆发摩苏尔起义，对卡塞姆统治不满的泛阿拉伯主义自由军官组织前第 5 旅旅长沙瓦夫在摩苏尔举行起义，并得到复兴党的支持。起义遭到政府镇压，以失败告终，摩苏尔数百名军官和阿拉伯民族主义者被屠杀，甚至尸体也遭到凌辱。之后，卡塞姆在政府中进行清洗，清除了一批复兴党党员和阿拉伯民族主义分子。上述事件使伊拉克人民对卡塞姆政府失去信心。

在摩苏尔事件和基尔库克事件中，伊共支持卡塞姆政府袭击摩苏尔和基尔库克，屠杀当地人民，使其失去信誉和广泛的群众基础。1959 年 4 月，伊共发动群众性的参政活动，同卡塞姆政权关系紧张，后发展为对抗。5 月，卡塞姆宣布在过渡时期不鼓励政党活动，并取缔了由伊共领导的抵抗部队，开始对伊共采取了一系列镇压措施。7 月，在基尔库克发生了库尔德共产党人屠杀土库曼人事件，卡塞姆乘机大规模逮捕伊共党人，镇压他们的活动，推行反伊共政策。由于伊共被清洗后力量极大削弱，它在与复兴党的竞争中失去实力，复兴党趁势发展壮大起来，积极争取支持者，不断扩展势力，加强其影响和作用，为复兴党日后发展并取得成功提供了必要条件。

1959 年 10 月，发生了复兴党刺杀卡塞姆的未遂事件。之后，卡塞姆政府对几十名涉嫌参与暗杀活动的复兴党人进行了公审，公审反而使复兴党在人民中的声誉大增，为复兴党争取到群众基础。

1960 年后，伊拉克人民争取民主、自由权利、反对军事独裁的斗争此起彼伏，全国各界不断掀起反军事独裁、争取民主权利的斗争，工人不断罢工，农民发出抗议书，并派出代表团赴巴格达，揭露地方政府支持封建主迫害农民的罪行。库尔德少数民族也展开武装斗争，较活跃的政党是库尔德民主党。巴尔扎尼领导的库尔德人武装活动给卡塞姆政权造成严重威胁，卡塞姆政权受到来自社会各阶层的挑战。1961年，伊共、库尔德民主党都被当局勒令解散，国家民主党也停止了活动，全国总工会领导机构在当局的压力下被迫改组。

二　复兴党第一次掌权（1963年2月8日~11月18日）

61年3月，复兴党利用人们对卡塞姆政权越来越失望的情绪，争取到人民及一些社团及群众组织的支持，领导、发动了一场反卡塞姆政权大规模的示威游行。1962年12月，复兴党组织全国罢工、罢课活动。1963年革命前夕，巴格达已处在复兴党的控制之下。

1963年2月8日，复兴党联合阿里夫发动军事政变，一举推翻卡塞姆政权，宣布复兴党政权成立。史称斋月十四革命。卡塞姆等一批人被判处死刑。在多党斗争中，复兴党最终取得胜利。

复兴党第一次执政时，成立的政府由党外人士阿卜杜勒·萨拉姆·阿里夫出任伊拉克共和国总统，复兴党人艾哈迈德·哈桑·贝克尔为总理。革命领导民族委员会发表宣言，阐明这场革命要实现两个目的，即民族统一，人民参政。复兴党认为，这场革命铲除了反革命和机会主义，纠正了卡塞姆政府对"七·一四"革命方向的背离，使国家继续走"七·一四"革命的道路。复兴党此时明确提出了"统一、自由、社会主义"的目标。同年11月，复兴党内激进派与温和派发生激烈对抗，阿里夫乘机发动军事政变，消灭了复兴党的国民卫队，将复兴党人清洗出政府，独揽政权，仅维持了9个月的复兴党第一个政权宣告解体。

三 阿里夫政权统治时期（1963 年 11 月~1968 年 7月）

"一八"革命的成果好景不长，仅维持了 9 个多月。1963 年 11 月 18 日，阿里夫总统得到党内温和派的支持，再次发动军事政变，一举推翻了复兴党政权，军事政变成功后，成立了以阿里夫为总统的革命指挥委员会，他任命前自由军官组织成员、复兴党人艾哈迈德·哈桑·贝克尔为副总统，塔赫尔·叶海亚为总理。

阿里夫统治时期，积极发展民族经济，提高人民生活水平。1964 年 2 月，阿里夫政府颁布了 ［1964］ 第 11 号法令，规定成立伊拉克国家石油公司，将北鲁迈拉油田收归国有，由伊拉克国家石油公司负责国内外石油工业全部业务工作，其中包括对石油和天然气的勘探、生产、提炼、储存、分配及其产品、副产品和石油化工产品的加工和销售。除此之外，1964 年政府还颁布了一系列国有化法令，宣布包括外国资本在内的一批大、中型私营工商企业、银行、保险公司以及四大商业公司收回国有。本年度仅工业系统收归国有的公司和企业就达 27 家。政府不仅限制了私人在公司中的所有权，而且还颁发了限制进口商品的法令，以鼓励发展本国的民族工业。

1966 年 6 月，阿里夫因飞机失事遇难，其弟阿卜杜勒·拉赫曼·阿里夫继任总统。阿卜杜勒·拉赫曼统治时期，伊拉克政局仍动荡不安，失去政权的复兴党重整旗鼓，多次密谋组织推翻阿里夫政权的活动。1968 年，以贝克尔副总统为首的复兴党军官集团，联合共和国卫队司令易卜拉欣·达乌德将军、保安司令纳伊夫上校和第 10 装甲旅旅长哈马德·谢哈布等军中要员，制定了由复兴党领导，依靠军队夺权的严密的行动计划。同年 7 月17 日凌晨 3 时，复兴党发动军事政变，行动总指挥贝克尔和萨

达姆分乘坦克向共和国宫进攻，政变一举成功，夺回了失去的权力。天刚亮，电台即宣布"革命指挥委员会"第 1 号声明，宣告"七·一七"革命成功，复兴党新政府成立。

同年 7 月 30 日，复兴党再次采取军事行动，萨达姆手持手枪，强行逼迫纳伊夫离开共和国宫，复兴党其他军官除掉了达乌德将军。"七·一七"军事政变的盟友纳伊夫上校和达乌德将军被清除出新政府①。这是复兴党连续发动的第二次军事政变，史称七·三〇革命。

四 贝克尔执政时期（1968 年 7 月～1979 年 7 月）

19 68 年复兴党军事政变成功后，第二次建立政权，组成了艾哈迈德·哈桑·贝克尔任总统的新政府，成立了由 26 人组成的新内阁，贝克尔总统同时兼任革命指挥委员会主席。

1968 年 9 月 22 日，新政府颁布临时宪法规定，革命指挥委员会为国家最高权力机构，为最高立法和行政机关，内阁和尚在筹备中的国民议会均服从于革命指挥委员会。通过宪法，复兴党的权力得到法律保证，革命指挥委员会成为最高权力机关。伊拉克复兴党一党制统治的历史在贝克尔总统执政时揭开序幕。

1968 年秋季至 1970 年初，复兴党在最初两年的统治中，国内政局动荡。复兴党不惜任何代价巩固政权，打击一切暴露的或潜在的政治反对派势力，在政府各重要部门扩大、发展复兴党的机构。此时，任革命指挥委员会副主席的萨达姆除党务和政务外，还掌管国家安全部门和复兴党的民兵工作，他同贝克尔总统

---

① 纳伊夫任总理，革命指挥委员会成员；达乌德任国防部长，革命指挥委员会成员。

保持密切配合状态。为使军队复兴党化，到 1968 年底，几百名非复兴党党员军官被逮捕。12 月，陆军总参谋长费萨尔·安萨里和 8 名师级指挥官因涉嫌阴谋活动被解职，取代他们职务的是复兴党党员或可信任的复兴党的支持者。1968 年 12 月成立的"特别革命法庭"，1969 年连续开庭审判处决了 53 人，这些人大都被指控犯有反政府罪。1970 年 1 月，复兴党政权又破获了一起旨在推翻政府的阴谋，特别革命法庭判处 42 人极刑。在复兴党初步巩固政权的时期内，军队逐渐复兴党化，各级军官已大都换上了复兴党党员。1973 年 6 月 30 日，复兴党统治集团内部发生了一次未遂政变，安全部长卡扎尔企图乘贝克尔总统出国访问回国之机，在机场发动政变，但政变计划被挫败，卡扎尔及 35 名参与阴谋政变者被判死刑。这次事件发生后，贝克尔总统亲自兼任国防部长职务，并修改临时宪法，赋予总统更广泛的权力，规定总统有权监督宪法、法律、决议、司法裁决和发展规划在各地的实施，有权任免部长、法官、军队将领，控制各部和其他机构的工作。

贝克尔总统统治时期，伊拉克实施了许多改革政策。1970 年政府颁布了农业改革法，目的是改变土地分配不合理现象，进一步完善土地改革，推动农业资本主义的发展。同时，对 1958 年土改法作了修改与补充。到 1980 年，政府宣布已完成了土地分配任务，分配给农民的土地约 970 万杜诺姆，受益农民达 36.6 万户。另外，农村还建立了农业生产合作社、国营农场和集体农场。

贝克尔时期，伊拉克实现了石油公司国有化。1972 年 6 月，政府颁布第 69 号法令，宣布将伊拉克石油公司收归国有。1973～1975 年，国家先后完成了对伊拉克石油公司下属的两个子公司"摩苏尔石油公司"和"巴士拉石油公司"的国有化。此前，英国、法国、德国、美国和荷兰等国的石油公司控制着伊拉克的石油资源。至此，外国石油垄断公司长期控制伊拉克石油和石油工业的历史宣告结束，伊拉克掌握了石油资源的主权。石油国有化运动在伊拉克历史上被认为是极重要的一章，是国民经济起飞的重要转折点和关键一步。

随着石油收入的迅速增长和国民经济的发展，伊拉克人民的生活有很大提高。1968 年人均国民收入仅为 98 第纳尔，到 1980 年时，人均国民收入提高到 3200 美元，已跻身于世界中等收入国家行列。人民教育水平也得到极大的提高。1978 年政府颁布全国义务扫盲法，对全国大、中、小学及幼儿园全部实行免费教育法。

在民族问题上，1970 年 3 月 11 日，复兴党与库尔德人签订了库尔德自治协议，双方之间的战争停止。1974 年 3 月 11 日，复兴党政府单方面公布了《伊拉克库尔德斯坦自治法》，以巴尔扎尼为首的库尔德人拒绝了自治法。1975 年，伊拉克与伊朗在阿尔及利亚签署《阿尔及尔协议》，库尔德人失去伊朗的支持，他们与政府的战争最终以失败结束。库尔德人将 1975 年《阿尔及尔协议》看做是对己极为不利的协议。

1979 年 7 月 16 日，贝克尔总统执政 11 年后，因病重在电视上宣布辞职，将权力移交给萨达姆。萨达姆取代贝克尔，登上国家权力的顶峰，这是伊拉克历史上极其重大的事情，伊拉克从此步入了萨达姆统治时期的历史。

五　萨达姆统治时期（1979 年 7 月 ~ 2003 年 4 月）

萨达姆在任副总统时期，在石油国有化、解决库尔德问题等方面采取了某些措施，使伊拉克国际地位日益提高。1979 年 7 月，萨达姆任总统初期，在阿拉伯世界享有较高的声誉。1980 年后，伊拉克接连陷入了三场战争，即两伊战争、海湾战争和伊拉克战争，国家一直在战争中挣扎。

（一）伊叙统一尝试

伊拉克在贝克尔总统执政时期，作为副总统的萨达姆曾主持过伊拉克与叙利亚两国"合并"的工作，进行过实现"阿拉伯统一"的尝试。1978 年 10 月 24～26 日，伊、叙两国的革命指挥委员会在巴格达会晤，通过了两国在政治、军事、经济、文化和情报所有领域内长久合作的共同行动宪章。1979 年 6 月，贝克尔总统和阿萨德总统举行会谈后签署了一项《政治宣言》，宣布"两地区政治统一指挥委员会"正式成立。但三周后，伊拉克破获了一起旨在摧毁贝克尔—萨达姆执政轴心的阴谋活动，阴谋活动被怀疑与叙利亚有关，但伊拉克并未公开指责叙利亚与阴谋事件有关。伊叙合并虽然最终流产，但它仍是伊拉克中东外交中的一项重要内容，并产生过影响。

1978 年 11 月，萨达姆在巴格达主持、召开了阿拉伯国家首脑会议，针对埃及和以色列达成的戴维营协议，这次会议取得了原则上的一致态度和行动，谴责萨达特总统、拒绝戴维营协议。会议还通过了如下决议，立即从埃及撤出阿拉伯国家的使馆、暂停埃及在阿拉伯联盟的会员资格，将阿拉伯联盟总部从开罗迁往突尼斯。上述决议的确定与萨达姆事先在会下的努力有直接关系，这次首脑会议的召开增加了萨达姆在阿拉伯世界的影响力。

（二）《民族宣言》

面对苏联于 1979 年底入侵阿富汗推行其南下战略在中东地区所引发的震动，萨达姆总统于 1980 年 2 月 8 日发表了受到阿拉伯国家普遍支持的《民族宣言》，其主要内容是，反对任何外国军队、军事力量和军事基地在阿拉伯领土上存在，不论这种存在利用何种形式、何种掩护或理由；在阿拉伯国家之间不得使用武力，用和平手段解决阿拉伯国家相互之间的冲突，把各国的自身利益与阿拉伯利益结合起来；为了打退任何外部势力对任何阿

拉伯国家的进攻或侵略，阿拉伯国家将协调行动，联合起来用一切手段、力量，包括战争手段挫败这种企图，等等。伊拉克宣称这个宣言是对《阿拉伯联盟宪章》和《联合防御条约》的补充和支持，该宣言的实现能成为处理阿拉伯国家之间关系的宪章。《民族宣言》发表后，得到了大多数阿拉伯国家的支持和赞誉，阿拉伯人认为这个宣言能保障民族的安全和稳定。由此，伊拉克在阿拉伯世界的地位和影响得到提高。

1980 年 6 月，伊拉克自 1968 年以来就筹备的国民议会最终成立，完成了民主制度机构建立的历史任务。伊拉克妇女在历史上第一次享有了选举权和被选举权。萨达姆统治时期，伊拉克议会召开过三届会议。国民议会在复兴党的领导下，配合革命指挥委员会的工作，成为复兴党政权忠实的御用工具。

（三）两伊战争（1980 年 9 月 22 日~1988 年 8 月 20 日）

1980 年 9 月 22 日，伊拉克和伊朗之间爆发了持续 8 年之久的两伊战争，这是第二次世界大战后发生在中东地区伤亡最大、损失最严重和持续时间最长的一场战争。

1. 战争背景

两伊战争爆发的原因由多种矛盾引发而致。长期以来，双方存在着边界问题、阿拉伯河划界主权问题、胡齐斯坦（伊拉克称之为阿拉伯斯坦）问题、库尔德少数民族问题、逊尼派与什叶派的权力分配问题、阿拉伯三岛归属问题，等等。1975 年在阿尔及利亚总统布迈丁斡旋下，两国签署了"阿尔及尔协议"，该协议的目的主要是解决阿拉伯河主权归属、库尔德反政府武装等问题。协议规定，两伊以河中心为界①，伊朗让出原属于伊拉

① 两伊对阿拉伯河划界的原则分歧是：伊朗一直要求将阿拉伯河的后一段以主航道中心线作为两伊边界，两国共管；而伊拉克则坚持将整个阿拉伯河划归自己管辖。

克的 4 个地区，即扎因高斯、赛义夫、萨阿德等，总面积为 300 多平方公里，并承诺不支持伊拉克的库尔德反政府武装。但是，在协议正式生效后，伊朗只履行了停止支持库尔德反政府武装的承诺，而迟迟不肯交出上述土地，这造成伊拉克十分不满。霍梅尼上台后，伊拉克多次提出重新划定边界，修改协议，但遭到断然拒绝，为两伊关系进一步恶化和日后爆发战争埋下了一颗"定时炸弹"。

除上述复杂的历史原因外，还有重要的现实原因。遏制伊朗输出伊斯兰革命是伊拉克先发制人、出兵伊朗最直接的导火线和现实原因。霍梅尼上台执政后，对外输出伊斯兰革命的宣传和行动给伊拉克造成了极大的心理压力，遏制伊朗输出伊斯兰革命的战略便在伊拉克的积极酝酿筹措之中。伊拉克断定"伊朗伊斯兰革命"后政局不稳，是个可利用的时机。再者，萨达姆对自身的军事力量、经济实力估计过于乐观。于是，以收复失地、废除 1975 年"阿尔及尔协议"、归还阿拉伯三岛、消除伊朗输出伊斯兰革命的威胁等一系列理由为由的一场战争爆发了。

2. 战争进程

伊拉克在战争最初的一周内深入伊朗境内 15～30 公里，占领了 390 多平方公里土地，控制了阿拉伯河东岸地区。训练有素的伊拉克军队初战大捷，但很快就遇到了伊朗军队的拼死抵抗。10 月底，伊拉克军队的进攻态势已被阻挡。

1981 年，两伊在战场上处于相持状态。伊朗采用了人海战术，而伊拉克则充分利用了武器装备的优势，双方进行了一些激烈的战斗，互有胜负。1982 年，伊朗组织多次反攻，发动了几次大规模的"圣战战役"，收复了大部分失地，扭转了败局，取得战场上相对的主动权。1982 年 6 月 10 日，伊拉克宣布单方面停火，并主动将军队全部撤回到两伊边界伊拉克一侧，6 月 29

日，伊拉克宣布已撤出所占伊朗全部领土。伊朗对此不予理睬，提出要求恢复 1975 年"阿尔及尔协议"规定的边界，伊拉克赔偿 1000 亿美元的战争损失、承担发动战争的罪名等条件，否则，将继续打下去。7 月中旬，伊朗集结重兵 10 万人，发动了代号为"斋月行动"的大规模进攻，并节节取胜，至此，伊朗将战场由伊朗领土推进到伊拉克境内。

1983 年 2 月，萨达姆总统向伊朗呼吁结束战争再次遭到拒绝。此后，两伊战场上基本上处于僵持状态，双方各有攻守，但没有一方占有绝对优势地位。伊朗在陆地上略占优势，伊拉克凭借武器装备精良，在空中占据绝对优势，战争演变为一场消耗战。1983 ~ 1988 年期间，两伊同时在陆上和海上展开激战，陆地战斗大多在伊拉克境内进行。其间，1984 年，两伊展开了频繁的"油轮战"，为迫使美国能向伊朗施压，伊拉克于 4 月 18 日率先使用导弹攻击一艘巴拿马籍油船，此后两伊不间断地袭击了美国、英国、希腊、科威特等国的油轮。"油轮战"的结果是使两伊的石油输出锐减。

1985 年两伊展开了"袭城战"。伊拉克主动出击，先后组织了 6 次地面进攻。3 月，挑起"袭城战"，陆上和海上同时开战，打击对方边境城镇及纵深目标。伊拉克袭击了德黑兰及 40 多座城镇，伊朗首次使用地对地导弹还击，战争进一步升级。双方的"袭城战"愈演愈烈，接连不断的大攻势此起彼伏，伊朗的 80 多座城市遭到数百次空袭，伊拉克的城市也遭到伊朗组织的若干次重大攻击。1988 年 2 月，"袭城战"升级到最严重程度，伊拉克轰炸了德黑兰炼油厂，伊朗一下子轰炸了巴士拉等 5 座城市，向巴格达发射了 3 枚导弹。两伊在"袭城战"中均动用了地对地导弹，使双方都遭受了人员的巨大伤亡，城市遭巨大破坏。

1987 年 7 月 20 日，联合国安理会通过第 598 号决议，要求两伊立即停火。伊拉克于第二天作出积极反应，表示接受联合国决议，但伊朗既不表示接受，也不表示反对。1988 年 2 月以后，战局出现转变，得到外援支持的伊拉克开始进行反攻。7 月，大部分失地几乎全部收复，继而再度攻入伊朗境内，严峻的局势使伊朗被迫改变态度。7 月 18 日，伊朗宣布接受联合国安理会第598 号决议，同意通过谈判解决争端。在联合国的调解下，长达8 年之久的两伊战争终于结束，于 1988 年 8 月 20 日正式停火。8月 25 日，在联合国秘书长德奎利亚尔的主持下，两国外长就划分边界、经济赔偿、战争责任、交换战俘等诸多问题开始举行谈判。但是，谈判刚一开始，双方间因重大分歧难以化解，使谈判陷入了僵局。

两伊浴血奋战 8 年，伤亡人员高达 200 余万之众，经济损失约达 6000 亿美元。[①] 两国所付出的惨重代价甚至难以用数字统计。

（四）海湾战争（1991 年 1 月 17 日～2 月 28 日）

1. 伊拉克侵吞科威特

1990 年 8 月 2 日凌晨，伊拉克出动 10 万大军，在轰隆的坦克声中，突然越过伊科边界，从巴士拉、鲁迈拉等方向向科威特发动了闪电式的袭击，顷刻间吞并了科威特。

科威特军民进行了英勇的抵抗，尤其是在保卫国家元首贾比尔的达斯曼王宫的战斗中，科威特军队异常顽强。法赫德亲王率领两个儿子直趋王宫，奋力激战，但由于寡不敌众，最终全部战死。上午 11 时王宫陷落，科威特市落入伊军之手。科威特埃米尔贾比尔无力进行抵抗和还击，乘直升机逃亡巴林，稍后又飞往沙特阿拉伯的达曼，建立了临时政府。

8 月 4 日，伊拉克宣布"自由科威特临时政府成立"。由一

---

① 赵国忠等著《八十年代中东内幕》，浙江人民出版社，1989，第 26 页。

个名为阿里的上校出任政府首脑兼武装部队总司令。接着，伊拉克又宣布科威特新人民军成立，14万伊拉克军人自愿加入人民军。8日，伊拉克革命指挥委员会宣布，伊拉克和科威特两国"永久合并"。9日，伊拉克宣布它已经完全勾销了其在两伊战争中欠科威特的债务。28日，萨达姆发布总统令，宣布科威特为伊拉克的第19个省。

2. 美国构筑沙漠盾牌

伊拉克入侵科威特的当天，联合国安理会召开紧急会议，通过第660号决议，要求伊拉克立即从科撤军。美国"独立号"航空母舰马上开赴沙特阿拉伯，与伊拉克形成严重的军事对峙，震惊世界的海湾危机爆发，战争呈一触即发之势。8月7日，美国决定实施代号为"沙漠盾牌"的军事行动计划，下令向沙特阿拉伯派兵，对伊拉克实行军事威慑，以防止伊军入侵沙特。首批出发的有第82空降师中的2300名士兵，2个中队共48架F—15式战斗机和一批海军陆战队。

3. 联合国通过12项决议

8月6日，安理会又通过第661号决议，决定对伊拉克进行经济制裁和贸易、武器禁运。9日，安理会通过第662号决议，宣布伊拉克对科威特的吞并为非法。25日，通过第665号决议，决定阻止出入伊拉克的船只，并对其货物的目的（用途）进行检查。9月16日，通过第667号决议，强烈谴责伊军侵犯外国驻科威特使馆的行为，要求伊军立即释放被扣押的外交人员和外国侨民。25日，通过第670号决议，决定对伊拉克和被占领的科威特实施空中封锁。安理会在如此短时间内做出这么多的决议，是前所未有的。

4. 多国部队

8月中旬后，英国、法国、加拿大、比利时、澳大利亚、荷兰、意大利、孟加拉和苏联等国先后加入了以美国为首的多国部队，对伊拉克实施海上封锁。8 月 10 日，阿拉伯国家首脑会议上，12 个国家同意出兵保卫沙特阿拉伯的安全。埃及、叙利亚、摩洛哥的军队参加了美国领导的多国部队。多国部队重兵压境使伊拉克面临沉重压力，是战或是和迫在眉睫。多国部队不断地向海湾地区增兵，并加紧进行战前的军事训练和演习。

截至 11 月中旬，集结到海湾地区的美军陆、海、空三军已达到 43 万人，战云密布，双方剑拔弩张。美国把最新式的武器大批量运到了海湾地区，包括 F—117 隐形战斗机、爱国者式防空导弹、哈姆式反雷达导弹、阿帕奇式反坦克直升机、数艘航空母舰、装有激光的瞄准器、电脑和稳定火炮的 M—1 坦克等。"沙漠盾牌"行动是美国自从越南战争以来最大的军事行动，也是第二次世界大战后在中东地区最大的兵力集结。

伊拉克方面也不示弱，全国处于紧急戒备状态，军队猛增至 130 万人。修筑了许多防御坦克的壕沟、备有大量令人畏惧的化学武器、生物武器、射程达 600 多公里并能够携带生化弹头的飞毛腿导弹等。双方态度都十分强硬，谁也不肯后退半步。

5. 国际斡旋与最后通牒

海湾危机期间，世界许多国家及国际组织进行的各种斡旋、调解均未发生作用，1990 年 11 月 29 日，联合国安理会特别会议通过第 678 号决议，授权美国为首的多国部队，在 1991 年 1 月 15 日以后，可以使用一切必要手段，迫使伊拉克撤出科威特，对伊拉克发出了最后通牒。

第 678 号决议通过的次日，美国向伊拉克提出会谈建议，伊拉克表示了有条件接受，在平等的基础上举行会谈。但是美伊双方在会谈日期上各持己见，出现僵持局面。后经多方努力，1991 年 1 月 9 日，美伊会谈在第三国瑞士的日内瓦举行。美国坚持伊拉克必须无条件地从科威特撤军，伊拉克拒不撤军，坚持科威特是伊拉克的领土。美伊立场相距甚远，会谈失败。1 月 13 日，联合国秘书长德奎利亚尔赴巴格达进行最后的和平努力，但最终未果。1月17日，海湾战争爆发。

6. 海湾战争的经过

开战的前几天，美军以每天5000兵力的速度向海湾增兵，到1月17日，美军总兵力已达54万人，由41个国家官兵组成的多国部队共有80万人。多国部队有坦克3700多辆、装甲车4000多辆、野战火炮约4000门，各型飞机2790架（其中作战飞机约2000架），直升机2000余架，各型舰只210余艘，其中6艘航空母舰。这不仅对伊拉克形成强大的海、空优势，而且其地面部队数量同伊拉克在科威特所集结的兵力大体持平，并在装备上优于伊拉克军队，足以对伊拉克发动一场大规模局部战争。[①] 伊拉克驻科威特战区兵力54万人，约有4000辆坦克，2800多辆装甲车，武装直升机125架。

1991年1月17日，当地时间凌晨2点45分，多国部队向伊拉克发起大规模空袭。开战前5小时，多国部队先进行强烈的电子干扰，造成伊军的通讯联络中断、雷达失灵。之后，美军先进行大规模的空袭，停泊在海湾地区的美军军舰向伊拉克的防空阵地和雷达基地发射了100多枚"战斧"式巡航导弹，稍后，从沙特阿拉伯、巴林和美国航空母舰上出动了数百架作战飞机，轮番轰炸伊军在伊拉克和科威特的重要军事目标，打击伊军的防空系统、巴格达指挥中心、机场、交通枢纽、核反应堆、生物和化学武器工厂、导弹发射架、电力系统及总统府等要地。经过历时两周的猛烈轰炸，持续不断的空袭，多国部队掌握了制空权，占据了空中绝对优势。

伊军几乎处于无机会抵抗或反击的境地，基本上被困在掩体

---

① 赵国忠主编《海湾战争后的中东格局》，中国社会科学出版社，1995，第29~30页。

和战壕中，只有一些零星的高射炮射击的火光。伊拉克的飞机、坦克深藏在坚固的地下掩体里，损失不大。伊军只能使用导弹机动发射架，不时地向以色列和沙特发射"飞毛腿"导弹，一方面以示其具有反击能力，另一方面企图把这两个国家拖入战争，改变海湾战争的性质。伊军的导弹袭击绝大部分被美军的"爱国者"地对空导弹拦截或摧毁，效力不大。"爱国者"大战"飞毛腿"成了海湾战争的一景。伊军在多国部队大规模空袭阶段，抓获了25名多国部队的飞行员，并将他们置于军事、经济、科研等战略要地，作为"人体盾牌"。

多国部队的空袭持续了38天，共出动了11万余架次的轰炸，平均每分钟出动2架次，给伊拉克军队和平民的生命财产造成了巨大损失。

2月15日，伊拉克表示愿意讨论安理会第660号决议，有条件地从科威特撤退，并派遣外长阿齐兹访问苏联，与苏联总统会谈。19日，苏联提出4点和平建议，遭到美国断然拒绝。美国一味坚持不停火、不谈判、不让步的三不立场，不给伊拉克任何出路。萨达姆表示同意苏联的和平建议。阿齐兹再访苏联与苏会谈，22日，苏联进一步提出伊拉克撤军方案，即停火一天后开始撤军，21天内完成。美军认为这对伊军太便宜，对此置之不理。布什随即提出，要求伊军撤军的最后期限——格林尼治时间23日17时，作为最后通牒。

最后期限过去8小时，2月24日当地时间凌晨4点，多国部队发动大规模地面进攻，采取海、陆、空立体式进攻，兵分四路，一路从海上向科威特两栖登陆，两路从陆上越过沙特阿拉伯—科威特边界攻入科威特，第四路从陆上越过沙特阿拉伯—伊拉克边境攻入伊拉克境内，向幼发拉底河包抄，并切断伊军的退路。

在强大的地面攻势下，处于南北夹击状态下的伊军无力抵

抗，伊拉克的萨达姆防线很快被突破，早已断水断粮的伊军抵抗十分微弱，处于被包围的险境。2月26日，伊拉克正式通知安理会，被迫宣布无条件地从科威特撤军。27日深夜1时开始，伊军全部撤出科威特。28日，萨达姆宣布接受联合国安理会有关海湾危机的所有12项决议，整整100个小时的地面攻势彻底摧毁了萨达姆继续抵抗的信心。当地时间28日8时，布什总统宣布多国部队停止战斗，海湾战争停火，伊拉克以失败告终。

（五）伊拉克战争（2003年3月20日~4月9日）

2003年3月20日，美英联军对伊作战开始，开辟了南部作战、北部作战和空袭作战三大战线。南部作战从3月20日到4月7日止，由南向北推进，先后或同时进行了法奥战斗、乌姆盖斯尔战斗、巴士拉战斗、纳西里耶战斗、纳杰夫战斗、卡尔巴拉战斗、空袭作战等一系列的战斗和机动突击，最终夺取和攻占了上述城市和要地，为夺占巴格达和全面控制伊拉克创造了有利条件。北部作战从3月20日起到5月1日结束，主要围绕着开辟北部战线、进攻北部重镇摩苏尔、基尔库克和萨达姆家乡提克里特进行空袭作战，重点针对巴格达并贯穿于战争的全过程。对巴格达作战大体经过了以下几个阶段。

1. "斩首行动"

3月20日凌晨，美英联军两架从科威特起飞的F—117隐形战斗机，采取突袭行动，于当地时间5时35分（北京时间10时35分）对巴格达郊外的萨达姆地下隐蔽所、萨达姆的住宅及其他领导人的藏身地发起"斩首"空袭，企图一举消灭萨达姆。首轮空袭持续约20分钟，美英联军投掷了4枚精确制导导弹，美国海军从部署在红海和波斯湾的巡洋舰、驱逐舰、核潜艇上发射了45枚"战斧"巡航导弹。当地时间6时，美军发起第二轮空袭。6时36分，巴格达遭到第三轮空袭。当天伊拉克中部和南部20多个城市受到空袭。面对美英联军的突袭，伊拉克军队进行了炮火还击，向科威特北部发射了 6 枚"萨姆德—Ⅱ"，其中 2 枚被爱国者导弹拦截。

据悉，美英联军实施"斩首行动"比原计划提前，是获得了伊拉克内部叛变者①提供了萨达姆行踪的准确情报。美英联军把重磅导弹首先对准萨达姆和伊拉克指挥中心，目的是一举消灭萨达姆，打乱伊军的指挥系统，缩短战争进程。不过，萨达姆逃过了这一劫。

2. "震撼与威慑行动"

3 月 22 日凌晨 2 时左右，美英联军开始对巴格达发起代号为"震撼与威慑行动"的猛烈空袭。这次空袭分为两个波次，第一个波次是停泊在红海和波斯湾的军舰发射的 320 枚"战斧"巡航导弹，第二个波次主要是美军的轰炸机投下的精确制导弹。美国防部称这是"决定性的空袭"开始了，轰炸的主要目标是巴格达。美英联军从 30 多个基地和 5 艘航空母舰上出动重型轰炸机和各种战斗机，发射"战斧"式巡航导弹，集中轰炸萨达姆的官邸、伊军指挥中心和控制系统、共和国卫队驻地、重要的政治、军事、经济目标和政府主要部门所在地。当日，美英联军还在南部重镇巴士拉附近与伊拉克守军发生了若干次激烈交战，对巴士拉、乌姆盖斯尔、纳西里耶、纳杰夫、卡尔巴拉、库特等城进行了猛烈攻击和包围。

美英联军实施"震撼与威慑行动"的目的是，以高强度的空袭对伊军官兵进行心理威慑，造成震撼效应，瓦解伊军的抵抗意志，使伊军失去抵抗能力。不过，轰炸虽破坏了萨达姆的很大一部分指挥控制网，但震慑并不成功，轰炸未能击中伊拉克领导

① 据外电报道，萨达姆的表兄弟阿里·阿卜杜勒·拉希德·提克里特是告密者，他事先向美军告密，密报萨达姆和库赛行踪的具体地址，美军在获悉准确情报后，迅速发动了袭击。

层的要害部位。

3. "切断蛇头行动"

切断蛇头主要是通过精确制导导弹的轰炸，摧毁伊拉克的通信指挥系统，彻底切断萨达姆与其军队的联系。3月26日，联军向巴格达电视台发射了电磁脉冲炸弹，致使电视台信号中断。28日凌晨，美国空军的一架B—2隐形轰炸机向伊国家通信中心大楼进行轰炸，投掷了两枚重达2.2吨的被称为GBU—28"掩体粉碎机"的钻地炸弹，造成伊拉克通信网络瘫痪。3月30日，巴格达邮电通信大楼和一个通信中心被摧毁。当日，联军还重点轰炸了伊拉克阿拉伯复兴党总部，以阻断萨达姆军事指挥的重要渠道，它是"切断蛇头行动"的重要组成部分。

4. 支援地面作战

伊拉克战争的一个显著特点是，开战次日美英联军就投入地面部队作战。支援地面作战的主要空袭任务是："为地面进攻部队提供直接火力支援，协同地面部队夺取重要目标。同时，对于轰炸尚未摧毁或又重新恢复的重要目标和作战过程中随机出现的新目标实施打击和摧毁。"① 在空中力量的掩护下，联军地面部队快速向巴格达推进。第三天，联军便推进到巴格达以南的纳杰夫、纳西里耶一线。此后，联军遇到了伊军的顽强阻击，在卡尔巴拉、纳杰夫、纳西里耶、库特等地与伊军形成对峙局面。3月25日，联军迅速调整战略，向地面部队提供近距离空中支援，空中打击目标转向伊军地面部队，特别是共和国卫队。从3月29日开始，轰炸目标主要是针对环绕巴格达的3个共和国卫队师阵地，集中火力攻击守卫巴格达南郊的共和国卫队麦地那师阵地。联军地面部队在空中力量的掩护下，直取巴格达国际机场。

---

① 展学习著《伊拉克战争》，人民出版社，2004，第125页。

5. 抢占巴格达国际机场

巴格达的外围作战是联军最终攻占巴格达的关键战役。"巴格达外围作战从 4 月 3 日开始到 4 月 6 日结束，为期 4 天。作战行动主要围绕攻占萨达姆国际机场和夺取巴格达外围要点及通道展开。"[①] 4 月 1 日，美英联军已从南、西、北三个方向包围了巴格达。4 月 3 日，美军第 3 机械化步兵师、101 空中突击师和英国皇家海军陆战队从南部战场向北推进，在高速推进中，于 3 日上午进抵巴格达萨达姆国际机场，距巴格达市区约 10 公里。4 日凌晨，美伊双方发生激战，美军部分地控制了萨达姆国际机场，占领了机场大厅，俘虏了伊拉克共和国卫队和特种部队士兵 40 名。当日下午，美军中央司令部发言人在新闻发布会上说，联军已占领萨达姆国际机场，并将其改名为巴格达国际机场。4 日晚，美英联军与前来增援的伊军在机场及附近地区展开激战，战斗一直持续到 5 日上午，占据机场的美军遭到伊军猛烈还击及自杀性爆炸袭击。美英联军为防止攻击，炸毁了机场的地下通道。5 日，美军基本上控制了巴格达国际机场，共俘获 9000 名伊军战俘，这是伊拉克战争具有转折意义的一天。

6. 巴格达陷落

巴格达市区作战从 4 月 7 日至 9 日，历时三天，大大超出了联军原来的预想。6 日晚，在空中力量的配合下，美军全力向巴格达挺进，101 空中突击师 1.6 万人，第 3 机械化步兵师 1.7 万人，海军陆战队第一陆战远征部队 1.2 万人，分别从南、西、东三个方向进军包抄巴格达。此时的巴格达已成了一座孤城。4 月 9 日，在直升机和炮兵的支援掩护下，美英联军 20 多辆坦克和装甲车组成的装甲部队向巴格达市中心挺进，沿途未发生与伊军

---

① 展学习著《伊拉克战争》，第 154 页。

正规军的激战，只遇到零星的抵抗，多是自发的伊拉克平民所为。美军第3机械化步兵师从西部攻入巴格达。美海军陆战队从东部进攻巴格达并占领了拉希德军用机场，在城内与伊军展开巷战。当日，美军在对巴格达的进攻中，未遇到伊军有组织的大规模抵抗。9日晚，联军抵达巴格达中心广场，用坦克推倒了萨达姆的雕像，标志着巴格达陷落。

伊拉克虽拥有精兵10万，但共和国军队却放弃了抵抗，巴格达作战未出现激烈的战斗场面。事实上，在美英联军进攻巴格达之前，萨达姆本人及其高官和共和国卫队的主力一下子全部消失，不知去向，美英联军轻而易举地拿下了巴格达。

7. 控制伊拉克全境（4月10日～15日）

美英联军对巴格达的清剿作战从10日开始到15日基本结束。巴格达陷落后，美军第82空降师一部、173空降师、第4机械化步兵师一部和特种部队及伊拉克库尔德反政府武装等趁势攻进摩苏尔、基尔库克、提克里特等重镇，加强了对这些城镇的轰炸和控制。到4月15日，伊军有组织的抵抗基本上消失，美英联军控制了伊拉克全境。此后，美英联军迅速接管伊拉克政权，组织战后重建与成立新政府的工作，萨达姆时代宣告结束，伊拉克历史进入了美英联军占领时期。

2003年5月1日，布什总统宣布对伊拉克大规模战争行动结束。同年12月13日，萨达姆被美军抓获。

美国对伊开战理由是伊拉克继续研制生产大规模杀伤性武器。然而，伊拉克战争一年多后，对伊开战理由的依据仍然未能找到。美国承认，伊拉克战前的情报全错了。美国发动战争实施的是"有罪推定"，先认定萨达姆拥有制造大规模杀伤性武器的计划，在全世界制造战争舆论。然后未经联合国授权，不顾及世界大规模的反战游行，越过联合国，执意发动了战争。先打了再找证据，这显然是把定罪和处置程序颠倒了。

六 从美英联军占领当局到贾法里政府（2003 年 4 月～2005 年 4 月）

（一）建立民选政府

从2003 年 7 月美英联军组建伊拉克临时管理委员会到 2004 年 6 月成立的阿拉维临时过渡政府，均带有美国背景和印记，伊拉克主权被剥夺，被占领色彩十分突出。2005 年 4 月，伊拉克产生了民选的贾法里临时过渡政府，拥有了自己的国家机构，政治重建发展到此时拥有了部分主权。与上届阿拉维临时过渡政府不同的是，尽管以美国为首的多国部队仍驻扎在伊拉克，但贾法里过渡政府毕竟是由伊拉克选民通过投票选举产生，非美国任命，选举过程得到联合国的资助和承认，向争取完整主权迈进了一步。

（二）恢复主权

伊拉克战争是美英对伊拉克的侵略，伊拉克失去了国家主权，主权遭到美国等国的严重践踏。恢复国家主权是国际社会广泛认同的国际关系准则。战后伊拉克政治发展的核心是：恢复独立自主的完整主权，赶走占领军，建立一个无外国军队驻扎和干涉的国家。从丧失主权到恢复主权的斗争是对主权理论的重要实践，完成这一使命的路途很艰难。

（三）政治变革

伊拉克由战前的总统共和制变为议会共和制，由伊拉克共和国变为联邦共和国，政治制度性质发生了重大变化。从理论上看，在议会共和制下，议会是国家立法机构，而且是国家最高权力机构。内阁是由占议会中多数席位的政党组成，并对议会负责。总统由选举产生，并且规定了 4 年任期。临时宪法规定，总统承担政治责任。议会共和制的总统一般不掌握实权，因而被称为"虚位元首"。作为一级国家机构，总统是国家的代表和象

征，拥有批准法律和公布法律的权力，主持国家礼仪性事务。伊拉克实行总统与内阁总理分权制度，采取总理负责制，实权由总理执掌，改变了萨达姆时期总统既是国家元首，又是政府首脑的制度。

目前，伊拉克新旧政治处于交替状态，政治变革十分艰难和曲折，在传统政治走向新政治的转型过程中充满了政治动荡。美国通过战争很快就推翻了萨达姆政权，但要构建一个新的政治基础和体系却是另外一回事。美国要改变伊拉克的政治体系和统治基础绝非易事，这需要在国家与社会之间建立职能关系和透明的法律，还要得到伊拉克人的认同，这将是漫长而艰难的过程。

（四）最高权力和权力中心的改变

伊拉克战后政治完成了三项重大变革，一是国家最高权力和权力中心的变革，即权力由逊尼派转变到什叶派手中；二是国家领袖的更迭，国家最高领导人由萨达姆换上了达瓦党宗教领袖贾法里；三是最高权力中心的转移，一批掌权的新政治精英均出自于达瓦党或伊拉克伊斯兰革命最高委员会。这一系列的变革具有改天换地的历史意义。宗教政党成为国家新的权力中心，政权由民族主义政党改换到宗教政党手中，由一党制变成了联邦制，这对伊拉克政治发展前景影响很大。

政治变革需完成政治力量的重新组合及组建政府，在传统的民族、宗教三大政治势力之间完成组阁十分困难，战后政治重建进程中各派争吵厉害，争夺异常激烈，互不妥协，迄今各派对大选后政治权力分配、对组阁结果均不满意。库尔德人的地位虽然较前已有空前的改变，但他们仍不满足，他们在大选中得到的席位大大超过逊尼派，然而他们在内阁获得的席位却与逊尼派大体持平。逊尼派已被边缘化，虽然已得到 8 个内阁席位，但他们认为这些不是关键位置，比起以往的政治地位有着天壤之别和微不足道。什叶派大权在握，但在"拉拢"逊尼派参政过程中也不顺利，各派分歧难以弥合。伊拉克的政治基础十分不稳定，三大传统政治势力全面展开激烈的角逐，政治变革在艰难中缓慢向前推进。

（五）反占领抵抗活动

伊拉克战争后，伊拉克全国反占领抵抗活动掀起高潮，针对美英联军、多国部队的各类袭击、绑架、自杀式爆炸层出不穷，各类组织都以恢复主权，赶走侵略军为宗旨，打起了反对侵略者的民族主义大旗。反美武装持续不断的活动让美军遭受的损失大大超过了战争时期，截止到 2006 年 11 月，美军在伊拉克死亡人数已超过 2865 人，受伤士兵高达 1 万多人。

第三章

政　治

第一节　政治制度与宪法

伊拉克现行的政治制度经过了长期的演变，政体是一个国家政权的构成形式，它是同表明国家根本性质的国体相适应的。伊拉克国家政治制度的形成和发展有着深刻的历史根源和漫长的演变过程。马克思曾指出："人们自己创造自己的历史，但是他们并不是随心所欲地创造，并不是在他们自己选定的条件下创造，而是在直接碰到的、既定的、从过去承继下来的条件下创造。"① 伊拉克政治制度不能脱离历史，在继承了几千年悠久历史和历史积累的基础上，其政治体制几经沿革，自 1921 年独立以来，按照时序，大体上可分为 4 个阶段，第一阶段为殖民统治制度；第二阶段为委任统治制度；第三阶段为君主立宪制（半殖民地时期）；第四阶段为共和制，其中包括军事独裁统治制度、一党制制度，下面介绍政治制度的沿革。

一　殖民统治制度（1914～1920 年）

1914 年 11 月，英军占领巴士拉。1915 年初，英国在巴士拉任命一名总督负责民政事务，开始控制巴士拉的

---

① 《马克思恩格斯选集》第 1 卷，人民出版社，1972，第 603 页。

事务。1918～1920 年间，英国通过外交部和停战事务部管理伊拉克，由英军总司令直接控制。英国极力推进殖民统治，利用占领军的地位，英军总司令任命了英国驻伊民政专员为最高统治者，由民政专员对伊行使行政管理权，首任最高民政专员是威尔逊。

英军设置了伊拉克行政总署行使临时政府的职责，享有临时政府的权力，行政总署由英国民政专员直接负责，下辖 5 个秘书处（税务处、财政处、司法处、卫生处和公共工程处），分管农业、工业、交通、财政、司法、卫生等部门的工作，处理日常具体行政事务。警察和教育部门不归属任何秘书处，由民政专员威尔逊直接负责管理。民政专员的主要职责是管理部落、"政治"、治安、一般社会事务、税收以及与军队的关系。

伊拉克全国各省工作由巴格达统一管理，英国在巴格达、巴士拉和摩苏尔三大城市均委派了英军军官为总督，并按照英国模式设置了伊拉克的行政管理机构，英国军官在各行政机构完全控制着伊拉克的所有权力，而伊拉克人则没有政治权力。各省设有英国人任职的政务官，省政务官总揽本省行政、财政、司法和社会事务等大权。

英国入侵伊拉克开辟了殖民制度的历史，"一般说来，国家形式表现了国家政权的性质，体现了统治阶级的意志，并表明在一定生产方式条件下的主要社会阶级关系。"[1] 由于征服民族与被征服民族的经济发展水平差距悬殊，殖民者的政治制度占据主导地位，控制着伊拉克的政治秩序与发展，此时伊拉克政治制度为殖民地特点。"政治制度、政治体制、政治系统或国体都是指一个'整体社会'的政治结构"。[2] 随着英国殖民主义统治、剥

---

[1] 唐晓等著《当代西方国家政治制度》，世界知识出版社，1996，第 1 页。

[2] 杨祖功等著《西方政治制度比较》，世界知识出版社，1992，第 2 页。

削的不断进展，伊拉克的民族危机日益加重，伊拉克人民反抗殖民主义侵略的民族主义解放运动同时拉开了序幕。

二　委任统治制度（1920～1932年）

19 20年4月，诸列强联合召开"圣雷莫国际会议"，英国在会上取得了对伊拉克、巴勒斯坦和外约旦的委任统治权，这些地区正式沦为英国的委任统治地，伊拉克由奥斯曼帝国的统治转入英国的殖民委任统治。

第一次世界大战是帝国主义重新分割世界和瓜分势力范围的战争。战争期间，英法殖民主义利用阿拉伯人民反对奥斯曼帝国统治的民族主义情绪，以欺骗手段骗取阿拉伯国家参战与合作，英国允诺麦加谢里夫·侯赛因于战后在肥沃的"新月地带"和阿拉伯半岛建立独立的大阿拉伯王国的同时，却暗中与法国和俄国秘密勾结，私下策划瓜分阿拉伯国家的协议。

委任统治制度是英法殖民主义肆意瓜分阿拉伯国家、无视阿拉伯人民权力和利益的殖民产物，是殖民主义对殖民地和半殖民地人民进行统治的一种形式。具有相同历史、文化、语言和习惯的阿拉伯各国在英法殖民主义者的谈判桌上，被强行分割、拆散到不同的殖民主义者手中，致使这个地区始终争端不休、战乱频仍。由于英法殖民主义者人为地划定疆界，造成了许多遗留问题，各国之间错综复杂的边界纠纷、民族矛盾、教派争端等均是老牌殖民主义者当年分割势力范围造成的必然后果。委任统治制度是殖民主义独特的统治制度，是换汤不换药的殖民统治。

三　君主立宪制（1921～1958年）

19 21年8月23日，英国宣布伊拉克独立，为君主立宪国。在君主制统治时期，英国继续使用殖民方式对伊拉克进行统治。由于当时特定的条件、内部及外部环境，国家赖以生存的基础是部落和部落联盟，民族国家尚在形成中，尚未形成一个强有力的中央机构，也没有坚实的统治基础，这种社会政治条件没有力量与殖民当局对抗，使殖民者有机可乘。费萨尔王朝基本上接受了英国的政治统治模式，与殖民者相互配合，控制着国家的秩序与发展，殖民者的意志是最突出的特点。

伊拉克王国在名义上是独立的，但其政治体制的实质却是双重统治，一是本国费萨尔王朝的封建统治，二是英国设在巴格达的最高全权代表的统治。在双重统治中，费萨尔王朝基本上是一个傀儡政权，自始至终扮演着"配角"，而英国最高全权代表则是伊拉克真正的主宰者。英国官吏占据了从内阁到地方所有行政机构中的要职，从国王到各级行政官员均须听命于英国官员及顾问的领导，他们的行动都在英国监视之下，英国殖民统治仍在延续。

从 1921 年 8 月起，伊拉克内政部的英国顾问康沃利斯兼任费萨尔国王的私人顾问，并享有高级专员的统治地位。1922 年 3 月，费萨尔国王根据英国当局的授意，提出建议修改委任条款第一条，承认伊拉克国家最高权力属英国公使馆。这项修改的条款内容被记载到英国最高全权代表的宣言中，带有这一内容的修改草案几个月后被提交国际联盟。英国还与费萨尔王朝缔结了保留英国职员的协定，伊拉克官员只能俯首听命于英籍官员发号施令。英国最高专员享受着实际统治权，而费萨尔王朝则事实上成了英国当局统治下的从属性政府。

从英国的殖民统治到委任统治，后又转变为条约形式的统治，伊拉克政治制度几经变化，均未发生根本改变，表面上是君主立宪国，实质上却是殖民统治。伊拉克王国始终服从于英国殖民者，国王是英国的代理人，而英国则掌握着伊拉克国家实权，操纵着所有国务。

1921 年后，伊拉克处于半殖民地境地，殖民者与本国的封

建王朝常相互勾结，共同镇压人民的解放运动，费萨尔国王本人从未真正拥有过独立主权，始终屈从于英国驻伊最高全权代表的意志，只能唯命是从地例行公事、通过法令或按英国顾问的暗示行事。事实上英国为伊拉克封建王朝规定了十分具体的义务和地位，即只有忠实地为英国殖民统治者服务，才能得到承认，享有英国"赐予"的国王权威，国王享有的仅是名誉权。政治制度是国家政治的规范性体系，它严格规范了伊拉克与殖民帝国英国的政治关系。从 1914 年英国对伊拉克进行殖民统治的历史看，无论是军事统治、委任统治或是条约形式的统治，都是略加掩饰的殖民统治。

20 世纪初期和中期，中东一些民族国家政治上发生了重大变化，民族主义开始觉醒，各国掀起了推翻君主政体的民族解放运动，它们先后推翻了君主制政体，一批共和制国家纷纷建立，顺应时代进步潮流，伊拉克共和国在这一历史潮流中应运而生。

伊拉克各阶层人民代表着民族主义力量，成为伊拉克民族解放运动最深厚的基础，他们全身心地投身到轰轰烈烈的争取民族解放、独立和民主权利的斗争中。1952 年 7 月，以纳赛尔为首的埃及自由军官组织推翻了法鲁克封建王朝，这一革命行动极大地鼓舞了阿拉伯国家的民族解放运动。从 1952 年起，伊拉克军队中出现了多个"爱国自由军官组织"，他们的奋斗目标是，推翻君主政体，建立共和政体。1958 年，"自由军官组织最高委员会"联合社会各界进步力量，经过极严密的组织和策划，于 7 月 14 日凌晨发动革命行动。费萨尔国王、伊拉王储相继被击毙，伊拉克共和国正式诞生。

伊拉克人民经过长期不懈的努力，通过民族民主革命实践，采取军事政变方式，最终砸碎了英国殖民主义和费萨尔王朝封建主义的双重枷锁，结束了无主权的双重统治制度，赢得了国家独立和民族解放，取得了反帝、反殖、反封建王朝革命的成功。伊拉克共和国成立后，人民拥有了选择政治制度的自由，他们痛恨殖民统治制度，选择了共和体制，这是民族解放运动的直接产物，具有强烈的民族主义时代特点。

四 共和制（1958 年 7 月～2003 年 4 月 9 日）

19 58 年伊拉克共和国建立后，国家政治制度实行共和制。共和国建立初期，国内政变频仍，曾发生过十几次军事政变或未遂军事政变，政局动荡不定。1958～1968 年间，伊拉克内阁中军人占 25%～35% 的席位，决策机构中有 1/2 或 2/3 的权力均由军人把持。共和国产生的两位总统、所有副总统、总理、几乎所有的内政和国防部长及情报部门的头头都由军人担任。共和制经历了艰难的历程和演变，主要历经 4 个时期，即军政府统治时期、贝克尔统治时期、萨达姆统治时期和伊拉克联邦共和国时期。

（一）卡塞姆的军人统治与多党合作制度（1958～1963）

伊拉克共和国成立的同时，宣告成立"最高权力委员会"。该委员会由 3 人组成，暂时行使总统职权，并成立了"以自由军官组织"为核心的军政府，卡塞姆准将出任总理兼国防部长，阿里夫出任副总理兼内政部长。卡塞姆统治时间历时 5 年。

1958 年伊拉克革命后，成立的军政府基本上为军事独裁统治，人民不能享有充分的自由权利，政局依然动荡不安，复兴党、共产党等一批政党并没有取得政权，这些政党及其他的社会政治力量不满足于现状，都想推翻卡塞姆政权，欲取而代之。

卡塞姆政府宣布实行多党合作制。首届内阁 13 名成员中包括独立党、民族民主党、复兴社会党（简称复兴党）、库尔德少数民族人士及左翼人士。

（二）阿拉伯民族主义执政时期（1963～1968）

卡塞姆政府和阿里夫政府都属于阿拉伯民族主义政权。阿里

夫统治时期，奉行泛阿拉伯主义，仍沿用卡塞姆统治时期的临时宪法。由于军事政变频仍，本届政府执政历时不过 5 年，在 1968 年复兴党发动的第二次军事政变中垮台。

（三）一党制体制（1968 年 7 月 ~ 2003 年 4 月）

1968 年复兴党第二次执政后，伊拉克政治制度进入一党制时期，一党制最终确立经历了反复艰难的历程，一直延续至 2003 年伊拉克战争止。

1. 贝克尔时期：一党制的过渡阶段（1968 年 7 月 ~ 1979 年 7 月）

1968 年革命后，复兴党政权主张实施复兴党统一领导下的多党制，并很快成立了一个由 26 人组成的新内阁，其中复兴党党员占 14 席，无党派的民族主义者占 9 席，库尔德人占 3 席。贝克尔任总统兼革命指挥委员会主席。

贝克尔政府首先致力于推行复兴党的统治，为稳定政局，对库尔德民主党和伊拉克共产党实行团结政策，在国家权力结构建设中，允许内阁中有 3 名库尔德代表和 3 名伊拉克共产党代表。库尔德族内部因塔拉巴尼和巴尔扎尼两派分歧，巴尔扎尼派的两位任职者提出辞职，伊拉克共产党因不满 1963 年复兴党对其镇压，拒绝接受 3 个席位。这届内阁是复兴党控制下的政权，被认为是文职政府，其中只有贝克尔总统是"自由军官组织"的成员，在前军政府军队中任过高级军官。

1968 年临时宪法规定，国家执政党是阿拉伯复兴社会党。临时宪法颁布后不久，复兴党开始了一场打击和清除伊共产党人、纳赛尔分子、前政府官员的运动，运动持续到年底，几百名军官被捕，全国各部门和军队中的领导均换上了复兴党员。萨达姆作为党和国家的二号人物，除党务和政务外还负责安全部门，他在各级安全部门均安排复兴党员任负责人，使复兴党逐渐控制了军队、情报、安全部门的权力。1968 ~ 1971 年期间，革命指挥委员会和内阁成员绝大部分已被更换成复兴党的忠诚党员，武装部队已被复兴党化。不仅如此，复兴党还把党的建设当做"人民生活中最重要部分之一"，在政府各部门、军队、群众组织及大学生中都建有党组织，各阶层人民均需接受复兴党的思想、理论、意识形态等方面的系统教育，在全国实行复兴党化。

1973 年 7 月，酝酿已久的"全国民族进步阵线"成立，该阵线主要由复兴党、共产党、库尔德民主党等党派和独立的民族主义代表人士组成。阵线最高委员会主席由萨达姆担任。阵线宪章规定，在复兴党的统一领导下开展活动，努力实现现阶段的各项任务的目标。全国民族统一阵线是复兴党建立的统一战线组织，名为多党并存制，实际上则为一党制，其他政党均置于复兴党的领导之下。

贝克尔执政时的一党制处在不断完善、逐渐走向成熟的阶段。复兴党领导下的多党合作制度是向一党制的过渡阶段，可称为"主从党制"。直至最终实现了复兴党控制政府和军队的目标。

2. 萨达姆时期的一党制体制（1979 年 7 月 ~2003 年 4 月）

在萨达姆统治时期，复兴党一党制发展已臻成熟，革命指挥委员会是国家最高权力机构，最高指挥部，是国家最高行政、立法和司法机构，也是最具权威的决策机构。复兴党长期垄断政权，实施一党治国，直接掌管行使政府权力，一党制构成了国家政治权力的基础，革命指挥委员会享有绝对权力，任何力量不容挑战。复兴党在社会中具有强大的稳定性，它没有因为两伊战争和海湾战争、持续受到联合国的经济制裁而影响党的权威，也没有动摇复兴党的执政地位和复兴党领袖萨达姆总统的权力地位。

伊拉克共和国是共和政体国家，革命指挥委员会（以下简称革指会）拥有立法和行政的最高权力，内阁和国民议会均服从于革指会。革指会中的大部分成员均兼任政府要职。革指会以 2/3 多数选举革指会主席，革指会主席同时是共和国总统。革指

会主席、副主席和委员享有完全豁免权，未经革指会事先许可，不得对他们采取任何措施。

权力高度集中是一党制的另一突出特点。复兴党的领袖是法定的国家元首、政府首脑和武装部队总司令，总统是最高领导人，拥有绝对实权。伊拉克宪法赋予了总统高度集权的一系列职权，总统集武装部队总司令、革命指挥委员会主席、阿拉伯复兴社会党伊拉克地区领导机构总书记要职于一身。

革命指挥委员会由 9~11 名成员组成，成员均由党内高层官员出任。革指会主席有权任免副总统、总理、部长和其他高级军政要员，签署革指会颁布的一切法律和决议。

革命指挥委员会有权颁布法律和具有法律效力的法令，公布为实施业已颁布的法律的规定所必需的决议；批准国防战略等有关事项；宣布总动员或部分动员，宣布战争、接受停战以及缔结和约；批准国家总预算草案以及作为附件的单独预算和投资预算，批准决算；批准国际条约和协定等。

内阁部长绝大多数是复兴党的党员，议会议员的多数也是执政党的党员。一般情况下，由革命指挥委员会行使国家各项权力，重大决议都是以革指会的名义发布，复兴党机构与国家行政机构具有合二而一的功能，两者是一体化的，很大程度上，伊拉克政府实际上是复兴党的政府，其他政党处于无权状态。

复兴党控制意识形态是一党制的重要特征之一。党指挥一切，其核心思想是：（1）将复兴党的奋斗目标"统一、自由、社会主义"完全纳入到全民奋斗目标中，将复兴党的指导思想、纲领、方针，推广为全民的意识形态，全社会必须无条件地接受。（2）拥护复兴党的领导地位。（3）对复兴党的领袖无限崇拜，将他的主张作为绝对正确的指示和纲领，人治大于党治和法治。

集权统治思想在伊拉克社会中根深蒂固，封建特权成为天经地义的原则和政治统治方式，这由来已久。早在中世纪，哈里发统治模式就已经为现代统治模式提供了理论先验。而封建君主制的特点是，权力建立在世袭制和等级制基础上，君主享有各种特权，对其臣民行使无限的权力，集政治、经济和军事权力于一身，这为现代统治制度奠定了理论基础，而萨达姆的政治实践源于此。

萨达姆政府的治国方略有其历史的必然性和合理性。伊拉克独立后，社会处于极分散的状态，全民整体凝聚力很差，政局动荡，严重阻碍了国家发展的速度。复兴党执政后施展铁腕，实现了政治上的统一，结束了政府频繁更迭、政局动荡的局面，为社会发展提供了一个相对稳定的政治环境。可以认为，复兴党的统治曾为伊拉克作出了贡献，它创造了伊拉克国力强盛的时代，也使伊拉克赢得了较高的国际地位和尊严（指 1980 年两伊战争之前）。当然，集权制的确存在许多弊端，但两全其美很难，亦难以两全。不能否认，伊拉克社会有适于集权存在的土壤和条件，一个长期落后的国家和民族，需要一个高度集权的强权机构和强权人物，统领各民族乃至各教派共同建设国家。

伊拉克一党制在执政 35 年后，于伊拉克战争后解体。

（四）联邦制

2003 年伊拉克战争后，美英联军下令解散复兴党，遣散了伊拉克军队，伊拉克一党制彻底崩溃。以伊拉克战争和复兴党政权彻底垮台为标志，伊拉克历史进入了新时期。

战后，伊拉克的共和制政体类型发生了重大变革，即实行联邦制，这是伊拉克过渡时期国家行政法（俗称《临时宪法》）确立的。2004 年 3 月 8 日，伊拉克临时管理委员会与美国驻伊最高文职行政长官布雷默协商后，在巴格达正式签署了《临时宪法》文本，确定伊拉克未来政治体制为联邦制。《临时宪法》明文确定，未来的伊拉克是共和的，实行联邦制，是民主和多元的政治制度。

参照临管会权力构成模式，联邦制政府将根据权力分散的原则，按照地理、人口、教派及民族地域分布分配权力，保障各派获得的权力基本上满意，以避免由某一派独掌大权，各派一致拒绝最高权力由某个派别单独掌管。

伊拉克自古以来的历史一直是实行中央集权制模式，该制度具有雄厚的生存土壤，联邦制属第一次尝试。由于联邦制与以往历史上的政治制度大相径庭，许多伊拉克人认为，实行联邦制缺乏政治基础，而且易导致各派势力割据，联邦制的实施尚在建立和不断完善中。

实行联邦制是伊拉克内部条件与外部压力之间互动作用的结果，亦是美国用战争手段为推进西方民主、构筑伊拉克新政治体系的步骤。改变原一党制政治体系，将中央集权统治体制变为联邦制，需要强有力的社会支持。然而，伊拉克的社会基础是严重分裂的，新旧政治结构具有相似性，都需要依赖什叶派、逊尼派和库尔德人。作为社会主体的三大政治势力之间历来缺乏合作，相互缺乏信任，政治利益相抵。三方形成了牢固的三大政治群体，在地理区域分布上，形成了南、北、中三大聚居区，本民族和本教派的利益重于一切，协调弹性十分有限，这种政治结构具有明显弱点，呼应了原本分裂的状况。

在实施联邦制问题上，存在诸多问题，伊拉克各派意见并非一致，出现了严重分歧，各派之间的分歧难以协调。逊尼派坚决反对，执政的什叶派内部也意见不一，贾法里政府出于国家整体统一的考虑，主张建立强硬的中央集权制，而库尔德人考虑到维护自身高度的自治权则主张建立联邦制。考虑到伊拉克的历史和现实条件，由一党制的治国思想变为多党制，从中央集权制过渡到联邦制，原反对党变为政治领导，失去权力的逊尼派则随时谋求夺权，这一切都预示着政治变革将十分艰难，完成这个变革之路曲折复杂。

五　宪法

伊拉克历史上曾制定过多部宪法，最早颁布的第一部宪法是在伊拉克王国时期。自从 1958 年伊拉克共和国成立以来，政府多次颁布临时宪法，始终未颁布过一部正式的永久宪法。直到 2005 年 10 月 25 日，伊拉克永久宪法在全民公决中获得通过。

（一）伊拉克王国宪法

在英国当局的控制下，伊拉克王国承袭了英国殖民主义的政治体制模式。1924 年 3 月，伊拉克成立了议会并召开第一届议会，议会是由两院制组成的立法机构，即作为上院的参议院和下院的众议院。伊拉克议会制是英国议会制的翻版，英国只是给伊拉克人民一种参政的假象，议会实际上只起一个"橡皮图章"的作用。议会成员构成主要是由部落首领、城市巨商、官僚买办及封建上层人物组成。正是这些人代表了伊拉克上层的根本利益，他们讨论、通过了选举法及"伊拉克宪法"。

1924 年 7 月 10 日，伊拉克王国制宪会议制定了有史以来的第一部宪法。这部宪法是在英国殖民当局的把持下制定完成，由司法部的英国顾问参照英国的宪法，直接用英文起草、制定，而后翻译成阿拉伯文。伊拉克对这部宪法的原文未做任何修改，1925 年 3 月 21 日经费萨尔国王批准后生效。

该宪法规定，国王有权召集或解散国会。妇女没有选举权。英国极力维持对伊拉克的殖民统治制度是不能动摇的政策，以立法形式推出英国版的伊拉克宪法正是这一政策的体现。必须指出的是，英国为伊拉克制定的宪法，最根本的要点在于这部宪法规定："不得同建立伊拉克委任统治制度的条约相抵触。"英国以宪法条文再次确立了其统治地位。这部宪法的出笼比预定时间推迟了两年，原因是伊拉克人民拒绝参加英国安排、策划的选举，

要求民族独立，故阻碍了议会选举。

1958 年伊拉克共和国成立后，伊拉克政府宣布废止该部宪法。

（二）伊拉克共和国临时宪法

伊拉克共和国成立以来，一直实行共和政体，伊拉克宪法进行了长期沿革，在 40 多年间，历届政府共颁布了 8 部临时宪法，在及时修正某些条文内容的基础上不断加以完善。

1. 1958 年临时宪法

这是伊拉克作为独立主权国家制定的最早一部临时宪法，由卡塞姆政府制定并实施。1958 年 7 月 22 日，卡塞姆政府在建立伊拉克共和国之后，立即着手颁布了伊拉克临时宪法。该部临时宪法规定，伊拉克是阿拉伯民族不可分割的一部分，伊拉克共和国是独立和自主的；人民是一切权力的来源，所有公民不论年龄、宗教或信仰，在法律面前一律平等；伊斯兰教为国教，巴格达为首都。伊拉克最高权力委员会为国家最高权力机构。

2. 1964 年临时宪法

这部临时宪法修改的政治背景是伊拉克政府发生了更迭，阿里夫上台执政，该政府沿用卡塞姆政府的宪法，但对其中一些内容进行了部分修正。1964 年 5 月，阿里夫政府颁布新临时宪法，该部临时宪法规定：伊拉克共和国以阿拉伯的传统和伊斯兰教精神为依据，伊拉克的目标是阿拉伯全面统一，并以与阿拉伯联合共和国的统一作为起点；以伊斯兰教为国教，保障公共和私人财产不受侵犯。

3. 1968 年临时宪法

这部临时宪法颁布的政治背景是，伊拉克政府再次发生更迭，伊拉克复兴社会党第二次上台执政。1968 年 9 月 22 日，伊拉克革命指挥委员会颁布临时宪法，该部宪法规定，伊拉克是"人民民主国家"，伊斯兰教为国教；在经济上实行"社会主义公有制"，保护私有制；取消国家总理设置；总统是国家元首，行使政府首脑职权，并兼任武装部队总司令和国家最高权力机构——革命指挥委员会主席。

4. 1969 年临时宪法

1969 年 11 月 9 日，伊拉克政府对 1968 年的临时宪法进行了部分修改。

5. 1970 年临时宪法

1970 年 7 月 16 日，伊拉克革命指挥委员会颁布新的临时宪法，对 1969 年的宪法进行了多处修改，这是一部执行时间较长的临时宪法。该部宪法共 5 章 67 条。该临时宪法规定，伊拉克为独立自主的人民民主共和国，其基本目标是实现统一的阿拉伯国家；在科学和革命的基础上建立社会主义制度；伊斯兰教为国教；伊拉克是阿拉伯民族的一部分；伊拉克主权是不可分割的统一体；保障宗教自由；公有制和公有财产不可侵犯；私有制和个人经济自由受到保护；全体公民，不论性别、血统、语言、社会出身或宗教信仰如何，在法律面前一律人人平等。

6. 1974 年临时宪法

1974 年伊拉克政府对 1970 年临时宪法的某些内容进行了部分修改，其政治背景是对库尔德问题做了具体补充条款。1974 年临时宪法修正案规定，库尔德人在其人口占多数的地区实行自治；国家被赋予在经济生活中制定计划、确定发展方向和指导经济活动的中心地位，国家的资源属于人民的财产。

7. 1979 年临时宪法

1979 年，萨达姆上台执政正式出任总统，根据 1968 年临时宪法的规定，萨达姆成为伊拉克革命指挥委员会主席和伊拉克共和国总统。

8. 1995 年临时宪法

1995 年 9 月，伊拉克修改了临时宪法，修改后的宪法规定：

国家总统的产生由任命制改为直接选举制，即通过革命指挥委员会提名、国民议会批准和全民公决三个程序产生。该部宪法还明确规定，总统的任期为 7 年，可连选连任。

（三）伊拉克联邦共和国临时宪法

1. 2004 年临时宪法

2004 年 3 月 8 日，伊拉克临管会在美国驻伊最高文职行政长官布雷默的主持下，在巴格达正式签署了临时宪法，比美英占领当局原定时间 2003 年底签署的计划推迟了两个月。这部临时宪法的正式名称是《过渡时期国家行政法》，是伊拉克在战后政治过渡时期内的最高法律，也是未来两年过渡期内政治重建的根本法。此部宪法的最大特点是，由伊拉克临管会与美英占领当局签署，非伊拉克人独立制定。不过，这部临时宪法为伊拉克从联军手中接管主权提供了必要的法律依据。

临时宪法共包括 9 章 62 款，是一个笼统的框架，很多问题都未涉及具体或细节，皆因各派就具体细节不能达成一致意见。这部临时宪法比起一部完备、细化的宪法显得十分粗糙，是一部尚未经过细加工的框架性法律文本。遗留一些重大及原则性难题。当然，产生这样一部内容粗糙的临时宪法也已实属不易，曾几经周折和推迟才得以通过。这部临时宪法与以前的伊拉克临时宪法相比发生了重大变化，它确定了以下几大要点：

总统、总理分权制　临时宪法明文规定，伊拉克将实行联邦制，实行总统与内阁总理分权制，由总理掌握实权。设 1 名总统，2 名副总统，由总统任命内阁和总理，总统的任何政令必须经两名副总统同时签署方能生效，副总统有权对总统的权力进行限制。总统与副总统之间，相互制约机制可以解决不由任何一个派别独断专行的难题。

临时宪法体现了权力分散、制衡和监督。联邦制政府在一些关键领域享有唯一的最高权力，保持对这些领域的控制，这些领域包括国家安全，禁止成立独立武装；外交政策，外交代表和边境控制；国家预算，金融和商业政策；国家资源，从国家资源中获得的收入，公平地用于满足所有地区所需。

临时宪法在总统权力、任期、是否轮换及中央政府与地方政府权力分配等问题上措辞含糊，实际上这些问题还存在严重争执。

库尔德人的地位 库尔德语言地位得到提高体现在宪法条款中。临时宪法规定，库尔德语将与阿拉伯语并列同为伊拉克官方语言。在萨达姆统治时期，库尔德语只作为库尔德地区的官方语言。

妇女的地位 临时宪法规定，提高妇女参政和议政的权利。规定妇女代表将在议会中占 20%，在政府中占 25%。伊拉克在萨达姆统治时期也提倡尊重妇女权利，但妇女在政府中占 1/4 席位的高比例从未有过。在 3 月 8 日国际妇女节通过的临时宪法，充分保证了妇女权利，似乎是别有意义的巧合。

伊拉克军队的地位 临时宪法规定，伊拉克武装部队与联军合作，共同负责伊拉克安全防御。为保证过渡时期伊拉克的主权完整，伊拉克武装部队将作为多国部队成员之一，发挥主要作用。同时，伊拉克过渡政府有权与联军部队达成安全问题协议。由此，不难看出，美国仍掌握着对伊军事权力，伊军只是作为多国部队成员之一，[1] 其权力受到很大限制，它不是享有独立主权意义的国家军队，这无异于伊拉克在接管政权后，仍是美国领导下多国部队的占领国。另外，伊拉克武装部队须接受伊拉克文职

---

① 2003 年 10 月，安理会通过了第 1511 号决议，授权组织一支由美国领导的驻伊多国部队。据 2004 年 3 月 18 日的最新统计，驻伊拉克的多国部队由 30 多个国家联合组成，共有兵力达 15 万多人。除美英联军外，出兵达千人以上的国家有西班牙、波兰、荷兰、乌克兰和意大利。此外还有澳大利亚、罗马尼亚、韩国、日本等国。

机构领导，这等于伊军不仅受多国部队的领导，还受临时政府的领导，而伊临时政府则受多国部队的直接控制。

伊斯兰教是国教 临时宪法规定，作为国家的意识形态，伊斯兰教是伊拉克的国教，新政府有关立法工作必须考虑伊斯兰教的传统和基本原则，但是伊斯兰教法不能代替宪法，也不能成为唯一的立法之本。

临时宪法包括13条有关公民权利的条款，具体规定了公民享有言论、宗教信仰和集会等自由权利，规定任何个人和团体不能凌驾于其他个人和团体之上。

司法独立 司法独立是三权分立政治体制的重要组成部分。临时宪法规定，伊拉克联邦制国家实行司法独立，将成立联邦最高法庭，确保伊拉克所有法律与《过渡行政法》相符。

在原则上，临时宪法规定了伊拉克临时过渡政府享有独立司法权，但在事实上却无此权。拥有独立的立法权是主权国家最重要的标志之一。然而，美国在交权后却规定伊拉克临时过渡政府不能颁布新法律，不能改变联军在伊拉克的法律存在。为此，布雷默在离任前，突击式地连续签发了100多项法律条令，剥夺了伊临时过渡政府的立法权。为确保美国在伊拉克的存在和各种权力及利益，还特别规定，伊拉克倘若要推翻这些条令，须经临时过渡政府总统、2名副总统、多数部长的支持。6月26日，布雷默和联军当局将其颁布的第17号法令期限延长半年，直至伊拉克正式政府成立。所谓第17号法令，其内容是赋予联军免予被伊拉克法庭提出起诉的权力，即规定在伊拉克的盟军士兵和人员不受伊拉克的法律管辖。换言之，联军享有治外法权。布雷默当局还规定，前萨达姆政权的军人在18个月内不得担任公职；贩卖武器者将被判处至少30年徒刑；凡是参加过抵抗美国占领的武装人员不得加入新伊拉克军队或参加竞选；各政党推举的候选人中须有1/3的妇女代表。在上述各种条令严格限制下，伊拉克立法权遭到严重践踏。

临时宪法草案的签署是在美英联军的占领下完成的，其主要内容未经伊拉克人民广泛参与认可。

2. 临时宪法草案最终版本（2005 年 8 月 28 日）

2005 年 8 月 28 日，伊拉克宪法起草委员会签署了宪法草案的最终版本，并在过渡国民议会上宣读了草案全文。由于伊拉克各党派在联邦制、国家性质、议会民主制、伊斯兰法、石油收入分配、"清洗"前政权复兴党成员等关键问题上分歧严重，争执不下，致使宪法草案三次推迟表决，"最终版本"强行出台时，除什叶派和库尔德人的代表在宪法草案上签字外，逊尼派 15 名代表坚决拒绝签字，他们强烈呼吁联合国和阿拉伯联盟干预。尽管伊拉克过渡国民议会未对宪法草案进行投票，[①] 但伊拉克过渡政府总统塔拉巴尼领导的总统委员会签署了宪法草案，宣布制宪委员会起草宪法的工作已经完成。在各派尚未达成共识的情况下，强行宣布最终宪法草案，致使这部宪法草案未来面临着诸多挑战。

3. 伊拉克永久宪法

2005 年 10 月 25 日，伊拉克永久宪法在全民公决中获得通过。这部宪法得到伊拉克人 78% 的支持，21% 的反对。逊尼派阿拉伯人对公决结果表示质疑，在全国 18 个省中，逊尼派阿拉伯人占多数的 2 个省投了反对票。

永久宪法规定，伊拉克是拥有完全主权的、独立的联邦国家，政治制度实行议会代表制。联邦的行政权力由总统和内阁共同承担，总统由国民议会 2/3 多数选举产生，任期 4 年。总统必须在出生时就是伊拉克人，其父母也必须是伊拉克人，年龄在

---

① 由于宪法起草委员会代表了过渡议会的大多数，因此不再需要国民议会进行表决，将直接交由 2005 年 10 月 15 日之前举行的全民公决裁决。

40 岁以上。总统指派在议会中享有多数席位的党团领导人组建政府。内阁成员由总理推选，总理兼任武装部队总司令的职务。伊斯兰教是国教，是立法的主要依据之一，宪法保证宗教自由。伊拉克是伊斯兰世界的一部分，是阿拉伯国家联盟的创始国和正式成员。

关于地方政府，宪法规定，地方政府拥有行使立法、行政和司法的权力；地区政府可以按照需要的方式实行管理，并有权建立地区"安全组织"，如警察部队、治安部队和卫队等。地区政府在不违反国家宪法的前提下，可以制定地区法律，确立行政权力机构以及行使这些权力的机制；宪法承认库尔德地区作为一个联邦地区现有的权力。

石油和天然气资源分配。石油和天然气资源是"所有伊拉克人的共同财产"，联邦政府同产油地区和省份的政府一起管理石油和天然气资源；石油收入应该按照每个地区的人口规模在全国"平等分配"；联邦政府和产油地区及省份的政府将共同制定必要的战略和政策，以开发石油和天然气资源。

六　国家元首——共和国总统

拉克联邦制总统是国家元首。根据伊拉克临时宪法规定，临时过渡政府设立总统委员会和部长委员会，总统委员会成员包括一名总统和两名副总统，由国民议会选举产生。总统委员会将代表伊拉克主权，可以否决法律和任命政府官员。总统作出的任何决定都必须获得另外两名副总统的签署方能通过。总统委员会任命政府总理，由总理推荐、任命部长委员会成员，所有部长必须获得国民议会的信任投票。总理和部长委员会监督政府的日常行政工作。

根据伊拉克临时宪法，伊拉克实行总统与内阁总理分权制，总理掌握实权，总统和两名副总统均属礼仪性职务。总统虽然不

具有实权，但毕竟是国家元首，象征着国家主权。

不过，总统也享有一些权力，作为三人总统委员会的负责人，依然能发挥重要的政治作用。2005年4月7日，新总统塔拉巴尼宣誓就职后立即颁布了一项总统特赦令，宣布对武装分子实行大赦。特赦令赦免了那些在2003年4月9日以后参加反美武装的成员，其中包括离开反美武装的伊拉克人，甚至那些曾杀害美伊士兵的武装人员。特赦令称，只要他们及时向政府投降并交出武器，新政府将不再追究他们的任何责任，并且有条件地将他们编入国民卫队或警察部队中。但特赦令不包括武装组织的头目和核心成员以及所有在伊拉克的外国武装分子。此举被认为是新政府向逊尼派穆斯林抛出的橄榄枝，以谋求实现国家稳定的重大措施。塔拉巴尼于同年4月10日表示，鉴于他在全球国际请愿书上签字反对死刑的律师之一，他个人并不赞成处死前总统萨达姆。

2005年10月15日通过的永久宪法继续确认了关于国家元首的条款。

伊拉克战争后第一届过渡政府总统职务给了逊尼派。逊尼派穆斯林加齐·亚瓦尔出任战后伊拉克首届临时过渡政府总统，任期为2004年6月1日～2005年4月6日。2004年5月31日，伊拉克临时管理委员会（临管会）提名加齐·亚瓦尔为临时政府总统人选，美国驻伊最高文职行政长官布雷默和联合国伊拉克问题特使卜拉希米对亚瓦尔出任总统表示赞同。6月1日，亚瓦尔正式宣誓就职。

美国将这个礼仪性职位归属了逊尼派。总统不是实权人物，仅是国家象征性的代表，逊尼派长期执掌国家最高权力，现今失去实权，其政治地位变成了虚位总统。然而逊尼派即使获得这个"虚职"职位也实属不易。什叶派和库尔德人强烈反对逊尼派出任政府主要职位，只是美国没同意才作罢。美国不得不考虑逊尼派的实力，不能将其逼入绝境，以免激怒他们死心塌地地投入反美浪潮中。

2005 年 4 月 6 日，伊拉克过渡国民议会在美军严密把守的巴格达"绿区"会议中心举行第四次会议，通过无记名投票方式选出了一名总统和两名副总统，库尔德领导人贾拉勒·塔拉巴尼当选为伊拉克战后第二届临时过渡政府总统，他是伊拉克共和国建立以来历史上首位库尔德人出任的总统。

伊拉克国民议会 275 名议员中有 257 名出席了当天的会议，包括临时政府总理阿拉维在内的 18 名议员缺席会议。在无记名投票中，227 人投了赞成票，30 人投了弃权票。

第二节　国家机构

2003 年 3 月 20 日伊拉克战争爆发前，伊拉克国家最高权力机构是革命指挥委员会。战后，伊拉克暂时没有了首脑和正式政府，进入了美英联军当局统治时期。在美英联军的控制和监督下，伊拉克就建立拥有合法主权的政府开始了艰难的进程，国家机构步入了一系列的重建过程，依照重建程序，若干个国家机构先后建立，主要是行政、立法和司法机构。

一　中央行政机构

政府为伊拉克国家行政机构，现任的伊临时过渡政府是在伊拉克战争之后组建，非正式政府。截止到 2005 年，在战后政治重建过程中，已产生三届临时过渡政府。此前，还有美英联军临时管理当局及伊拉克临时管理委员会。本书为保留历史资料的完整性，依照时间顺序，收录了伊拉克战争后伊拉克政治重建过程中的主要中央行政机构。

（一） 美英联军临时管理当局（2003 年 4 月 9 日~2003 年 7 月 13 日）

早在战前，美国就已确定了战后伊拉克过渡政府的框架。为此，设置了美国管理伊拉克的两大机构，即军事机构和文职机构。

1. 军事机构

伊拉克战争后，伊拉克全境完全处于联军的军事控制和监督下，属军事管制时期。军事机构由联军负责，先由美军中央司令部司令汤米·弗兰克斯负责，后由阿比扎伊德继任美军中央司令部司令，他作为美军最高指挥官，享有对联军部队的指挥权。

萨达姆政权消失后，伊拉克出现了权力真空。美英联军占领巴格达后立即填补了这一真空，迅速接管，把全国划为三个军事管制区：（1）以巴格达为中心的北方区由美军控制；（2）以巴士拉为中心的南方区交给英军管辖；（3）中部区委托一名波兰将军作为司令，由波兰和澳大利亚等国组成的联军负责。美英联军 2003 年驻伊兵力超过 16 万人，军事上保持强大威慑，维持对伊全境的占领。其中美军 14 万人和 2 万名其他国家的盟军，另约有 5 万名伊拉克军警协助美军维持社会治安。

2. 文职临时管理当局（2003 年 4 月 21 日~2004 年 6 月 28 日）

美国设置的驻伊文职管理机构，先期由退休中将杰伊·加纳①负责，后期由保罗·布雷默负责。

美国对伊战争得手后，立即建立战后临时管理机构，成立了

---

① 加纳：美国退役三星将军，曾在海湾战争后负责对库尔德人的援助工作。4 月 21 日他从科威特飞抵巴格达，就组建伊临时政府展开工作。随同他一同抵达巴格达的还有他的 20 多名高级助手，其中包括重建办副主任——英国人迪姆·克罗斯将军。

"伊拉克重建和人道主义援助办公室"，指定加纳任重建办主任，领导战后重建。"重建办"包括数十名专家，主要任务是恢复交通、医院、学校的秩序，修复民用设施和恢复水电供应等。由于重建工作很难推进，加纳只负责了很短时间就被撤换。

2003 年 5 月 1 日，美国总统布什宣布伊拉克主要战事结束。5 月 6 日，布什总统任命美国前外交官保罗·布雷默为总统特使、伊拉克最高文职行政长官，全权负责伊拉克战后政治和经济重建。至此，伊拉克完全处在美国军事和文职两大机构的双重控制下。

（二）伊拉克临时管理委员会（2003 年 7 月 13 日~2004 年 5 月 31 日）

2003 年 7 月 13 日，伊拉克临时管理委员会（下称临管会）在巴格达宣告成立。临管会作为第一届临时政府机构，得到部分国家的承认。临管会 25 名成员完全由美国任命，是美国军事占领下的产物，临管会委员是美国负责监管伊拉克战后重建事务最高文职行政长官布雷默一手钦点，临管会具有两大特点，（1）由美国任命，不是民选；（2）布雷默对临管会的决定拥有否决权。仅这两点完全表明，临管会不拥有实权和决定权，决定权仍攥在布雷默的手中，布雷默对临管会的决定拥有否决权，临管会的象征意义大于实际意义。

临管会 25 名成员按照伊拉克人口比例分配，具体分配如下：13 名什叶派穆斯林、5 名逊尼派穆斯林、5 名库尔德人、1 名基督教徒和 1 名土库曼人。

名义上，临管会拥有任免临时政府部长、任免驻外使节、参与制定国家政策、审议财政预算、审议法律、签署协议和批准国家预算等诸多权力。美国授予临管会的工作十分具体，主要是向联军临时当局提供咨询或建议，根除复兴党的影响，帮助美军维持社会秩序，协助布雷默工作等。尽管成立了临管会，但临管会与美国的关系不平等，美英联军对伊拉克仍然在维持着军事管制，是美国军管的天下。

1. 轮值主席制

按照布雷默的预定方案，临管会成立后首先应通过选举产生一名主席，但经过反复磋商始终不能达成一致意见。临管会25个委员席位可以按照人口比例分配，但主席职位却无法依此分配。2003年7月19日，临管会最终决定主席职位实行轮流制，先实行"三人轮值主席制"，后又增为"九人轮值主席制"。轮值主席制的意义是使各派能发挥同等的作用、肩负同等的责任。这表明尽管临管会是临时政府管理机构，但各派极为重视临时主席的职位，该职位敏感度高、事关重大，备受关注，所有派别都不愿意把大权交给某个派别单独掌握。为避免发生冲突，主席只能采取轮流坐庄制，以保障各派参政权力均等。

2. 临管会向美国要权力

临管会作为临时政府，始终不能获得实权，它试图行使管理国家权力，发挥有效作用，不想只听命于布雷默的意旨或安排，它想方设法向美国要主权，但受到美国的抵制。

2003年9月以后，临管会不时地表现出强硬立场，公开反对美国向伊增派部队，支持让联合国发挥更大的作用，要求增加权力，至少掌握金融财政和安全权力。在当月第58届联大会上，沙拉比敦促美国改变对伊占领政策，尽快向伊移交权力。他呼吁德、法两国帮助伊拉克实现政权移交，早日结束美英的军事占领。

临管会的成员都是由美国任命，不是民选产生，其中多数成员与美国关系复杂微妙，明里暗里有美国背景。临管会成员处于两难境地，他们若与美国走得太近，招致国人反对，被称为叛徒，还有遭"暗算"的危险，若与民众站在一起，就存在被美国换掉的可能。再者，美国不给临管会面子，不肯移交权力，造

成临管会工作被动。而临管会成员既不能"得罪"国人，更不能"得罪"美国，平衡两者的利益十分困难。临管会欲实施双重统治（伊拉克人和美英联军），但美国反对。临管会虽然与美国存在严重分歧，但不想与美国闹翻。临管会始终没有广泛的群众基础，民众认可度不高，其成员成为被袭击的目标。

2004 年 5 月 31 日，运行 10 个多月的临管会提前 1 个月解散。临管会 25 名成员中，其中 3 名遇刺身亡，4 名进入新临时过渡政府，他们是总统亚瓦尔、总理阿拉维、副总统贾法里和政府安全顾问鲁法伊。其余 19 位临管会成员被解职。

（三）第一届战后临时过渡政府（2003 年 9 月 1 日～2004年 5 月 31 日）

2003 年 9 月 1 日，伊拉克临管会宣布推选出包括 25 名部长组成的战后首届临时过渡内阁，新内阁于 9 月 3 日在巴格达宣誓就职，战后第一个伊临时过渡政府开始运转。新内阁成员比例分配完全参照临管会权力模式构成，临时内阁总理位置空缺，由临管会轮值主席负责主持临时政府工作。该届临时内阁未设立国防部、新闻部和宗教事务部。表面上看，临时政府已经成立，但美国仍然大权在握，这个临时内阁对伊拉克的政治影响和作用十分有限。

2004 年 5 月 31 日，伊拉克临时政府的所有部长集体向美国驻伊最高文职行政长官布雷默提交辞呈，布雷默接受了辞呈。按照相关协议，在新的临时政府成员名单公布之前，原临时政府应解散。

（四）第二届阿拉维临时过渡政府（2004 年 6 月 1 日～2005年 4 月 6 日）

2004 年 6 月 1 日，伊拉克第二届临时过渡政府宣告成立，什叶派穆斯林阿拉维出任总理，此届过渡政府比预定时间提早 1个月诞生。新政府任期为 10 个月，到 2005 年初举行大选为止。

此届过渡政府共由 33 人组成，其中包括 1 名总理、1 名副总理、26 位部长及 5 名国务部长；33 名成员中有 6 名女性。

伊拉克临时过渡政府授权十分具体，主要是发挥一种政治过渡作用，完成从美英军事占领到结束占领、实现伊拉克人管理国家的使命。该政府拥有四大使命：（1）2004 年 6 月 28 日，完成从美英联军手中接管伊国家最高权力的法律工作；（2）恢复国内治安，加快军队、警察、边防部队和情报机关的重建；（3）负责日常行政、民政管理，尽快恢复人民的正常生活秩序；（4）为恢复国家全部主权作必要和充分的准备，保证 2005 年初举行全国大选，直至组成一个新政府。联合国批准的向伊拉克移交主权的第 1546 号决议明文规定，过渡政府在任期内负责制定一部选举法，必须设法保证美国安排的政治重建程序能如期进行，在 2005 年 1 月 31 日之前，将通过选举产生一个过渡的国民议会，由这个国民议会选举任命正式的伊过渡政府，本届过渡政府宣告结束。

临时政府权力分配根据民族、教派、政治力量分配原则。其中，总统由逊尼派担任，副总统由什叶派和库尔德人分别担任；总理由什叶派担任。

1. 临时政府面临合法性困境

阿拉维临时政府接管主权后，面临的最大挑战是合法性困境。临时政府是在联合国秘书长特使卜拉希米与联军和伊临管会商议的情况下产生的。由上述三方推举确定的过渡政府人选，被认为是由美国一手扶植，因不是民选政府，被伊拉克人视为不合法的傀儡政府。新政府成员不为民众所熟知，大都是"海归派"政治人物，受西方影响较深。而那些在伊政坛上长期有影响的本土派则未被选中，像库尔德民主党总书记巴尔扎尼、库尔德斯坦爱国联盟主席塔拉巴尼、伊斯兰革命最高委员会主席哈基姆等一批有较大政治影响的"各派政治精英"们均榜上无名，而比他们影响小得多的人却登上了权力宝座。

伊拉克人对临时过渡政府成立和接管主权态度冷淡，什叶派精神领袖西斯塔尼在临时政府刚成立时就发表声明，指责新政府缺乏合法性。

阿拉维政府执政后，境内发生了袭击狂潮，目标直指临时政府成员，针对他们的袭击接连不断，阿拉维的办公地点和住所连遭袭击，他本人多次收到"死亡威胁和警告"。安全局势表明，阿拉维临时政府面临合法性挑战。

2. 总理内阁负责制

新过渡政府实行总统与总理分权制度，由总理执掌实权。总理内阁制规定，总理权限最大并拥有实权，由此看，什叶派任总理职务而占据了国家主要权力。

3. 权力移交

2004 年 6 月 8 日，联合国安理会一致通过第 1546 号决议，决定全面恢复伊拉克主权，结束对伊拉克的占领，并特准伊拉克临时政府成立和政治过渡进程时间表。同年 6 月 28 日当地时间上午 10 时 26 分，美国领导下的联军当局正式向伊移交主权，比原定时间提前两天。权力移交是在重兵保护戒备森严的"绿区"秘密举行，仪式在阿拉维的办公室里完成。仪式极其简单而短暂，参加人员只有 6 人：美国驻伊最高文职行政长官布雷默、伊拉克临时过渡政府总理阿拉维、伊临时过渡总统亚瓦尔、伊最高法院院长迈扎特·马哈茂德、伊副总理巴尔哈姆·萨利姆和英国特使戴维·里士满。

移交政权后，伊拉克仍是多国部队的占领国，政治重建主导权依旧不掌握在伊拉克人手中，而是在美国控制下。在军事上，美国有驻伊多国部队最高司令乔治·凯西将军率领的 16 万大军，在政治和外交上，有内格罗蓬特大使领导的美国驻伊大使馆，在行政上，政府各部已安排有美国人出任的监察长、"公共诚信"

专员和一批顾问，上述机构将保障美国对伊的有效控制，为美国控制伊拉克上了多重保险。

交权后，美国并未退出操控伊拉克的舞台，伊拉克临时过渡政府作出的重大决定必须经美国的批准和认可。美国有权对伊拉克临时过渡政府作出"独立"决定进行否决。享有否决权的机构有 3 个：监督委员会、国家安全委员会、一个庞大的包括3000 多人的美驻伊大使馆，负责全方位的事务。美国驻伊使馆取代了美英联军临时管理当局，行使对伊权力。美国驻伊大使内格罗蓬特取代了布雷默的地位，成为美国驻伊最高文职行政长官，是世界最特殊的一位"大使"。此外，美国在基尔库克、摩苏尔、希拉和巴士拉还设立了 4 个领事馆，在伊拉克政府各部门安排了若干名顾问。不难看出，美国向伊移交"主权"只不过是掩耳盗铃的政治说辞而已。

（五）第三届贾法里临时过渡政府（2005 年 5 月 4 日~2006 年 5 月 19 日）

2005 年 4 月 7 日，在民选的基础上，什叶派穆斯林易卜拉欣·贾法里出任总理一职，授权在两周内组建第三届过渡政府。4 月 28 日，伊拉克国民议会批准过渡政府内阁名单，5 月 4 日，过渡政府正式组成。该届过渡政府与上届过渡政府所不同的是，虽然多国部队大军压境，但毕竟是由伊拉克选民通过投票选举产生，非美国任命，选举过程得到联合国的资助和承认，伊拉克战后政治重建向前迈进了一步。本届过渡政府设 1 名总理，4 名副总理和 32 名部长。其中，以贾法里为首的"伊拉克团结联盟"获得 17 个部长职位，主要包括内政、财政、安全事务和司法等；库尔德政党联盟获得 8 个部长职位，主要有外交、计划、人权和贸易等；阿拉伯逊尼派获得 6 个部长职位，主要包括国防、工业、劳动社会事务、文化和妇女等；亚述民主运动（基督徒）获得科技部长的职位。

（六） 第一届正式政府（2006 年 5 月 20 日～）

2005 年底，什叶派在国民议会大选中获胜。2006 年 2 月 16日，伊拉克团结联盟决定提名过渡政府总理贾法里为新政府总理候选人，但遭到什叶派内部一些人的反对。4 月 20 日，贾法里宣布放弃总理提名，同意接受其助手贾瓦德·马利基为新总理候选人。5 月 20 日，伊拉克国民议会正式批准了马利基总理提名的新政府成员名单和施政大纲。新政府除总理（什叶派）和两名副总理（库尔德人和逊尼派各一名）外，共有 37 名部长，其中半数以上为什叶派人士，逊尼派约 6 名，库尔德人约 4 名。主要部长有：内政部长贾瓦德·布拉尼（什叶派）、国防部长穆罕默德·贾西姆（逊尼派）①、外交部长霍希亚尔·兹巴里（库尔德人）、财政部长巴吉尔·贾布尔·苏拉格（什叶派）和石油部长侯赛因·沙赫里斯塔尼（什叶派）。在新政府中，只有人权部长和负责妇女事务的国务部长为女性。

二 地方行政机构

伊拉克地方行政区划有省、市、区、县、村，由中央政府统一领导，地方政府体系由省（含）以下的各级官员组成。2004 年临时宪法规定，联邦政府和地方政府实行分权，将确保伊拉克统一，防止中央政府权力过分集中。

临时宪法保护了北部库尔德人高度自治的权利，是一个各派妥协的产物，对库尔德人享受高度自治的特殊权利十分照顾。临时宪法规定，库尔德地方政府是伊拉克统一国家下的正式地方政府，该政府将继续行使现行的一些权力，允许库尔德人自治状态继续存在。关于库尔德民兵最终的存留问题，规定任何公民和团体拥有的武装都要解散或移交中央，但需要一个漫长的过程，这

---

① 内政和国防部长人选系 6 月 8 日经国民议会批准。

等于对库尔德人保留武装力量①的权利十分牵就。

2005 年 10 月通过的《永久宪法》规定：地方政府拥有行使立法、行政和司法的权力；有权建立地方"安全组织"，如警察部队、治安部队和卫队等；地方政府在不违反宪法的前提下，可以制定地方宪法，确立行政机构及行使这些权力的机制；宪法承认库尔德地区作为一个联邦地区的权力。

第三节　立法与司法

一　立法

国民议会是伊拉克最高立法机构，是由西方引进的一种政治制度。1958 年伊拉克共和国成立后，未设置国民议会。1968 年复兴党上台后，国家最高权力机构革命指挥委员会（简称革指会）是立法机构。直到 1980 年 3 月，革指会决定设置国民议会作为立法机构，进行民主尝试。按照临时宪法规定，议员由普选产生，议长在当选议员中选举产生。事实上，议长人选是由总统钦点。

国民议会行使的主要职权是制定法律，审议、通过各项法律，讨论、批准国家年度财政预算草案和国民经济发展计划，讨论国家对内、对外重大方针和政策，根据宪法批准条约和协定，拥有要求内阁部长汇报工作的职权，检查、监督国家机关的工作等。《国民议会法》颁布之前，上述所有权限均属革指会。国民议会还有一项特殊的职责，批准或否决革指会提出的法案，事实

---

① 库尔德民主党拥有武装力量 1.5 万人，有 2.5 万名部落成员，配备有迫击炮、多管火箭炮和一些"萨姆－7"便携式防空导弹。库尔德爱国联盟拥有正规武装近万人，另有部落武装 2.2 万人。

上，国民议会只负责履行程序，不敢否决革指会的任何决议。国民议会提出的法律草案必须经过革指会的批准才能成为法律。

国民议会成立后，最高立法权在形式上由革指会转移到国民议会，但革指会依然在实际上享有立法权，国民议会的立法权很大程度上受到特定限制。国民议会从属于革指会，革指会享有解散国民议会的权力，议会的立法及监督权均受到严格限制，议会通过的每项决议和法律均根据总统的提议，从未有过不同意见。1995 年临时宪法第 47 条规定，"国民议会的召开和闭会由革指会决定并宣布"。国民议会审议的任何法律草案最终都送交革指会，经革指会同意后方可公布，或将该法案送交共和国总统予以公布。如总统拒绝、修改或驳回法律草案，国民议会将重新审议。如议会仍坚持自己的观点，需由革指会主席或副主席主持召开国民议会和革指会联席会议，以 2/3 多数通过的法律草案即被视为最后通过并送交共和国总统予以公布。

（一）国民议会的沿革

萨达姆统治时期，伊拉克经民选共产生过五届国民议会。历届国民议会分别产生于 1980 年 3 月、1984 年 10 月、1989 年 4 月、1996 年 3 月和 2000 年 3 月；共举行过 5 次全民大选。

1980 年 3 月 15 日，第一届伊拉克国民议会成立。此前革命指挥委员会颁发了《国民议会法》，该法规定，国民议会由 250 名议员组成，每届任期为 4 年，每年春季和秋季举行两次例会，遇有特殊情况可召开特别会议。

2000 年 3 月 27 日，伊拉克举行第 5 次国民议会选举。司法部部长谢比卜·马利基宣布选举结果，共有 512 名候选人参加竞选，选举产生了 250 名议席，其中 25 名为女性。这次选举共有 920 万选民，在全国 54 个选区的 573 个投票站参加选举，总投票率达 88.6%。这次选举中，250 个议席中的 220 个是通过选民选举产生，其中当选女性议员为 18 名。在当选的 220 名议员中，执政的阿拉伯复兴社会党占有 142 席，独立人士占 78 席，其余 30 个席位留给库尔德自治省，由萨达姆总统直接委任。萨东·哈马迪出任第 5 届国民议会议长。

此届选举中，伊拉克前总统萨达姆的长子乌代当选为新一届议员。乌代自荐为候选人，获得巴格达选区 99.99% 的选票，其得票率远远高于时任议长萨东·哈马迪。

1991 年海湾战争结束后，伊拉克对外宣称实施多党民主制，但多党民主制道路十分坎坷，并未实行真正意义上的多党制，仍维持着一党制。

2004 年 3 月通过的临时宪法规定，国民议会是国家最高立法机构。2005 年 1 月 30 日，伊拉克进行国民议会大选前，美国特别决定，伊拉克国民议会无权颁布新法律。美国肆意剥夺伊拉克国民议会的立法权，使其应享有的权力受到限制，目的是为防止国民议会通过新法律或者修改美国占领期间通过的法律。

（二）临时国民议会

这是伊拉克战争后为成立国民议会做准备的一个临时过渡机构。2004 年 8 月 15 日，为期 4 天的伊拉克千人会议在巴格达召开，出席会议的达 1300 人，来自全国 18 个省的 70 多个政党、300 多个部落首领及社会名流，比预定人数多了 300 人，可见人们渴望参政之心情。会议组织委员会主席是马苏姆。会议商定从与会者中选出 100 人组成临时国民议会，在 2005 年 1 月大选之前负责监督临时过渡政府的工作。

大会决定通过与会代表协商的方式确定一份名单交大会表决，若获 2/3 多数票，名单上的代表就当选。有 400 多名代表对此提出异议，大会延期 1 天，对选举办法进行调整，同意那些对选举办法不满的代表提出另一份候选人名单，将两份名单提交与会代表投票。就在投票前几分钟，提出第二份名单的党派突然决定放弃那份名单。随后，大会组织者与法官和联合国代表协商，

决定公布第一份名单的候选人当选，组成伊拉克临时国民议会。8 月 18 日，大会组织者宣布了 81 名临时国民议会委员名单，这是事先拟定的名单，另 19 个席位留给了伊拉克临管会的成员。

千人会议的主要任务是通过选举产生临时国民议会，但结果违背了初衷，不是经投票产生，而是由几大党派事先商议拟定。一些小党派以亲美的大党派操纵选举为由愤然退出会场，以示抗议。会议一开始就遭到什叶派萨德尔派、逊尼派穆斯林长老会及库尔德伊斯兰运动等组织的抵制。因此，国民议会的民众支持率不高。

美国希望尽可能多地把伊拉克各派的头面人物吸收进临时国民议会，让更多的人通过参政，接受美国在伊拉克的存在。普通伊拉克民众对召开这一大会反应十分冷漠。有评论说，这个临时议会只有民主的躯壳，没有民主的实质。

临时国民议会共设 100 个席位，其中什叶派穆斯林占有 40 席，逊尼派穆斯林和库尔德人各占 25 席，土库曼人和基督教人士分别获得 6 席和 2 席，还有 2 席留给其他少数民族。当选的 100 人中有 25 名女性代表。

2004 年 9 月 1 日，临时国民议会在巴格达正式宣誓就职。临时国民议会由 81 名代表及 19 名前伊拉克临时管理委员会成员组成，它的任期很短，到 2005 年 1 月大选后其历史使命结束；其职责是作为伊临时过渡政府的监督机构行使职权；有权审批国家预算、通过 2/3 多数投票否决行政命令以及在内阁部长身亡或辞职的情况下任命新部长。

当日，召开了第一次全会，会上确立议长人选、组织机构和工作机制。

（三）过渡国民议会（2005 年 3 月 16 日～12 月 31 日）

根据临时宪法规定，2005 年 1 月 30 日伊拉克举行过渡国民议会大选，此次大选采取"政治实体代表制"选举方式，类似于"比例代表制"的选举制度，即由各党派自由组成联合政党参加大选，选出来的是政党，不是候选人。之后，由获胜的政党在其党内推选候选人。

大选位居榜首的政党是"伊拉克团结联盟"，赢得了407.5万张选票，得票率为48%，在275个议席的过渡国民议会中拥有140个议席，该党得到什叶派宗教领袖西斯塔尼的支持。位居第二的政党是库尔德斯坦政党联盟，获得217.5万张选票，得票率达26%，拥有75个议席；位居第三的是临时过渡政府总理阿拉维领导的伊拉克民族和谐组织，该党获得116.8万张选票，得票率为14%，在议会中占有40个议席；过渡政府总统亚瓦尔领导的政党获得5个议席，其余15个议席由另外8个政党及联盟分配。

这次大选共有846万选民参加了投票，投票率约为59%。但逊尼派阿拉伯人聚居地区投票率为29%左右，其中安巴尔省的投票率仅为2%，尼尼微省的投票率为17%。

基督教徒、亚述人等的权利地位未能得到认可，约有10万人左右被剥夺了投票权。

伊拉克临时宪法规定，过渡国民议会由275名成员组成。2005年3月16日，通过选举产生的伊过渡国民议会举行首次会议，当选的275名议员宣誓就职，但首次会议未能如期选出议长、两名副议长和总统委员会，无果而终。此后，原定于27日前举行的过渡国民议会第二次会议一再推延，原因是各派为权力分配争夺激烈，在一些关键内阁位置上各执己见。

2005年4月3日，在过渡国民议会召开的第三次会议上，产生了议长和两名副议长，议长由逊尼派穆斯林哈桑尼担任，此前他任临时政府工业部长。第一副议长由什叶派穆斯林沙赫里斯塔尼出任，第二副议长由库尔德人阿里夫·泰依福尔出任。

伊拉克过渡国民议会275名议员中有232人出席了当天会议，会议采取无记名投票方式，根据统计结果，哈桑尼获最高票，以215票当选议长；沙赫里斯塔尼获157票，阿里夫·泰依福尔获 96 票，两人当选为副议长。

该届过渡国民议会执政时间有限，其政治使命到 2005 年 12 月 31 日，主要职权和任务有两项：一是由国民议会议长任命伊拉克过渡总统和两名副总统，组成三人总统委员会，然后由总统任命新一届过渡政府总理，由总理在两周内提交内阁名单，最后由国民议会审批，取代完成历史使命自动解散的阿拉维过渡政府；二是负责监督制定一部伊拉克永久宪法。过渡立法机构将由本届过渡国民议会授权成立。

（四）国民议会

2005 年 12 月 15 日，伊拉克举行了正式国民议会选举，产生了 275 个议席，其中什叶派的"伊拉克团结联盟"获得 128 席，占议会总席位的 46.5%；"库尔德斯坦政党联盟"获 53 席，占 19.3%；逊尼派的"伊斯兰共识阵线"获 44 席，占 16%；逊尼派的"全国对话阵线"获 11 席，占 4%；什叶派的"伊拉克民族团结阵线"（前临时过渡政府总理阿拉维领导的竞选政党）获 25 席，占 9%；另有 14 席为其他小党获得。通过此次选举，什叶派共获得 153 席，占议会总数的 55.6%；逊尼派共获得 55 席，占总数的 20%，库尔德人获 53 席，占总数的 19.3%。这一结果与各派在伊拉克人口中所占比例基本上一致。2006 年 4 月 22 日，国民议会召开会议，选举逊尼派的马哈茂德·马什哈达尼为议会议长，库尔德人塔拉巴尼继续担任总统。接着，塔拉巴尼总统推举努里·贾瓦德·马利基为政府新总理，并获得议会批准。

二　司法

（一）司法机构

伊拉克实行本国民事法律制度。在萨达姆统治时期，伊拉克临时宪法规定司法独立，不受任何其他权力的约束，只服从法律。伊拉克司法保护所有公民的诉讼权。司法机构

的组织法、司法等级及其法律权限由法律规定。法官行使司法权，不受法律权限之外的任何权力或任何部门的支配。法律规定了对法官和地方法官的任命、调动、提升、处分及免职的条件。法律规定公诉权及其机构，任命正副检察长的条件以及对正副检察长的调动、提升、处分及免职的规章制度。

伊拉克政府不断建立和健全法律体系，全国设有最高上诉法院、上诉法院、初审法院（预审法院）、调解法院、地方刑事法院、革命法院（1992 年取消）、沙里亚法院（伊斯兰教法法院）、刑事法院、治安法院、民事法院、特别法院等。法院工作由国家司法部和以最高上诉法院院长为首的司法会议主持、负责和监督。各级司法机构的权限职能如下：

最高上诉法院　这是伊拉克最高级别的民事法院，院址设在巴格达。它由一名院长、几名副院长和至少 15 名常务法官组成。最高上诉法院下设 4 个部：（1）普通部；（2）民事商务部；（3）个人地位部；（4）刑事部。[1] 在该法院任职的法官必须具有 15 年以上的从业经历。案件听证一般不得少于 3 名法官，涉及死刑的案件则规定不得少于 5 名法官。

上诉法院　全国设置 5 个上诉区，即：（1）巴格达；（2）摩苏尔；（3）巴士拉；（4）希拉；（5）基尔库克。5 个上诉区各设置 1 个上诉法院。上诉法院均由一名院长、几名副院长和至少 3 名法官组成。上诉法院主要负责审理对初级预审法院的判决不服的上诉案件。

初审法院（预审法院）[2]　初审法院包括两种，即：有限管辖法院和无限管辖法院。有限管辖法院主要负责审理民事和商务

---

① 滕滕主编《世界各国商务指南》第 2 卷，中国社会科学出版社，1996，第 173 页。

② 滕滕主编《世界各国商务指南》第 2 卷，第 173 页。

诉讼案件，诉讼标的在 500 伊拉克第纳尔以下，以及不能确定价值的诉讼案件。有限管辖法院有权对这类案件作出终审判决，但是，必须经最高上诉法院的批准。无限管辖法院主要负责审理民事和商务诉讼案件，它与有限管辖法院负责范围所不同的是，诉讼标的在 500 伊拉克第纳尔以上的诉讼案件，还包括难以确定价值的案件。预审法院由一名法官、几名卡迪（阿拉伯语法官的音译）组成，人数必须达到司法部规定的法定人数。

地方刑事法院　伊拉克的每个上诉区都设立了一所地方刑事法院，它由上诉法院院长级以下的 3 名法官组成，负责审理刑事诉讼法以及其他法律规定的刑事案件。根据司法部的规定，在每个上诉区内，可以设立几个地方刑事法院。

伊斯兰法院　所有设有初审法院的地方，必须相配套设置伊斯兰沙里亚法院。伊斯兰沙里亚法院根据民事和宗教诉讼法的补充规定审理涉及个人地位和宗教事务方面的诉讼案件。1958 年革命后，伊斯兰法院曾一度被废除，20 世纪 80 年代伊拉克复兴党政权予以恢复。

刑事法院　每个初审法院均可设置初级刑事法院。除专门指定一名法官，初审法院的法官都可以是刑事法官。可以成立若干个刑事庭，依据刑事诉讼法及其他法律进行审理诉讼案件。每个省可以成立多个法庭，指派法官进行调查。每个初审法院都设有一个判决执行机构，若没有任命一名专门的法官负责，则由初审法院的法官负责执行判决。

（二）伊拉克战争后的司法机构

伊拉克战争彻底改变了伊拉克许多机构的性质，司法机构也不例外。

战犯法庭　2003 年 12 月 13 日，伊拉克前总统萨达姆被驻伊美军抓获。2004 年 1 月 9 日，美国宣布萨达姆为战俘。次日，伊拉克临时管理委员会责成司法机构专门成立了一个"战犯法庭"，为审判萨达姆做准备。萨达姆被俘后一直被驻伊美军关押。美军通缉的 55 名前萨达姆政权的领导人将成为最先被审判的罪犯，审判工作主要由伊拉克法官负责。由于审判工作需要持续数年，伊拉克司法机构为此建立专门的体系和机构。

特别法庭 2004 年 4 月，伊拉克组建了一个由数名法官和原告组成的法庭，这是专门为审判被美英联军推翻的前总统萨达姆及其他阿拉伯复兴社会党成员而成立。伊拉克国民大会主席、临时管理委员会成员萨利姆·沙拉比被任命为该法庭的总审判长，沙拉比随后任命了 7 名法官和 4 名原告组成的审判小组。所有法官和原告都将接受有关国际法、战争罪和反人类罪等相关法律内容的培训。

司法帮助 美国严密监察伊拉克的司法审判工作，向伊拉克派遣了一个大型司法专家组，帮助筹备对前总统萨达姆及其高官的审判工作。美国专家组包括司法诉讼人员、司法调查人员和司法辩护人员等约 50 人。专家组负责搜集和整理萨达姆等人战争罪行的证据。向伊拉克提供司法审判咨询工作的还有西班牙、澳大利亚、波兰等国。

伊拉克高等法院 伊拉克高等法院的前身是伊拉克特别法庭，首席检察官是拉伊德·朱希。这一法院有 20 多名检察官专门负责搜集萨达姆"犯罪"的证据。由于这个法庭由当时美国驻伊最高行政长官布雷默领导的占领当局建立，其负责审判萨达姆案件的合法性一直受到质疑。有鉴于此，2005 年 10 月，伊拉克过渡国民议会投票批准将其更名为"伊拉克高等法院"，其人员组成和功能一概不变，在形式上使这一法庭从"非法"转变为"合法"。

2006 年初期，高等法院萨达姆一案的主审官阿明在主持审判萨达姆庭审的中途辞职离去，赛义德·哈马什被任命为新主审法官，他是萨达姆审判团中资格最老的一名成员，曾在英国和意大利工作过，在伊拉克法学界颇有声望。

第四节　政党与团体

在复兴党一党制统治时期，复兴党作为执政党，发挥了极其重要的政治作用。海湾战争结束后，伊拉克自诩是多党制国家，标榜实行多党制。1991 年 7 月 4 日，伊国民议会通过多党制法律，允许复兴党以外的其他政党活动，然而在实际上其他政党却不能获得过多的权力。复兴党明确主张，伊拉克实施复兴党领导下的多党合作制度，其他所有政党一律在复兴党的绝对领导之下，不得不听从复兴党的号令，否则将被取缔。复兴党通过法律或行政命令等强制性手段禁止、压制、限制其他政党的活动。如，伊拉克共产党于 1979 年被驱逐出内阁和全国民族进步阵线；宗教政党达瓦党因从事反政府活动，在两伊战争期间被列为非法政党并被取缔；库尔德民主党与政府长期处于对抗状态，受到镇压。在复兴党一党制强有力的长期统治下，其他政党力量都很弱小，根本不能与复兴党形成竞争关系。复兴党严格地控制着党、政府、议会、军队、警察及特务机构等所有机构，地位稳固。复兴党的领袖萨达姆总统享有崇高的权力和地位，无人能取代。

伊拉克政党情况十分复杂，尤其在伊拉克战后，各政党地位发生了天翻地覆的变化，原执政党复兴党被解散，原各反对党迅速崛起，各政党情况简介如下：

一　政党

（一）伊拉克伊斯兰革命最高委员会 [The Supreme Council for the Islamic Revolution in Iraq (SCIRI)]

伊拉克伊斯兰革命最高委员会是伊拉克最大的什叶派政党，名列第一大党。什叶派与前萨达姆政权关系长期不睦，早在两伊战争爆发前双方关系就已严重恶化。两伊战争期间，1982 年 11 月，什叶派在伊朗成立了"伊拉克伊斯兰革命最高委员会"，总部设在伊朗首都德黑兰，建党时领袖是阿亚图拉·穆罕默德·哈基姆，得到伊朗的大力支持。该政党的奋斗目标是：推翻萨达姆政权，建立伊朗模式的什叶派穆斯林国家。该政党力图统一伊拉克各伊斯兰组织，下属分支团体多达十几个，大多建立于 1980 年前后，明显受同一宗教派别伊朗的影响。什叶派反对萨达姆政权最活跃的时期是在两伊战争期间，当时，该政党拥有武装约 4000~8000 人。

什叶派曾是活跃在伊拉克南部实力最强的反政府组织，什叶派占全国人口的 60% 以上，但掌权的却是占人口少数的逊尼派，什叶派长期受压制，处于无权地位，致使伊斯兰政治反对派逐渐形成。伊拉克什叶派与伊朗什叶派关系密切，而备受萨达姆政府的监控和注意。什叶派在所有反对派中是受镇压最严重的派别，被杀害人数最多。

伊拉克战争后，该党命运发生了重大变化，变成了国内第一大党，它是一个老牌政党，党员人数超过 30 万，在国内具有强大的影响力。该党受到伊拉克什叶派精神领袖西斯塔尼的支持，在 2005 年 1 月 30 日国民议会大选中，该党与达瓦党在内的 23 个党派组成"伊拉克团结联盟"参加竞选，成为执政党之一。现任领袖是阿布杜勒·阿齐兹·哈基姆。

（二）　伊斯兰达瓦党（亦称号召党，The Islamic Call Party）

伊斯兰达瓦党（阿拉伯语音译）是什叶派政党，在伊拉克是一个比较有影响的宗教政党，亦译伊斯兰号召党。该党历史悠久，其前身为 20 世纪 50 年代建立的法蒂玛党，是伊斯兰教党派中组织最严密的政党。60 年代伊朗宗教领袖霍梅尼流亡伊拉克时曾任该党总书记。1974 年，该党秘密改名为达瓦党（Da'wa Party），主张以武力对抗当局。70 年代末，达瓦党因不满萨达姆的专制统治，掀起"反萨"运动，遭政府严厉镇压。

该党领导机构是由 80 人组成的执行委员会，党的主席是穆罕默德·马赫迪·阿西菲。达瓦党的政治目标是推翻复兴党政权的统治，建立一个伊朗模式的伊斯兰什叶派政权。该党的大部分成员来自纳杰夫、卡尔巴拉、巴格达的"扎乌拉"地区的什叶派宗教人士和一批伊朗侨民。该党迄今仍有许多成员居住国外，投身阿拉伯国家的事务，如有些人参加了黎巴嫩什叶派组织——阿迈勒运动。

1978 年伊朗宗教领袖霍梅尼领导的伊斯兰革命推翻了巴列维王朝，夺取政权后，极大地鼓舞了伊拉克什叶派穆斯林势力。此后，达瓦党获得伊朗支持，经常在伊朗的支持下，从事反萨达姆政权的活动，仅在两伊战争期间，该党在伊拉克境内搞了数百次破坏活动，包括暗杀政府高官等。

伊拉克政府对宗教活动的立场是，主张无政治色彩的宗教。然而，达瓦党通常被认为是政治宗教性政党，主要从事政治活动。鉴于达瓦党从事反政府活动十分频繁，1980 年 3 月，伊拉克政府通过一项取缔达瓦党的法律，禁止该党活动，规定凡是过去和现在参加达瓦党的人都将判处死刑。7 万多达瓦党人遭杀害，很多人被迫流亡国外，转移到境外开展活动。此后，达瓦党以伊朗作为主要活动基地，从未停止过反政府活动。

1991 年海湾战争后，达瓦党参加了反对派的联合行动，在伊拉克南部地区发动了大规模反政府活动，后被政府军镇压。2003 年伊拉克战争后，该党十分活跃，积极参与战后政治重建。2005 年 4 月，达瓦党领袖易卜拉欣·贾法里当选为伊拉克过渡政府总理，达瓦党势力大增。不过，达瓦党非第一大党，而是名列第三大政党。2006 年 4 月 22 日，该党另一名领导人努里·贾瓦德·马利基出任伊拉克新政府总理。

（三）库尔德斯坦民主党（The Kurdish Democratic Party）

库尔德民主党 1946 年 8 月成立，是活跃在伊拉克北部最强劲的反政府组织。穆斯塔法·巴尔扎尼当时是党中央委员会主席。该党成员来自库尔德族的各社会阶层，由库尔德人的几个民族主义组织联合组成。主要吸收了"库尔德共产党"、"库尔德解放阵线"，设立在伊拉克的"伊朗库尔德斯坦民主党"支部也并入了伊拉克库尔德民主党。因而该党具有较广泛的代表性。创始人主要是库尔德各部落的首领。

该党的纲领是：在伊拉克统一范围内争取扩大民族权力，在库尔德人居住区实行区域民族自治，主张库尔德人与阿拉伯人团结，主张社会政治改革等。

库尔德人的独立要求遭到伊拉克历届政府的反对。从1961年开始，库尔德人争取民族自治的斗争再度掀起高潮，他们以武装斗争为后盾，与政府军屡屡兵戎相见，同政府关系长期对立。巴尔扎尼领导下的库尔德人武装，曾占领大部分库尔德地区，与伊拉克军发生对峙，政府军对库尔德武装进行了围剿，双方一直处于打打停停的状态，这一局面最终导致1970年复兴党政府与库尔德民主党通过谈判达成和平协议，政府宣布为库尔德人提供充分的自治，承诺保证4年内制定库尔德人自治方案，实行区域自治。1970年3月11日，伊拉克政府颁布了《库尔德斯坦自治法》。

1975年后，库尔德民主党因内部分歧严重而分裂为三派，巴尔扎尼派（库尔德民主党）、塔拉巴尼派（库尔德斯坦爱国联盟）和阿克拉维派。

1975年，伊拉克政府与伊朗达成和解协议，即阿尔及尔协议，伊朗政府放弃了对库尔德人的支持，局面对库尔德人十分不利。巴尔扎尼被迫率领12万武装力量携家属撤退到伊朗境内，在伊朗建立基地。1979年3月穆斯塔法·巴尔扎尼病故，由他的两个儿子伊德里斯和马苏德继承父业，其次子马苏德·巴尔扎尼继任库尔德民主党主席，改库尔德民主党为库尔德斯坦民主党（俗称库尔德民主党）。

两伊战争中库尔德民主党参加了反对萨达姆政府的活动。库尔德民主党拥有武装 1.5 万人，另有 2.5 万名部落成员，配备有迫击炮、多管火箭炮和一些"萨姆—7"便携式防空导弹。

1991 年该党宣布脱离伊拉克萨达姆政府。1992 年 4 月，该党参加了与萨达姆政府就库尔德人自治的谈判，未果。6 月，该党与库尔德斯坦爱国联盟在北部地区举行了库尔德自治区的议会选举，并于 7 月 5 日成立了政府。2001 年 11 月，萨达姆表示愿意与库尔德人通过对话方式解决问题，库尔德民主党积极回应，主张采取现实的务实政策，强调其目标是与萨达姆的中央政府建立民主的联邦政府。

伊拉克战争后，库尔德民主党积极参与政治重建，成为战争的最大受益者之一。

（四）库尔德斯坦爱国联盟（The Patriotic Union of Kurdistan）

库尔德斯坦爱国联盟是从库尔德民主党中分裂出来的，1975 年 11 月正式成立，中央领导机构为政治局，贾拉勒·塔拉巴尼任主席。两伊战争期间曾经在伊朗境内建立基地。后总部设在大马士革，在伊叙边界地区建有基地。两伊战争期间与政府就库尔德民族自治问题举行谈判，但未能达成协议，此后一直进行反政府的游击活动。库尔德斯坦爱国联盟拥有武装力量 5000 人左右，被认为是伊境内最具实力和最有组织的反对派。该党极力寻求外国支持，主张在国际保障下，通过武装斗争，争取自治，这正中美国下怀，可借机利用民族矛盾进行"倒萨"活动。

1991 年海湾战争后，库尔德人实现了在北部库尔德地区实行民族自治。库尔德斯坦爱国联盟较库尔德民主党的政策更强硬，塔拉巴尼坚决反对与政府谈判解决问题，主张由库尔德人自己决定自己的命运，同萨达姆政府建立联邦关系，认为依靠萨达姆政府解决库尔德自治问题不现实，不能抱以幻想。"爱国联盟"极力谋取西方大国的支持,迫使萨达姆下台。

2005年4月6日,塔拉巴尼当选为伊拉克过渡政府总统。

(五) 伊拉克民族和谐组织 (the Iraqi National Accord)

该政党为什叶派和逊尼派混合党派,建党历史不长,1990年海湾危机时期成立,其领导人是什叶派,而成员多为逊尼派,多数人员由反对萨达姆的复兴党成员和一些前政府高官组成,得到美国中央情报局的支持,也得到沙特阿拉伯、科威特及英国的财政支持,经常策划推翻萨达姆政权的活动。

2003年伊拉克临时管理委员会成立,该党领袖伊亚德·阿拉维成为临管会9名轮值主席之一。2004年6月1日,伊拉克第二届临时过渡政府成立,阿拉维出任总理。

(六) 伊拉克国民大会 (Iraqi National Congress)

该党成立于1992年2月,在维也纳召开第一次全体大会,是最活跃的反政府组织之一,总部设在伦敦。最初曾设有一个主席团,由马苏德·巴尔扎尼 (代表库尔德人)、哈桑·纳吉布(前伊拉克副总参谋长,代表逊尼派);穆罕默德·巴哈尔·奥鲁姆 (什叶派自由人士,代表什叶派) 联合组成。参加该组织的派别最多时达60个。1999年10月,该组织300多名代表在纽约召开代表大会,经选举产生了65人的中央委员会,并组成7人主席团,艾哈迈德·沙拉比出任执委会主席。

沙拉比是伊拉克费萨尔王朝的一个皇族遗少。1958年,伊拉克推翻费萨尔王朝,沙拉比潜逃到巴黎,后一度定居约旦,流亡英国伦敦,曾是美国麻省理工学院毕业的博士,精通英语。在40多年的流亡生涯中,他一直进行反伊拉克政府的活动,与美国国防部、中央情报局和美英高层有密切联系,他对美国国会1998年通过的"伊拉克解放法案"起了重要作用。

伊拉克国民大会在海湾战争后迅速壮大,一直活跃在纽约和伦敦等地,它频繁地策划"倒萨"行动,与美国中央情报局保持着联系，美国指望它作为"倒萨"的核心，一直向其提供巨额活动经费加以武装。该组织在伊拉克北部建有军事基地，与库尔德人有合作关系。

经费审计发现，该组织滥用美国提供的经费，未按要求提供账目审计报表，账目混乱，有贪污嫌疑。美国以国民大会活动缺乏成效为由，一度冻结了经费支持。

伊拉克战争结束后，沙拉比按美国的旨意进入了伊拉克临时管理委员会，成为 9 名轮值主席之一。不过，他并未得到好下场。2004 年，他被美国指责向伊朗提供情报，住所遭到搜查，还被指责有经济不清等历史问题，最终被美国抛弃，未能进入第二届过渡政府。

（七）阿克拉维派（Hashim Hassan AI-Aqrawi）

该派主要成员系库尔德部族首领和地方具有影响的人物。该派同意与萨达姆政府通过谈判解决库尔德人的民族自治问题，接受了复兴党提出的全国行动纲领，参加了全国民族进步阵线。同意在复兴党的领导下，以和平方式扩大库尔德人在库尔德自治区的民族权利。阿克拉维派的总书记是哈希姆·哈桑·阿克拉维。

（八）伊拉克共产党（The Communist Party of Iraq）

伊拉克共产党（下称伊共）于 1934 年 3 月成立，创始人是优素福·萨勒曼·法赫德。1945 年 4 月召开了第一次党代表大会。伊共"一大"通过了党的总纲领，其主要内容是：争取民族独立，建立真正的民主政府，废除一切危害国家和人民权利的条约及协定。[①] 1957 年，伊共与伊拉克阿拉伯复兴社会党、国家民主党、独立党以及其他从事地下活动的一些民主党派结成"民族统一战线"，联合行动，反对帝国主义、殖民主义及封建主义。

---

① 拙文《伊拉克政治制度》，载杨逢春主编《中外政治制度大辞典》，人民日报出版社，1994，第 661 页。

20 世纪 50 年代，伊共与阿拉伯复兴社会党是国内两个最大的政党。两党关系历经几起几落，既有携手联合与合作的时候，也有破裂的时期。总体看，双方的矛盾和分歧是主要的，合作是短暂的。伊共对复兴党一党称雄秉政一直心怀不满，耿耿于怀。

1958 年，伊共参加了卡塞姆领导的推翻费萨尔封建王朝的斗争，起到了积极的推动作用。伊拉克共和国成立后，伊共曾与卡塞姆政府合作，参与了打击伊拉克复兴党的活动，伊共配合卡塞姆的政府军，平息了有复兴党参与的沙瓦夫叛乱，镇压了一大批复兴党员，与复兴党结下了怨恨。1959 年，复兴党同其他几个政党组成"民族主义阵线"，从事反对卡塞姆和伊共的活动。1963 年 2 月 8 日，复兴党第一次军事政变成功，推翻了卡塞姆政府，夺取了政权，伊共遭到血洗和严厉镇压。1964 年，伊共与伊拉克复兴党的政敌阿里夫政权合作，维护阿里夫政权，这使伊共与复兴党的矛盾进一步恶化。

1968 年复兴党第二次执政后，为缓和国内矛盾，1972 年伊共被允许进入政府内阁参与政治活动。与此同时，复兴党要求与伊共进行政治对话，但伊共戒心未除，对话不久中断。1973 年在苏联的撮合下，伊共接受了复兴党提出的全国行动纲领，承认复兴党的领导，参加了复兴党领导下的"全国民族进步阵线"。

1974 年以后，伊拉克经济实力不断加强，复兴党与苏联的矛盾日趋明显，波及到伊共，复兴党采取措施限制伊共的活动。伊共虽参加了内阁，但其官员有职无权，处境困难。1978 年 3 月，伊共在中央全会的政治报告中全面指责复兴党的内外政策，与复兴党政权发生严重冲突，两党关系紧张。复兴党此时以破获伊共政变阴谋为理由，对伊共实行大规模镇压，处决了一批军队中的伊共党员。1979 年，复兴党政府把伊共驱逐出内阁和"全国民族进步阵线"，两党关系彻底破裂，伊共便以反对党的身份转入地下活动，并在伊拉克北部地区设立基地，纲领是继续反对

复兴党政权。伊拉克共产党领导层内大多数是库尔德人，该党的主要活动基地因此建立在北部山区。不久，伊共大部分领导人被迫流亡国外，总书记阿齐兹·穆罕默德流亡苏联，一些人流亡东欧，还有人流亡大马士革。

1980 年两伊战争爆发后，伊共多次发表声明，谴责复兴党政府对伊朗发动侵略战争，号召推翻萨达姆的法西斯独裁专政统治。1981 年伊共领导人在苏联《真理报》上发表文章，强烈抨击萨达姆政权，要求当局停战，将军队无条件撤回边界。1982 年在阿拉伯八国共产党会议上，伊共指责政府对战争负责。为推翻复兴党政权，它与设在大马士革作为基地或总部的 7 个伊拉克反政府组织联合成立了"全国民主阵线"，并与伊朗支持的达瓦党结为联盟，共同与复兴党政府对抗。1983 年，伊共与库尔德人联合进行反政府活动，被政府军镇压，力量再次遭到致命性削弱，活动能力严重受挫，其影响不断下降。在海湾战争及伊拉克战争中，伊共的活动能量都不大。

2003 年伊拉克战争后，伊共重新振兴，成为伊拉克国内一支政治力量。该党在转入地下活动几十年后，现可以公开悼念牺牲的同志。伊共东山再起是伊拉克战争的结果之一。伊共在全国各地设立了几十个分支机构，在巴格达，伊共党员们踊跃出席各种研讨会和文化活动。伊共现任总书记是穆萨。伊共过去奉行反对帝国主义、反对犹太复国主义政策，现在要求民主、团结、包容和人权，[①] 仍然信仰社会主义。

（九）伊拉克全国民族进步阵线（The Progressive National and Patriotic Front）

1973 年 7 月正式成立，是伊拉克复兴社会党政权创建的全国统一战线组织。主要由复兴党、库尔德民主党、伊拉克共产党

---

① 2004 年 1 月 29 日《华盛顿邮报》。

（1979 年被驱逐出该阵线）等一些党派联合组成，还吸收了一批独立的民族主义人士的代表参加。该阵线宪章明确规定，复兴党必须在阵线领导机构中占有多数席位，拥有绝对领导地位。该阵线设立全国最高委员会、巴格达委员会和各省、地委员会。全国最高委员会为阵线的领导机构，主席由萨达姆·侯赛因总统亲自担任。复兴党借助该阵线，将所有政党和政治力量都置于自己的绝对控制之下。

该阵线成立的政治背景是，建立复兴党统一领导下的、吸收并联合全国各党派所有政治力量都参加的全国统一战线。

（十）伊拉克伊斯兰党（The Iraqi Islamic Party）

伊拉克伊斯兰党的总书记是穆赫辛·阿卜杜勒·哈米德。该党系逊尼派主要政党之一，成立于 1960 年。该党因一直坚持激进的伊斯兰主张而遭到萨达姆政府的压制，不少成员被迫流亡国外。

萨达姆政权被推翻后，该党活跃于伊拉克政治舞台上，积极参与伊战后政治重建，随即成为参政党之一。2003 年，该党总书记哈米德是伊拉克临时管理委员会 25 名成员之一。2004 年 6 月 28 日，美军在向伊拉克临时政府移交主权后，哈米德成为临时政府成员之一。2004 年 4 月，费卢杰在遭到美军围攻时，该党多次充当调停人角色，并最终促成驻伊美军与反美武装一度达成停火协议。同年 11 月，因阿拉维过渡政府下令美军和伊拉克军队联合向费卢杰发起总攻，清剿反美武装，伊拉克伊斯兰党于 9 日宣布退出伊拉克临时过渡政府，以示抗议。

为参与 2005 年 1 月 30 日的伊拉克国民议会大选，该党曾提交了一份由 275 人组成的参选名单。但是，2004 年 12 月 27 日，该党以举行大选条件不成熟为由，宣布退出大选。

（十一）伊拉克阿拉伯复兴社会党（The Arab Baath Socialist Party）

阿拉伯复兴社会党属于泛阿拉伯政党，1947 年 4 月在大马士革成立，创始人是叙利亚基督教徒、中学教员米歇尔·阿弗拉克和萨拉赫丁·比塔尔。1950 年前后，该党在伊拉克、约旦和黎巴嫩等国建立分支机构。复兴党的纲领和宗旨是，在整个阿拉伯世界实现"统一、自由、社会主义"。任务是复兴阿拉伯民族，"建立一个统一的阿拉伯社会主义政治实体"。

复兴党的领导机构分为民族领导机构和地区领导机构两大部分。民族领导机构为复兴党的总部，设立在大马士革。地区领导机构即设立在各阿拉伯国家的分支机构。

伊拉克复兴党建立于 1952 年，1954 年该党在伊拉克的地区领导召开第一次代表大会，成立了伊拉克复兴党分支机构。1957年伊拉克复兴党同伊拉克共产党、独立党等一批民族主义政党结为民族统一阵线，支持以阿卜杜勒·卡里姆·卡塞姆为首的"自由军官组织"，发动军事政变，一举推翻了费萨尔封建王朝，建立了伊拉克共和国。

伊拉克共和国成立后，在卡塞姆执政初期，复兴党曾参加政府内阁。在卡塞姆统治后期，复兴党因为反对卡塞姆政权，处于地下活动状态。1959 年曾发动过刺杀卡塞姆的未遂政变。1963年 2 月 8 日，伊拉克复兴党发动武装政变，推翻了卡塞姆政权，建立了第一个复兴党政权。1963 年 11 月 18 日，阿里夫总统趁复兴党内部激进派与温和派之间发生矛盾之机，发动政变一举把复兴党人赶出政府，成立了以阿里夫为总统的"革命司令部全国委员会"，接管复兴党政权，复兴党再次转入地下活动。

1968 年 7 月 17 日，以贝克尔为首的复兴党军官集团，发动军事政变，推翻了阿里夫政权，复兴党第二次执政。复兴党民族领导机构最初设在大马士革。后来，由于伊叙两国争夺党内权力，关系恶化，于 1966 年在贝鲁特另建一个民族领导机构，1968 年 7 月迁至巴格达。1977 年 10 月，设立伊拉克民族领导机构，米歇尔·阿弗拉克当选为总书记，贝克尔任副总书记。1979

年 7 月 16 日，贝克尔总统因病辞职。萨达姆·侯赛因继位，出任复兴党民族领导机构副总书记。1989 年 6 月，阿弗拉克病逝，总书记职务空缺。

1986 年 7 月 10 日，复兴党伊拉克地区领导机构经选举产生，萨达姆总统当选为总书记，副总书记是伊扎特·易卜拉欣。本届地区领导机构成员为 17 人，是在第九届阿拉伯复兴社会党地区大会特别会议上产生。复兴党的机关报是《革命报》。

贝克尔和萨达姆都高度重视复兴党的思想建设和组织建设，为了党和国家的发展需要，复兴党执政后注意大量吸收党员，扩展党的队伍。1968 年复兴党上台时正式党员仅有 5000 人，"在编支持者"不过 10 多万人；1976 年，正式党员人数达 1 万人，"在编支持者"超过 50 万人；1984 年复兴党兴盛时期，正式党员人数达到 2.5 万人，"在编支持者"达到 150 万之众。[①] 复兴党不仅重视党员的思想教育和培养，更重视党员对党的忠诚，专门建立了党的预备学校，培训党员和党的干部。党章规定，在编支持者转为正式党员之前，必须先在预备学校经过严格培训和教育。

2003 年伊拉克战争后，复兴党被美军临时当局勒令解散。

二　社会团体

伊拉克战争之前，全国拥有四大群众团体，所有群众团体均在复兴党领导下进行活动。穆斯林长老会虽然不是社会群众团体，但作为宗教机构，其社会作用很重要，尤其在伊拉克战争之后，发挥了重要的作用，这些团体如下：

（一）伊拉克工会总联合会

1959 年成立，有会员达 125 万人，下设邮电、新闻、石油等 13 个行业工会，各省设有分会，工矿企业设有基层工会。工

---

① 王防著《巴比伦战车——伊拉克》，时事出版社，1997，第 91 页。

会主席是艾哈迈德·穆哈辛·阿勒万。

（二）伊拉克全国学生和青年联合会

1984 年 2 月由伊拉克青年总联合会和全国学生联合会合并组成。主席是安瓦尔·毛鲁德。

（三）伊拉克妇女总联合会

1969 年 4 月成立，有会员 17 万人。主席是玛纳勒·尤尼斯。伊拉克妇女总联合会共有 18 个省级分会和 265 个地方分会，在全国共设有 755 个活动中心，200 户以上的村庄和 6000 人以上的市区都设立了专门的活动点，其他小一点的村庄和市区还设有 1612 个联络点。妇女总联合会通过选举产生总部成员，组成执行机构。执行机构有 36 名成员。伊拉克妇女总联合会与阿拉伯劳工组织和国际劳工组织建有关系。同世界 115 个国家的工会保持联系，在阿拉伯和世界工会及工人运动中发挥着积极作用。[①]

伊拉克妇女总联合会的主要任务是：第一，提高妇女的社会地位，尤其是经济地位，这是赢得妇女解放的重要部分；其次，限制一夫多妻制，严格这种制度的必要条件，即必须在能养活她们的前提下；第三，限制离婚，严格离婚的条件。此外，还主张发展、扩大教育，实现男女受教育的同等权利，提倡妇女参加社会建设等。

（四）伊拉克农民协会总联合会

1959 年 5 月成立，主席是侯赛因·赛义德·贾巴尔。

上述四大团体均曾在伊拉克复兴党领导下开展工作和活动，参与国家的政治生活，得到政府的承认和支持。各联合会均设有主席和副主席，分别活跃在全国各地，曾是伊拉克复兴社会党最坚实的社会和群众基础。

----

① 拙文《伊拉克政治制度》，载杨逢春主编《中外政治制度大辞典》，第 662 页。

（五）穆斯林长老会

伊拉克穆斯林长老会包括逊尼派穆斯林长老会和什叶派穆斯林长老会，分别是逊尼派和什叶派的最高宗教团体机构，均由德高望重的宗教领袖和宗教学术权威人士组成，在民众中享有极高的威望。

逊尼派长老会总部设在巴格达，在其他主要城市均设有分部。长老们在伊斯兰教教法学、韵律学、考证学等宗教领域都有很深的造诣，只有他们有权对伊斯兰教教义以及《古兰经》作出权威性的释义。在伊拉克，伊斯兰教义是其他法律的基础，负责解释教义的长老们对规范人们的思想和行为具有权威性影响。

伊拉克战争之前，由于世俗化占据伊拉克政治生活的主要地位，穆斯林长老会的社会地位虽然重要，但基本上无政治地位可言，外界对它们了解甚少。萨达姆统治时期，神职人员被明确规定禁止参政，他们不能发挥任何政治作用。

萨达姆政权倒台后，伊拉克没有了政府，出现权力真空，战后，袭击、绑架、斩首等恐怖事件充斥社会，无人能与那些绑架组织进行沟通，此时穆斯林长老会有了特殊的作用和用武之地，发挥了重要的桥梁及沟通作用，长老们在全社会享有的崇高威望显现出来。长老会是宗教权威机构，每个长老都人品高尚，德高望重，在解救人质事件中具有举足轻重的作用，令国际社会刮目相看。在战后混乱时期，长老们是民众唯一能信任的宗教领袖，人们愿意服从长老会的命令。长老会在规范民众的行为、奉教守法、维护社会治安、遵守基本道德等方面，起了至关重要的作用。

逊尼派穆斯林长老会领袖是艾哈迈德·库贝赛博士，他在逊尼派穆斯林中有很强的号召力，尤其在巴格达、提克里特和费卢杰之间的"逊尼三角"地区，享有绝对权威。2004 年 4 月 12 日，库贝赛颁布禁止绑架外国人质的命令，此令一出，立即有

12名人质获释，其中包括7名中国人质。长老会在解救各国人质方面有一定的影响和作用，但对解救美国人质无作用。

长老会的职能主要是宗教性的，在纪念伊拉克战争一周年时，民众打出的标语是："不要布什、也不要萨达姆、只要伊斯兰"。伊拉克长老会表现出爱国主义，它明确反对美国的占领，表示伊拉克是伊拉克人的国家，美国人没有理由占领。库贝赛呼吁，逊尼派和什叶派穆斯林要求同存异，团结起来反抗美国的占领。

长老会有鲜明的政治立场，视临时过渡政府为"占领产物"，为抗议阿拉维临时过渡政府的强硬政策，抗议美军过度使用武力及对费卢杰的多次清剿，长老会拒绝参加2005年1月举行的国民议会大选，联合了60多个党派抵制，要求联军先撤军，然后再选举。美军指控长老会为叛逆团体，屡次对其总部进行搜查。国民议会大选后，长老会宣布参与伊拉克新宪法的起草和政府部门的组建。

第四章

经 济

第一节　经济发展综述

20 个世纪初期，伊拉克沦为英国的委任统治国，国家的经济命脉石油和其他重要经济部门都控制在外国垄断资本者手中，伊拉克成为殖民者的原料供应地、商品销售市场以及投资场所，国民经济发展受到严重阻碍。

1921 年，伊拉克取得名义上的独立，由于殖民主义者与国内封建统治阶级相互勾结，使伊拉克人民外遭殖民者的残酷掠夺，内受封建王朝的压榨，生活异常贫困，国民经济得不到发展。1958 年共和国成立之前，伊拉克一直是一个落后的农牧国，农业人口占全国人口的 80%，据估计，其中游牧民及半游牧民约占全国人口的 47%[①]。全国可耕地面积为 1200 万公顷，但已经耕种的只有 175 万公顷。可耕地的 60% 以上集中在封建主和部落酋长手中，15% 以上属于教会，300 万农民只占土地约 12 万公顷。[②] 农村土地占有结构的明显特点是，封建土地关系占统治地位，绝大部分土地集中在少数地主、酋长和寺院手中，大多

[①] 《中近东列国志》，世界知识出版社，1956，第 56 页。
[②] 《世界知识手册》（1957），世界知识出版社，1958，第 247 页。

数农民处于少地或无土地状态，遭受地主的剥削。据统计，1958年全国农业人口为320万，而无土地的农民竟高达300万左右[①]，土地问题构成了极严重的社会矛盾，广大农民生活异常贫困。"独立前伊拉克农村土地占有情况极不合理，仅占农户2%的大土地所有者占有全国可耕地面积的68%，11.9%的中等农户占有21.5%的农田，而占农户总数86.1%的农民仅占全国可耕地面积的10.5%"[②]。土地分配不合理的状况是农村封建主长期统治的结果，它一直持续到伊拉克独立。

工业上，在外国资本的垄断下，民族工业发展受到阻碍，直到共和国成立前夕，伊拉克的民族工业还只是处于萌芽状态，工业基础十分薄弱，工业产品大部分依赖进口。全国只有少数制砖、水泥、烟草、肥皂、纺织、食品加工等小型工厂，生产有限的产品，此外均为手工业。另外，殖民主义和帝国主义对石油资源的肆意掠夺，也严重阻碍了民族经济的发展。伊拉克1934年开始对外输出石油，殖民主义为了加强掠夺和降低生产成本，牢固地控制伊拉克石油公司，他们每年从伊拉克掠夺两三千万吨廉价原油，攫取大量超额垄断利润，而他们支付给伊拉克的却只是十分低微的油田租金。据联合国调查统计，1945年伊拉克政府获得的油田租金只占全国财政收入的11.5%，殖民主义的疯狂掠夺由此可见一斑。

1958年伊拉克共和国成立后，政府实行中央计划经济，通过中央计划严格控制其经济发展，国家强调全面发展，实现经济多元化的发展战略，经济发展大致经历了以下几个阶段：

---

① 马立克·曼苏尔著《在社会主义农村道路上》，巴格达，自由出版社，1980，第5页。
② 刘月琴：《伊拉克土地问题》，载《西亚非洲》1984年第5期。

一 独立初期经济状况（1958~1968 年）

伊拉克共和国的成立，政治上为发展民族经济提供了必要条件和保障。为了解决日益严重的经济落后、社会问题，改变殖民地经济结构，发展民族经济，政府实施了一系列经济改革政策。在农村进行了土地改革，着手解决农民的土地问题，为此颁发了一系列土地改革法。

1958 年 9 月，卡塞姆政府颁布了"第 30 号土改法"，这是伊拉克历史上第一部土改法，主要包括四项内容：（1）规定私人土地的最高限额，超额部分由国家征购。私人占有土地的最高限额在灌溉区不得超过 1000 杜诺姆，在非灌溉区不得超过 2000 杜诺姆；（2）分配给农民土地；（3）保留土地分成制，对收成制进行部分修改；（4）取消农业工人的最低工资，建立农业合作社。土改法规定，地主超额部分的土地由政府在 5 年内予以征收，被征收的土地付给补偿金，由政府按地价发给国家证券，年息为 3%，在 20 年内付清。政府征购的土地和国有土地一起分售给农民，每户可获得水浇地 30~60 杜诺姆或旱地 60~120 杜诺姆，得到土地的农民要在 20 年内付清土地价款。

该土改法的实施在伊拉克历史上起了一定的进步作用，它打击、削弱了农村中的封建势力，缓和了日益尖锐的阶级矛盾，满足了部分农民的土地要求，成立了一些农业合作社等集体组织，在一定程度上解放了生产力。不过，该土改法在执行中贯彻得很不得力，法律中规定 5 年内将没收的土地全部分配完毕，实际上只完成了其中很少一部分，分配给农民的土地也只是很少一部分，该土改法没能解决农民的土地问题。加之农民缺少生产资金和农具，以及地主拥有选择优质土地和对其被没收的土地享有经济补偿等原因，土改未收到预期效果。

1961 年，卡塞姆政府颁布了第 69 号法令，对 1958 年土改法的一些条款进行了修改，如，限制地主在上交土地时营私舞弊，将付给地主土地的补偿金降低等。尽管进行了调整，但农民负担依然沉重，难以承担需要支付土地的款额。于是，农民强烈要求取消对地主的补偿金。

1963 年，阿里夫政府颁布第 65 号法令，对土地改革法进行修改。法令规定，将农民需要偿还的土地价款降低一半，即减半偿还，同时利息由 3% 下调到 2%，偿付期限由 20 年延长为 40 年。土改法经过两次修改，分配到土地的农民必须交纳土地价款，最后这些价款又以补偿方式回到地主手中，地主在土改中并没有受到什么严重损失。土改法只是暂时缓解了农民与地主之间的矛盾，而农民的土地问题并未得到根本解决，封建剥削制度继续以新的形式合法存在，土改结果未达到预定目标。按 1958 年土地改革法规定，政府在土改期间应征购 1200 万杜诺姆土地，并全部分配给农民，但直到 1968 年时，10 年间才征购了 540 万杜诺姆，完成规定的 45%，其中，分配给农民的土地仅 290 万杜诺姆，[①] 占应分配土地的 24.1%。

1968 年，贝克尔政府宣布继续进行土改，解决农民的土地问题。1969 年，政府颁布第 201 号决议，宣布废除土改初期给予地主选择优质土地和对没收土地实行补偿的规定，从而扭转了土地分配中对农民不利的局面。1970 年，政府颁布第 117 号农业改革法，该法被认为是伊拉克农业改革中最重要的法案。1975 年，政府又颁布第 90 号库尔德斯坦自治区土地所有制法，对原有土改法作了修改和补充。两项法令规定，根据土地质量、交通、水源及地区实际情况对土地所有权重新进行规定，把土地

---

① 伊拉克农业和农业改革部：《前进十三年的伊拉克》，巴格达，自由出版社，1981，第 15 页。

公正、无偿地分配给农民，组织合作社，共同生产，共同分配。将个人土地占有的最高限额调低，旱地限额为 1000～2000 杜诺姆，水浇地为 40～600 杜诺姆，每个农民可分得 6～60 杜诺姆水浇地或 60～120 杜诺姆旱地。经过坚持不懈的努力，1977 年初全国基本完成了土改任务。根据土改法，政府共征购土地 1200 万杜诺姆，到 1980 年底，已分配给农民的土地约 970 万杜诺姆，受益农民达 36.6 万户。[①] 此次复兴党政权进行的土改比较成功。

伊拉克进行了几次较大规模的土改运动，农村生产关系发生了重大改变，农民生活水平提高。不过，虽然土地占有结构发生了很大变化，但土地占有情况相差还很悬殊，小土地占有者在农村仍占很大比例，土地问题未能得到彻底解决，农村中封建剥削没有根除。

在城市，政府对主要工商部门实行了国有化，颁布了鼓励发展工业的法令。这个时期伊拉克历届政府均在一定程度上采取贸易保护政策，诸如机械设备、医疗器械、药品等进口都受到限制。贸易保护政策在一定程度上推动了民族经济的发展，并为以后的经济发展创造了有利条件。

总体看，伊拉克共和国成立初期的 10 年，国民经济发展速度不快，人均收入增加不多，1960 年人均国民收入为 81.3 第纳尔，[②] 1968 年为 97.5 第纳尔。经济发展缓慢的原因是，国家没有充足的资金，石油资源还掌握在西方殖民者手中，被外国垄断公司控制，国家不能独立地发展民族经济，生产力水平低下，政局不稳，政府更迭频仍，国内矛盾尖锐复杂，政府与库尔德人之

---

① 伊拉克农业和农业改革部：《前进十三年的伊拉克》，巴格达，自由出版社，1981，第 15 页。

② 伊拉克货币单位名称：第纳尔（ID），1 第纳尔 = 1000 菲尔斯。

间的冲突此起彼伏，等等。这些问题严重阻碍了民族经济的发展。

二 复兴党上台后经济发展（1968～1980 年）

伊拉克阿拉伯复兴社会党执政后，对国家实施了一系列的经济改革，尤其是石油国有化政策，使国家经济发生了巨大变化，伊拉克从此脱贫，从一个贫穷的传统农业国家发展成为一个富有的石油输出国。

（一）实施三个五年发展计划

拉克复兴党在第八次全国代表大会上指出，"国家独立后，计划问题是国家政治和经济上亟待解决的首要问题。"为使国家经济有计划、有步骤地发展，各部门的投资比例及重点相互协调，政府先后制定了三个五年发展计划。1970～1974 年第一个五年发展计划总投资额为 19.32 亿第纳尔。该计划由于 1973 年阿以战争的影响只完成了 74%，但国民总收入却由 1970 年的 9.5 亿第纳尔增加到 1974 年的 30 亿第纳尔。为完成该计划的剩余部分，政府在 1975 年制定了一个为期 9 个月的过渡发展计划，该计划的重点是除石油工业外，主要发展水泥、纺织和食品加工等轻工业。1975 年国民经济生产总值达 39.7 亿第纳尔。1976～1980 年第二个五年发展计划总投资额达 144 亿第纳尔，其中工业投资额占 42.9%，农业占 20.4%。该发展计划的主要内容包括，加强国营部门在各经济部门中的主导地位，减轻国家对石油的依赖，发展各种加工业，发展公共福利事业，提高人们生活水平。这个时期，被认为是伊拉克经济发展的黄金时期，国民经济发展迅速，基本实现了预定目标。1980 年国民收入达 117.34 亿第纳尔。尽管 1980 年度计划受到两伊战争的影响只完成了 70%，但"二五"计划国民收入年平均增长率却高达 16.8%，大大超过原定计划的增长指标。"二五"计划的执行

使伊拉克经济跻身于阿拉伯世界的前列。1981～1985 年第三个
五年计划的发展规模更加庞大，原计划总投资额达 400 亿第纳
尔，由于两伊战争，这一计划未能按计划进行。

（二）经济发展重点

1. 建立独立的民族工业体系

1958 年伊拉克虽然取得了政治独立，但在民族经济发展中
仍继续遭受外国垄断集团的控制和掠夺。石油工业从开采、提炼
到销售一直被跨国公司所掌握，这是国家经济处于落后状态的重
要根源之一。20 世纪 70 年代，伊拉克政府决定采取强有力措
施，对外国公司实行国有化政策，目的是建立一个独立的、不受
任何外国公司控制的民族工业体系。1972 年 6 月，贝克尔总统
颁发了著名的第 69 号法令，宣布将伊拉克石油公司实行国有化。
1973 年 3 月至 1975 年 12 月，伊政府又先后完成了对摩苏尔石油
公司和巴士拉石油公司全部收归国有的战略目标。至此，伊拉克
经济国有化取得了决定性胜利，结束了西方石油公司长期垄断石
油资源、控制国家经济命脉的历史，完全独立地掌握了石油资源
主权。伊政府认为，石油国有化政策是伊拉克经济发展史上一个
重大转折点，是国家经济走向独立发展道路的先决条件和重要标
志，也是国家走向繁荣发展的重要条件。石油国有化维护了国家
主权和民族经济的根本利益，是伊拉克经济史上一个极重要的里
程碑。

石油国有化之后，伊拉克经济发展的特点是，政府实施了初
级产品出口的经济发展战略，逐步建立了本国的石油工业。这一
战略为以后进行的大规模经济建设创造了必要条件，解决了建设
资金的来源，同时也解决了独立自主地发展民族经济问题。

2. 实施初级产品出口，增加外汇收入和资本积累

由于本身经济能力、社会发展条件有限，伊拉克市场不可能
消费所生产的大量原油，因此它与世界其他石油输出国一样，奉

行初级产品出口，以原油出口带动国民经济发展的战略。随着石油产量的增加，原油出口已居国家收入的首位，1973 年后，石油出口额占总出口额的 98% 以上。伊拉克进出口贸易一直为顺差，并由 1973 年的 10.61 亿美元增至为 1979 年的 151.9 亿美元。由于出口贸易额不断增加，尤其是石油收入迅速增加，使国家获得的资金基本满足了技术和投资需求，解决了资本积累问题，为大规模经济建设和发展提供了条件。

3. 以石油工业为主，带动其他工业部门的发展

20 世纪 70 年代，伊拉克依靠石油美元迅速建立起一批现代化产业，这主要是以石油工业为主，带动石油化工、大型电站、水泥厂、食品加工厂等。

大力发展炼油业和石油化工业。石油国有化后，国家全面控制了石油的开采和销售，经济实力大增。为进一步发挥石油资源的经济效益，政府大力发展炼油业和石油化工业，以增强石油制成品的产值，赚取更多的外汇。

促进其他矿业发展。伊拉克的矿业除石油外，还有硫黄和磷矿。硫黄和磷矿是 20 世纪 70 年代发展起来的，硫黄的年产量达 100 万吨，其中大部分供出口，1979 年出口达 75 万吨，在全国出口产品中居第四位。为增加产量，政府不断购置新设备并注意改善工人的劳动条件，同时还充分利用矿产原料发展加工业。

伊拉克的磷矿开发始于 1974 年。磷矿主要集中在靠近叙利亚边界的阿卡沙特地区和卡拉赫盆地东北地带。两伊战争之前，年产量为 350 万吨左右。据统计，阿卡沙特磷矿和卡伊姆磷肥联合企业是生产多种产品的大型企业，平均年产磷肥约 110 万吨、磷酸盐 340 万吨、磷肥 170 万吨、磷酸 40 万吨、硫酸 150 万吨。

总之，以石油工业为主，带动其他各经济部门的发展，伊拉克开创了走本国工业发展的快速路，虽然有一些工业仍然落后，

有的尚处在初级发展阶段，但这些工业部门的建立为改变单一原油生产格局，建立本国工业体系奠定了良好基础。

4. 促进农业发展

采取多种措施，促进农业发展是伊拉克经济发展的另一重点。70 年代中期后，政府明确提出了"农业是永久石油"的口号，并为发展农业采取了以下许多具体措施：（1）制定农业发展目标，增加农业投资力度。（2）建立多种形式的农业生产组织。（3）培训农业人才，实行科学种田。（4）合理开发，扩大农田基本建设等。

5. 加强基础设施的建设

伊拉克的基础设施在第二个五年发展计划期间得到了比较充分的发展，港口、交通、电力、煤气、通信等成为国家的重点建设项目。全国 20 多个现代化码头，从首都到全国各省、地、区的铁路、公路网迅速建成，两座卫星通信地面站可以与世界 60 多个国家直接联系，民航事业发展迅速，1980 年巴格达每周有 70 多次班机飞往世界 45 个国家，1979 年全国发电能力为 379 万千瓦，比 1968 年的 56 万千瓦增加了 5.8 倍。

大量的石油收入为伊拉克的经济发展提供了充足的资金，开辟了广阔前景。伊拉克经济政策的特点是，在继续发展初级产品出口的同时，发展石油下游工业，带动经济多样化发展，即以石油工业为中心，包括发展采油、炼油业、石油化工、液化天然气工业，带动钢铁、机械制造业、矿业、建筑业、农业等部门的建设和发展。从 20 世纪 70 年代中期起，这一政策成为伊拉克经济政策的核心，其指导思想是走多元化经济发展道路，促使多元化经济结构形成，实现国民收入来源多样化，并加速实现国家工业化。

1975～1980 年是伊拉克经济发展史上的高潮时期，国民经济发展迅速，1960～1970 年国内生产总值年平均增长率为

6.1%，1970~1980年年平均增长率提高为12%①。这一增长速度大大高于西方发达国家的水平。1980年，伊拉克国内生产总值为358亿美元，比1960年的16.8亿美元提高了20倍。两伊战争之前，伊拉克属于比较富裕的发展中国家，国家经济发展速度很快，尤其是在改变单一石油输出格局方面，伊拉克取得了世界瞩目的成就，它在建立本国工业体系、发展公共福利事业、提高人民生活水平、提高全民素质等综合方面，均得到了国际上的广泛承认。1979年其外汇储备高达350亿美元，人均国民收入约2635美元。靠雄厚的石油美元，伊拉克已从一个民族经济基础长期十分薄弱的农业国，飞越发展成为了一个资金充足、经济实力雄厚、繁荣的富国，并跻身于阿拉伯强国之列。

三　战时经济时期（1980~2003年）

正当伊拉克如火如荼地发展民族经济，势头正旺时，旷日持久的战争爆发了。连续发生了三次战争，即两伊战争、海湾战争和伊拉克战争，频仍的战争使伊拉克逐渐形成了战时经济战略。

（一）两伊战争阶段（1980~1988年）

1980年两伊战争爆发后，伊拉克的经济开始不断下滑，庞大的军费开支吞噬了大量建设资金，致使政府原定的经济发展计划难以继续完成，第三个五年发展计划被迫搁置。政府实行一切为战争服务的战时经济政策，如压缩财政开支、停建或缓建大批工程、向公民发行战争债券、开展募捐活动等。为支付巨大的军费开支和维持国内生产，大量举借外债。1981年出现贸易逆差，差额达93.6亿美元，这种情况在以后越来越突出。

伊拉克逐步走上长期的战时经济时期后，战争使伊石油工业

---

① 世界银行：《1982年世界发展报告》，第113页。

及其他工业遭到持续性的破坏，巴士拉、摩苏尔、基尔库克和埃尔比勒等主要产油中心成为遭受炮火袭击的主要场所，法奥港的输油设施被破坏殆尽，土耳其、叙利亚都相继关闭了伊拉克通往其海港的输油管道，伊拉克赖以生存的经济生命线遭到致命打击，战争摧毁了富足的经济。

1987 年，伊拉克政府实行了经济改革，这是根据国内经济条件的变化以及以往经济发展中出现的问题，对已制定的经济政策和发展战略进行了适当调整和补充。政府将近百家企业的国有资产转给私人经营，减少进口，增加非石油产品的出口，对国营企业进行改组，并对企业下放自主经营权和获得更大利润的机会。调整的部门主要集中在加强薄弱环节上，发展农业，努力使工、农业生产能均衡发展，改革经济体制，下放管理权限，放宽私人经营活动范围，扶植中、小企业，自力更生地解决国内经济压力。

值得指出的是，两伊战争久战不决，国家经济发展进入了一个特殊时期，逐渐形成了为战争服务的战时经济战略。毫无疑问，这对国民经济的影响是严重的，经济倒退是明显的。

（二）经济制裁阶段（1990～2003 年）

1990 年 8 月伊拉克入侵科威特后，海湾危机爆发，美国随即宣布对伊实施经济制裁，并主导联合国安理会于同年 8 月 6 日通过第 661 号决议，决定对伊实施严厉的、强制性经济制裁，包括石油禁运、武器禁运、贸易和投资在内的全面制裁，冻结了其在海外的全部资产，世界各国停止了与伊拉克的经贸往来，伊拉克经济遭到沉重打击，基本上陷于瘫痪状态。半年后，1991 年 2 月爆发的海湾战争对伊拉克经济的破坏程度远远超过了两伊战争。工业基础设施连连遭到破坏，交通运输严重瘫痪，炼油工业其中包括石油精炼、石油化工、天然气液化业、钢铁工业、建筑业等几乎全部塌陷，巴士拉和基尔库克南、北两大工业基地的损失极其严重，经济基础设施多次被炸毁，多次修复，呈恶性循环状态，不间断地遭破坏使国家经济极其困难，伊拉克满目疮痍。尤其是联合国对伊实施的经济制裁，世界各国停止了与伊拉克的经济贸易交往，伊拉克陷入了空前的困难，进入战争非常时期。

1996 年 12 月按照联合国安理会第 986 号决议，即"石油换食品"计划，伊拉克被允许每半年出口 20 亿美元石油，用以购买食品、药品及人道主义救援物资，一些匮乏商品得到部分缓解。1998 年 2 月，安理会通过第 1153 号决议，允许伊出口石油的份额提高到每半年 52 亿美元。1999 年 12 月 17 日，安理会通过 1248 号决议，取消石油出口限制。2000 年 11 月 1 日，伊拉克决定使用欧元计算石油出口额。2001 年 11 月 29 日，安理会通过第 1382 号决议，继续延长"石油换食品"计划的期限，伊拉克经济处于好转之中，一些日用品甚至某些高档商品也可在市场上见到。

旷日持久的经济制裁给伊拉克造成了深重的人道主义灾难，使伊蒙受高达 2000 多亿美元的经济损失。

四　伊拉克战后经济重建阶段（2003～2005 年）

伊拉克战争使经济遭到最严重的破坏，基础设施破坏尤为严重，其破坏程度远远超过海湾战争。伊拉克战争后，经济重建异常的艰巨和繁重。

2003 年 5 月 22 日，联合国安理会通过第 1483 号决议，解除了除对伊武器禁运以外的所有经济制裁。同年 10 月，联合国伊拉克重建国际捐助国会议在西班牙马德里召开，与会各国向伊拉克重建认捐约 330 亿美元。与政治重建相比，经济重建速度相对滞后，由于无安全上的基本保证，经济建设迟迟不能正常展开。2004 年 7 月 29 日，美国总统布什签署命令，宣布正式取消对伊长达 14 年的经济制裁。

仅关于恢复石油工业问题很多，有大量的工作要做，需要对油库、油田、石油生产和出口设备方面进行修复，对地面设施、包括管道和出口港口进行全面更新或重建，对提炼石油、天然气工厂、输送以及相关的服务设施也有大量的工作，就石油工业现有的设备而言，即便能运转，也已经是陈旧不堪，维护极差。另外，还需要引进现代化技术对地下油库的现状和生产进行监测，这将有助于改进开采系数，稳定质量，有望恢复过去 20 来年时间里损坏的油库的功能效果。[①] 其他工业部门、农业、交通、运输、贸易、商业服务业等部门的恢复也面临同样的问题，这将需要大量的投资和时间。

第二节　农牧业

伊拉克自古以来就是一个传统的农业国，农业人口占全国总人口的 1/3 左右。

一　农业资源

伊拉克发展农业的资源和潜力雄厚，农业资源优越，不仅拥有适宜的自然条件，也拥有足够的土地资源，境内有约 36 万平方公里的水域，拥有大量的水资源和两河流域地区肥沃的土壤。底格里斯河和幼发拉底河冲积而成的美索不达米亚平原土地肥沃、水量充足，适宜农作物生长，而且适宜农作物全年两熟。大部分农田主要集中在两河流域之间的美索不达米亚平原地带。伊拉克全国可耕地面积占全国国土总面积的 27.6%。

---

① 拉姆兹·萨拉曼博士（卡塔尔副总理兼能源与工业部长顾问）:《伊拉克石油政策回顾》，载上海《国际问题研究》，《国际能源安全与合作——国际研讨会论文集》，2004，第 299 页。

可耕地面积约 800 万公顷，已耕地面积在 400 万～500 万公顷之间。[①] 伊拉克中部和南部地区全年都是农作物的生长季节，这对两熟农作物是非常重要的条件。农村人口约占全国总人口的 36.5%。

二 农业发展政策

业在伊拉克经济发展中具有举足轻重的作用。1968年复兴党执政后，在农业部门实行的基本政策是，国营部门在农村占主导地位并负责主要农业生产。伊拉克历届政府对农业投资比例较大。虽然伊拉克具有发展农业的良好条件，但是，有利的自然资源却没有充分地被利用。50 年代伊拉克粮食生产除自给有余外，还有部分出口。60 年代农业状况有所发展，粮食平均产量从 1961～1965 年的 80 万吨增长为 1969～1971 年的 200 万吨。但是，自从 70 年代中期石油工业大规模开发以来，随着国民经济的迅速发展，影响了自给自足的农业生产，农业生产停滞不前甚至不断衰退，粮食产量连年减产，已经由自给有余的粮食出口国变为粮食进口国。1970～1977 年，全国农业生产总值的增长率为 -1.5%。[②] 粮食生产下降造成农产品大量进口，20世纪 70 年代以后，伊拉克每年粮食需要进口 200 万吨左右，其他肉类、奶类、蔬菜、水果等产品也需要进口。仅 1979 年一年，农业进口额就占全国总进口额的 31%。[③] 农业不发展造成了制造业原料减少，在一定程度上束缚了加工业的发展速度。

（一）确立农业地位

日益严重的粮食匮乏问题使政府认识到，大力发展粮食生产，解决粮食问题已经刻不容缓。为此，政府决定把实现粮食自

---

① 《1999～2000 年度英国经济季评》，第 22 页。
② 联合国粮食及农业组织：《1980 年粮食和农业状况》，附表 13。
③ 世界银行：《1984 年世界发展报告》，第 259 页。

给作为重要目标，其战略方针是，使农业成为"绿金"，即石油资源枯竭后的第一资源。1961～1979 年，在国内生产总值中，农业的比重由 17% 下降为 7%[①]。政府在发展重工业的同时不忽视农业生产，明确提出，农业是国家经济发展的基础。1980 年，伊拉克提出"农业是永久石油"的战略方针，从而确立了农业发展的地位。该战略方针的指导思想是，使国家从根本上逐步摆脱单一依赖石油出口的状况，解决石油资源一旦断绝时，能够继续维持国家生存的资源，这是国家建立一个稳定的经济基础的必然的战略决策。

为了改变粮食不足状态，国家制定了一系列政策，采取了一系列具体措施。如，实行土改、大力开办合作社、集体农场、国营农场等。但由于种种原因，这些政策和措施收效甚微，农业生产依然停滞不前。针对这一状况，70 年代后，随着国家经济发展战略的全面调整，农业发展战略也进行了调整，农业发展战略的基本内容包括，在农村实行进一步的土改，通过发展国营农场和集体农场，提高农业生产力，增加农作物产量。确立增强国营部门和集体合作的地位，国营部门负责主要农业生产活动，对私人经济给予一定投资，实现工农业之间的协调，建立完整的工农业联合企业，通过完善机械化、社会服务、生产工具等必要的物质基础，满足农业生产要求，消灭城乡差别。

（二）增加农业投资

伊拉克的农业产值在整个国民经济中所占比重不大。1976～1980 年制定的农业发展规划中规定，农作物和畜产品的年增长率为 7.1%。为了完成这一指标，政府决定对农业加大投资力度，投资额呈逐年上升趋势。政府能够对农业投资额增加的基础

---

① 世界银行：《1982 年世界发展报告》，第 115 页。

完全是依靠雄厚的石油收入，得以扶植农业的发展。在 1970 至 1974 年第一个五年计划中，农业投资为 12.3 亿美元，占国家财政拨款总额的 19%；1975 年的"过渡发展计划"中，农业投资为 7.05 亿美元，占总投资额的 19.3%；1976~1980 年第二个五年计划中，农业投资额增加为 100 亿美元，占总投资额的 22%。国家对农业加大投资力度主要用在兴修水利、改良土壤、购置农业机械等基础设施的建设方面。

（三）实行农业和畜牧业并重政策

伊拉克实行农业畜牧业并重的发展政策。为了满足国内畜产品的需求，促进农业和畜牧业的整体发展，政府强调加速发展畜牧业，大力发展牧区建设，决定重点开发南北两大天然牧区。努力增加饲料和牧草生产，建立饲料生产基地，提高畜牧业机械化水平，并鼓励建立家庭饲养场喂养幼牛。国家注意积极引进现代化设备，政府提倡改良种畜品种，培养、繁殖新良种种畜，同时采用现代化技术发展畜牧业。

伊拉克农、畜业在快速发展时期，家禽生产已经能够自给。据统计，1987 年全国有绵羊 870 万只，山羊 140 万只，牛 150 万头。到 1980 年底为止，全国共建立了 1054 个饲养各种牲畜的企业。此外，还建立了许多加工厂，如三座大型奶牛场，每个场年产牛肉 18 万公斤，牛奶 320 万公斤。提倡全民兴办畜业，鼓励合作社建立家禽饲养场，喂养小牛和幼牛。1987 年伊拉克政府宣布对国营农场实行私有化，以期提高经济效益。

（四）加强技术改造，提高机械化水平

提高农业劳动生产力，改善经济效益的出路在于机械化。在农村推广使用农机，逐步提高机械化水平是政府采取的一项重要政策。在农业生产中，积极推广机械化和新技术，大部分地区在农业生产中使用了新技术。各类农机在国营农场广泛使用，如在播种、收割等方面，1977 年农业部门使用的拖拉机约 2.2 万台，

收割机 3530 台，1978 年使用的抽水机约 1 万台。[①] 为了帮助农民使用农机，农业合作银行发挥了重要作用，1968～1974 年银行对农民贷款总额为 2540 万第纳尔，1975～1981 年增长为 3.721 亿第纳尔。[②] 1980～1981 年国营农场使用拖拉机耕种的土地 440 万杜诺姆，使用收割机的土地有 210 万杜诺姆。[③]

（五）科学种田，培训技术人员

国家十分重视实行科学种田，积极培育和推广良种，满足化肥、农药的供应，使之在农业生产中发挥效益。据统计，1978 年使用化肥 25 万吨，比 1972 年增长 300%，1979 年使用化肥的土地占耕地面积的 16.7%，比 1978 年增长了 5%。许多农村已经建立了塑料、玻璃暖房。国家免费或低价提供必要的农业服务，如种子、化肥、低息贷款、卫生、销售、预防农作物病虫害、预防牲畜生病等服务。

人力资源开发是农业发展的关键，提高农民的文化水平，解决农村知识力量薄弱问题是政府发展现代化农业生产的重要手段。政府重视加强训练农业专业人才，增加农业科研经费，采取了多种渠道培养农业和畜牧业技术管理干部，如增办农业高等院校和中等专业学校，开办农业技校及进修班，农业院校高中、中专毕业生逐年增加。政府资助全国农业科研中心的建立，注意开展农业科学研究，特别是对水、土的研究，加强农业研究课题，解决农业发展中亟须解决的问题。大力建设农村公共服务设施。如修路、架设输电线路等。

---

① 伊拉克宣传部：《在社会主义农村道路上》，自由出版社，巴格达，1980，第 18 页。

② 《1982 年伊拉克复兴社会党第九次大会文件》，革命出版社，巴格达，1983 年 1 月版，第 141 页。

③ 伊拉克农业和农业改革部：《前进十三年的伊拉克》，自由出版社，巴格达，1981 年，第 22 页。

（六）扩大农田基本建设，兴修水利，改良土壤

实现粮食自给是伊拉克农业发展的目标，伊拉克水资源比较充足，全国约有 60% 的农田靠两河灌溉，位于两河流域及其支流的土地约 1320 万杜诺姆，由于常年水量多变，排水工程不足等原因给农业发展造成很大困难，仅 1979 年用于这方面的费用就达 2.12 亿第纳尔。截至 1980 年底，全国共改良土地 38 万杜诺姆。政府曾计划在 1985 年底前改良荒地 177.1 万杜诺姆，并在两河和迪亚拉河流域实施 36 项灌溉与排水工程建设方案，使 427 万杜诺姆土地受益。此外，还积极兴修排灌渠道及田间明沟、暗管等排水系统。

为更好地控制两河及其支流，有计划地利用水资源，扩大灌溉面积和实行常年灌溉，国家重视兴建大规模水利工程、建造水库大坝、提供排水项目。已经建有哈巴尼亚、萨萨尔、杜坎尔、达尔班迪汉和巴赫马五座重要水库。水库对防洪、拦截河水泥沙、减少泥沙淤积、蓄水以及引水灌溉起了积极作用。另外，还建有一系列拦河大坝，拦河大坝有助于提高河流水位，并有计划地将河水引入灌渠网内。重要的大坝有：欣迪亚坝、库特坝、曼苏里亚杰贝勒坝、阿斯卡摩苏尔坝、哈迪萨坝、杜胡克坝等。此外还有一些灌渠可自行流入农田进行灌溉，主要渠道有：阿拉伯河地区灌渠、阿马拉地区灌渠、库特地区灌渠、欣迪亚地区灌渠、巴格达地区灌渠、迪亚拉灌渠和胡瓦贾灌渠等。伊拉克还建设了一批大型水利工程，萨萨尔—幼发拉底河水利工程、萨萨尔—底格里斯河水利工程与两河相连接，可调节两河水位。政府原计划在两河之间开凿一条专供排水的大运河，从巴格达南部直通阿拉伯河，用以解决河水含盐的问题，但因资金及战争等原因，该计划停滞。通过上述水利工程的修建，农业生产有了基本保障。海湾战争结束后，伊拉克开凿了三条运河，即萨达姆运河、战斗之母运河和卡迪西亚运河。

（七）农业管理体制

自从 1968 年复兴党执政后，农业部门实行的管理体制是，国营部门在农村占主导地位。对私营个体生产者采取限制政策。生产资料所有制主要分为三种，即国家所有制、集体所有制和个体劳动者所有制。生产经营组织形式灵活多样，主要有国营农场、集体农场、合作社和自耕农。伊拉克农业管理主要有以下几种经营方式：

（1）大型综合企业，如农业公司、工农联合企业、养牛场、养鸡场等大型现代化企业。

（2）国营农场，它由国家投资兴办，属国家所有制性质，由国营农场总机构和农业企业总机构直接管理。复兴党政府建国后宣布走社会主义道路，建立国营农场的初衷是试图通过建立类似社会主义国家或工业发达国家那样的机械化大农场，改变农业的落后状态。国营农场实行包产制，田间作业实行机械化，农产品的收购，销售，生产资料的供应均由国家专设的机构控制，产品全部上交由国家统一负责销售。

（3）集体农场，它由国家在各省划定土地并拨款兴办，属于集体所有制。在集体所有制的基础上，根据互助原则分配收入，集体农场实行自负盈亏，生产仍然以个体为主。农场生产列入国家计划、缴纳土地税，农产品全部上交，由国家统购包销。

（4）农业合作社，合作社的土地所有权属于国家，为集体所有制农业单位的一种形式。农民入社、退社自由，生产以个体为主，土地固定分给个人，自负盈亏。国家通过地方农业机构向合作社下达生产指标，再由合作社向每个农民分配任务，产品由合作社收购代销或上交国家。

（5）自耕农，属于个体劳动者所有制。为个体生产者，采用传统的家庭式农业耕作方法，主要依靠个人和畜力生产，靠个人劳动所得维持生活。

由于种种原因，大部分国营农场和集体农场的经营效益欠佳。到了 20 世纪 80 年代末，多数国营农场因亏损严重而纷纷倒闭。实际上，在 70 年代末期，国家在调整经济发展战略的同时，适当改革了对私营经济的管理体制，积极鼓励个体生产，发挥农业私营者的积极性。政府在处理各种农业管理体制和经济成分之间关系的政策是，坚持国营和私营两种性质的组织形式，最大限度地发挥各种经济组织形式的积极作用，创造条件把集体和个体的力量结合起来，使它们之间的经济活动互相配合，以便有效地为农业发展服务。为了发挥个体农民的积极性，国家提高了某些农产品的收购价格。1983 年颁布了第 35 号农业公司和个人租地法，以保障稳定该政策的有效实施。

海湾战争之后，伊拉克的水利灌溉工程系统因战争而遭到严重破坏，尤其是南部土地盐碱化日益严重（地下水含盐量 6 ~ 30 克/公斤）。农田灌溉严重依赖地表水，粮食年产量仅为 125 万吨，不能自给，根据世界粮食计划署的调查，伊拉克 1/4 的粮食需要进口援助，预计粮食缺口为 250 万吨。有鉴于此，政府注重依赖农业生产缓解国家面临的经济困难，以战胜联合国严厉的经济制裁。为此，政府采取了一系列措施，如兴修水利、扩大耕地面积，改良盐碱地，向农民提供优良种子、化肥、农药、购买农机，鼓励集体、私营多种经营方式等。

三　主要农作物和经济作物

拉克主要农作物有小麦、大麦、稻米等。1998 年小麦产量为 110 万吨，大麦为 80 万吨。

伊拉克椰枣闻名于世，是主要的传统经济作物。据统计，在椰枣种植和加工地区，约有 1/7 的人以椰枣为生。伊拉克是世界上最大的椰枣生产国，种植枣椰树已有 5000 多年的历史，产量和出口量均占世界首位。全国拥有枣椰树 3300 余万株，年产量在 25 万 ~ 60 万吨左右，约占世界总产量的 26%。20 世纪 40 年

代至 60 年代，伊拉克的椰枣产量占世界产量的 40%[1]，1974 年椰枣产量为 35 万吨，占世界椰枣贸易量的 57%。1971～1976 年全世界椰枣平均年产量为 220 万吨，伊拉克平均年产量为 46.2 万吨，占世界产量的 21%。[2] 1975 年椰枣产量达 49.6 万吨，1976 年产量达 49.8 万吨，1977 年产量达 38.5 万吨。由于战争原因，椰枣产量不稳，1980 年，椰枣产量高达 59.7 万吨，1984 年则骤降为 11.5 万吨，1987 年产量为 32.4 万吨，1989 年回升到 48.8 万吨。椰枣出口量占世界第一位。

1975 年农业出口额为 5834 万美元，其中椰枣出口额达 3884 万美元，占农业出口额的 66.5%。1976 年农业出口额为 6367 万美元，其中椰枣出口额为 3992 万美元，占农业出口额的 62.7%。[3]

由于战争、自然灾害、病虫害对椰枣的危害及管理不善等原因，椰枣产量不稳定，政府号召采用新技术，改进椰枣加工和提高管理水平。20 世纪 70 年代后椰枣加工业发展很快，特别是制糖业，年产流质糖 4.2 万吨。另外，椰枣储备和包装技术不断改进，实现了包装机械化和自动化。

椰枣主要产地在南方，7 月是椰枣成熟期，品种多达 450 余种，每棵枣椰树的寿命可高达 100～200 年左右，易生长，不需精心照管。枣椰树可谓浑身是宝，果实可以提炼糖、酒精，还能充当饲料，树干可以做房梁，枝叶可以扎扫把。

除椰枣外，经济作物还有芝麻、棉花、亚麻等。水果有橙子、橘子、柑子、西瓜、甘蔗、胡桃、巴旦杏、榛子、阿月浑子（开心果）等。

伊拉克近年主要农产品产量如表 4-1 所示。

---

[1] 贾希姆·海拉夫等：《伊拉克地理》，北京出版社，1982，第 124 页。
[2] 《伊拉克农业发展研究》，拉希德出版社，巴格达，1981，第 87、90 页。
[3] 《伊拉克农业发展研究》，拉希德出版社，巴格达，1981，第 101 页。

表 4 - 1 农产品产量

单位：万吨

年　份	1994	1995	1996	1997	1998
小　麦	134.2	123.6	130	106.3	110
大　麦	97.1	89.2	130	77.8	80
椰　枣	675.8	700	797	625	660
牛羊肉	1.8	1.7	1.6	1.6	2.8
鸡　肉	3.4	3.7	3.8	4.1	4.4
奶	37.2	35.4	33.7	33.7	54.4

资料来源：联合国粮农组织，载《1999～2000 年度英国经济季评》，第 35 页。

四　农业发展面临的问题

伊拉克农业发展面临的主要问题是：劳动力不足，生产技术落后，土壤盐碱化严重，农业管理体制薄弱，资金严重缺乏等。

第一，劳动力不足。20 世纪 70 年代石油国有化后，改变了伊拉克在国际经济格局中的地位。随着工业部门的迅速发展，农业发展受到不可避免的影响，城乡生活水平对比悬殊，造成农村人口大量外流，从而严重影响了农业生产和发展。据统计，到 1980 年为止，弃农转工的农村人口高达 100 多万。这种情况导致农村劳动力不断减少，最终导致劳动力缺乏，大片土地荒废。农村人口不断转移到城市工商业领域，使工农业劳动部门的人口结构发生了重大变化，据悉，农业部门劳动力所占比例已由 1960 年的 53% 下降到 1980 年的 42% 。[①] 70 年代中期后，政府致力于改变这一状况，采取措施鼓励农民务农。政府还从阿拉伯国

---

① 世界银行：《1984 年世界发展报告》，第 259 页。

家招聘了一批农民，欢迎他们到伊拉克定居务农，并为他们建立了移民村，以保障他们的生活。另外，采取控制、减少农村人口继续流入城市的政策，同时注意改善、提高农民的生活水平，稳定他们务农的情绪，以提高农业生产力。

第二，农业生产技术落后。在农业生产中，虽然使用机械化的程度不断提高，技术得到了很大改进，但总体来看，农业机械化水平依然不高，经营方式和耕作技术比较落后，农民大都采用轮作制和休耕制，农民靠天吃饭的大有人在。边远山区还不能使用农机耕种和收获，而且交通运输不便，仍有一些农场依然依靠牲畜驮运农产品，山区种植的蔬菜和水果不能及时运到各大城市销售，所以，农业是国家一个落后的经济部门。另外，农村中年长的农民安于现状，技术水平低下的原因是他们不热心掌握生产新技术和新技能，这也影响了农业生产的迅速发展。政府致力于通过电视、扫盲义务教育，加强城乡之间的联系，不断改变农村的落后状况。

第三，土壤盐碱化严重。由于伊拉克气候炎热，对土壤、灌溉和农作物的生长都很不利。伊拉克绝大部分可耕地分布在冲积平原，因雨量少不能保证农作物的生长，只能靠引水灌溉。由于灌溉系统不完善，大面积土地盐碱化日益严重，给农业生产带来不利影响。据统计，盐碱化土地面积占全国冲积平原中漫灌（指河水高出地面，浇灌时水自行漫流）面积的60%。造成盐碱化的原因是：（1）水源本身含盐量较高；（2）土地平坦和底土的不透水性阻碍灌溉水流走，久而久之，年复一年土地逐渐盐碱化；（3）灌溉不当，灌溉水超出需求量，水积地面流不出去造成大量蒸发而盐碱化。因土地含盐量大而造成农民弃耕，使国家丢失了大量土地。

国家在农村加强农民的文化水平，普及科学种田知识。并采取措施，顺着灌溉渠挖一些与之平行的深沟，将渗漏水截断，防

止渗入农田，减少灌渠水对周围土地的渗漏。增加植树造林面积，多种植椰枣、蓖麻之类的树木及植物，可降低土地蒸发且抵御热风，减少土壤流失和沙漠的侵蚀。通过施加动植物肥料、泥土和沙土掺和的二合土增加土壤的渗透性。

第四，农业管理体制薄弱。农村中缺少必要的管理干部，造成经营管理水平低下，收益不大，没有达到预期的经济效益。

第五，资金严重缺乏。20 多年来，伊拉克因战争频仍，农村建设资金更是严重缺乏，农村经济重建任务十分繁重，资金问题是最大的困难。

第三节　工业

伊拉克共和国成立之前是一个贫穷落后的农业国，几乎没有任何像样的工业。伊拉克工业是在 20 世纪 70 年代以后迅速发展起来的，这主要是得益于丰富的石油资源。工业主要集中在巴格达地区，支撑伊拉克工业的主要有：石油开采、炼油业和天然气开采业，其他还有化工业、制造业、建筑业、大型水厂、钢铁、发电厂、建材业及食品加工等。由于受战争的影响，伊拉克工业发展受到严重影响，许多产业呈倒退状态。

一　石油工业

（一）早期石油开发

伊拉克的石油开发始于 19 世纪末奥斯曼帝国统治年代。1914 年，储量丰富的石油矿被发现后，土耳其石油公司（由德国、荷兰和英国组成的集团公司）承担起开发工作。第一次世界大战后，根据英国的安排，土耳其石油公司改为伊拉克石油公司，该公司由多国财团控制，即由英国、法国、荷兰、德国和美国联合组成的集团公司。伊拉克石油公司以及其两个子公司——摩苏尔石油公司和巴士拉石油公司的开发区最终覆盖了整个伊拉克地区。

1927 年，由多国财团资本控制的伊拉克石油公司发现了基尔库克大油田。1947 年发现了祖拜尔大油田。1953 年发现了鲁迈拉大油田。在这些大油田相继被开发后，伊拉克石油公司就未在开发上作更多的投资。

（二）共和国成立后石油工业

1958 年伊拉克共和国成立后，伊拉克政府与石油公司的冲突开始尖锐。伊拉克政府要求这些公司开发更多的油田，增加出口，但上述石油公司未作出任何响应。鉴于伊拉克石油公司的不合作态度，1961 年 12 月，卡塞姆政府颁布了著名的第 80 号法令，宣布石油法。该法令规定，国家收回各外国石油公司全部未开发的租借地，其中包括已探明的油田及其有关设施，把各石油公司的开发区限制在原来的一半以内，可以保留的土地面积缩小为 1937.75 平方公里。

1964 年 2 月，阿里夫政府重申这一法律有效，并颁发了第 11 号法令，根据法令，决定成立伊拉克国家石油公司（Iraq National Oil Company，INOC）。所有外国公司撤出的油区全部归伊拉克国家石油公司所有。该公司开始在国内外进行石油工业的综合生产，其中包括石油和天然气的勘探、生产、提炼、储存、分配等。同年阿里夫政府颁布了一系列国有化法令，宣布对一些较重大的私营工、商企业，保险公司和银行实行国有化。此间，鲁迈拉油田被收归国有。

1968 年，伊拉克国家石油公司与法国签订了合同，随后又与印度签订了合同。不久，在苏联的帮助下，开始石油生产设施的建设以开采更多的油井。伊拉克国家石油公司打的第一口油井是一家匈牙利承包商开发的。

建立国营企业对摆脱外国垄断资本对国家经济的控制、发展民族经济起到了极大的推动作用。国家干预和调节经济，逐步改变了经济结构，1958 年之前，国营企业在国家主要经济部门中所占比重很小，石油工业全部被外国公司垄断。石油国有化之后，国营企业在国家经济中占有主导地位，在农业部门中所占比例由 1958 年的 0.003% 提高到 1980 年的 45%；石油部门由0.002% 提高到100%；加工业由41% 提高到66%[①]。

（三） 石油国有化政策

20 世纪 70 年代世界石油市场和石油工业很有发展前途，伊拉克政府决定实施石油国有化政策，彻底结束外国石油公司对其经济的控制权。

伊拉克石油国有化分三个阶段进行。1972 年 6 月，贝克尔政府颁发著名的第 69 号法令，宣布政府将把外国财团拥有的"伊拉克石油公司"收归国有。1973 年 3 月和 1975 年 12 月，政府先后对该公司的两个子公司，即摩苏尔石油公司和巴士拉石油公司全部实行国有化。至此，伊拉克政府完成了石油工业的国有化，结束了外国公司长期垄断、控制石油资源的历史，英、美、法、德、荷等外国公司被扫地出门。伊拉克国家石油公司控制国家的石油资源，政府完全掌握了石油资源主权，整个石油工业从上游到下游，由伊拉克人独立经营和控制。

（四） 石油工业繁荣时期

石油生产和出口是伊拉克的经济命脉，在国民经济中占主导地位，为国家支柱产业，伊拉克外汇收入的97% 依靠石油出口。

从石油国有化到两伊战争之前，是伊拉克石油产量持续稳定增长的最好时期，石油年产量最高达 1.75 亿吨，平均日产原油 350 万桶，最高时可达 450 万桶，成为世界主要的石油生产

---

① 伊拉克农业和农业改革部：《前进十三年的伊拉克》，自由出版社，巴格达，1981，第10 页。

国和输出国。1990 年欧佩克分配给伊拉克的配额为 314 万桶/日。石油生产和出口在国民经济中占主导地位，是国家的支柱产业。

（五）石油工业萎缩时期

1991 年海湾战争结束后，由于石油开采设备严重被毁和联合国的经济制裁，伊拉克经济命脉石油工业和石油出口受到致命的打击，战争中石油开采设施、炼油设施遭到严重破坏，石油生产和出口陷于停滞，石油日产量曾一度骤跌至 30 万桶。因工业原料严重匮乏，大量的石油资源难以利用，伊拉克一度只能靠与其邻国伊朗、土耳其、约旦、叙利亚等国进行石油走私活动，获取少量原油出口收入。

1996 年 12 月，联合国安理会第 986 号决议"石油换食品协议"正式实施，石油生产和出口逐步得到恢复。1999 年，平均日产石油 260 万桶，国内日消费约 60 万桶，其余供出口。2002 年，经济状况开始好转，平均日产石油 200 万桶，主要通过土耳其的石油管道和南部巴士拉港出口。2003 年，由于输油管道频繁遭破坏的原因，伊拉克石油生产急剧下滑，日出口原油最低时仅为 40 万桶。2005 年，石油日出口量已恢复到 200 万桶以上。

伊拉克拥有 2000 口油井，由于受到联合国长期的制裁，资金和设备匮乏，2004 年仅有 24 口油井投入生产。考虑到过去 20 多年的混乱和起伏动荡的石油出口，战争已经使伊拉克成为"边缘化供货国"，伊拉克失去了许多传统市场和消费者。[①] 伊拉克战争之后，伊拉克石油工业一度重新受美英控制，致使伊国民经济出现极大倒退，同时加剧了工农业、商业、贸易等领域大幅度倒退。由于战后反美武装分子对大油田和输油管道进行不间断的破坏，近期内恢复石油出口的前景十分不稳。2004 年 6 月，

---

① 拉姆兹·萨拉曼博士：《伊拉克石油政策回顾》。

伊拉克新石油部长萨米尔·加班德声称，自 7 月 1 日起，伊拉克将收回对石油的所有主权。

二　输油管道

输油管道属伊拉克石油工业的敏感神经，石油是否能畅通地运出，输油管道十分关键。伊拉克的输油管道布局可谓四通八达，共有北部、南部和西部 4 条线路，6 条输油管道，即北部通往土耳其有两条，这两条都是从基尔库克通往杰伊汉港并行的输油管道；南部通往沙特阿拉伯红海吉达港有两条输油管道；西部有两条，一条通往叙利亚巴尼亚斯港的输油管道，另一条通往约旦，现伊拉克约旦输油线路为公路运输。

北部线路：伊土石油管道　从基尔库克通往土耳其地中海港口杰伊汉港口。这条管道是伊拉克目前最大的原油输出管道，长 960 公里，管径 101.6 厘米（40 英寸）。满负荷运输能力为 5500 万吨/年，实际运输能力为 4500 万吨/年。伊土输油管道已经使用的共有两条，计划将铺设第三条。

南部线路：伊沙石油管道　伊拉克—沙特 IPSA 管道是伊拉克主要的输油管道之一，经南部深水港口——贝克尔港通往沙特阿拉伯的吉达港，这是伊拉克能独立控制的输油管道。伊拉克—沙特在红海吉达港有两条平行的输油管道，计划将铺设第三条输油管道，以提高输油量。

西部线路：伊叙石油管道　从基尔库克经叙利亚通往地中海沿岸港口巴尼亚斯的输油管道。该输油管道是较早的石油运输线，全长为 895 公里，20 世纪 50 年代的输油能力为 33 万桶/日。1982 年在两伊战争期间被叙利亚方面关闭。2000 年 11 月 6 日，伊叙关系缓和，该石油管道开通测试。11 月 21 日，伊拉克通过该输油管道向叙利亚输送油量为 750 万吨/年。2000 年底，伊拉克宣布，该输油管道已被严重腐蚀，已没有什么经济价值，伊叙两国决定另铺设一条新输油管道，新输油管道的设计能力是7000万吨/年。

1990年，海湾危机后，基尔库克通往北部土耳其和南部通往沙特阿拉伯的四条出口输油管道也相继关闭，伊拉克的石油出口完全瘫痪。1996年执行石油换食品协议后，上述输油管道先后重新开通。

西部伊约输油线 伊拉克与约旦之间尚未铺设石油管道，石油输出主要靠陆路石油线路，这条陆路输油线路极为活跃，尤其是在海湾战争结束初期，伊拉克每天用油罐车通过约旦向外运送石油，十分繁忙，这对缓解国家经济困境起了重要作用。伊拉克每年用卡车运输到约旦的石油有350万～450万吨。1991年，联合国允许约旦与伊拉克每年签订一次合同，使用卡车运输伊拉克石油，以换取人道主义物资。2000年的运输量为480万吨。约旦每年支付这项费用高达8000万美元，如果铺设了石油管道，能降低50%的运输费，同时还可为伊拉克提供通过红海出口石油的通道。1998年，伊拉克与约旦达成协议，拟合作铺设750公里长的输油管道，连接伊拉克西部哈迪塞到约旦的扎尔卡炼油厂和红海港口亚喀巴。在约旦境内的工程估计在3～4年内完成，伊拉克尚未透露工程的时间表。

联合国在伊拉克设立了三个监测站，（1）巴士拉监测站，监测从贝克尔港口外输的油轮；（2）扎胡监测站，在靠近土耳其边界的扎胡监测北部外输石油的情况；（3）杰伊汉监测站，设立在土耳其杰伊汉港口。

三 天然气

伊拉克天然气资源比较丰富，据美国《油气杂志》报道，截至2006年1月，天然气探明可采储量为3.17万亿立方米，约占全球天然气总储量的1.8%。1979年天然气年

产量最高时，达到 196 亿立方米。天然气通过输气管道输送到祖拜尔和巴士拉液化处理站加工，日处理天然气为 4200 万立方米。年出口液化石油气约为 400 万吨。

伊拉克的天然气 70% 属于石油伴生气，主要产于北部基尔库克和南部鲁迈拉油田。全国建有 9 个集气站，石油伴生气中有 80% 输往南部天然气搜集加工中心，该中心的设计能力为 160 亿立方米/年。20 世纪 80 年代，国家兴建了一批液化石油气工程，有两座大型石油气液化厂，塔基液化石油气加工厂年产 25 万吨液化石油气，贝尔液化石油气加工厂年产 20 万吨。基尔库克天然气液化厂年产 20 万吨天然气，鲁迈拉天然气液化厂年产 330 万吨天然气。此外，还有一批液化石油气工程正在建设中。

四　硫黄矿和磷矿等其他矿产

矿产开采和销售一直由国家控制。伊拉克政府对矿业的发展政策是大力开发原料、加强本地加工，满足国内需要，面向出口，积极打开国际市场。

硫黄矿　硫黄矿和磷矿大规模开发是在 20 世纪 70 年代发展起来的，硫黄矿储量 5.15 亿吨，居世界第 8 位。[1] 硫黄矿年产量持续增长，其中大部分供出口，在国家出口产品中仅次于石油、椰枣和化肥，居第四位，1979 年出口达 75 万吨。伊拉克有三大硫矿，米什拉格硫矿年产量占 73%，拉扎凯占 20%，其余为法特哈占有。米什拉格硫矿 1969 年与波兰合作开发，为露天开采型矿场，1989 年生产 140 万吨，出口 116 万吨，1991 年的产量达 200 万吨。卡伊姆化工联合企业于 1976 年建立，年产硫酸 150 万吨，磷酸 40 万吨，磷酸盐 290 万吨。此外，还建有基

---

[1]　吴仪主编《世界各国贸易和投资指南——西亚分册》，经济管理出版社，1994，第 71 页。

尔库克硫黄回收厂，利用硫黄生产后的剩余原料生产硫酸，日产硫酸 50 吨。另外，天然气是提炼纯硫的一种重要原料，基尔库克提硫厂年产高级硫 12 万吨。

磷矿　伊拉克磷酸盐储量约为 100 亿吨，占世界总储藏量的 18% 左右。[①] 磷矿的大规模开发始于 1974 年，年产量 350 万吨。磷矿分布主要集中在靠近叙利亚边界的阿卡沙特地区和卡拉赫盆地东北地带。

伊拉克已进行开采的其他矿产资源还有：铁矿、铜、铬、铅、盐、沥青、石膏、铝、石灰石、白云石、煤、黏土、陶土等，这些矿产的生产规模都较小，开采和销售为国家垄断。

表 4 - 2　　原油生产和出口

单位：万桶/日

	产　量	出口量		产　量	出口量
1976～1980 年	269	250.4	1996 年*	58	38
1981～1986 年*	126.3	96.1	1997 年*	115	92.2
1995 年*	55	28.7	1998 年*	211	179

* 为估计数字。

资料来源：《1999～2000 年度英国经济季评》，第 25 页。

五　炼油业

伊拉克石油工业体系较完备，工业大都与石油有关，炼油业就是其中之一。20 世纪 70 年代，伊拉克炼油业发展迅速，炼油能力显著提高，已由 1968 年的 480 万吨增长到 1980 年的 1000 万吨，除能满足本国消费外尚有部分出口。截至

---

① 贾希姆·海拉夫等：《伊拉克地理》，北京出版社，1982，第 158 页。

1979 年，全国有 8 家炼油厂，其中规模最大的是巴士拉炼油厂和道拉炼油厂，年炼油能力均达 350 万吨。为了提高炼油能力，1978 年和 1979 年国家分别扩建了基尔库克炼油厂和巴士拉炼油厂。计划还准备在贝吉兴建一座年产 750 万吨的大型炼油厂。

20 世纪 90 年代，伊拉克的炼油能力恢复到年产 350 万吨。

六　石油化工业

丰富的石油和天然气资源为发展化工业提供了充足的原料，石油化工业是建立在石油和天然气的基础上。1977 年建立的祖拜尔化工厂年产 15 万吨聚乙烯和聚氯乙烯。巴士拉化工联合企业是伊拉克耗资最大的化工项目，于 1981 年投产，巴士拉第二化工联合企业设计能力年产 17 万吨乙烯、聚乙烯和聚氯乙烯、聚氯丙烯、烧碱等。化肥工业有两家化肥厂，巴士拉化肥厂年产尿素 100 万吨，其中 80 万吨供出口。两伊战争中这些工厂均遭到不同程度的破坏，以后，处于断断续续的恢复中，但产量不稳。北济化肥厂 1990 年试生产，设计能力 50 万吨/年。

七　建筑工业

20 世纪 70 年代中后期，建筑材料工业迅猛发展，新建的各类建筑拔地而起，保证了大规模基本建设的需求。全国有 8 座水泥厂，年产水泥 640 万 ~ 825 万吨左右，1980 年水泥产量甚至高达 1000 万吨，人均消费水泥 400 公斤/年，是亚洲水泥人均消费水平的 2 倍。除满足国内需要外，尚有较大量出口，1989 年出口水泥 125 万吨。除水泥外，制砖业发展迅速，大、中、小型砖厂规模齐全，有 18 家国营砖厂及数量可观的私营砖瓦厂，年产各类砖 60 亿块。石膏年产量为 17 万吨左右。此外，还有混凝土构件厂、房屋预制厂、塑料厂、钢制门窗厂、预制件厂等。这些工厂在国家经济建设中起了较强的作用。

建筑工业总机构经营水泥、石棉板、预制件、地面砖、马赛克、大理石、玻璃、陶瓷、石灰石、石膏、塑料管、绝缘材料等。

八 电力工业

伊拉克有 23 座电站，安装蒸汽轮机和水轮机共 128 台，装机总容量为 955.2 万千瓦，全国分中部、北部和南部三大电网系统。二级变电站有 175 座，高压电网 132 千伏，总长 1.22 万公里。

由于战争频仍，电站成为轰炸目标之一，造成电力严重短缺。1987 年，伊拉克的发电能力达 853.8 万千瓦，1990 年，发电达 900 万千瓦。1990 年，全国 95% 的人用上了电。伊拉克是中东地区第一个电力输出国，已实现了与土耳其电网的联网。

伊拉克战争后，电力设施遭到进一步严重破坏，民用电停电经常发生。据专家估计，全国重建电力至少需投入 100 亿美元的费用。

伊拉克的电力标准是交流电 220/380 伏特、50 赫兹，可使用所有二相或三相插头装置。

九 制造业

伊拉克制造业中重工业发展起步较晚，1977 年投产的第一座炼钢厂，年产钢 40 万吨，铁 120 万吨。1985 年全国钢的年产量为 40 万吨，铁的年产量为 720 万吨。

1970～1973 年先后建立了三座汽车装配厂，年装配各种汽车约 2000 辆。两伊战争前建立的苏韦拉汽车厂计划投产后装配汽车 6.5 万辆。此外，还建有巴格达拖拉机装配厂等。伊拉克铝年产量为 3.2 万吨，建有纳西里耶铝厂。

70 年代以后，纺织、造纸、玻璃等轻工业陆续兴建起来，其中纺织业发展较快，尤其是摩苏尔棉纺厂扩建后，棉布产量由过去的 1800 万米提高到 1978 年的 5000 万米，该厂可以满足国内需求的 40%。全国有三家国营糖业公司，年产糖 33 万吨，基本可满足国内需求。

十　其他工业

立一个齐全的加工工业和机械化设备工业体系是伊拉克过去的目标。除上述工业外，伊拉克的其他工业也很多，发展规模不等，如食品加工、医药、烟草、卷烟、塑料、制鞋、电子、机械、橡胶、炼铝业等工业也有一定基础和规模。不过，所有这些工业均受到战争的严重破坏，处于不佳状态中。

第四节　商业

伊拉克没有设立商业部，主要商业部门由国营企业占主体，国营部门所占比例由 1958 年的 11% 提高到 1980 年的 40%。商业是第三产业的一个分支，在国民经济中占有重要地位。

拉希德大街是主要商业街，这里集中着大大小小的商家。伊拉克经商人员很多，甚至包括一些儿童为了生计也要到大街小巷叫卖。

交通运输仓储占国内生产总值的比重在 1984～1988 年间依次为 4.2%、3.8%、4.8%、3.8% 和 3.5%。伊拉克的公路交通承担了全国客货运输的 60%。[①]

大商人一般做进出口贸易，也做国内批发业务和零售业，经

----

① 吴仪主编《世界各国贸易指南——西亚分册》，经济管理出版社，1994，第 73 页。

营产品品种多样化。中、小商人有自己开的店，一般为家族方式经营。第三产业在国内生产总值中的比重从 1984～1988 年依次为 35.1%、33.7%、30.9%、26% 和 22.9%。逐年下降的原因是军工业发展很快，占据了大量资金，致使第三产业发展受到严重影响。

伊拉克商检制度比较严格。伊拉克进出口监督委员会规定下列商品必须符合国家规格质量标准：所有食品、化妆品、香水、香波、牙膏、牙刷、塑料奶嘴和奶瓶、尿布、酒精、灭蚊虫喷雾器、杀虫剂、煤气灶、煤气或石油取暖器、盘条、纺织品、医药用品、各种量具等。进口商必须按照伊拉克规定质量标准凭样品申领进口许可证。到货后由海关抽样封送规格质量控制中央机构检验通过后放行。

第五节　交通与通信

一　交通运输

伊拉克国内交通运输由空运、水运和陆运三部分构成，其中陆路交通分为铁路和公路，以公路为主。在阿拉伯国家中，伊拉克的交通运输属于发达的国家。海湾战争中，交通运输设施遭到极为严重的破坏。由于联合国的制裁和美英在伊北部和南部设立了两大"禁飞区"，空运长期受到极大影响。

（一）公路

伊拉克国内的交通运输以公路为主，公路交通比较发达，公路运输是国内最重要的客运手段。以巴格达为轴心，向全国各城市延伸。1977 年 1 月 1 日，根据 1976 年第 9 号法令，伊拉克成立了客运总机构，专门负责管理客运，该机构的主要工作是：修建公路，将巴格达与全国各省连通；连接毗邻的国家，建立国际交通网；监督巴格达及总机构所属的各运输部门的客运工作。

据1994年统计数字表明，全国公路总长39767公里，其中高速公路达1071公里，[①] 多建于1991年之前。1984年，建成88座大桥和立交桥，总长1.43万公里。[②] 1994年有私人客车764.7万辆，私人货车265.8万辆。

1. 国内公路

伊拉克的公路四通八达，各大城市都开通了高速公路或二级公路，国内主要公路干线均以巴格达为中心，联结全国18个省及各大城市，它包括：

从首都巴格达至巴士拉之间有两条公路，一条是8号公路，从巴格达经西南方向的巴比伦、希拉、迪瓦尼亚、塞马沃、纳西里耶到巴士拉，8号公路是沿着幼发拉底河的流向修筑的，是十分重要的干线，全程550公里。伊拉克战争中，该公路是美军进攻巴格达的主要作战通道。另一条是巴格达东南途经库特、阿马拉至巴士拉的6号公路。[③]

巴格达—摩苏尔—特勒·科秋克（伊叙边境城市），长达521公里。

巴格达—基尔库克—阿尔比勒—摩苏尔—扎克胡（土耳其边境城市），长达544公里。

基尔库克—苏莱曼尼亚，160公里。

巴格达—库特—纳兹利亚，186公里。

巴格达—拉马迪—鲁尔巴（叙利亚边境），555公里。

巴格达—库特—乌马拉—巴士拉—沙夫万（科威特边境），

① 《1999~2000年英国经济季评》，第33页。
② 《世界知识年鉴》（1997/1998年），第210页。
③ 荷竹：《专家评说伊拉克战争》，军事科学出版社，2004，第136页。

660 公里。

巴格达—巴卡巴—卡尼基安（伊朗边境）。

2. 国际公路

20 世纪 80 年代，是伊拉克经济状况较好的时期。伊拉克与其邻国均开通了国际公路，全国有 12 条公路与邻国连通，其中 1 号、2 号、3 号、8 号、10 号、11 号、12 号公路分别与叙利亚、土耳其、沙特、科威特、伊朗相连。这几条国际公路在进出口物资转运中均起了重要作用，主要公路干线有：

（1）巴格达—安曼公路（约旦首都）　公路全长 900 公里，这是一条十分繁忙的线路，海湾战争之后，过往人员、运送石油的车辆主要通过这里，各种装载人、货的车辆以及油罐车络绎不绝。这条公路被称为"死亡公路"，常有强盗出没，绑架袭击事件时有发生。

（2）巴格达—叙利亚公路　巴格达至叙利亚之间的公路有两条，称为 10 号和 11 号公路，距离巴格达有 300 公里。

（3）伊拉克—科威特公路　伊科公路的名字是 A—80 公路，是一条现代化的公路，铺设在沙漠之中。这条公路有 6 条笔直的车道。它由科威特北上，直通与伊拉克接壤的阿不达利地区，全长 120 公里。1991 年海湾战争中遭轰炸的伊拉克军队就是沿着这条公路撤离科威特的。在 A—80 公路上，至今依然可感受到当年"沙漠风暴"的痕迹。

分别连接伊拉克边境城市沙夫万和约旦、叙利亚的国际公路，1990 年 6 月已大部分竣工，全长 1264 公里，并行 6 个车道。另外，还有巴格达—土耳其公路、巴格达—沙特阿拉伯公路、巴格达—伊朗公路。在摩苏尔有分别通往邻国叙利亚、土耳其和伊朗的公路。由于遭受连年战争的破坏，伊拉克所有公路都需大规模重新铺修，中小城镇之间的公路也面临年久失修的路况，交通不畅，新建和扩建公路成为当务之急。

（二）铁路

伊拉克现有铁路总长 3084 公里。全国主要铁路干线是：以巴格达为中心、通往全国几大重要城市的几条动脉干线，连接邻国边境的几条干线，主要铁路干线包括：

巴格达—巴士拉的铁路，与 8 号公路线平行。

巴格达—基尔库克—阿尔比勒标准轨铁路，长 461 公里。[1]

拉比亚—摩苏尔—巴格达（长 534 公里）—巴士拉—乌姆卡斯尔（长 608 公里）；该铁路与土耳其铁路网联网，著名的"东方快车"经由伊斯坦布尔进出巴格达。

巴格达—胡塞巴（伊叙边境），长 404 公里。

巴格达—卡依姆（叙利亚边境）—阿卡夏特，长 638 公里，是运输磷酸盐的铁路。

基尔库克—白吉—哈迪萨，长 252 公里，为工业用铁路。

伊拉克曾计划修建一条从巴格达通往叙利亚和约旦边境的铁路，改善和兴建连接土耳其和阿拉伯半岛国家的铁路。

伊拉克—土耳其艾尔丁铁路。2001 年 5 月，伊拉克—土耳其艾尔丁的客运正式恢复。

摩苏尔—阿勒颇（叙利亚）铁路。全长 520 公里，1940 年建成通车。当年，每周有两列列车往返摩苏尔和阿勒颇之间。1980 年两伊战争中因叙利亚支持伊朗，致使叙利亚与伊拉克关系恶化断交，这条铁路于 1982 年停止运行。2000 年 8 月，伊叙两国关系缓解，摩苏尔—阿勒颇铁路恢复运营。伊拉克战争后，伊叙铁路货运服务和客运服务再次被中断。2003 年 7 月 30 日，两国恢复了每周三和周六进行的货运服务，客运服务还需稍后恢复。

（三）水运

伊拉克先后共建有 6 个港口。巴士拉港、贝克尔港、豪尔艾

---

① 谈世中主编《中东非洲商务指南》，第 159 页。

迈耶港、乌姆盖斯尔军港和祖拜尔港和法奥港。

（1）巴士拉港。该港是唯一的商港，两伊战争前，年吞吐能力达 500 多万吨左右。巴士拉港的马卡尔码头有 12 个泊位，在港外可以停泊 7 艘轮船；在穆夫提亚码头建有一个饲料泊位和两个石油产品输出泊位；在阿布·福拉斯码头建有一个化肥泊位。

（2）贝克尔港。该海港原为伊拉克最大的港口，是大型深水输油港口，为浮动油港。海湾战争前，具有 4 个装载能力为 2000 万吨/年的泊位，可以停泊巨型油轮；出口石油能力 100 万桶/日。该港口在战争中被毁，分离和储存设施被严重炸毁，目前的作业缺乏安全性和稳定性。

（3）豪尔艾迈耶港。该港口在两伊战争中被严重毁坏而关闭。2000 年 7 月，伊拉克修复了两个泊位。重新投入使用后，其装载能力可以达到 6000 万吨/年，可以缓解贝克尔港的压力。但是仍需要向联合国提交申请才能够用于石油出口。

（4）乌姆盖斯尔军港。该港位于伊拉克最南端，是伊拉克的主要海港，有 8 个泊位。根据联合国石油换食品计划，这里是直接向伊拉克运送物品、出口石油的唯一关口。年吞吐量 500 多万吨。

（5）祖拜尔港。该海港年吞吐能力达 600 万吨。

（6）法奥港。重要的石油输出港，有重要的输油管道连接南部油田，建有 4 个深水石油输出终端。

伊拉克水上航线主要有 3 条：欧洲、远东和红海。1991 年联合国对伊拉克实行经济制裁后，上述港口已基本停止使用。

两伊战争结束后，政府制定了扩建港口和建设新港口的计划，其中包括：扩建乌姆盖斯尔军港并使之现代化的规划；投资 10 亿美元在祖拜尔港建设新的泊位和石油输出终端规划；还计划将阿卜达拉运河继续挖深 13 米，以便能直通到海湾乌姆盖斯尔军港的 8 个泊位。在阿玛亚港和法奥港分别建有 3 个和 4 个深水石油输出终端。

内河水运。伊拉克的内陆水道由港务总局负责管理，共有各类船只 3.5 万艘，总吨位 79.1 万吨。内河航线总长 1015 公里，主要有底格里斯河、幼发拉底河、阿拉伯河及人工运河（萨达姆河）等水道。[①]

伊拉克航运河道总长为 3400 公里，主要河流有 11 条，其中底格里斯河的摩苏尔—卡尔达特·阿里河段全长 1230 公里，幼发拉底河的希特—卡尔迈特河段全长 890 公里。

（四）空运

伊拉克有两个国际机场：巴格达国际机场（原名萨达姆国际机场）和巴士拉国际机场。巴格达国际机场于 20 世纪 70 年代兴建，距巴格达约 20 公里。它曾是中东地区最现代化、最繁忙的机场，拥有一条 4000 米的跑道。经过 10 多年的国际制裁，民航业务中断，机场已破败不堪，客运大楼设施已遭严重损坏，免税商店萧条，电梯停运，行李传送带嘎吱作响，空调不能使用，出入境处无电脑设备，甚至有的地方电灯不亮，这是国际制裁造成的直接后果。

在基尔库克、摩苏尔、哈迪萨等城市建有小型国内民用机场，各种民用飞机上百架，以波音 707、727、747 为主。每年飞行航班约 6000 个，载客量 115.5 万人次左右；货运量为 28058 吨，邮件为 20.4 万吨。1990 年客运量为 83.4 万人次，货运量达 2.11 万吨。

世界大多数航空公司都有直飞或中途停留伊拉克的航班。伊拉克航空公司不承认美国环球航空公司售出的机票，凡标有

---

① 石广生主编《伊拉克战争与中国经济》，中华工商联合出版社，2003，第 234 页。

"环航"标识的行李均不予转运,对托运行李的安全检查十分严格,对阿拉伯人和非阿拉伯人征收不同等级的航空税。

1991年海湾战争前,伊拉克国内航线每天都有从巴格达飞往巴士拉、摩苏尔和基尔库克的定期航班。海湾战争后,因联合国实施禁飞令,国际和国内航班均停飞,航空运输也暂时停运。2000年8月17日,伊拉克重新开放被迫关闭了长达10年之久的原萨达姆国际机场。4天后,俄罗斯的一架民用客机率先闯飞伊拉克,此举未经联合国制裁委员会的批准。此后,法、中、德及约旦、叙利亚、埃及等大多数阿拉伯国家纷纷效仿,先后飞抵巴格达,与伊拉克恢复了通航,突破了国际禁飞令。同年11月5日,伊拉克民航客机闯飞国内航线,顺利飞抵南部城市巴士拉,不久又恢复了飞往北部城市摩苏尔的国内航线,恢复了国内航线的飞行,禁飞令被打破。尽管如此,伊拉克的空运业务仍未恢复到海湾战争之前的水平。

2003年美国对伊拉克发动战争后,原萨达姆国际机场再度关闭,直至2004年3月,才部分地恢复了巴格达—安曼航线。同年8月23日,伊拉克国家航空公司获准重新开通国际航线,开始运营。伊航航班每周两次。9月18日,伊拉克航空公司开始14年来的首次营运飞行,有两条航线,一条是由约旦首都安曼到巴格达,另一条是从巴格达到叙利亚首都大马士革。机票昂贵,从巴格达到大马士革的往返机票为600美元,从巴格达到安曼的往返机票为750美元。而同样的旅程,若乘坐公路大巴只需花费几十美元。

二 邮电通信

两伊战争之前,伊拉克通信在各大城市,尤其在巴格达发展迅速,几乎所有电话都实现了数字交换,建立了电传系统,在主要城市设立了卫星通信业务。1985年伊拉克的

电话网增加了100多万条线路，此外还进行光纤通信的探讨和设计。

海湾战争后，通信设施遭到严重破坏，加上联合国制裁的影响，恢复到战前水平存在很大困难。由于遭受严厉制裁的原因，伊拉克移动通信失去了发展的最好时机，当手机在世界各国成为普通必需品时，伊拉克人却必须忙着解决温饱问题，移动通信十分落后。首都巴格达的主要通信手段是卫星电话。总部设在阿联酋的一家卫星电话公司垄断了伊拉克卫星电话的大部分市场份额，伊拉克卫星电话的数量仅为2万部[①]。一部安装卫星电话系统的手机，仅设备费就高达600美元，通话费每分钟10美元，如此高昂的费用使普通百姓无人问津。

移动通信网络的利润十分丰厚，美军占领伊拉克后，兴建当地的无线通信网络成为战后重建的一块市场。根据预测，到2006年，伊拉克的手机用户有望达到500万户，美国和欧洲的电信供应商已看好这一市场的发展前景。根据美国媒体披露，伊拉克移动通信网络将分三个区，每个区都分别拥有一个移动电话经营区，移动通信已基本被美国公司所垄断。

距离巴格达西部300公里处，建有一个通信中心，被称为"160点"民用通信中心。

伊拉克国际电话区号为964。

第六节　财政金融

两伊战争之前，伊拉克的外汇储备高达350亿美元，即使到1988年外汇储备还有10亿美元。1990年伊拉克入侵科威特后，联合国对其实行经济制裁，冻结了伊拉克在国

---

① 　朱国秋：《美欲独霸伊手机市场》，载2003年9月22日《环球时报》。

外的全部资产，伊拉克外汇几乎枯竭，损失巨大，第纳尔持续贬值，2000 年伊拉克外债高达 1390 亿美元。

一 财 政

伊拉克财政体制分为中央财政和地方财政两级，中央财政预算由政府责成财政部制定。根据宪法规定，财政预算应该保证开支所需的财政收入来源。国民议会表决通过的预算收支应该是平衡的。财政预算由政府负责执行。

石油是伊拉克的经济支柱，其外汇收入的 97% 依靠石油出口。在两伊战争之前，1980 年伊拉克石油收入高达 263 亿美元，石油美元成为国民经济的主要来源。两伊战争之后，伊石油收入连年锐减，1989 年为 153 亿美元。

伊拉克的国家财政收入主要依靠石油出口。20 世纪 70 年代到 80 年代，伊拉克财政收入充足，丰厚的石油美元使其成为富裕的国家，它有能力对第三世界一些贫穷国家提供经济援助。1981～1985 年第三个五年发展原计划总投资[①]为 1200 亿美元，平均每年投资 240 亿美元。后由于两伊战争和准备召开不结盟国家首脑会议耗资巨大，被迫于 1983 年改"三五"计划为年度发展计划。1983～1984 年度发展计划投资额为 190 亿美元。

两伊战争后期，伊拉克财政收入锐减，因需要支付每年高达百亿美元以上巨大的军费开支，国家财政早已入不敷出，连年亏损，财政赤字和通货膨胀不断攀升，物价大幅度上涨，人民生活水平显著下降。到两伊战争结束时，伊拉克债台高筑，国家所欠债务约为 2000 亿美元，人均负债高达 4000 美元，外汇储备近乎枯竭，伊拉克已由战前的债权国变为了债务国。

2003 年伊拉克战争结束后，国家财政预算缺口极其严重，

---

① 《世界知识年鉴》(1985/1986 年)，世界知识出版社，第 120 页。

需要依靠国际财政援助。2004 年 3 月，伊拉克临时政府计划和合作部长兼伊拉克重建战略委员会主席马赫迪·哈菲兹指出，伊拉克的经济和社会发展需求与实际获取的财政经济援助之间存在着巨大缺口。

2004 年伊拉克临时政府的各项支出总计达 135 亿美元，远远高于国家的财政收入，其缺口需要国际援助来填补。有关国际机构评估认为，伊拉克重建资金为 360 亿美元（不包括总额约 200 亿美元的社会治安和石油设施重建），其中 2004 年度的重建费用为 90 亿美元。

二　金融体制[①]

拉克于 1964 年对其境内的银行和保险公司，包括外国公司全部实行了国有化，其资产全部由国家接管。1991 年之前，伊拉克的银行全部由政府管理，其国内没有外国银行或办事处。1991 年 5 月，政府宣布终止国家对银行业的垄断。至 1992 年，伊拉克有 3 家私人银行开业。

伊拉克金融系统组成：一家中央银行，两家国营商业银行，即著名的拉费丹银行和拉希德银行；3 家私人专业银行（巴格达银行、杜拉银行和伊拉克商业银行）；4 家国家控制的行业（专业）银行，即农业合作银行、工业银行、房地产银行和社会主义银行。

伊拉克中央银行和拉费丹银行与外国银行（主要是欧美国家的银行）有密切的业务联系，特别是拉费丹银行。4 家行业（专业）银行各负其责。农业合作银行、工业银行、房地产银行分别对农业、工业和房地产业进行投资，并向私营部门倾斜；工业银行同时也对某些国营企业和保险、再保险公司进行投资；社会主义银行于 1991 年创建，它负责向在两伊战争中获得 3 块以

---

① 《中东非洲商务指南》，第 163 页。

上勋章的士兵发放无息贷款。

其他金融机构起中介作用，包括伊拉克生活保险公司、伊拉克再保险公司、国民保险公司、邮政储蓄银行和一家证券交易所——巴格达资本市场。

三 银行

19 64 年伊拉克对银行实行国有化政策，由中央银行发行货币，控制全国的金融系统和外汇交易。除了中央银行外，还有拉费丹银行、拉希德银行、工业银行、农业银行和房地产 5 家专业银行。伊拉克战争后，有了外国银行。

（一）伊拉克中央银行

这是伊拉克最重要的国家银行，该银行具有如下职权：（1）发行货币和控制货币发行量；（2）控制信贷规模；（3）为国际和国内贸易提供便利；（4）维护货币稳定；（5）控制外汇交易；（6）监督其他银行的系统运行；（7）直接或间接管理国家的海外资产；（8）通过商业银行、专业银行、政府机构和半政府机构发放信贷；（9）参与国家经济发展。

伊拉克中央银行在全国设有两家分行，分别设在巴士拉和摩苏尔，主要处理与外国银行的业务往来，与欧美国家的银行有密切的关系。

（二）拉费丹银行

拉费丹银行也称为两河银行，创建于 1941 年，是伊拉克最大的银行之一。1988 年资产总额达 544.84 亿美元。拥有私人存款超过 10 亿美元。

该银行与外国银行发生着繁忙的业务关系，它是外国所有公司在伊拉克从事商务工作、活动的最主要资金来源。该银行为政府所有，履行商业银行和发展银行的职能，提供多种服务，主要是：（1）为进出口贸易开信用证；（2）发出银行保函；（3）办

理资金转移和汇兑业务。

拉费丹银行在全国拥有 151 家分行，在巴格达就有 66 家；在阿拉伯世界有 4 家分行，分别设立在贝鲁特、安曼、巴林和阿布扎比；在伦敦设有一家分行，负责处理与外国金融机构之间的业务往来。

（三）拉希德银行

拉希德银行是伊拉克的第二大银行。该银行为国有商业银行，于 1984 年恢复，专门负责与国内零售业有关的银行业务。该行总资产达 93 亿第纳尔[①]，在全国设有 100 多家分行，在国外拥有 2 家分行机构。

拉希德银行与拉费丹银行是两家巨头银行，这两家银行共同控制着伊拉克 90% 以上的银行业务，它们是政府的金库，拥有大量政府存款，伊拉克的石油收入就是由它们负责。

（四）农业合作银行

在伊拉克的金融业体系中，还有 17 家小银行分摊了剩余的银行业务。不过，每个银行的存款不超过 100 万美元。其中，农业合作银行创建于 1936 年，总资产达 3.5 亿第纳尔；在全国设有 32 个分行。

（五）工业银行

创立于 1940 年，在全国设有 5 家分行。

（六）房地产银行

创立于 1949 年，在全国设有 18 家分行。

此外，还设有伊拉克生活保险公司、伊拉克再保险公司、国民保险公司、邮政储蓄银行、证券交易所等金融机构。

（七）伊拉克贸易银行

2003 年 7 月 22 日，美英占领当局在伊拉克成立了一家贸易

---

① 1985 年初 1 美元 = 0.295 第纳尔。

银行，以便为伊拉克进口商品和服务提供支付保证，尤其是食品和重建所需物资的进口。设立这家银行的目的还包括需要增强伊拉克贸易伙伴的信心，使他们相信货物一到就能得到付款，以加快经济重建所需物资的采购。新成立的贸易银行将有 1 亿美元的储备金。银行行长人选由负责伊拉克战后重建事务的最高文职长官布雷默直接任命。

美国致力于改造、重整伊拉克银行业，拉希德银行与拉费丹银行两家最大的银行成为首选目标。美国认为，在萨达姆统治时期，这两家大银行为复兴党的企业输入资本，而现在需立即停止这种活动。美国推出，各银行可以实施自己的经营策略，向中小企业贷款，发展可靠的私人存款业务和建立消费信贷市场。

（八）外资银行

2003 年 9 月，伊拉克临时管理委员会作为临时政府宣布战后经济改革措施，颁布了外国投资法，就外资银行在市场准入方面，规定允许外国银行在伊拉克开设分行和办事处，或与当地银行建立合资机构。允许外资银行以分行、支行、代表处或与当地银行合资的形式进入伊拉克，但银行本金不得少于 2500 万美元，并将在未来 5 年内允许 6 家外资银行可以百分之百地收购本地银行，在伊拉克银行中占有 100% 的股份，而其他银行最多只能拥有 50% 的股份。对收购本地银行 50% 以下股份的外资银行不作数量限制，5 年后，对外资银行的进入不设任何限制。外资银行享有国民待遇，可以立即开办货币存储业务。外商在伊拉克租赁土地可以长达 40 年，并允许续租。[①] 据悉，为医治战争给伊拉克人民造成的创伤，伊拉克政府将陆续出台一些新政策，鼓励和吸引国际社会参与伊拉克战后的经济重建。

---

① 2004 年 3 月 24 日《经济日报》。

四 货币金融

（一）货币与汇率

伊拉克使用中央银行发行的货币第纳尔。第纳尔分纸币和硬币两种。纸币的面额有 500、1000、2000、2500 第纳尔；硬币的面额有 1、5、10、25、50 和 100 菲尔斯。

长期以来，伊拉克货币第纳尔贬值严重，黑市十分猖獗，但伊政府实行汇兑平价政策，即固定汇率，官方汇率 1 美元 = 0.31 第纳尔，而此时的黑市 1 美元已经超过上千第纳尔。

2003 年 10 月 15 日，萨达姆政府时期发行的伊拉克货币正式更换，更换后并开始流通的新版货币依然称第纳尔，货币由英国印制，面值与原来旧货币一致，由 1～2500 面值的第纳尔组成。新旧货币兑换比价为 1:1。新版货币与旧版货币唯一的区别是票面上的图案，旧版货币上印有前总统萨达姆的头像，而新版货币统统取消了萨达姆的头像，取而代之的是伊拉克的名胜古迹和著名历史人物，换上了著名的古巴比伦王国的汉穆拉比国王和公元 10 世纪伊拉克著名的数学家阿里·哈桑的头像。新版货币采用了防伪技术，使用上更加安全，还可以打击市场上泛滥的假币。

（二）金融市场

伊拉克战争后，境内制造伪钞猖獗，金融市场极其混乱。2003 年 9 月 18 日，美军在搜捕行动中，一举收缴了 200 亿伊拉克第纳尔（约合 1000 多万美元）的伪钞和若干台用于制造假币的印钞机。犯罪分子企图抢在新版伊拉克第纳尔发行之前进入流通领域，他们捷足先登，大量投放巨额伪钞，以假乱真，牟取暴利。

（三）金融保险

伊拉克的金融保险业很不发达。1984 年金融保险业占国内生产总值的比重为 5%，1988 年下降为 2.7%。① 金融保险机构大都只起中介作用。伊拉克拥有三家国营保险公司，它们是：伊拉克保险公司、伊拉克再保险公司和国民保险公司。1989 年，伊拉克保险总金额 1.9 亿第纳尔。

2000 年 9 月，伊拉克政府实施了金融改革政策，国家外汇储备和对外贸易将停止一切使用美元结算的交易，改用欧元或其他货币。此前，伊拉克的外汇储备和对外贸易一直使用美元结算。金融政策改革主要是针对美国对伊拉克的敌对政策。伊拉克决定放弃美元是因为美元已经成了美国赖以主宰海湾地区、国际政治和经济事务的一个支柱，必须抗击美国在国际政治和经济事务中的霸权地位。

五　证券市场

伊拉克的二级资金市场（证券转让）一直存在。一级资金市场（证券买卖）于 1991 年建立，其董事会主席由财政部次长担任，总经理由政府任命。1992 年伊拉克政府在巴格达试办了一家证券交易所——巴格达资本市场。该交易所于 1992 年 4 月开业，上市交易的公司达 138 家，分别来自工业、农业、旅游、旅馆等公共服务业，其中包括合资企业和国营企业。股份总额为 20 亿第纳尔。上市交易的股票面值共 32 亿美元。原伊拉克股市每周交易 3 天，成交数量很小。而且许多上市公司的最大股东都是原政府官员。

伊拉克战前的原股票交易总部在战后初期遭到洗劫，战后几家上市公司已不复存在。2004 年 2 月，伊拉克巴格达交易所重新开业。重新开业后的股市是一个全新的股票市场，负责人是美国人杰伊·哈伦，年龄仅 24 岁。哈伦决定采纳美国证券交易委

---

① 《世界各国贸易和投资指南——西亚分册》，第 75 页。

员会的管理模式,① 重建伊拉克股市,他有与纽约、费城证券交易所的金融专家和律师进行合作的经验。他仿照美国证券交易所的模式,修订、完善新股上市的交易规则,为伊拉克股市创建一个"监管机构"和一个"证券交易商协会"。他与计划新股上市的每一家伊拉克公司均举行了会谈。

战后,伊拉克股票市场恢复正常开业已逐步走向正轨。巴格达股票交易所是在临时政府财政部帮助出资情况下才得以运营,这是一家私营的交易所。截至 2004 年 7 月,在交易所注册上市的伊拉克公司为 27 家,另有 100 多家公司准备即将上市。巴格达股票交易所只在周三和周日开盘两次,开盘时间为每天上午 10:00,收盘时间为中午 12:00。② 交易所拥有 51 名工作人员,有美国人参与,他们负责提供技术支持和援助,不负责具体业务。目前,伊拉克的股票交易信息使用手工操作,尚未进入电脑操作交易。出于安全考虑,现尚不允许外国公司上市,也不允许外国人买卖股票。

六 外汇管理

伊拉克对外汇实行管制政策。根据 1961 年第 19 号"外汇监管法"及中央银行实施细则,外汇管理主要实行以下政策:③

(一)一切外汇交易业务由伊拉克中央银行的行政管理委员会负责管理,由中央银行核准的银行或法人经营,通常由中央银行的总裁或总裁代理负责行使职权,主要处理由外汇咨询委员会呈递上来的报告。

---

① www. xinhuanet. com,2004 年 2 月 4 日。
② www. xinhuanet. com,2004 年 7 月 19 日。
③ 《世界各国贸易和投资指南——西亚分册》,第 78~79 页。

（二）伊拉克中央银行公布外汇买卖牌价，任何外汇买卖按照牌价进行交易。

（三）外汇收付按照下列两种业务进行，一是往来业务，包括外贸货值及其运费、保险费、银行费用、轮船费税，使、领馆官方代表团费用，保险和再保险金及赔款，等等。二是资本业务，包括公司转售、清理或解散的款项，到期债券或出售债券的收入、遗产，等等。

（四）授权经营外汇业务的银行对货币的收付均须由外汇持有者本人按照要求准确填写单据。

（五）未经中央银行批准，任何人不得在国外保留出口佣金或其他业务所产生的外汇余额；凡有类似外汇余额均须卖给伊拉克任何一家核准银行。

（六）携带伊拉克或外国纸币出入境按照以下规定办理：（1）常住居民出国朝觐不得携带超过相当于150伊拉克第纳尔的沙特阿拉伯货币；（2）凡是超过以上限额者必须经银行开具第7号外汇单交海关验放；（3）任何人入境携带外币（禁止以色列币）金额和黄金不限，但需填写第8号外汇单交海关签具，个人保存第二联备用；（4）任何人不得通过邮政寄出或寄入伊拉克第纳尔或外币；（5）买卖和处置外币只准通过核准银行进行，但沙特阿拉伯和伊朗货币除外；（6）任何人不得将付款通知、支票、汇票、汇单带给、交给或由境外寄给非常住居民；（7）任何人不得将未经加工制作的金锭带出境。金首饰和个人用金器其金额不超过100伊拉克第纳尔者可以携带出境。

（七）中央银行下属的外汇兑换和银行监督司以及获准从事兑换的机构受中央银行委托得到了一部分批准权。拉费丹银行和拉希德银行的所有分支机构都获准可以进行外汇兑换业务。拉费丹银行或拉希德银行在见到进口许可证的外汇管理副本后，可以进行外汇兑换，但在某些情况下需要将证明信呈送中央银行

的除外。

（八）所有进口都必须由中央银行的外汇管制许可，否则无权购买或转移外汇。

在伊拉克申请延长信用证的有效期十分困难，出口商必须按照与伊拉克买方最初约定的日期内装船。外商在伊拉克的投资所得减去缴纳净所得税后的部分，可汇回本国。外商所得税最高税率：工业为 20%；商业部门为 10%。伊拉克允许在伊拉克工作的外国人将其收入的一半或全部兑换成硬通货。

七　关税和税收

20 世纪 50 年代末至 60 年代中期，伊拉克政府在振兴发展国家经济中，实施了进口替代的经济发展战略。伊拉克共和国成立初期，国家工业基础十分薄弱，大部分工业品都需要进口。为了改变这种状况，伊拉克政府提高工业产品的自给自足程度，大力扶植民族工业的发展，政府实施贸易保护政策，即实行了保护关税制，禁止或限制某些工业产品的进口，对本国制造的商品实行免税或征收低税政策，并提供优惠性贷款。为此，国家成立了工业发展委员会，颁布了鼓励发展工业的法令。1959 年政府对工业企业实行关税保护政策，对国内 42 个企业免除了税收；1960 年免税企业达 88 个；1962 年为 79 个。[①]

（一）关税

伊拉克政府规定："对某些初级产品实行特惠关税。进口商品必须缴纳关税、印花税和国防税。国家急需的某些产品和机械设备免收关税。临时进口的商品，必须缴纳相当于海关关税 1/8

---

① 《七·一七革命后伊拉克的经济发展》，巴格达革命出版社，1974，第 44 页。

的关税。在其再出关时，这部分关税可予以退还。伊拉克每年年初公布当年关税税率及限制进口和禁止进口商品名单。"①

伊拉克的海关制度长期沿用 1931 年第 56 号《海关法》。1984 年 2 月参照布鲁塞尔海关合作理事会文件、根据阿拉伯经济统一体理事会海关委员会通过的阿拉伯海关法提案，制订并颁布了伊拉克第 23 号《海关法》。主要内容包括：

1. 海关税适宜原则规定 3 种征税标准：（1）普通关税适用于所有国家商品；（2）优惠关税适用于签有最惠国协定国家的商品；（3）额外补偿税针对有出口补贴的原产国或低价倾销商品，同时规定最高关税不超过普通关税的 1 倍，但税额不得低于货值的 35%。

2. 享受免税（所得税、进口关税、印花税、出口扶持基金税等一切税）及不受进口限制的有：国防部进口的一切军事装备、交通运输设备以及后勤物资，驻伊外交使团、领事或政治代表机构（按对等原则由外交部确认），联合国驻伊机构、国营企业及国家资本不少于 51% 的合营企业、列入国家计划的大型项目及其经个人担保的临时进口，经过批准的私营民族工业发展项目，临时进口的包装材料，国际博览会进口的宣传、招待用品和建馆器材，某些国家急需的产品和机械设备免收关税，等等。

伊拉克全部免税进口的商品包括：粮食、活羊、活禽、花木、化工原料、染料、医药、纸浆、纸张、书报杂志、纺织原料、有色金属和黑色金属材料、部分机械设备、铁路设备、拖拉机、国防用品等。

3. 对来自阿拉伯共同市场（科威特、约旦、叙利亚、埃及）的商品及阿拉伯国家之间签有经济协议的国家进口商品实行特惠关税。

4. 产地证书制度。除外交机构进口物品、印刷品、私营（50

---

① 杨光主编《中东市场指南》，企业管理出版社，1994，第 125 页。

伊拉克第纳尔）和国营（100 伊拉克第纳尔）的样品、个人礼品（50 第纳尔以内）、个人行李、赈灾物品等均需要由原产国正式出具产地证书，包括抵制以色列的条款，按照有关规定认证。

5. 临时进口税制度。根据 1973 年第 157 号《大型项目施工法》规定，在伊拉克执行项目的外国公司可以办理临时进口，为期 5 年。可以办理延长。每个公司按照每个项目临时进口小轿车不超过 5 辆，越野车、大轿车、生产使用汽车等不限。临时进口小轿车必须落实到人头，离境时须向海关申报该部汽车所存放的地址或取消临时进口牌照。①

（二）关税主要种类

伊拉克海关税主要有 4 种，进口关税、出口关税、国防税和过境费。关税税率采用进出口合一制，单一税栏。日用消费品进口税率为 20% ~ 60% 不等，高级消费品为 100% ~ 250% 不等。资本货物进口需缴纳 0.5% 的税，消费品进口需缴纳 0.75% 的税。所有需要缴纳进口税的商品均按分类缴纳海关附加税。

拉费丹银行或拉希德银行凭进口许可证的外汇管理副本办理外汇业务，但对需要向中央银行呈报者例外。使用非居民外汇的进口可以领取特别进口许可证。

来伊拉克举办工、商、艺术、科学展览的展团，其展品可以向银行交纳双倍的保证金或由其所属国家大使馆出具担保书后，可以办理为期 6 个月的临时进口；如果展品就地出售，须在货物交割前办理纳税手续。

1991 年 1 ~ 5 月因海湾战争，伊拉克停止实施海关法并免征一切进口关税。战后恢复征税后，伊拉克第纳尔的实际汇率仅相当于官方汇率的 2%，在这种情况下，伊政府仍按官方汇率计价征税，故伊拉克关税占进口商品成本的比例极小。

---

① 《世界各国贸易和投资指南——西亚分册》，第 80 页。

2003 年伊拉克战争结束后，美英联军临时当局下令取消了所有关税和进口税，目的是方便边界通道，使武器之外的所有产品都能迅速进出伊拉克。在伊拉克与约旦边境，每天有 3000 多辆车经过，运送各种商品。

（三）税率

伊拉克法律规定："政府雇员免交所得税，但在私营企业工作的所有人员都必须交纳个人所得税，对伊拉克公民，其税率为 5% ~ 75% 不等，如果他们生活在国外，税率将大幅度上升。非伊拉克国民的税率在 2% 至 20% 之间。"[1] 在伊拉克经商的商业实体需交纳公司税，税率在 10% ~ 60% 之间，税率根据利润额来确定。对非工业部门的股份有限公司、有限责任公司和工业部门的有限责任公司，最高税率在 55% ~ 60% 之间。

海湾战争结束后，伊拉克进口税高达 80%。2003 年 9 月，伊拉克临时管理委员会对关税作出决定，将对人道主义救援物资以外的进口商品征收"重建费"。国内税收方面，对个人收入将最多征收 15% 的所得税，公司收入所得税将从 2004 年 1 月 1 日起开始征收。[2]

第七节　对外经济关系

一　对外贸易

（一）外贸管理体制

19 58 年伊拉克共和国成立后，实行国家资本主义计划经济，实行进出口许可证制度。1961 年政府制订了

---

① 《中东市场指南》，第 135 页。
② 2003 年 9 月 23 日《人民日报》。

年度进口大纲，按照商品类别确定配额计划，下达供应和生产指标，由各生产部门负责执行。

1968年复兴党执政后，对外贸易在国民经济中占有十分重要的地位，伊拉克对外贸易主要由国家控制，海湾战争之前，国营公司占进口总额的90.5%，占出口总额的87.5%；私营和公私合营企业的出口占12.5%。① 1987年，伊拉克对经济体制进行了重大改革，尤其对私营企业的政策发生重大变化，由限制政策变为放开政策，政府鼓励发展私人经济和进出口贸易，扩大企业自主权，鼓励增加生产，提高产品质量。允许私营商人把国外的存款用于自备外汇进口（称非汇进口）等。海湾战争结束后，为打破经济制裁和封锁，伊拉克实行"多渠道进口"政策，国家进出口贸易活动几乎全部通过私营渠道进行。

（二）外贸政策沿革

伊拉克复兴党政府的外贸指导方针是，第一，对阿拉伯区域贸易和邻国实行特殊优惠政策。伊拉克是阿拉伯联盟的成员国，参加了阿拉伯联盟所属的许多经济合作组织，如阿拉伯共同市场、阿拉伯经济统一协定、阿拉伯货币基金会等，并与阿拉伯国家签订了一系列经济技术和贸易协定，互相给予免税、人员和资本自由流动及运输、转口协调安排等。伊拉克与阿拉伯各国之间的贸易发展不大，进出口基本平衡。伊拉克在开罗、约旦、迪拜和科威特开设了4个贸易中心。第二，鼓励延期付款和信贷贸易。两伊战争中，伊拉克的外汇财源大都用于发展军工和维持战争消耗，石油收入锐减，不仅难以应付战争，还难以满足生产、建设和人民生活需要。从1982年起，政府开始利用外国信贷。1986年，石油价格暴跌，伊拉克经济

---

① 《世界各国贸易和投资指南——西亚分册》，第75页。

不可避免地遭到沉重打击，伊拉克政府采取强硬措施，迫使各国接受提供贸易信贷或低息延期两年付款等条件。第三，开展易货贸易。1987 年，依照经济管理改革政策，伊拉克公布了贸易出口条例，规定贸易出口品种 31 个，1989 年增加到 83 个，贸易进口品种 238 个，贸易出口可享受优惠汇率；易货进口可享受"非汇"待遇（即不受定价限制）。伊拉克与埃及、约旦、科威特、赞比亚、印度尼西亚等国签订过易货贸易协议。第四，非汇贸易。两伊战争中，伊拉克第纳尔逐年贬值，从 1984 年开始，侨汇兴起，1986 年伊拉克革命指挥委员会明令开放侨汇，称作"非汇进口"。1988 年 1 月 4 日，伊拉克革命指挥委员会颁布第 52 号法令，规定伊拉克人可按照国家进口大纲用非汇方式进口商品，外汇来源不限，原产地不限（除以色列外），只需向贸易部展览和贸易服务公司领取许可证，但不列入国家年度进口计划，只作海关统计。1992 年 4 月 3 日，伊拉克革命指挥委员会再次颁布决议，决定无限期延长 1988 年第 52 号法令。非汇贸易成了伊拉克的主要外贸渠道。第五，战时经济政策。海湾战争结束后，伊拉克因遭受制裁，外汇来源全部被切断，进出口贸易也被迫中止。为对付制裁，政府实施了战时经济政策。1991 年 2 月，伊拉克调整对外贸易政策，取消了国家对贸易的控制，放宽外贸限制，鼓励私人外贸活动，给他们更多的自主权，同时开放边界、市场和价格。迫于生计，商人们铤而走险，伊拉克边境走私发展迅速，尤其是与其伊朗边境的石油走私活动。据专家估计，每年石油走私带给伊拉克的收入约 10 亿美元。它通过与邻国伊朗、约旦、土耳其和叙利亚的走私获取一些收入，运进短缺货物，缓解了经济压力。事实上，由于国际社会对伊实行严厉的制裁，伊拉克进出口贸易几乎完全依靠私营商人，私营商人成为对外贸易的生力军。私营企业在保障商品供给、维持市场运转、满足人民生

活基本需求方面起到了不能忽视的作用。石油走私活动使联合国的制裁出现了一个大漏洞，走私活动获得了一定的经济收益，有助于伊拉克克服经济困境，渡过因制裁造成的难关，缓解经济压力。由此可见，私营企业在对外贸易中发挥了不可或缺的作用。

自从 1990 年联合国对伊实施经济制裁以来，伊拉克与外界的经济、贸易交往几乎全部中断，战争结束后，它与其他国家之间的贸易往来，仅限于少量被许可的人道主义物资的进口，支付方式大都采用"易货贸易"或延期付款。战后初期，伊拉克的主要贸易伙伴是邻国约旦，从约旦进口所需的食品、药品等，伊拉克通过"易货贸易"向约旦支付原油。很长一段时间，约旦的亚喀巴港曾是伊拉克唯一与外部进行联系的港口，主要接受转口贸易。约旦也因此成为伊拉克从事进出口贸易经济活动的唯一桥梁。

1996 年 12 月联合国"石油换食品"协议正式实施后，伊拉克与叙利亚的经济合同持续上升，与沙特阿拉伯等国经济合作恢复，随着与伊朗、土耳其等国关系的改善，伊拉克的对外贸易环境得以缓解，外贸渠道得到拓宽。

伊拉克在乌姆盖斯尔建立了一个自由贸易区，由设在南部重镇巴士拉的伊拉克港口管理局负责管理，并对巴格达的交通运输负责。该自由区主要为货物的储存、装配、再包装、清洗和整理提供方便。

（三）进出口商品结构

伊拉克长期以来主要出口原油、天然气、椰枣、化肥等。据伊拉克中央统计机构 1988 年的统计数字显示，在出口总额中，石油占98%，是最重要的收入来源，化肥、水泥、硫黄、椰枣、皮革等占2%。在 1990 年的进口总额中，消费品进口占 43.3%，其中粮油食品占 28.7%。进口主要包括各种生产资料、粮食等生活用品。生产资料进口占 56.6%，其中机械和运输设备占 31.5%，原材料及半成品占 25.1%。

海湾战争后，药品和食品进口来源主要是澳大利亚和美国。1989 年仅美国农产品对伊拉克的出口就高达 7.91 亿美元，1990 年上升到 9 亿美元。主要包括小麦、面粉、饲料和草料，另外还有数量可观的棉花、食糖和烟草。其他进口商品主要是机械运输设备及零配件、纺织品、日用品、医药、原材料、糖、茶叶、肉类。

（四）进出口国别主要分布

伊拉克与世界上 144 个国家签有贸易或经济技术合作协定，主要贸易伙伴是俄罗斯、美国、法国、中国、澳大利亚、土耳其、印度、西班牙、欧盟及埃及、约旦、叙利亚等阿拉伯国家。伊拉克进出口贸易由政府控制，政府设有专门的采购部门负责进口及进口商品的销售。1991 年开始，联合国允许伊拉克进口一些食品和药品等人道主义物资。进口对象国主要是德国、美国、土耳其、英国、日本和罗马尼亚等国。出口对象国主要是美国、巴西、土耳其、法国和意大利等国。近几年外贸额如下：

伊拉克石油出口国主要是法国、美国、德国、英国、南斯拉夫、日本、印度、加拿大、土耳其、前苏联、波兰、约旦等国。海湾战争之前，伊拉克是阿拉伯国家中仅次于沙特阿拉伯和埃及的第三大进口国，占阿拉伯国家进口贸易总额的 10%。1988 年伊拉克的进口国别分布依次是美国、土耳其、日本、英国、巴西、西德、法国、加拿大、澳大利亚、南斯拉夫、爱尔兰、意大利、罗马尼亚、荷兰、约旦等国。其中，美国和澳大利亚为伊拉克粮食的主要供应国。西欧各国主要是伊拉克机械设备和零配件的主要供应国。中国等亚洲国家是伊拉克所需要的轻纺织品、大米、茶叶等商品的主要供应国。

表4-3 对外贸易*

单位：亿美元

年　份	1997	1998
出口额	56.26	59.01
其中原油出口额	55.69	58.42
进口额	-45.01	-45.09
顺　差	11.25	13.92

* 为估计数字。

资料来源：《1999~2000年英国经济季评》，第29页。

表4-4 主要贸易伙伴（1997）

单位：亿美元

出　口	金　额	进　口	金　额
西班牙	3.89	澳大利亚	2.42
法　国	3.6	美　国	0.9
美　国	2.88	中　国	0.65
意大利	1.84	法　国	0.53
印　度	1.52	泰　国	0.66
澳大利亚	1.2	巴　西	0.28
南　非	1.19	比利时—卢森堡	0.27
日　本	1.07	德　国	0.27
加拿大	0.95	马来西亚	0.23
克罗地亚	0.58	埃　及	0.22
主要贸易伙伴和其他贸易伙伴	23.09	主要贸易伙伴和其他贸易伙伴	7.66

资料来源：《1999~2000年英国经济季评》，第29页。

二　外国援助

19 81~1983年两伊战争期间，海湾国家向伊拉克提供了450亿~500亿美元的援助，主要是用于购买军

火。沙特阿拉伯和科威特用自己的石油每天为伊拉克代销 30
万桶。截至 1985 年，伊拉克接受外国经济援助贷款为 180 亿
美元。

为重建被战争摧毁的伊拉克，国际社会在 2003 年伊拉克战
争后成立了"伊拉克重建国际捐赠委员会"，在国际上为伊经济
重建进行募捐。该委员会实行轮值主席国制。截至 2004 年 5 月，
已进行了三次募捐活动。2003 年 10 月 23～24 日，在马德里召
开的伊拉克重建募捐国际会议上，共筹款 330 亿美元，比预计的
560 亿美元的筹款还有很大差距。

目前对战后重建数额评估不等，但 1500 亿美元的数额打不
住。据布雷默预计，巴格达电力设施重建需 20 亿美元，全国重
建电力设施至少需投入 100 亿美元。修复石油设施需要 50 亿～
100 亿美元；石油基础设施升级预计 160 亿～300 亿美元；恢复
学校、医院、博物馆等机构至少需要耗费 1000 亿美元。另外，
维持社会治安需 21 亿美元，用于司法部门 9.19 亿美元，用于供
水和卫生系统 46 亿美元，用于住房 4.7 亿美元，用于交通和通
信 835 亿美元等。[①] 有专家预计未来 5 年的重建资金将高达 1800
亿～2500 亿美元。而美国只能提供其中的 203 亿美元，剩余的
资金全部要靠日本、欧盟或阿拉伯富国捐助。

截至 2004 年 6 月，国际援助情况很不乐观，许多国家承诺
援助的款项基本上都未到位，其中包括美国。第三次伊拉克重建
捐赠国际会议于 2004 年 5 月 26 日在卡塔尔首都多哈落下帷幕，
只募捐到 10 亿美元的重建捐赠，其中日本捐赠了 4.9 亿美元，
日本为本期轮值主席国。会议敦促捐赠国和有关各方应提供更多
的款项，并兑现捐赠国在马德里会议上作出的承诺，以加快伊拉
克的经济重建。

---

① 2003 年 10 月 10 日英国《独立报》。

三　外资政策

57 年伊拉克颁布第 31 号贸易公司法，对外资企业进行初步限制，规定股份有限公司中外国资本不得超过 49%。1973 年伊拉克实行石油、银行国有化政策。之后，政府再次对外资实行清除政策。原则上，伊拉克引进外资标准十分严格，规定了禁止和优惠原则。禁止原则即排斥所有与以色列有关联的公司，优惠原则适应于与伊拉克签有政府间协议的国家，在同等条件下，按国家关系或与伊拉克签订的经济合作协议作出选择。选择投标者的三条标准是：价格、技术和完成期限。当然，这些条件也会由于项目的优先顺序及性质，是否具有战略性的不同而有差别，其他决定因素是：该公司在伊拉克或世界上的信誉如何。

伊拉克一直对阿拉伯国家的商人给予优厚政策。1980 年 8 月 12 日，伊拉克革命指挥委员会曾颁布了鼓励阿拉伯人特别是海湾国家投资发展伊拉克经济的法令。该法令有关实施细则规定，^① 阿拉伯资本及其利润可以不受限制地汇进汇出，阿拉伯投资者在获取银行信贷便利上与伊拉克人享有同等待遇。阿拉伯资本如同伊拉克资本，享有 1964 年第 164 号工业发展法所规定的各项优惠；对预付资本头 5 年免征年利润率 10% 的所得税；在第二个 5 年免征年利润率 5% 的所得税；对发展项目备用金年利润率 25% 以内免征所得税；对工作场地和仓栈免征 10 年地产税；免征所有印花税；对工业项目所需的机械设备、建材、原材料、包装材料免征 5 年进口关税；租用国有土地的租金按照对等原则确定，等等。

尽管有如此优惠的政策，但迄今为止，阿拉伯国家在伊拉克

---

① 《世界各国贸易和投资指南——西亚分册》，第 81~82 页。

的投资额依然不多，只有伊拉克约旦合资的阿拉伯化学制剂生产公司，伊拉克约旦陆运公司，还有一些阿拉伯人投资的旅游饭店、餐厅等。

1980 年 11 月 1 日，伊革命指挥委员会颁布法令，不允许外国资本在伊拉克私营企业中进行投资、所有外国资本必须在一年内撤出，过期充公。伊拉克政府认为外国资本只是把伊拉克作为它们的原料产地、商品市场和技术附庸，严重阻碍了民族经济的发展。不过该法令允许阿拉伯国家的公民按照法定比例投资工商项目。

1987 年实行经济改革后，伊拉克欢迎外国投资，鼓励阿拉伯国家投资。1989 年 8 月 5 日，伊拉克革命指挥委员会制订了《外国经济公司企业分公司和办事处章程》，内容包括 22 条，[①]主要是：外国经济公司或办事处系指按照本章程许可开设的外国公司的代表处或联络处，其目的在于调研市场、劳务和生产可能性，禁止从事包括贸易代理和中间人业务等任何商业活动。分公司遵照本章程第一条规定，非经与之缔约机关同意不得从事条约、协议或合同规定以外的业务。分公司应按 1983 年第 36 号《公司法》第 201 条规定的会计制度，对其在伊从事的全部业务使用阿拉伯语进行正规的会计记账，账务和业务要经审计署审计。

伊拉克投资法准许外国企业在一些行业组建合资公司，主要是食品加工、纺织、化工、旅游和出口工业。这些企业必须接受伊拉克政府的严格监督。兴办合资公司的条件是外方资本不得超过总资本的 49%，董事会的代表席位也要照此比例进行分配。可以例外的是，允许阿拉伯国家侨民和一些亚洲发展中国家侨民的投资股份达到 70%。[②]

---

① 《世界各国贸易和投资指南——西亚分册》，第 82～86 页。
② 《中东非洲商务指南》，第 162 页。

为吸引外资，2003 年 9 月伊拉克颁布的外国投资法，为外资进入提供了合适的投资环境。投资法规定，外商可以在除自然资源以外的所有领域和行业进行投资，外商享有与伊拉克人一样的国民待遇，并允许外商将合法经营所得利益全部或部分汇出境外，对企业产品不作国有化比例方面的限制。

伊拉克临时过渡政府于 2004 年 6 月 1 日成立，国家现行的经济政策还不完善。伊拉克新政府改变以前的外资政策，奉行改善投资环境、大力吸引外资、允许在伊拉克建立完全独资的外国企业、不限制将利润转移出伊拉克的外资政策。

四 债务

伊拉克是个"欠债大国"，它背负的巨额债务主要有两项，两伊战争、海湾战争累计的战争债务及战争赔款。

（一）外债

1988 年两伊战争结束后，伊拉克已是债台高筑，负债累累，外债累计高达 800 亿～1000 亿美元，其中有 350 亿是欠科威特和沙特阿拉伯的。这些债务大都因战争购置军火所欠，沉重的巨额外债迫使伊拉克大部分建设项目早在两伊战争期间已中途下马，被迫搁置一边。两伊战争后伊拉克无资金重新启动这些建设项目，恢复国力难上加难。截至伊拉克战后，伊拉克中央银行称，伊拉克外债数额已达 1200 亿美元。

（二）战争赔款

两伊战争结束后，伊朗屡次要求伊拉克支付战争赔款 1000 亿美元。1991 年海湾战争结束后，科威特和沙特阿拉伯又对伊拉克提出巨额赔偿要求。据悉，科威特向联合国赔偿委员会申报的赔偿数额高达 1020 亿美元。另外，其他国家、组织及个人提出的赔偿金额也高达数百亿美元，伊拉克仅战争赔款一项总计超过 2000 亿美元，伊拉克政府难以承受天文数字般的赔款。从实际情况分析，伊拉克将其石油出口的全部收入都用来还债和支付战争赔款，也尚需若干年时间才能清账。

（三）债务减免情况

1987 年后，伊拉克对到期的债务已经无力偿还，伊政府先后与很多国家进行谈判，目的是达成债务重新安排协议。

伊拉克战争后，美国总统布什号召伊拉克的债权国应免除伊拉克所欠债务。2003 年 12 月 10 日，布什提出欧洲和其他国家免去伊拉克所欠的债务，在减免伊拉克债务问题上美欧争论很大，美国要求法、德、俄放弃对伊 90% 以上的债权，而法、德、俄三国一致坚持认为，伊拉克虽然目前经济困难，但依靠石油收入，具有足够的还债潜在能力，不同意减免欠款。伊拉克欠法国外债 90 亿美元，欠俄罗斯 80 亿美元。经过商讨，俄罗斯总统普京采取了灵活政策，提出有条件地减免债务，承诺将伊拉克所欠苏联时代的 80 亿美元债务减到 35 亿美元，但伊拉克新政府必须保障俄罗斯的公司在伊拉克进行经济合作的金额要达到 40 亿美元。

2004 年 11 月，巴黎俱乐部 19 个成员国同意无条件减免伊拉克 80% 的债务，总额达 330 亿美元（伊拉克欠巴黎俱乐部共 400 亿美元）。减免将分 3 个阶段实施，具体时间尚未最后确定，这将对伊拉克战后经济重建具有重要意义。

第八节　旅游业

伊拉克素有文明古国之誉，拥有世界最久远的古文明，历史旅游成为丰厚的国宝级资源。在全国各省、地分布着上万处古迹，反映着伊拉克有史以来，两河流域繁衍生息的古文明史。伊拉克旅游业以古迹旅游为主，借助悠久的历史文化、尤其是两河流域的古文明和淳朴的阿拉伯民俗优势。不过，由于受战争及战乱的负面影响，许多文物古迹遭到极为严重的破坏，修复的难度相当大，旅游设施十分简陋，旅游业近年大幅度倒退。主要名胜古迹如下：

一　主要古迹遗址

（一）乌尔城遗址（公元前 2060～前 1955 年）

尔是苏美尔时代的城市遗址，是古代苏美尔人（公元前 5000～前 1955 年）活动的地带。乌尔城是已知世界上最早的城市遗址，距今有 7000 年历史。乌尔城遗址坐落在现伊拉克南部纳西里耶市西南 15 公里处，公元前第三千纪曾为苏美尔三个王朝的首都，最后一个王朝是著名的乌尔第三王朝。公元前 4 世纪时，由于幼发拉底河改道，乌尔城及其周围的灌溉系统遭到破坏，生存环境恶化，乌尔城逐渐衰落，直至完全湮没。

《圣经》上记载，圣人亚伯拉罕族长就出生在这里。在这块土地上，除苏美尔文明后期的重要中心乌尔城遗址外，还有苏美尔最古老的城市埃利都城和乌鲁克城遗址。

乌尔王朝的开国君主乌尔纳姆及其儿子舒耳基统治时期，国家强盛，是当时两河流域南部的宗教和商业中心，为西亚强国。当时青铜器已很流行，水利设施发展，椰枣、葡萄种植已十分普遍，畜牧业已从游牧发展到圈养，手工业中出现了奴隶作坊并开始了商品交易。

乌尔城址最具考古价值的是乌尔王陵和乌尔塔庙。从王陵中出土的大量文物为揭开苏美尔文明之谜提供了宝贵的实证史料。在乌尔城发掘出的公元前 2600 年乌尔第一王朝的墓穴中，当年希卜阿德皇后使用的金、银、宝石、首饰及用黄金制作的竖琴等，已成为伊拉克博物馆中的稀世珍宝。在出土的乌尔王陵中，有国王和王后的印章，各墓室中有数量不等的殉葬者，还有战车，金、银、宝石制品等随葬品，这表明乌尔城邦的统治者所拥有大量的财富以及当时手工业工艺技术的精湛程度，也证明了当时金、银、铜等金属冶炼技术已达到相当的水平。

乌尔城址保留着最早的塔庙，是现存保存完好的塔庙遗址。它为一座红色的塔式建筑物，传说系乌尔纳姆国王于公元前2050年建造。该建筑物长200英尺，宽150英尺，高45英尺，两侧和中央修建有台阶，通往高塔顶部。顶部有一座寺庙，供奉月亮神。

1990年海湾战争中，乌尔城址被多国部队毁于一旦，遭破坏程度极为严重，至今地上仍有4个巨大的弹坑，城墙上留有400多个弹孔。

中世纪，乌尔城曾作为"丝绸之路"上的商队城市而繁荣一时。联合国教科文组织已将其列为《世界文化遗产名录》。

（二）亚述遗址（公元前910年）

亚述得名于亚述主神阿淑尔，是亚述帝国的政治、宗教首都。从巴格达北行300多公里，便可到达伊拉克北部首府摩苏尔，这里是闻名遐迩的亚述帝国古都。亚述帝国建立于公元前910～前612年，它是一个强大的军事帝国，地跨西亚、北非，所留古迹甚多。

亚述统治者曾先后在摩苏尔地区的亚述（阿淑尔）、卡拉赫（今尼姆路德）、杜尔·沙鲁金（今霍尔沙巴德）和尼尼微4个地方建都，其中尼尼微最为著名。尼尼微古城墙遗址起伏连绵，方圆约有15～20公里，四周有8个城门，宛如城堡，有的城门已经修复，恢复了昔日旧貌。

亚述的飞牛最为著名，令人叹为观止。在亚述遗址人们可以看到飞牛。当年国王们都喜欢在宫廷的大门两侧，用整块的花岗岩雕琢体积庞大的飞牛，以代替威严的武士站岗。所谓飞牛，即雕刻的带有翅膀的牛，其形象是人面、牛身、狮爪，有5条腿；牛身高3米或4米，重40多吨，造型极其别致，威严肃穆，表现出亚述人的威武雄姿和超人的雄武气质。

除亚述飞牛外，亚述建筑上还有诸多巨大的石壁画，上面刻画着亚述人手提水桶浇灌农作物的景象，表现当时农业发展的状况。石壁画是国王们用来装饰金銮宝殿的。

（三）哈特尔城（又称"太阳城"）遗址

摩苏尔城西南110公里处是哈特尔城遗址，俗名是太阳城。亚述帝国没落后，公元前3世纪，从阿拉伯半岛迁徙至此的阿拉伯部落按照希腊、罗马和阿拉伯风格建造起了这座美丽的古城。太阳城因当地居民崇拜喜姆代神（即太阳神）而得名。太阳城的外围为8公里，内城6公里，在这里可以看到残留的高大圆柱和半倒塌状态的宫殿寺庙。太阳城因地处古代的交通要道，南通往波斯，北接土耳其，西连接叙利亚，是当时的交通贸易中心和宗教中心。太阳城遗留的文物有精致的人物和动物雕塑，还可以看到古希腊时代的建筑风貌。历史上太阳城曾历经激战，公元前1世纪，罗马军队、波斯军队曾先后攻打太阳城，城中军民进行了顽强的抵抗，最终被波斯王萨布尔血洗该城，哈特尔从此消亡。历史已经把太阳城抛弃在荒凉的大漠之中，然而，由于古城独特的艺术风格和悲壮的历史，使太阳城蒙上了一层神秘的面纱，伊拉克人自豪地将古城遗址称为"沙漠中的新娘"。

（四）巴比伦城遗址

巴比伦意为神门。古代史上巴比伦分为古巴比伦王国和新巴比伦王国，前者由加西特人建立（公元前1894～前1595年）；后者由迦勒底人建立（公元前626～前538年）。巴比伦城为两个巴比伦王朝的城都，波斯帝国在灭新巴比伦王国后也曾定都巴比伦；马其顿亚历山大大帝也曾把该城作为首都。

古巴比伦王国遗址 1899～1917年，德国考古学家曾在此进行发掘，但由于地下水位太高，发掘工作受阻，仅限于新巴比伦王国时期后的地层。因此，古巴比伦王国遗址至今还被埋在18米深的地下，未被挖掘。

古巴比伦王国最著名的文化遗迹是《汉穆拉比法典》，这是第六世国王汉穆拉比统治时（公元前 1792～前 1750 年）颁布。法典包括 282 条，刻在玄武岩石柱上，亦称石柱法典。石柱上部为太阳神和汉穆拉比国王的浮雕，下部是用楔形文字镌刻的法令，是研究古巴比伦社会的重要史料和依据。直到 1901 年，人们才从伊朗南部的苏萨古城遗址发现了这块法典石碑，法典原件现保存、陈列在巴黎罗浮宫博物馆，巴格达枣拉公园内的汉穆拉比法典石碑是复制品。

新巴比伦王国遗址　位于巴格达西南 90 公里、希拉以北 10 公里处，它坐落在底格里斯河和幼发拉底河之间的美索不达米亚平原上。从巴格达向南去希拉的公路上，有一条伸向东南的支路直通巴比伦。新巴比伦王国遗址占地面积约 41 平方公里，周围有一条护城的堑壕和双重墙。外墙长 16 公里，内墙长 8 公里，用砖砌成。新巴比伦王国城门之一的"伊什塔尔"神门光彩夺目，它以高大雄伟和门面装饰的彩色琉璃砖浮雕著称，它还包括：

1. 世界上最早的柏油路

新巴比伦王国的主要大街"仪仗大道"（也称游行大道）格外醒目，它宽 20 米，路中间是用沥青铺成的路面，这就是著名的巴比伦柏油路。史料记载，沥青是由巴比伦人最早发明并使用。从伊什塔尔神门一直到贝尔梯形塔的"仪仗大道"，是世界上最早铺设的柏油路，由大块砖头和天然沥青铺成。这条"仪仗大道"已遭到破坏，但还有一些路段遗迹至今保存完好。有一段约百米的路段已用铁丝网围起，专供游人观瞻。据记载，有的路面被收藏、陈列在柏林博物馆中。

"仪仗大道"宽阔笔直，两侧是内城墙，宏伟高大的城墙上清晰地刻有"巴比伦保护神"——神兽彩色浮雕，它是一种怪兽，由几种动物的某些部分组成，即马身，身上有鱼鳞，头上有龙角，长颈鹿的脖子，鹰和雄狮的爪。

城内道路相互交叉，但原主要大路已被破坏，残损不整。新巴比伦王国的鼎盛时期是在国王尼布甲尼撒二世时代，当时都市拥有10万人，王宫、剧院、寺庙俱全。

2. 举世著名的"空中花园"

"空中花园"以精美绝伦的构想和独特奇异的造型炫耀于世，被列为古代世界七大奇迹之一。"空中花园"是由阿拉伯语"悬挂的花园"而得名。今天虽然已难以看出这座建筑当年的模样，但根据挖掘考证的楔形文字记载，"空中花园"呈立体结构，是一座宝塔形状、拥有7层平台的建筑，高25米，由列柱支撑，最底层是石块基座，上面各层铺垫了芦苇、沥青和土砖，土砖上有铅板，铅板上堆积了厚厚的土，传说中的奇花异草层层叠叠地栽种在上面，四时不败，香气迷人。更称奇的是，塔顶上有常年涌出的清泉，从四面的水道中喷泻而下，绝美称奇。据记载，当年"空中花园"还拥有一套灌溉系统，引幼发拉底河水浇灌花草树木。后幼发拉底河水连年泛滥，"空中花园"连同巴比伦城一起被湮没。

这座世界著名的花园以国王尼布甲尼撒二世与王后动人的爱情故事闻名于世。相传，是尼布甲尼撒为他宠爱的王后专门建造，王后是波斯米底王国的一位美丽公主，她嫁到巴比伦后，因思乡心切而整日郁郁寡欢。国王为取悦王后，下令大兴土木、堆筑土山，他独具匠心，亲自为她设计并造出了绝伦的"空中花园"，这座花园是他们爱情的天堂。尼布甲尼撒二世与米底王后之间迷人的爱情故事更是动人心弦，久远流传。"空中花园"不仅是当年巴比伦王国富庶生活的写照，也是天下有情人汇集的圣地，是世界上最动人的爱情史诗。

"空中花园"的确切位置仍在考证中。目前的遗址距幼发拉底河有 20 公里，考古学家认为这恐怕不够准确，根据史料记载，它应建在河边，取水灌溉才方便。

巴格达枣拉公园内有一模拟的"空中花园"，比例为 1∶1，它是一个四方形的多层梯台建筑，层层梯台栽满花草，塔顶装有喷泉，水由水泵抽到顶端后再向下灌，喷泉水像瀑布一样飞瀑流下，景色十分壮观。矮墙上装饰着狮子等神兽图像，是巴比伦王国的保护神。

3. 巴比伦雄狮

"空中花园"北面不远处坐落着一尊著名的巴比伦雄狮，这是一件十分珍贵的历史文物，是尼布甲尼撒时代保留的最完整的一件贡品。巴比伦雄狮是用青灰石雕刻而成的作品，它高踞于一块巨大的长方形石座上，威风凛凛。雄狮头部昂视前方，它的爪下踩着一个石头小人，已经奄奄一息，据说是威武的象征。雄狮的面部已经有些损坏和风化，但它作为空中花园的守护神依然雄姿剽悍，忠实地守卫在那里。

4. 巴比伦桥

桥也在挖掘之列。考古学家发现巴比伦城原有 3 座桥，其中主要的一座是连接通往圣堂的游行道路。

5. 南宫

遗迹的主体部分是当年的南宫，即新巴比伦的尼布甲尼撒宫。该宫面积约 5700 平方米。宫室密集，墙壁厚实，砖块之间用沥青堆砌。南宫正面是那条用沥青铺成的宽阔街道，是当年国王仪仗队通行的地方。尼布甲尼撒二世执政时（公元前 604～前 562 年），巴比伦城建造了一批辉煌雄伟的神庙、宫殿、城墙和"空中花园"等建筑。街道西端连接阿什塔尔神门，神门原来有顶，现在只剩下了两侧高大的墙壁，墙上装饰排列着四不像动物——羊头、狮爪、牛尾，分别象征着吉祥、财富和力量。

巴比伦的建筑工程具有独特性，这里没有像建造埃及金字塔、狮身人面像那样巨大而坚固的岩石，在美索不达米亚平原上只有一望无边的沙土，巴比伦人很早就学会了烧砖，在这里砖是建筑的基本材料。巴比伦人就是用自己烧制的砖块建筑了世界著名、巍峨的神庙、宫殿、高塔和城墙。值得指出，巴比伦的砖墙同"空中花园"一样齐名，现在人们看到的那些断垣残壁就是当年巴比伦人烧制的砖块。

巴比伦人的智慧表现在建筑中，房屋周围建有隔墙，厚实的屋顶，屋子有套间，里间大、外间小，呈斗形，这种构造有利于防热。巴比伦大部分建筑呈拱形和曲线，高大的城墙上有塔楼和城垛，这颇似中国的长城，显然是为防守敌人而修建。

6. 考古

巴比伦城多次毁于战火，逐渐成为废墟，现存比较完整的建筑是伊什塔尔门。1958 年起，伊拉克政府开始对城址遗迹进行修复。伊拉克对巴比伦的挖掘和重建始于 1978 年，政府拨巨款修复巴比伦遗址，并与一些外国考古学家共同制定了一个重建巴比伦的宏大计划，力图重现巴比伦原貌。挖掘和修复工程连年不断，人们站在高处可俯视那一大片断垣残壁的古迹群，仿佛看到了古城昔日盛况，沉睡的巴比伦古城重见了天日。政府曾努力将巴比伦改造成一个学术研究中心，但因两伊战争及海湾战争的严重影响，未果。1978 年伊拉克在原址上复原了高大的城墙，联合国教科文组织认为"失真"，遂把巴比伦从世界文化遗产名录中取消。尽管如此，巴比伦在世人心中依然是具有世界奇迹的荣誉。

重建中的马尔杜克神庙的东城门与其他 8 座内城门模式相同。神庙附近是著名的巴贝尔梯形塔，塔高 90 米。由东向北便是主宫遗址。在通往巴比伦城支路的右侧，有一个 7 级圆形剧场，这个剧场始建于公元前330年，是希腊马其顿亚历山大大帝占领巴比伦后所建。亚历山大大帝东征时曾建都巴比伦，他在此居住了2年，于公元前322年死在这里。重建的剧场基本上保存了原貌。

伊拉克在巴比伦遗址上建立了"巴比伦博物馆"，但馆内除了巴比伦城模型、挖掘出土的少量文物和尸骨外，陈列品很少，尚未形成规模。据伊拉克古文物局报道，伊拉克已找回了近25万件文物，其中包括亚述、巴比伦时期的陶器、碑刻、带翼的公牛及方形塔，等等。

2003年伊拉克战争中，驻伊多国部队对巴比伦文物破坏极其严重，巴比伦城中一条具有2600多年历史的砖制人行道被碾碎。具有考古价值的带有尼布甲尼撒二世印章的碎砖瓦等文物散落满地。大量具有考古价值的碎片被混入沙子中，供美军用来充填沙包。驻扎在巴比伦城中的联军部队使用装甲车和直升机。此外，联军还在城内建立新设施或改造旧设施，对遗址破坏十分严重。

（五）尼尼微城址

这是亚述帝国都城遗址，位于摩苏尔市，底格里斯河的东岸。主要遗迹有库云吉克土丘。尼尼微城建于公元前8世纪末，公元前612年被新巴比伦王国所灭。1846～1851年英国考古学家莱亚德首次发掘，后英国又多次发掘。从1954年起，伊拉克考古队开始进行发掘，修复了部分城墙、城门和王宫。

（六）转塔

萨拉赫丁省的省会萨迈拉城内有一著名的古建筑——转塔，是伊斯兰文明遗址，于9世纪建造的萨迈拉大清真寺和大宣礼塔（始建于公元847年），亦称转塔。它们在1991年海湾战争美军轰炸中被击中，惨遭破坏。

作为宣礼塔的转塔是伊拉克伊斯兰教著名的建筑，坐落在萨

迈拉清真寺的北面，转塔呈圆锥形，耸立在 32 米高的方形底座上，塔高 52 米，围绕着塔身有 2 米宽的螺旋形阶梯通往塔顶。塔顶设有一个圆柱形小屋，屋子直径为 6 米，高 7 米左右，屋内有 8 个拱形的装饰物。为方便游客顺利地攀登转塔，政府在转塔的阶梯边加筑了铁扶手。转塔以它的宏伟和独特吸引了外国游客，游人一般从转塔的南面逆时针拾级而上，绕转塔 5 圈后即可登到塔顶。在塔顶上极目眺望，萨迈拉全城尽收眼底。古建筑学家认为，转塔的建筑风格是按照迦勒底人和巴比伦人的住宅式样修建，转塔底座受基古拉特建筑思潮的影响，而圆锥形塔身则体现了创新思潮。阿拔斯王朝第 8 任哈里发穆耳台绥木（833～842年）出于政治、社会等诸多原因，决定另建都城，从巴格达迁都萨迈拉。其子、第 10 任哈里发穆台瓦基勒（847～861 年）在此修建了一座大清真寺和这座高大的宣礼塔。

（七）摩苏尔斜塔

摩苏尔古斜塔苍劲雄伟，是伊拉克第三大城市摩苏尔古城的象征，著名的标志性建筑。论名气它在阿拉伯世界享有盛名，论建筑历史它比比萨斜塔还早两年。它的高度虽不及意大利的比萨斜塔，可却有着与比萨斜塔同样悠久的人文魅力。

摩苏尔斜塔独具匠心美丽壮观，别有风采，塔高 52 米，建立于 1172 年。[①] 它的塔基坐落在一个用花岗岩砌成的大型正方形平台上，外用青砖砌成圆柱形。塔底设有内室，呈四方形，面积 40 平方米，中心有塔心柱和木扶梯。斜塔的下层设有一个小门，有阶梯可通往顶层，而且层层建有阳台。斜塔塔身为圆柱形，镶嵌着各种花纹。具有典型伊斯兰建筑艺术和风格。斜塔耸立在摩苏尔市中心西侧的开比尔清真寺的院内，气势宏伟而古朴。

顾名思义，斜塔是因为它在外观上倾斜而被称为斜塔，摩苏

---

① 吴富贵：《阿拉伯世界的斜塔和香塔》，载《阿拉伯世界》1990 年第 3 期。

尔斜塔从塔身的中部开始一直到顶端呈倾斜状态。虽然斜塔不是直立，但千百年来依然稳固而安全。登到斜塔顶层，能够俯瞰摩苏尔全城，远眺底格里斯河。

摩苏尔斜塔造型艺术奇特，虽然长年日晒雨淋，受到风沙的侵蚀，给斜塔留下了难以磨灭的印记，但基本上完好无损。斜塔伴随着摩苏尔古城朝夕相处，是伊拉克古代建筑史上的杰出作品。摩苏尔斜塔以独特的伊斯兰建筑艺术造型，点缀了伊拉克的山河，它的风采吸引了世界各国的游客，使摩苏尔成为伊拉克的旅游胜地。

伊拉克的旅游黄金季节是每年的 4 月、5 月和 10 月。旅游业集聚了"行、游、住、食、购物、娱乐"一系列综合性消费的服务业，原本伊拉克旅游业比较发达，因战争致使旅游业萧条，古迹遭到了最严重破坏，许多珍贵文物流失情况严重。因长期受国际制裁，旅游业无法开展。古老辉煌的古文明遭到破坏，两河流域在呻吟，丰富的旅游资源在闲置和浪费。目前，伊拉克国家旅游业正在缓慢恢复中，然而，恢复人文、古迹等文明的任务极为繁重。

在伊拉克旅游，需要提前预订旅馆，通常要加收 10% 的服务费。主要各大旅馆要求支付硬通货，但对某些大使馆工作人员、公司职员可用当地货币支付。在一流的五星级宾馆，可以使用世界通用的信用卡。

二　主要城市

巴格达　伊拉克首都巴格达（Baghdad），人口约 600 万（1999 年），面积 4555 平方公里，是全国最大的城市，也是全国政治、经济、文化、交通中心。巴格达算不上是最古老的城市，它虽然早在 4000 多年前就形成了村落，但比起苏美尔文明、阿卡德文明、乌尔文明、亚述文明、巴比伦文明等公元前那一系列文明时代，还是个年轻的城市。直到伊斯兰时代，巴格达一跃而起，成为举世瞩目的阿拉伯帝国之都，迄今已拥有1200多年的历史。

城市的魅力来自历史与文化，巴格达就是拥有悠久历史和文化的中世纪名城。史书记载，早期的巴格达城呈圆形，由三重城墙以同心圆的布局形式环绕，故亦称"团城"。圆心是哈里发曼苏尔的"金宫"，以金宫为中心向外扩展，四周由皇家及达官显贵的府邸、楼阁殿堂组成，最外圈是百姓的住宅及市场。历史学家认为，这是按哈里发以我为中心的意图设计。皇宫都是大理石建筑，装饰着精美的雕刻，镶嵌着华丽的玻璃窗，挂着漂亮的壁毯，金饰的天花板悬着高贵的宫灯，幽雅的喷水池仙乐飘飘。团城包括外城、内城和紫禁城3层，有3道城墙，分别构成3个同心圆。它的城墙拥有4道城门，有4条大街从城中心延伸到城门。团城的中心与城周皆等距，便于防御，也便于从城中央控制全城。这种设计的原型是营垒。历史学家考证巴格达的名字出于古波斯语Bagh-dagh，Bagh的意思是"神"，dagh的意思是"给予"，合起来即为"神赐"的地方。也有"真主的花园"之赞誉。

巴格达城建立不久就成为了阿拉伯帝国政治、经济和文化中心，在政治上完成了从倭马亚王朝首都大马士革迁移到巴格达的转移。此后，帝国政治稳定，经济发达，文化昌盛，进入发展最快的时期，是中世纪最繁华的国际大都市，人口多达150万之众。

中世纪阿拉伯帝国极盛时期就发生在巴格达，巴格达因阿拉伯帝国而驰名，阿拉伯帝国因巴格达而风采万千，而骄傲。阿拔斯王朝存在500多年。最初的100年，将伊斯兰文化推到了一个顶峰。众哈里发十分重视发展文化、教育和科学，采取多种措施促进文化的发展。他们招贤纳士，派人赴各地搜求古代的稿本。哈里发马蒙曾派遣智慧宫的馆长萨拉姆等人赴君士坦丁堡，向拜占庭的皇帝索取希腊文的著作。

　　哈里发不仅重金罗致知名学者，还奖励学术研究。各地的学者都可在此自由地从事科学研究。文人们纷纷涌向巴格达，那里学术气氛热烈，人气旺盛，因此成为世界文化名城。

　　今天巴格达的城市风采多是伊斯兰文化遗迹，市区内中世纪的名胜古迹比比皆是，有数百个带有金色塔尖和蓝色圆顶的清真寺。有多处以世界名著《一千零一夜》为题材的雕塑，国王山鲁亚尔侧卧榻上聆听爱妃山鲁佐德讲故事、阿里巴巴和四十大盗及渔夫与魔瓶等一批青铜雕像布满巴格达街头。卡济迈因清真寺世界闻名，1179 年建造的阿拔斯王朝皇宫具有浓厚的阿拉伯建筑色彩。1226 年，巴格达建成了一所著名的穆斯坦绥尔大学，这是世界近代史上第一所综合性大学，设有文科、理工科等多种学科和专业，教授神学、法学、哲学、历史等。它创办的时间比法国路易九世时期的索邦大学还早 20 多年。从 9 世纪到 13 世纪的巴格达，占据了世界学术活动的领导地位。图书业十分发达，几乎所有的清真寺都有附属的专门图书馆。在阿拉伯帝国的鼎盛年代，巴格达如日中天，是智慧文明之城的象征，是一颗璀璨的东方明珠。

　　巴格达不仅有旧貌的文化遗迹，更有现代的气息。伊拉克国家博物馆是中东地区最大的博物馆，也是世界著名的博物馆之一，它珍藏了古代两河流域各民族最珍贵的古文明，馆内展品覆盖了自 10 万年前至伊斯兰教时期，展现了历史发展的真实原貌，这些精美的藏品吸引了世界各地的游客及历史学家。虽然告别了中世纪辉煌的巴格达今天不再是世界的中心，但是，巴格达广场、机场、公园、大宾馆、大饭店等现代建筑，使巴格达依然是国际大都市，与各国的现代化城市并无二致。

巴士拉　巴士拉濒临波斯湾，地理位置十分重要，是对外交流的一个极重要窗口，曾是阿拉伯文明与波斯文明进行交流的中心，波斯人通过巴士拉对阿拉伯文明产生了重大影响。历史上，它对该城的历史及居民的生活方式都有重要影响。在伊斯兰教诞生前的数个世纪中，巴士拉的海上贸易十分活跃，它与外部世界的交往和沟通颇多，使它成为了一个繁荣的商业城市。当时，海湾地区有三大著名港口，即东海岸的西拉夫，北部伊拉克海岸的巴士拉和南部阿曼海岸的马斯喀特。巴士拉对海上贸易作出了重要贡献，它对阿拉伯人与其他国家人民之间的文明交往活动发挥了重要作用，是沟通伊朗和非洲的城市。

巴士拉是伊拉克第二大城市，人口144万，也是最大、最重要的港口城市，可同时停泊20多艘万吨级巨轮。巴士拉是仅次于首都巴格达的经济文化中心，以商业繁华和天然港及风景优美著称。它位于伊拉克东南端底格里斯河和幼发拉底河交汇的阿拉伯河西岸，南部距离海湾120公里，是连接海湾和内河水系的唯一枢纽。巴士拉市的南部建有乌姆盖斯尔深水港，自古以来就是重要而繁忙的商港和商业中心，距深海最近，便于海上贸易。市内水道和运河纵横交错，是著名的旅游胜地。

巴士拉城内有许多坚硬的黑石，因而得名巴士拉，意思是指石城。巴士拉是悠久的历史名城，历史上曾经是一个重要的军事要塞，它建立于伊斯兰教的对外征服时期，是伊斯兰文明与波斯文明交融及融会的重要纽带，也是阿拉伯民族与其他民族交流的最佳纽带。《天方夜谭》中记载的航海家辛伯达周游世界就是从巴士拉出发的。这里曾是商业、文化、文明、科学和金融中心。巴士拉物产丰富，不仅出产石油，是石油能源的富产区，郊区还是椰枣的主要产地。巴士拉以对外输出石油和椰枣而著称。

作为交通枢纽城市，这里有全国最大的港口巴士拉港，有纵横交错的铁路通往巴格达等城市，有公路和民航通往阿拉伯世界各国，是重要的国际航空站，是通往科威特的陆上交通中心。巴士拉是工业中心，石油工业重地，石油化学工业基地，石油出口中心，是伊拉克南部石油油区的中心，西部和北部有伊拉克最大的油田及大型炼油厂。

摩苏尔　摩苏尔是伊拉克的第三大城市，尼尼微省的省会，位于底格里斯河上游西岸，距巴格达450公里，人口150万，居民主要是阿拉伯人、库尔德人和土库曼人。摩苏尔是伊拉克北部边防重镇，是巴格达通往北部库尔德人聚居区的重要门户，也是通往叙利亚和土耳其的交通要塞。3000多年前，摩苏尔曾是古代亚述帝国的中心。近代系土耳其奥斯曼帝国的贸易中心。摩苏尔城内遍布众多古迹，有很多古城堡、基督教堂、清真寺、修道院和宫殿遗址。

历史上，摩苏尔曾是"丝绸之路"上的一个重要驿站，是连接小亚细亚与海湾地区的一个枢纽，战略地位十分重要。该城与邻国交通方便，四通八达，有铁路通往叙利亚和土耳其，有公路通往伊朗。另外，还有输油管道经过摩苏尔通往土耳其的港口。

摩苏尔历来是兵家必争之地。1991年海湾战争结束后，美、英、法三国在伊拉克北部北纬36°线以北上空设立了"禁飞区"，以保护库尔德人的安全，摩苏尔就位于"禁飞区"内，成为美英联军轰炸的重要目标。

尼尼微　尼尼微位于底格里斯河沿岸，与摩苏尔城相连接，曾是古代亚述帝国的首都，兴盛一时。据史料记载，公元前7世纪，在西拿基里和阿舒巴尼帕统治时期，这里曾是先知约拿布道的城市，为人们所传颂，这在圣经中有记载。考古学家挖掘后，大量的历史文物展现在世人的面前，宫殿、壁画等文物是记载人类伟大辉煌历史的见证。

基尔库克　基尔库克是伊拉克北部重镇，塔米姆省的省会，人口 55 万。[①] 该城地处北部扎格罗斯山麓的丘陵地带，距离首都巴格达 300 公里，是石油城，也是北部石油工业中心。它的周围是农、牧产品集散地。基尔库克城虽然不大，但周围石油储藏量十分丰富，是伊拉克主要石油产地之一。这里有一些巨型油井在世界名列前茅。目前，基尔库克油田已探明石油储量达 100 亿桶，日产可达 100 多万桶，是重要的石油出口基地，占全国石油出口量的一半左右。这里有输油管道分别通往叙利亚和土耳其。基尔库克因拥有极其丰富的石油资源，素有"黑金之城"闻名世界，被誉为"浮在油海上的城市"之称。

1972 年之前，伊拉克的石油生产和销售受到英国等一批外国公司的垄断和控制。1972 年 6 月，伊拉克政府宣布石油收归国有，基尔库克最终真正回到伊拉克人手中。为纪念这一具有历史意义的重要决议，基尔库克省更名为"国有化"省，塔米姆在阿拉伯文中是"国有化"的意思。

提克里特　提克里特以伊拉克前总统萨达姆的家乡而闻名于世，它原本是个没有名气、不起眼的小镇，后来发展为伊拉克北部重镇之一。位于巴格达以北 180 公里处，萨拉赫丁省的中部，底格里斯河畔，人口约 26 万。提克里特战略地位十分重要，它处于底格里斯河与广阔的沙漠地带之间，毗邻山区，地形复杂，亦可攻亦可守，适合开展游击战。同时，它还位于巴格达北上摩苏尔和基尔库克的交通枢纽轴线上。

自 1979 年萨达姆就任总统后，提克里特迅速发展起来。萨达姆向家乡投入巨资，启动了大规模建设发展计划，使其很快发展为一个著名城市，素有伊拉克第二首都之称。

提克里特城内曾有伊拉克最精锐的共和国卫队布防，城外曾

---

① 《1999～2000 年英国经济季评》，第 3 页。

有共和国卫队著名的"阿德南"师驻守。城内建有一座占地7.8平方公里的萨达姆总统官邸，官邸地下建有秘密地下通道，通道内部交叉复杂、四通八达，像迷宫一样，可通往到底格里斯河东岸的秘密地点。提克里特拥有十分完善的地下防御工事，建有一座地下城和地下指挥所。该城建有一处大型空军基地，其中有两个机场可以军民两用。

提克里特城镇虽然不大，却诞生过两位"名人"，一位是中世纪阿尤比王朝开国君主萨拉丁，另一位就是萨达姆。萨拉丁是著名的阿拉伯世界的英雄，他曾率领穆斯林大军打败西方世界的十字军，从十字军手中夺回了穆斯林的圣城耶路撒冷，因而威名远扬。萨达姆为抬高身份，常把自己标榜成是伊拉克的"现代萨拉丁"。

纳西里耶 纳西里耶为伊拉克南部重镇，济加尔省的省会，人口约14.2万，是南部地区的经济中心和石油生产中心。纳西里耶是什叶派的圣地，位于幼发拉底河东岸河畔，距离巴格达约350公里。这里土壤肥沃，物产丰富，主要生产大米、小麦、甘蔗和椰枣，是伊拉克重要的农业生产基地。纳西里耶是伊拉克南北干线公路横跨幼发拉底河大桥之地，交通四通八达，西部地形平坦开阔，道路纵横交错，战略位置十分重要。

1992年，美英等国在伊拉克南部建立了"禁飞区"，纳西里耶位于"禁飞区"内。2003年伊拉克战争中，该城是伊拉克南部战区之一。

纳杰夫 纳杰夫是伊拉克中部城市，纳杰夫省的省会，位于幼发拉底河西岸11公里处的山脊处，距离巴格达以南约160公里，是什叶派最著名圣地之一，也是旅游胜地。纳杰夫地势较高，对周围地区具有俯瞰和控制作用，是北上巴格达唯一的通道，战略地位十分重要。

纳杰夫城于公元791年建立，公元10世纪后开始昌盛。纳

杰夫城由几个同心圆构成，每个同心圆都与伊斯兰教信仰密切相关。该城最负盛名的是位于市内老城的阿里清真寺，因阿里墓地而闻名伊斯兰世界。阿里是阿拉伯帝国的第四任哈里发，什叶派穆斯林的始祖，在全世界什叶派心中的地位极为崇高。阿里是先知穆罕默德的堂弟，从小长在先知家中，由先知收养。他在成年后成为穆罕默德的女婿，即先知女儿法蒂玛的丈夫。阿里是穆罕默德仅有的两个外孙的父亲，他的威望极高，在伊斯兰教早期对外传播中战功卓著，是最受尊敬的圣门弟子之一。公元656年，阿里在麦地那清真寺被拥戴为第四任正统哈里发，后迁都库法。661年1月，他在库法遇刺身亡。阿里生前曾立有遗嘱，在他死后将他的尸体放在一只骆驼背上，任其自由行走，骆驼止步之地就是他的墓地。根据他的嘱托，纳杰夫就成了阿里的墓地。

阿里的陵墓也是阿里清真寺，建于伊斯兰教历170年，位于纳杰夫老城中央。清真寺富丽堂皇，雄伟壮观，顶部镶有7777块金板，金光闪闪，堪称伊斯兰文化和艺术的瑰宝。

纳杰夫之所以著名并享有神圣地位，不仅与先知的堂弟和女婿阿里有关，还与当代伊斯兰世界的著名人物有关，从而更提高了纳杰夫的宗教地位及知名度。伊朗宗教领袖大阿亚图拉霍梅尼当年遭伊朗国王巴列维的迫害，于1965年流亡到纳杰夫，居住这里长达13年之久。

什叶派认为本派特别尊贵，根源在于他们与先知有血缘关系，是圣族，这是其他任何派别都不具备的直系血统。每个什叶派穆斯林都希望在自己死后能埋葬在阿里墓地的周围，并以此为荣耀。1400多年以来，已有数百万什叶派穆斯林如愿以偿地安葬了阿里清真寺的四周，这里已开辟为世界上最大的公墓之一，墓地因不断扩大而绵延数公里，场景极为壮观。这里坟丘密集，墓地上建有各式各样的不同墓碑，墓碑林立，这座城市有

"阴城"之称。

什叶派以纳杰夫为最神圣的圣地，纳杰夫以阿里为最崇高的圣人。纳杰夫是什叶派向往的朝圣地，每年都有数以万计的什叶派穆斯林来此朝觐。

卡尔巴拉 卡尔巴拉是伊拉克卡尔巴拉省的省会，位于伊拉克中部，巴格达西南约 90 公里处，距幼发拉底河 10 公里，有铁路和高速公路直通巴格达，是北上巴格达的必经之路，也是巴格达西南的重要屏障，军事地位十分重要。

卡尔巴拉是什叶派穆斯林的聚居地，人口约 13 万，其中一半是伊朗人的后裔。该城是著名的伊斯兰圣地之一，伊斯兰史上卡尔巴拉惨案就发生在这里。城区分为新城和旧城两部分，旧城在北边，新城在南边。旧城埋葬着侯赛因的陵墓，侯赛因是先知穆罕默德的亲外孙，第四任哈里发阿里的儿子。

侯赛因清真寺拥有镀金穹顶和三个高耸入云的宣礼塔尖，光彩夺目，每年都有成千上万的穆斯林从世界各地前来朝觐。侯赛因陵墓即侯赛因清真寺，陵墓位于清真寺的中央，是一个木制平台，用象牙镶嵌。陵墓上有许多镶嵌着宝石的金饰，是伊斯兰文化的杰作，也是穆斯林的圣殿之一，至今仍然具有政治、文化和社会作用。

萨迈拉 伊拉克中北部城市，人口 20 万，位于巴格达以西偏北 100 公里的底格里斯河河畔，曾是中世纪阿拉伯帝国阿拔斯王朝的首都，伊斯兰教政治、经济、文化中心。当时哈里发出于政治、社会等诸多原因考虑，决定选址在萨迈拉另建一都城，并修建了一座大清真寺和一座宣礼塔。这里是什叶派穆斯林的宗教圣地之一，距离提克里特仅 16 公里。

拉马迪 拉马迪是安巴尔省的首府，安巴尔省是伊拉克面积最大的行政区，其首府拉马迪扼守通往约旦和叙利亚的交通要道，战略地位极为突出。据悉，拉马迪城内有不少居民曾是萨达

姆时期伊拉克共和国卫队的成员，他们坚决反对占领，战后向美国领导下的多国部队发起持续的抵抗袭击活动，于是，拉马迪城因极顽强地反抗美军而"出名"。

费卢杰 费卢杰位于伊拉克面积最大的行政省安巴尔省境内，距离首都巴格达以西约69公里，面积为10.5平方公里，战略地位十分重要，它是连接巴格达、拉马迪和约旦高速公路的重要交通枢纽。幼发拉底河沿城而过，缓缓流向南方与底格里斯河汇合。费卢杰有一个著名的宗教绰号——宣礼塔之城，小城内有200多座清真寺，分布在城内及周边村镇，城内有居民30万，其中90%以上是逊尼派穆斯林。

费卢杰由于极顽强地抵抗美英联军一下子出名，被称为"抵抗之城"。伊拉克战后，费卢杰针对美英联军的袭击不断，成了反美武装的代名词，是伊拉克抗击美军占领的"大本营"，也是逊尼派三角地带向美英联军发动袭击、被美国视为恐怖活动的"策源地"。另外，美军称"基地"组织的3号人物扎卡维及国外武装分子就藏匿在费卢杰。2004年10月，伊过渡政府总理阿拉维向费卢杰发出最后通牒，勒令当地反美武装交出扎卡维，否则将对其采取大规模军事行动。随后美军对费卢杰发起总攻，把这座小城几近摧毁。不过，美军也付出了高昂代价，有60多名美军士兵命丧费卢杰。

费卢杰城不大，也不是旅游城市，但它却因在伊拉克战后进行的反占领活动而享有很高的知名度，俨然成了一面反美旗帜而载入伊拉克史册。

法奥 法奥是伊拉克第二大港口城市，是伊拉克重要的出海口之一，亦是石油出海口。该城区南临波斯湾，西北濒阿拉伯河口的西岸，河东接邻国伊朗，北通伊拉克内陆，拥有发达的水运和公路线，战略地位十分重要。伊拉克战争南部作战就是从法奥战斗开始的，拿下法奥，既可保障联军的物资供应，又可切断伊军与外界的联系。法奥的地形像楔形状，由内陆向大海延伸，因此被称为法奥半岛。

第九节 国民生活

一 物价

伊拉克官方汇率保持长期不变：1 美元 = 0.31 第纳尔，实际汇率（2003 年 6 月 20 日）：黑市汇率 1 美元 = 1750 第纳尔。

因战争频仍，伊拉克通货膨胀率持续增长，2000 年通货膨胀率高达 4000%。市场物价水平长期以来处于上涨状态，蔬菜、水果、肉类品种丰富，烟酒类高档消费品货品齐全，但价格昂贵，尤其是肉类价格惊人。

伊拉克战争前，通货膨胀率高达 60%。伊拉克战争结束后，物价飞涨，市场上的牛、羊肉被大量走私到国外，国内牛羊肉奇货可居，肉商们趁机哄抬物价，牛羊肉价格上涨了 1 倍多，由战前的每公斤 2500 第纳尔上涨到 6000 多第纳尔左右。物价飞涨如同家常便饭。如，战前一盘鸡蛋 2000 第纳尔，战后涨到每盘 3000 第纳尔；肉价更是扶摇直上，致使许多家庭很难吃到肉和鸡蛋，蛋或肉成了奢侈食品。

二 劳动就业

根据 1987 年统计，全国就业人口为 395.6 万，失业人口达 18.4 万人。自海湾战争后，伊拉克长期处于各类生活用品奇缺、货币贬值、无法吸纳足够的资金和技术用于经济重建，由于设备、零配件和原材料缺乏，80% 的工厂停产，造成大批人员失业，即使开业的工厂也面临开工率不足等困境。伊

拉克战争爆发前，伊拉克的失业率高达 60%。

据伊拉克人权机构估计，伊拉克战争结束后失业率有增无减，超过 60%，伊拉克劳工和社会部估计，失业人口超过 800 万，[①] 恶劣的安全局势使经济重建难以展开，就业形势很难在近期内得到解决。

三　工资

由于联合国对伊拉克实施长期的经济制裁，海湾战争结束后，伊拉克工人的工资仅为 5～7 美元。对于制裁，伊拉克人民忍耐程度已达到极限。2003 年伊拉克战争结束后，伊拉克人的工资水平得到提高，可达数十美元（40～50 美元），极少数人可达数百美元或更多。

四　居住条件

欣向荣的景象是伊拉克 20 世纪 70 年代国民生活最大的特点。那时，人民生活水平很高，已跻身于中等发达国家的水平，每个家庭都能过着丰衣足食的富裕生活。当时伊拉克人的居住条件属于十分优越的状况。中产阶层收入者都能够居住优雅的别墅式二层楼房，都拥有 1 辆或 2 辆私人小轿车，几乎家家有车库，户户有花园和草坪，甚至有的家庭还种植了果树，有果园，冰箱和空调是必需品，使用已经非常普遍。

伊拉克战争之前，房地产价每平方米为 500 美元，伊拉克战后初期，暴涨到 1000 美元以上。在一些黄金地段，房地产价格甚至上涨了 3 倍到 4 倍。平民百姓根本无力购买住房，而且老百姓在战争中被毁坏了的房屋无法得到补偿。

---

① 2004 年 2 月 6 日《北京青年报》。

五 福利与生活

伊拉克人民生活发生了很大变迁，在 20 世纪 70 年代到 80 年代时，人民生活水平很高，伊拉克国民生活水平居世界中等水平，人民可以享有安居乐业的自由生活。那时，政府不仅追求国民生产总值的增长，而且还注意经济与社会平衡发展的关系，大力推行各类社会发展计划。1960～1980 年人均国民生产总值年平均增长率达 5.3%，1979 年人均国民收入为 2635 美元。社会福利制度十分优越，人民生活十分富足，丰衣足食，全民实施免费医疗和免费教育制度。经过三场战争后，人民生活发生了极大倒退。从下列数字可以看到人民生活的变化，2002 年国内生产总值 261 亿美元，国内生产总值增长率 -6.5%，人均国内生产总值 1078 美元。[①]

两伊战争尤其是海湾战争结束后，伊拉克的社会福利待遇发生了很大变化，免费医疗等一些福利自动取消，不仅如此，居民还只能依靠政府配给的生活用品。社会福利的锐减和落差反映了国家经济和国民生活状况，从公共支出规模和公共产品供给考察，从社会保障和福利制度变化可以看出，伊拉克人民生活水平出现大幅度倒退，这对全民身心影响是巨大的，人均收入已从战前数千美元的高收入锐减到 5～7 美元，许多家庭都在为解决温饱问题而挣扎。与两伊战争之前的富足相比，战后人民的贫困形成鲜明对照，出现巨大差距，现在国民养老、残障及住房均受到严重影响，没有保障。

1994 年全国平均每千人拥有电话 57 部，电视机 44 台，收音机 179 台，私人小轿车 53 辆。由于国际制裁，截至 2002 年 3 月，伊拉克经济损失高达 2000 亿美元。联合国实施的石油换食

---

① 《2002～2003 年度英国经济季评》，年度报告估计数。

品计划并未对发展伊拉克经济和对外贸易发生作用，依然不能满足人民基本生活所需，这项人道主义计划最终基本上变成了用于战争赔偿和支付联合国各项开支的一项计划。

伊拉克卫生部长穆巴拉克披露，1990 年海湾战争期间，美国向伊拉克投掷了 94 万多枚贫铀弹，总重量约达 320 吨，其中大多数落在巴士拉附近的鲁迈拉油田、沙米亚机场和伊科边境地区，导致空气、土壤、水源均受到贫铀弹的辐射和污染，造成各地尤其是南部地区癌症患者、怪病、疑难病症大量增加，其中白血病患者增加了一倍、乳腺癌患者增长了 102% 、孕妇流产是过去的 10 倍多。

伊拉克战争期间，美国投掷了更多的贫铀弹和集束炸弹，伊拉克的水源和空气遭到进一步严重污染。遭受辐射的成年人及他们的后代成为无辜的受害者，遭受着各种病魔的折磨。人们害怕喝被贫铀弹污染过的水，但喝纯净水消费太高，普通百姓承受不起高昂的价钱。伊拉克人只能惊恐不安地生活在贫铀弹污染下，却无力摆脱。

作为贫铀弹的受害国，伊拉克要求国际社会对贫铀弹造成的危害展开调查，向联合国安理会提出要求美国对伊拉克进行战争赔偿，但未果。

自从 1996 年底开始实施"石油换食品"计划以来，伊拉克出口了价值 520 亿美元的原油，其中被联合国直接扣留了 180 亿美元用于战争赔款和支付联合国的费用，伊拉克仅得到了 170 亿美元的人道主义物资，其余的则因联合国制裁委员会内的美英代表蓄意刁难而搁置，从而严重影响了人民生活的改善和经济项目的正常执行。

经济制裁使民用基本生活所需的各种用品不能正常供应，在伊拉克引发了严重的人道主义危机。令人关注的是，制裁的受害者是老百姓，而不是萨达姆政权的当政者，儿童受害尤为严重，死亡率居高不下，孩子们因吃不上肉、蛋、鱼、水果，喝不到牛奶，经常处在饥饿中，患营养不良症的越来越多。

海湾战争结束后，人民生活水平和质量进一步下降，为保证百姓能享有最基本的生活保障，伊拉克政府对全民实行食品定量配给制度，这是伊拉克人食品的主要来源，按照每户每人分配食品，每个公民每月能配得的食品包括：9 公斤面粉，3 公斤大米，1 公斤食油，250 克牛奶，250 克茶叶，250 克糖，150 克食盐，1 公斤洗衣粉，2 块肥皂等。由于人们长期缺少油水，营养不良，所提供的食品配量不能满足身体所需，老百姓只能依赖政府发放的定量食品维持最低生活水平。据有关部门统计，"制裁 14 年，因病、饿而死亡的伊拉克人达 173.2 万多，其中近半数为儿童。"①

2003 年伊拉克战争后，食品供应依然是大问题，美军占领下的伊拉克依然保留了前政府萨达姆时期的食品配给制度，所配食品供应量与以前等量。每个家庭各建有一张配给卡，上面登记着家庭所有成员的名字和年龄。配给卡是分配食品的主要依据，每年更换一次，以便核对家庭成员发生变动（死亡）而及时变更，每个家庭成员的情况都必须详细地记录在档。政府配给的食品和生活用品每月领取一次，凭配给卡到财政部指定的商店，按照家庭实有人口领取。每个家庭需象征性地支付 250 第纳尔（1400 第纳尔约合 1 美元）。

2003 年伊拉克战争后，伊拉克人民生活十分艰辛和困难，缺水、断电、缺少食品，全国陷入一片混乱。尤其是电力供应严重不足，在炎热的夏季人们苦不堪言。社会治安极差，抢劫、偷盗成风，更为严重的是，"图韦萨"核设施泄漏给人民生命安全带来了极为严重的灾难和隐患，在战后发生的哄抢中，"图韦

---

① 　新华社电讯稿，2004 年 8 月 1 日。

萨"核研究中心储存核物质的大桶也被一哄而抢，被居民用来盛装饮用水。据悉，它所造成的核辐射超过正常标准的 1 万倍，核污染的严重后果是无法估量的。

伊拉克的水质已被炮弹、导弹、尤其是贫铀弹等严重污染，经济条件较差的老百姓只能饮用被污染的自来水。据报道，居民饮用未经过消毒处理的自来水易患肝炎、痢疾、肠道炎等疾病。只有少数经济条件稍好的家庭，才有能力购买桶装水或瓶装水。

伊拉克临时政府梳理国内各类问题后，确定了中、短期内急需解决的 10 类问题，它们依次是：医疗卫生服务、电力设施、适龄儿童入学教育、温饱、就业、技能教育、基础教育、交通、重新启动和更新通信网络设施、清除地雷等。

第一节　概述

一　建军简史

第一次世界大战期间，英国占领伊拉克，接管了伊拉克的防务，并建立了一支 2000 人的"国民军"，1919年将其改编成为伊拉克旅，这是伊拉克军队的前身。1921 年 8月，伊拉克王国成立后，伊拉克陆军正式组建，在英国的帮助下首先组建了陆军，规模为 4 个营，兵力约 3500 人，其中大多数是库尔德人。

1922 年，伊拉克与英国签订英伊条约，附属于条约的军事协定确立了委任统治时期的伊拉克国防军事体制，这是一个由英国控制的国防体制。协定规定 4 年内英国继续驻军，承担主要防务，4 年后由伊拉克军队接管全部防务；英国驻伊最高行政长官有权检查伊军的调动并提出建议，国王和国防部均设 1 名英国顾问。伊拉克武装力量由 3 部分组成，伊拉克陆军、英军和伊拉克国民军，统由英军驻伊司令指挥。

伊拉克陆军实行志愿兵役制，沿用英军编制。1925 年兵力增至 7500 人，编为 6 个步兵营，3 个骑兵团，3 个山地作战炮兵连，1个野战炮兵连。军官几乎全部在前奥斯曼土耳其军队中服过役，这个规模一直维持到独立。伊拉克国民军是一支准军事部队，主要由亚述人和库尔德人组成，英国提供军费并担任大部分军官，直接受英军指挥和调遣。1922年，规模为7500人，编为3个骑兵团，3个步兵营，1个驮运炮兵连。[①] 国民军的地位较陆军高，参加了对土耳其边境武装冲突和镇压1920年起义的作战。

1932年，英国委任统治结束，英国驻军逐步撤走，移交军事基地。伊拉克军队主要负责国家防务，但根据1930年英伊条约规定，英军继续占有塞巴和哈巴尼亚空军基地，费用自理。英军继续提供武器、训练方面的援助。

1933年，伊拉克兵力扩大为1.2万人，编为1个师。1936年，兵力达到2.2万人，编为2个师。1941年为4.6万人，编为4个师，1个机械化旅。国民军力量锐减，为1500人，主要为英军守卫机场。

1958年伊拉克共和国成立后，政府对军队建设十分重视，重新改组了军队，积极发展与苏联的军事合作关系，使用的武器装备主要来源于苏联，并聘请了苏联军事专家，这段时期，苏联取代了英国的地位，成为伊拉克军队武器装备的主要提供国。

武器装备 1973年伊军派出5万兵力参加了阿以战争。战争结束后，伊拉克吸取战争的经验教训，于1974年扩充了装甲部队，购置了大批坦克输送车和后勤车辆，以提高装甲部队的快速行动能力，同时还注意加强侦察、反坦克和防空能力。1980年两伊战争爆发前，伊拉克军队兵力已经达到21.2万人。两伊战争期间（1980～1988），伊拉克不断扩充军备，除了向苏联购买武器装备外，还向法国、意大利、西班牙、巴西等国家购买了

---

① 王昉著《巴比伦战车伊拉克》，时事出版社，1997，第120页。

大量先进武器装备。

军事技术 伊拉克极其重视发展军火工业，军事上引进高科技技术，用巨额石油美元购置了世界上尖端的技术设备。此外，伊拉克还注意使武器装备国产化，著名的伊拉克大炮是伊拉克自主研制的。1984 年，伊拉克组建陆军航空兵。20 世纪 80 年代末，伊拉克已发展成为中东地区兵力最多的军事强国，军队人数高达 100 万，其中陆军 95.5 万人，空军 4 万人，海军 5000 人。另外，还有预备役部队 85 万人。

1991 年海湾战争结束后，伊拉克军队及武器装备损失惨重。军队被迫进行了重新调整，减缩编制。先后取消了 1 个军团和 15 个陆军师的编制，兵员大批复员，海湾战争前的百万大军精简了 60% 以上，同时解散了 "人民军部队"，这支部队已经存在了长达 17 年之久，曾在伊拉克发挥着十分重要的作用。伊军主力部队集中在以巴格达为中心的中部地区，主要负责维护内部治安，保护萨达姆和国家机构的安全。伊拉克著名的精锐部队——共和国卫队，保留了其原有编制，并有所加强，能够最大限度地补充和更新武器装备。为了加强军队的快速机动打击能力，伊拉克组编了一个装备最精良的警卫师。

国防开支 伊拉克 2000 年和 2001 年的国防开支估计为 14 亿美元，分别占该年的国内生产总值的 9%（154 亿美元）和 9.3%（150 亿美元）。

二 国防体制

19 70 年颁布的临时宪法规定，国家最高权力机构——革命指挥委员会主席为共和国总统和武装部队总司令。国家最高军事决策机构是伊拉克复兴社会党地区领导机构军事局，它在复兴党总书记兼伊拉克武装部队总司令的直接领导下工作，负责制定国防政策、战略方针等重大事宜。前任伊拉克武装部队总司令由前总统萨达姆·侯赛因担任。

国防部为最高军事行政机构，前任国防部长是苏尔坦·哈希姆·艾哈迈德上将。总参谋部是国家最高军事指挥机构，前任总参谋长由阿卜杜拉·谢南上将出任。总参谋部下辖陆、海、空三军和防空军司令部。伊拉克武装部队总司令萨达姆通过总参谋部指挥三军。国防部和总参谋部在武装部队总司令和复兴党地区领导机构最高军事局的领导下各负其责。总司令下设军事顾问数名，分别秉承总司令的指令，参与作战、军事训练计划的制定或负责军工生产及军事科研等。

2004年3月21日，美国驻伊拉克最高行政长官布雷默签署了一项命令，在伊拉克组建国防部。该部在6月28日美国正式向伊移交政权后，全权负责伊境内的所有武装力量，并拥有行政控制权。据悉，这是美国完全仿照五角大楼的组织机构和运行模式设计，还将设立"三军参谋长联席会议主席"一职，领导伊拉克陆海空三军，并直接向国防部负责；将成立负责军队预算、情报及后勤保障的各相关部门，并分别任命负责人。

伊拉克国防部的官员计划全部由伊文职人员担任。按规定，除国防部长外，任何其他人无权撤换国防部的大小官员。据悉，已有50名伊拉克官员赴美国接受培训，学习如何招募、训练和装备伊拉克军队。美国下大力气训练伊拉克国防部人员，目的是保证新任职的领导人能听从美国召唤，保障美国对伊军事上的控制。

2004年4月4日，伊拉克国防部正式成立，文职官员阿里·阿拉维被任命为国防部长。6月1日，伊拉克第二届临时过渡政府组成后，哈齐姆·沙兰取代了阿拉维，出任临时过渡政府国防部长。2006年6月8日，穆罕默德·贾西姆被任命为国防部长。

第二节 军种与兵种

伊拉克武装部队由正规军、预备役部队和准军事部队组成。正规军分陆军、海军、空军和防空军 4 个军种。另外，还建有人民军。伊拉克军区划分为北部、中部和南部 3 个军区，亦称北部第 1 军区、中部第 2 军区和南部第 3 军区。

一 陆军

陆军是伊拉克三军中最早创立的军种，也是最重要的军种，兵员占三军总数的 95%。陆军担负的主要使命有三项：第一，粉碎敌人的地面入侵；第二，镇压国内一旦发生的大规模武装叛乱；第三，对阿拉伯兄弟国家进行支援作战。

（一）两伊战争爆发前

两伊战争爆发前，伊拉克陆军为 20 万人，编为 12 个师（4 个装甲师、4 个机械化步兵师和 4 个步兵师），3 个独立旅。装备作战坦克 2750 辆，装甲车 2500 辆，火炮 1400 门。[1]

伊拉克陆军的基本战役编成为军，下辖师的数量根据作战需要确定。基本战术单位为师，分为 3 种，即装甲师、机械化师和步兵师。师的编制效仿苏军的三三制，下设旅、营、连、排 4 级。20 世纪 60 年代以前，伊拉克陆军作战思想效仿法军和英军。60 年代以后，转向采用苏军模式，基本上沿用苏军作战条令，对现代作战理论有所反映。[2] 在进攻作战中，重视集中优势兵力，重点突破，快速推进，强调以装甲部队为主要突击力量，以炮兵为主要支援火力。在防御作战中，重视阵地防御作战，强

---

① 王昉著《巴比伦战车伊拉克》，时事出版社，1997，第 125 页。
② 王昉著《巴比伦战车伊拉克》，第 127 页。

调设置坚固的工事地带，采用多层次兵力布阵，以步兵在前沿进行阵地防御，阻滞敌人进攻，装甲兵部署于纵深，充当预备队，对突入之敌进行内线机动作战。重视炮兵火力的运用。

（二）海湾战争前的兵员和序列

伊拉克曾是中东地区拥有最强大军事实力的国家。1991年海湾战争爆发之前，伊拉克号称拥有100万大军，另有500万民兵。其陆军号称世界第四，编有63个师和22个旅。装备作战坦克5600辆，装甲战斗车1500辆，装甲输送车6000辆，火炮3800门。[1]

伊拉克陆军总兵力的规模已发展为包括装甲兵、步兵、炮兵、导弹兵、航空兵、工兵和特种兵在内的合成军。此外，伊拉克作为军事大国，还拥有500多架战斗机和数千枚导弹，海军拥有43艘舰艇。

军（军团）设置为7个，编号从第1至第7军。

军级司令部2个，分别是第1和第2共和国卫队司令部。

预备役军3个。

装甲师9个，分别是第3、6、10、12、17、52装甲师，2个共和国卫队装甲师，1个预备役装甲师。

机械化步兵师9个，分别是第1、5、51机械化步兵师和6个共和国卫队机械化步兵师。

步兵师41个（含14个预备役师）。

特种作战旅20个。

地对地导弹旅2个。

（三）伊拉克战争爆发前的正规军（陆军）

截至2003年伊拉克战争爆发前，正规军总兵力约为39万人，预备役（后备役）部队约65万人，准军事部队约7万人。

---

① 展学习著《伊拉克战争》，人民出版社，2004，第99页。

　　陆军常规部队约 35 万人，编为 5 个军团，共计 23 个师和 11 个旅。即：3 个装甲师、3 个机械化步兵师（简称机步师）、11 个步兵师、6 个共和国卫队师（其中包括 3 个装甲师和 3 个机步师）、4 个特种共和国卫队旅、5 个突击旅及 2 个特种部队旅等。

　　伊拉克战争前，伊大部分陆军师都未按编制进行满员编配，军事装备很不齐全。理论上讲，常备装甲师在沙漠盾牌①前保持 12100 人和 245 辆坦克的编制，步兵师保持 14100 人和 78 辆坦克的编制，而实际上都没有满编。②

　　陆军装备主要有：③ 主战坦克约 2200 辆，其中有 T－72 型坦克约 700 辆，T－55/－62 型和 59 式坦克约 1500 辆。步兵战车约 1200 辆（MBP－1/－2 型），装甲侦察车约 400 辆（主要型号有 BRDM－2、AML－60/－90 和 EE－9 型）。装甲输送车约 1800 辆（主要型号有 BTR－50/－60/－152、OT－62/－64 和 M－113AI/A2 型）。各型火炮约 2250 门。其中 122 毫米以上口径自行火炮约 150 门，105 毫米以上牵引炮约 1900 门，多管火箭炮 200 门。反坦克导弹约 1500 枚，主要型号有 AT－3/－4/－5、"霍特"式、"米兰"式等。地地导弹（火箭）100 余枚，其中"萨穆德"－2 型约 50 枚。据悉，伊拉克拥有"萨穆德"导弹共约 120 枚，在伊拉克战争开战前，已经销毁了约 70 枚。此外，还有"飞毛腿"型导弹约 27 枚，"蛙"型火箭约 50 枚。陆军航空兵拥有直升机约 375 架，其中攻击直升机约 100 架。

---

① 1990 年 8 月 2 日，布什和他的国家安全委员会连续 4 次开会，商议伊拉克吞并科威特的对策。会议最后决定，派出美军进驻沙特阿拉伯和其他海湾国家。行动代号为"沙漠盾牌"。

② 2001 年 8 月 9 日《北京青年报》。

③ 以下数据见赵国忠《美英参战兵力和伊拉克军队简况》，载《西亚非洲》2003 年第 2 期。

（四）共和国卫队

伊拉克共和国卫队是伊拉克军队最精锐的王牌部队，主要部署在巴格达外围，其主要任务是保卫总统和高级领导人及首都的安全。该卫队组建于 20 世纪 70 年代后期，是一支特殊的陆军部队，其装备精良。伊拉克战争爆发前，萨达姆的次子库赛出任这支卫队的总监职务。

共和国卫队隶属于国家特别安全机构，不属于国防部系统。战时与正规军一样由军事指挥机构统一指挥。共和国卫队兼有军事和政治的双重使命，既负责保卫复兴党和政府的安全，又对正规军部队进行监督和威慑，有权随时镇压正规军中出现的反叛行动，或支援正规军和警察平叛民众起义或反叛，它实际上是一支扩大的总统卫队。

共和国卫队最高指挥机构——共和国卫队司令部，下辖第 1 司令部和第 2 司令部。共和国卫队是陆军中最强的部队，由南北 2 个军构成，共辖 6 个师，编有 3 个装甲师（汉穆拉比装甲师、麦地那装甲师和阿尔尼达装甲师）、3 个机械化步兵师（巴格达师、阿德南师和尼布甲尼撒师）和 1 个补给师，若干个独立旅，兵力一般都统计在陆军师的总数中。共和国卫队总兵力为 15 万人，其编制与正规军相同。北部师分别部署在巴格达、基尔库克和摩苏尔等地区，南部师分别部署在卡尔巴拉、库特和迪亚拉等地区。

共和国卫队官兵的条件要求十分严格，大部分是从萨达姆总统的家乡提克里特挑选出来的，全部为逊尼派穆斯林和复兴社会党党员，由极其忠于总统的军人组成，整体素质比其他部队高，有"军中之军"之称。

海湾战争后，共和国卫队大部分力量得以保存，卫队装备了陆军最先进的武器，如苏俄制 T－72 坦克、BMP 步兵战车、法国制 155 毫米 AVF1 型自行榴弹炮、奥地利制 155 毫米 GHN－45

型牵引式榴弹炮等先进装备。

共和国卫队师装甲营的坦克编制数量比正规军营多9辆。师编成内还有防空导弹、防空火炮和直升机分队，这都是正规军师的正常编成内所没有的。[①] 共和国卫队官兵的待遇比正规军高，享有特殊奖金和政府补贴的住房。

2003年伊拉克战争前，共和国卫队兵力严重不足，不能配备满员，装备落后。每个共和国卫队师的兵力编制是11240人，实际上只有8000名士兵；坦克数量编制是1320辆，实际上只有800辆；装甲车编制应是2260辆，实际上只有1100辆；火炮编制是642门，实际上只有500门。

据美国国防部估计，伊拉克战争之前伊有坦克2000辆（海湾战争之前5800~7000辆）。T–72坦克主要装备共和国卫队，以前每个师装备500辆坦克和装甲车，现只能装备120辆。虽然在海湾战争中损失了大量反坦克武器，但"米兰"手提式反坦克导弹，SA–342直升机载"霍特"、AS–11、AS–12反坦克导弹，以及米–8和米–24直升机载AT–2反坦克导弹仍有相当数量，还有一些导弹安装在装甲车上，如"霍特"、"米兰"、AT–1、AT–3、AT–4反坦克导弹。陆军仍拥有数千枚85毫米和100毫米反坦克炮和无后坐力发射筒。在管式武器方面还有一些力量，有122~155毫米自行火炮150门（海湾战争前500多门）、有1800门105~155毫米牵引式火炮。[②]

海湾战争结束后，由于联合国对伊进行的长期制裁，迫使萨达姆政府必须依靠自身力量和军工厂延长武器装备的使用寿命。伊拉克的武器大部分是60和70年代装备的产品，据专家们估计，约一半的重武器及大部分的战斗机都已不能服役，需要修

[①] 王昉著《巴比伦战车伊拉克》，第129页。
[②] 2001年8月9日《北京青年报》。

理。尽管如此，伊拉克的陆军部队仍具有进攻邻国的军事能力。

（五）共和国特别卫队

共和国特别卫队由 4 个步兵旅组成，共设 14 个营，总兵力约 1.5 万人。它是唯一获准驻扎在巴格达中心的师级部队。[①] 它被称为伊拉克军队的"黄金师"，也是萨达姆家族的"御林军"，专门负责萨达姆家人及其行宫的安全。官兵均来自萨达姆家乡的阿布·纳西尔部族或与该部族关系好的部族。

（六）应急部队

伊拉克在每个省都设有一支兵力约 1500 人的轻武器装备旅，由各省直接负责调配。

（七）陆军航空兵

海湾战争期间，伊拉克陆军航空兵拥有数量相当多的直升机。战争中大部分装备虽得以保存，但战后的制裁使之造成了严重损失。据估计，该航空兵约有 160 余架直升机，包括 60 架攻击直升机，[②] 但实际服役的直升机数目不详。由于缺少零配件及美英空袭造成飞机和设施的破坏，陆军航空兵被迫紧缩建制，并从一些机场撤离。

陆军航空兵共设 20 多个中队，组建为 5 个联队。该部队与伊军地面部队一样，其中一些中队能够受到重视和优待，可获得精良装备，在这些精锐中队中，设置了专为萨达姆政权的要员提供飞行服务的"特别中队"，还有以 PC - 7 型号飞机执行抗暴任务的 107 中队。第二联队是重要作战部队中的一支，拥有最具攻击力的直升机，包括米 - 24 攻击直升机和执行反坦克任务的 SA - 342 "小羚羊"直升机。

---

① 英国：《简氏防务周刊》，2001 年 7 月 25 日，引新华社伦敦 2001 年 7 月 28 日电。

② The Military Balance（2002 、2003），《军事力量对比》（2002、2003 年），伦敦，国防战略研究所，2002，第 105 页。

二 空军

伊拉克空军创建于 1930 年，当时只有 5 架轻型飞机。1941 年扩大为 3 个中队，有 60 余架飞机。

20 世纪 70 年代以后军事力量发展迅速。1980 年两伊战争爆发前，拥有飞机 500 余架，其中作战飞机 332 架。到 1990 年时，飞机总数已达 1048 架，其中作战飞机约 780 架，伊拉克空军此时已发展为中东地区最强大的空军之一。

空军在海湾战争中遭受损失极其惨重，是受打击最严重的军种。由于长期受到严格的制裁，装备无法进行补充；还由于伊朗拒绝归还在海湾战争期间飞往伊朗避难的百余架飞机，给伊拉克空军装备带来重大损失；另外，由于"禁飞区"严重阻碍了空军的正常飞行活动，致使空军飞行训练很少，甚至缺乏正常的训练，军事技术和飞行水平下降。1991 年的"沙漠风暴"、1998 年 12 月美英发动的代号为"沙漠之狐"空袭、小布什上台伊始对巴格达郊区的轰炸，这一系列的军事打击对伊空军的基础设施给予毁灭性摧毁，空军受到巨大打击，元气大伤，加之许多飞机因缺少零部件而无法起飞，空军的战斗力大不如前。

伊拉克战争之前，伊拉克空军现役总兵力约为 2 万人，另外，空军还设置预备役 1.8 万人，有作战飞机 316 架。空军装备各种口径高射炮 7500 门，中、高空防空导弹发射架 500 具。作战飞机中有轰炸机约 6 架（H－6D 型和图－22 型），战斗机约180 架（米格－29 型 10 架、米格－25 型 12 架、米格－23 型 50架、米格－21 型 40 架、"幻影" F－1 型 50 架、歼－7 型 18架），地面攻击机约 130 架（米格－23BN 型、"幻影" F－1OEQS 型、苏－20 型等约 86 架，苏－22M 型 40 架，苏－24MK型 2 架，苏－25 型 2 架），侦察机约 5 架（米格－25 型）。此

外，加油机有伊尔－76型2架；运输机有安－2型、安－12型
（3架），安－24型、安－26型（6架），伊尔－76型（19架）；
教练机有 AS－202型20架，EMB－312型50架，L－39型约50
架，"幻影" F－1BQ、PC－7型25架、PC－9型12架。

伊拉克空军作战飞机大部分为第二代装备，约占88%，第
三代飞机约占12%。海湾战争后还拥有15架截击机，但能服役
的飞机数目在减少。

航空兵部队编制只设置中队一级，共有68个中队，分属18
个基地司令部管辖和指挥，每个基地辖中队2～8个不等。

空军基地和机场 伊拉克有空军基地10个，包括：（1）位于
巴格达的拉希德基地；（2）位于哈巴尼亚的泰姆兹基地；（3）位
于提克里特附近的贝克尔基地；（4）位于巴格达西北部的卡迪
西亚基地；（5）位于基尔库克的哈里亚基地；（6）位于摩苏尔
的萨达姆基地；（7）位于西部的瓦利德基地；（8）位于纳西里
耶的伊玛姆阿里基地；（9）位于库特的阿布·欧拜德基地；
（10）位于巴士拉的舒伊卜基地。① 其中3个为重要的战斗机基
地：哈巴尼亚、贝克尔和卡迪西亚。另外，军用机场也可作为空
军基地使用。

伊拉克有24个主要机场，30多个疏散机场。全国东、西、
南、北至少有4个重要机场：中部机场，以巴格达国际机场为中
心，这是核心和枢纽。南部机场，以塔利尔空军基地为中心，该
基地位于纳西里耶城附近，曾是美英联军与伊军发生激战的地
方，也是伊拉克与科威特之间陆地上的交通枢纽。塔利尔空军基
地距离伊朗很近，伊朗完全处在美军部署在这里的多种地对地导
弹射程之内。北部机场，以摩苏尔机场为中心，这里既可牵制库
尔德人，又可控制基尔库克等北部工业重镇和石油产地。西部机

---

① 展学习著《伊拉克战争》，第103页。

场，以 H—1 机场为中心，邻近叙利亚和约旦，距叙利亚不到100 公里，伊拉克通往约旦的输油管线就从机场附近经过，其重要性显而易见。

主要任务 伊拉克空军的使命有 4 项：（1）协助陆军粉碎敌国入侵；（2）协助陆军进行国际支援作战；（3）协助陆军镇压国内大规模武装反叛；（4）保卫国家领土不受侵犯。航空兵的作战任务与其他国家空军相似：夺取制空权；实施战略反击和进攻作战；支援地面军队作战。其中，航空兵更重视远程战略反击与进攻作战，强调突袭敌人机场夺取制空权，具有一定的战略轰炸、对地攻击和空运能力。[①]

作战能力 两伊战争之前，伊拉克空军的对地攻击能力较强，拥有 60 多架苏制最新型的攻击机苏－25 型，该机设备先进、装有地形回避装置、载弹能力强、作战半径大的亚音速攻击机。伊空军还装备有百余架"幻影"F1EQ 型，可携带空空导弹和 AS—30L 等各种激光制导炸弹，是空军作战主力，美军称之为"伊拉克空军的精华"。

伊拉克空军运输能力较强。拥有 70 余架运输机，其中有 19架伊尔－76，这是一种载运量可达 40 吨、航程可达 7000 公里的大型运输机，而且对起降场地要求不高，对部队的快速部署和调整十分便捷。加油机和侦察机组成的支援保障力量，使空军具有一定的空中作战能力。

伊拉克的制空力量主要是米格－29、米格－25、米格－21和"幻影"F1。米格－29 型是当时世界上性能最好的战斗机之一，具有下视、下射和超视距攻击能力，近距机动格斗性能好，可携带先进的 AA－10、AA－11 空空导弹，是空军的王牌飞机。伊空军拥有 300 多架米格－21、23、25 和 29 型战斗机及

---

① 王昉著《巴比伦战车伊拉克》，第 131 页。

法制幻影－F1 型战斗机。此外，其他装备还有图－22 等型轰炸机 6 架。由于海湾战争结束后联合国实施武器禁运，伊拉克空军装备无法更新，零配件严重缺乏，一般是东拆西卸，东拼西凑。

伊拉克空军飞行员的总体素质不高，一级飞行员仅 20 多名，大部分飞行员飞行的技能一般，制空作战能力和对地支援作战能力很弱。[①]

重建空军 2003 年美英联军攻占伊拉克后，伊拉克原空军部队被解散。驻伊美英联军当局于 2004 年 4 月 17 日发表声明说，将开始组建新的伊拉克空军，最初全部由直升机组成首支空军飞行部队，由 6 架 UH－1H "易洛魁" 型直升机组成的空军直升机中队将在 7 月投入工作，主要负责巡逻和运输任务。2 架大力神 C－130B 型运输机将于 10 月开始工作。到 2005 年 4 月，直升机数量计划增加到 16 架，运输机数量增加到 6 架。同年晚些时候还将增加 4 架轻型侦察机，参与相关飞行任务，目前有 100 多名原伊拉克空军部队士兵正在约旦首都安曼接受约旦空军部队的训练。

三　海军

19 35 年，伊拉克开始组建海军。20 世纪 50 年代时，其规模不大，是伊拉克陆、海、空三军中分量最轻的军种。伊拉克海军兵力约 5000 人，包括海军陆战队和海军航空兵，担负的战略海区面积不大，领海水域很小，海岸线仅 65 公里。海军部队在各军种中受重视不够，在海湾战争中又受到了沉重打击，大量舰艇在驶往伊朗水域寻求 "安全" 时被截获。由于长期的国际制裁，阻碍了海军装备零配件和新装备的及时交付，严

---

① 王旸著《巴比伦战车伊拉克》，第 133 页。

重阻碍了海军发展。

伊拉克战争前，海军兵力约 2000 人。海军总司令是叶海亚·塔哈·胡韦什少将。海军司令部设在巴士拉。海军主要装备如下：各型舰艇 10 余艘，即：导弹快艇 1 艘。原有 2 艘苏制黄蜂 I 级和 6 艘黄蜂 II 级，每艘导弹艇上都装备有 4 枚 SS－N－2A "冥河" 舰对舰导弹。现仅剩一艘黄蜂 I 级攻击艇，但未投入使用。

沿海巡逻艇：5 艘。其中苏制 "波哥摩尔" 级 1 艘，小型快艇 3 艘，巡逻艇 1 艘（上述艇都无法作战使用）。

扫雷艇：3 艘。其中苏制 "叶夫根尼亚" 级 1 艘，"奈斯廷" 级沿海扫雷艇 2 艘。

支援辅助舰艇 2 艘：其中 "达门" 级海上补给船 1 艘，配有直升机甲板的游艇 1 艘。

此外，还有各型小艇约 80 艘。

伊拉克海军是一支海岸防御型力量，基本使命是：协助陆军和空军消灭敌人的入侵，保卫领海安全。主要作战任务是进行海岸防卫、沿海封锁与反封锁。伊拉克拥有的岸对舰导弹为 "蚕" 式导弹，其射程为 100 公里。发射架 7 具，导弹 50 多枚。

此外，还配有海岸突击队、海上步兵旅、海岸安全营和海上炮兵团。

海军基地主要有 4 个，乌姆盖斯尔基地、法奥基地、巴士拉基地和祖拜尔基地。伊拉克战争前，基本上已无可供使用的基地，乌姆盖斯尔现正修建新基地。

四 防空军及防空系统

伊拉克防空军兵力约有 1.7 万人，编有 16 个防空旅，9 个独立高炮营及若干个独立高炮连。按照地域，全国划分为 4 个地区防空中心，分别是北部基尔库克防空区、南部巴士拉防空区、西部拉马迪防空区和东部库特防空区。

伊拉克战争前,防空军司令是亚辛·穆罕默德·沙欣上将。防空军司令部设在半地下,靠近巴格达、曼苏尔地区的穆萨纳机场,司令部作为中心与位于东部、南部、西部和北部的4个地区防空中心相连,每个中心分别负责协调区域内的一系列防空站点。防空系统是20世纪80年代由法国技术人员安装,目的是将混合使用的苏联和西方设备协调起来。该系统在海湾战争中遭到极严重毁坏。

伊拉克很重视防空系统,全国约有50个大型固定防空阵地和大量移动防空阵地。防空装备有高炮约3000门,均为苏制,型号有23毫米 ZSU-23-4SP、37毫米 M-1939型、57毫米 ZSU-57-2SP 等;[①] 防空导弹主要是苏制:"萨姆"-2/-3/-6/-7/-8/-9/-13/-14/-16型和法制"罗兰"型。防空导弹发射架约850部。

在防空系统上,只有巴格达地区的城市防空较好,由近千门23-130毫米高炮组成防空网,还有250个萨姆防空导弹系统。[②]

空对地导弹有:AM-39、AS-4/-5/-9/-11等型。空对空导弹有:AA-2/-6/-7/-8/-10、R-530/-550等型。

伊拉克特别重视加强路基防空系统。[③] 在资源分配上,防空军司令部处于优先于空军的地位,该司令部于1991年海湾战争结束后从空军中分离出来。伊政府希望这支部队能击落美、英在北部和南部两大"禁飞区"巡逻的飞机。

美英空袭虽给伊拉克防空点造成了很大损失,但防空军司令部表现出很强的恢复能力和咄咄逼人的气势。萨达姆与防空军司

① The Military Balance (2002、2003),p. 106。

② 2001年8月9日《北京青年报》。

③ 以下资料见英国《简氏防务周刊》,2001年7月25日。

令部关系十分密切，经常有他们在举行会议的报道，防空部队在抗击美英在"禁飞区"军事行动上起了重要作用。

五 预备役军事部队（准军事部队）

伊拉克有预备役部队 65 万人，由民兵组成，驻扎在全国各地，主要职责是维持治安。全国共有民兵师 19 个，其中巴格达 1 个，其他 18 个省各 1 个。正规军以外的武装有 4 种，（1）"萨达姆敢死队"，这是一支由坚决忠于萨达姆的士兵组成，1994 年由萨达姆的长子乌代组建，后由萨达姆的次子库赛领导。该部队兵力约 2 万人左右。这支部队系轻武器装备的民兵性质部队，主要负责执行巡逻和其他安全职责。（2）复兴党武装，属于伊拉克革命指挥委员会直接领导。（3）部落家族武装，以南部什叶派部落武装实力最强。（4）耶路撒冷解放军，该部队是在 2000 年为解放巴勒斯坦而特别成立的，这支部队临时抽调了数千名共和国卫队的士兵，目的是训练非全日制志愿人员，每次为期一个月。已退役军人也应召帮助进行训练。虽然萨达姆政权对耶路撒冷解放军投入了大量财力和人力，但是，它主要被看做是一个舆论工具，而不是一支正规军部队。①

此外，伊拉克有安全部队（治安部队）约 1.5 万人，分布于全境，创建于 1921 年，属内政部管理，负责保卫国家重要党政机关及其领导人，前任司令为萨达姆总统的表弟拉菲尔·塔勒法提。还有边防部队 9000 人，主要沿边境分布。

六 人民军

伊拉克人民军的前身是复兴党国民警卫队，1970 年改用现名组建，隶属于情报总局，是复兴党直接领

---

① 英国《简氏防务周刊》，2001 年 7 月 25 日。

导的准军事武装。人民军的成员来自各行各业，包括工人、农民、学生、市民等，年龄规定在 18 周岁以上。人民军战士每年需要在"人民军学校"接受两个月的军事训练，受训课程有政治理论、武器操作、基本战术等有关军事内容。20 世纪 70 年代中期以前，加入人民军有严格的条件，必须是复兴党党员才有资格。后来，曾一度扩大到非党员也可加入人民军，但 1990 年又重新恢复了只允许复兴党党员参加人民军之规定。[①]

人民军在组建时仅数千人，两伊战争时增至 65 万人的规模，1990 年减至 25 万人。人民军的任务和职能比较复杂，组建之初它作为复兴党直接控制的武装部队，负有监督并牵制正规军的特殊使命，后来其任务改变了，主要承担三大任务：第一，协助军队和警察维护战时和和平时期的社会治安；第二，充当预备役部队，战时向军队提供兵员；第三，独立作战。此外，人民军还充当全民军事训练中心的任务。复兴党认为，组建民兵并对民众进行大规模的强化军训具有特殊意义，最大限度地让国民、特别是青年接受军训，可保证国家拥有强大的后备军。人民军编制的设置体现了复兴党"全民武装"的战略思想。

七　萨达姆军队被解散

伊拉克战争期间，在美英联军攻打巴格达时，伊拉克 40 万正规军不战而溃散，甚至不明去向。2003 年 5 月，伊拉克战争主要战事结束后，美国驻伊最高文职行政长官布雷默作出决定，彻底解散萨达姆军队，被遣散的伊拉克军人断了生活来源，许多人加入到反美抵抗组织的活动中。

---

① 王昉著《巴比伦战车伊拉克》，第 135 页。

第三节　军事训练和兵役制度

一　军事训练

由于伊拉克长期处于战争状态，经常处在大兵压境的威胁中，全民皆兵的思想早被民众所接受，全民皆兵的组织在全国纷纷建立，大批志愿者自觉接受军训，学习使用步枪、冲锋枪等常规武器，甚至数以万计的妇女也不甘示弱，努力认真地学习战场救护，她们表示要与男人一样保卫祖国。

伊拉克战争之后，伊拉克军队由美国为首的多国部队组建和训练，伊军分别赴美国、英国、科威特、约旦等国接受正规的军事训练，回国后便投入工作。

二　兵役制度

1935 年 6 月，伊拉克政府颁布第一个"兵役法"，规定将志愿兵役制改为实行义务兵役制为主，志愿兵役制为辅的兵役制，规定适龄国民负有当兵义务，士兵服役期为 2 年，退役后转入预备役，直到 45 岁。在服役期或退役期后也可转为志愿兵，服役期为 2 年。另有规定，交付一定数额的免役费可免服兵役。[①]

萨达姆统治时期，伊拉克实行义务兵役制，注重部族、派别平衡，什叶派大都为士兵，逊尼派大都出任军官。

伊拉克战争后，因兵源紧张，招兵工作经常进行，为了生活，伊拉克人甚至自愿当兵，因为士兵的薪水优厚，每月约为 100 美元。

---

① 王昉著《巴比伦战车伊拉克》，第 121 页。

第四节　国防工业

伊拉克国防工业在中东地区比较先进，基础雄厚，拥有军工厂，能生产常规武器。

一　核反应堆

伊拉克一直致力于发展本国的核工业，建立自己的核反应堆。早在 1956 年，伊拉克政府采纳本国核物理学家的建议，组建了"国家原子能委员会"，其目标在于使用原子能技术为本国的医疗、农业和工业服务。稍后，伊拉克在巴格达建立了一个原子能研究所，该所由核物理、化学、放射化学、生物和农业等领域的专家组成。后来，该研究所迁至巴格达东南 31 公里的地方，坐落在底格里斯河河岸的托瓦伊萨，这里便成了伊拉克原子能研究中心。伊拉克原子能委员会积极培养本国的核科学家，曾派遣学生出国深造，出国人员大多被派往苏联、西方国家和印度等国。1959 年，伊拉克政府派出 375 名留学生赴苏联学习核技术，以加快推进核研究计划。伊拉克研制原子能技术的初衷完全是用于民用，伊拉克是1968 年国际防止核扩散条约的签字国。伊拉克曾拥有 3 座核反应堆。

（一）第一座核反应堆

1961 年，伊苏两国达成协议，由苏联在托瓦伊萨援建一座功能为 2000 千瓦的小型轻水实验反应堆，这是伊拉克第一座原子能反应堆，它于 1965 年建成并投入使用，燃料为浓度 10% ~ 36% 的低浓缩铀。1976 年，这个反应堆被改建扩大为 5000 千瓦的反应堆，使用的燃料为 3.5 公斤浓度为 80% 的高浓缩铀。[①]

---

① 殷罡、秦海波主编《萨达姆·侯赛因——注定要震撼世界的人》，警官教育出版社，1990，第 282 页。

（二）第二座核反应堆

1966 年，勃列日涅夫上台后，伊苏签订了一项技术协议，由苏联帮助伊拉克建造另一座核反应堆，该核反应堆建在巴格达以南 15 公里处的沙漠里，功率为 2000 千瓦。该反应堆于 1968 年投入使用。

（三）第三座核反应堆

1975 年，由法国提供援助，在托瓦伊萨建造两座核反应堆，功率分别为 7 万千瓦和 800 千瓦，由法国提供 72 公斤高浓缩铀作燃料。建成后每年可生产 4.2 公斤钚—239，可供制造一枚原子弹的原料。

以色列对伊拉克建造核设施如坐针毡，为制止伊拉克研制核炸弹，它决定实施空袭计划，彻底摧毁伊拉克的核设施。1981 年 6 月 7 日，正当一座名为"塔穆兹"核反应堆（法国援助的）建造即将完工使用之即，以色列出动了 8 架 F—16 战斗轰炸机携带着 16 枚各重 1 吨的炸弹，在 6 架 F—15 歼击机的掩护下，穿越沙特阿拉伯的领空，直抵巴格达上空。以军只用了 2 分钟，就把 16 吨炸弹准确无误地投掷在轰炸目标上，这座核反应堆顿时变成一片废墟，彻底被摧毁，伊拉克制造核武器的梦想变为灰烬，多年的努力一下子化为泡影。

2003 年伊拉克战争之后，美国进行的各种调查显示，伊拉克余下的几座核反应堆在 1991 年海湾战争中被摧毁。此后，经联合国对伊拉克进行的全面核查，伊已没有条件发展核武器，也不存在任何核设施。

二　导弹

伊拉克拥有制造导弹的军工厂，海湾战争后，伊拉克被联合国允许可以保留制造射程在 150 公里之内的短程导弹。美国怀疑萨达姆的导弹军工厂可以制造射程更远的导弹。

20 世纪 70 和 80 年代期间，伊拉克从苏联购买了 819 枚"飞毛腿"导弹。"飞毛腿"导弹在海湾战争中曾大显身手，当时伊拉克向以色列共发射了 39 枚"飞毛腿"导弹。

伊拉克拥有制造远程导弹的基地，伊科学家早已从事洲际导弹的研制。据美国的情报部门估计，自从萨达姆倒台后，流散的肩射式导弹的数量是以前估计数量的 3 倍。在伊拉克战争前，美国估计约有 2000 枚这种致命性的导弹从伊拉克军队中流散，而现在的数字已达到大约 6000 枚。[①] 肩射式防空导弹体积小，便于使用，对美军具有威胁。据悉，在萨达姆倒台后，约有 12 枚肩射式导弹被伊拉克的反美武装用于袭击美军战机或直升机。

三 生化武器

多年以来，伊拉克一直被美国指责拥有大量生化武器。海湾战争向伊拉克派兵的国家都事先采取了极为认真的防化措施，以防止遭到化学武器的攻击，他们深信萨达姆拥有大量生化武器。据调查，伊拉克约有 60 多家工厂可能是生化武器的制造场所，但它们也被用于民用目的，生产奶制品、啤酒、药品等。大约有 20 多所民用制药厂也可以用来制造细菌武器。[②]

四 关于联合国对伊武器核查

19 91 年 4 月，联合国安理会通过了关于海湾战争停火的第 687 号决议，决议要求销毁伊拉克所有的生化武器、核武器和射程在 150 公里以上的导弹，并要求伊拉克保证今

---

① 法新社纽约 2004 年 11 月 6 日电。
② 弘杉编著《向山姆大叔叫板的人——萨达姆》，中国电影出版社，1998，第 9 页。

后不再生产和拥有这些武器。联合国为此专门成立了一个负责销毁伊拉克大规模杀伤性武器的特别委员会。

联合国核查小组成绩显著。自 1991 年 4 月联合国核查小组开始正式工作后，核查工作取得了十分重要的成果。据负责伊拉克武器核查的联合国特别委员会提供的情况和最新数字统计，在过去的 8 年中，联合国先后共派出 260 个武器核查小组，3571人，进行了 400 多次调查，对伊拉克全国 2500 多处可疑场所和地点进行了反反复复的检查。甚至包括极重要、敏感的军事机构、总统府和总统官邸；50 多名联合国工作人员在控制中心，使用 130 部抗干扰遥控摄像机监督伊全国 200 多个重要研究机构、重工业基地和军事基地；联合国特委会已摧毁了设在哈卡姆的一个重要的"生物武器制造中心"；在摧毁化学武器方面，已经销毁了 600 吨化学试剂，3000 多吨基础部件，426 个用于制造化学武器的零件以及 38537 枚化学武器弹头；在销毁导弹方面，特委会已经摧毁了 48 枚射程在 150 公里以上的弹道导弹，30 多枚可以装填特殊化学试剂和生物的导弹弹头，以及数百件可以用来制造化学和生物武器的设备，14 枚常规弹头以及 6 个导弹发射装置等。此外，特委会还摧毁了萨达姆著名的"超级大炮"的部分构件。上述这些数字不包括伊拉克自行销毁的或声称已经销毁的大规模毁灭性武器。[①] 联合国核查小组在制约伊拉克研制违禁武器方面功不可没。

五　伊拉克战后的核设施情况

伊拉克的核设施在战后疏于管理，令人万分担忧。国际原子能机构总干事巴拉迪于 2004 年 10 月 11 日紧急致信联合国安理会，他指出，最新的卫星照片显示，前萨达姆政

---

① 新华社联合国，1999 年 2 月 1 日电。

权的一个秘密核工厂正在有组织地被拆掉，战争之前被联合国武器核查人员封存起来的许多核材料以及高精度仪器设备，现在突然"神秘失踪"。据报道，有些设备公然在国际武器黑市上出售。令国际社会担心的伊拉克核扩散问题反而在萨达姆政权倒台后出现了。战后初期，伊拉克全国陷入哄抢和骚乱中，其中包括巴格达以南的塔维萨吉核基地遭到不明身份人员的哄抢，基地内的办公设备被洗劫一空，联合国贴的封条被撕毁。由于无人监管，人们至今无法知道核设施到底遭到了多大损失和破坏。

据《俄罗斯军事观察》杂志报道，海湾战争前，伊拉克从法国和苏联获取了 36 公斤的核燃料，萨达姆政权对其核设施进行了有效的保护和管理，但是，伊拉克战争后，由于美军处理不当，导致多处伊拉克核设施遭到哄抢，尤其是巴格达南部的"图威萨"核研究中心"遗失"了至少 10 公斤的含铀物质，很难说这些核物质有没有落到恐怖分子手中。①

六　地下掩体

20 世纪 80 年代后，伊拉克处于接连不断的两伊战争、海湾战争和伊拉克战争中，萨达姆为备战在巴格达地下挖了数不清的地下通道，这些地下建筑成为重要的军事设施，不仅在一些重要机构和大型建筑下面建有大型防空设施，甚至连普通百姓家的住宅下面也密布了地下洞穴，可谓全民备战。据西方情报机构估计，巴格达的地下通道总长达 1000 公里。

伊拉克所有地下设施中最坚固的有两处，一是萨达姆共和国宫，即地下指挥中心，另一是地下通道，原打算用来建地铁。地下指挥中心由总统官邸地下指挥所和伊拉克通信中心、国防部、

---

① 黄磊：《全球核反应堆散步 43 国》，载 2005 年 7 月 13 日《环球时报》。

安全部、行政大楼、空军基地及巴格达机场等 50 多个坚固的地下指挥所组成。地下指挥中心的核心部分建筑在总统官邸大楼地下 12 ~ 18 米深处，有 3 层钢筋混凝土，壁厚 1.8 ~ 2.4 米，建筑面积为 1800 平方米。指挥中心的上部为地下室和防弹板。地下室高约 2 米，0.6 米厚的防弹板能承受 225 公斤炸弹的袭击，抗爆和抗震性能良好，可抵御美国智能导弹的袭击，甚至核武器的进攻。英国和日本的公司都参与建造了伊拉克一些地下防空设施。海湾战争中，伊拉克地面设施毁坏严重，但地下指挥中心却安然无恙。

20 世纪 80 年代为准备修建地铁而挖掘的长达 100 公里的地下隧道，成为伊拉克备战最好的地方，巴格达地铁没有起到交通运输的作用，却成了萨达姆抵御核爆炸和空袭的多层地下掩体。地铁建设规划由多家外国公司设计。地下隧道和先进的系统将各地下指挥所连通，并可通往巴格达西北部的安全地区，这些隧道被西方称为"萨达姆地下迷宫"。

据西方报道，萨达姆的"地下宫殿"庞大而坚固，有地下城之称，设备先进，物品应有尽有。为提防刺杀、绑架或谍报人员引导空袭等不测事件发生，伊拉克的军政要员时常转移到地下防空设施办公。政府的一些重要会议也全部转移到地下召开。据报道，萨达姆"地下宫殿"内所存放的食品、药品等生活日用品足以使用数年，萨达姆和他的家人及顾问即使在无任何外援的情况下，也可在"地下宫殿"中生活数月。

第五节 对外军事关系

早 在萨达姆统治时期，伊拉克与世界许多国家保持着良好的军事关系，得到过数十个国家的大力帮助。从官兵培训、军事装备引进、军事训练等方面，都与国外有密切的合作关系。曾得到过苏联、法国、意大利等国培训军事技术人员的帮助。尤其是在武器采购方面，伊拉克与世界各国所进行的交易极为秘密和频繁，它所获得的武器来自欧洲、亚洲、非洲、拉丁美洲等许多国家，采购网遍布世界五大洲，有的是通过双边关系直接获取，也有的是通过间接渠道或通过第三国获取。伊拉克对外军事关系十分活跃，20 世纪 80 年代至 90 年代，伊拉克是中东地区最强大的军事大国之一。

伊拉克战争结束后，伊拉克成为无主权、无军队、无政府的国家，作为战败国和被占领国家，伊拉克基本上无权决定国家对外事务，也无权决定国家对外军事关系，对外军事交往完全由美国一手控制。

一 军事技术协议

1. 伊拉克苏联核技术协议

59 年 8 月 17 日，伊拉克与苏联签署了一项核技术协议，由苏联援建一座供研究用的小型核反应堆和一个同位素实验室。1966 年，伊苏再次签订了一项核技术协议，"由苏联在巴格达以南 15 公里处的沙漠里建立一座核反应堆，功率为 2000 千瓦。该反应堆于 1968 年投入使用。上述两座反应堆主要用于科研，不可能生产制造核武器的原料。"[1]

2. 伊拉克法国核技术合作协定

1975 年，伊拉克与法国签订了核技术合作协定，由法国提供援助，在巴格达东南 32 公里处的托瓦伊萨设计建造两座反应堆，其中一座价值 2.75 亿美元，功能为 7 万千瓦（有资料记录是 4 万千瓦，也有说是 4000 千瓦、价值 4 亿美元），另一座反应

---

① 艾敏：《中东地区的大规模杀伤性武器》，载杨光主编《中东非洲发展报告》（2003～2004），社会科学文献出版社，2004，第 72 页。

堆的功能为 800 千瓦,是小型核实验室。负责设计和建造的是法国国营原子技术公司,该公司把托瓦伊萨反应堆的名字改为"乌西拉克"。然而,伊拉克人将这个名字改为"塔穆兹",意思是 7 月,即伊拉克推翻费萨尔王朝的月份。伊拉克将 7 万千瓦反应堆称为"塔穆兹 1 号",将 800 千瓦实验用反应堆称为"塔穆兹 2 号"。这两座反应堆使用的燃料均为浓度 93% 的高浓缩铀,这种铀完全适合用来制造核武器。法国还答应向伊拉克提供 72 公斤这种浓缩铀燃料,这个数量足够制造一颗原子弹。正因为如此,这项"伊法核技术合作协定"在国际上引起了广泛注意。[①]

"乌西拉克"核反应堆原定于 1979 年 5 月交货,当这个日子临近时,美国对此提出异议,要求法国修改伊法协议中的某些规定。在美国的压力下,法国被迫作出让步,将高浓缩铀燃料供应方式由一次性提供 72 公斤改为分期分批提供,每次提供不超过 15 公斤。核反应堆建成后,允许法国技术人员继续留在伊拉克,监督核反应堆的安全运行,于是,"乌西拉克"核反应堆的使用遇到了障碍。

二 武器来源

1. 武器来源多样化

伊拉克在萨达姆政府统治时期,奉行武器来源多样化政策,在世界各国广泛地采购武器或武器零配件。伊拉克非常规军事装备外国供货公司(分国家,1991 年统计)[②] 如表 5 - 1 所示。

---

① 《萨达姆·侯赛因——注定要震撼世界的人》,第 282、283 页。

② 〔美〕皮埃尔·塞林格,〔法〕埃里·洛朗著《海湾战争——秘密档案》,廖先旺等译,世界知识出版社,1991,第 186 页。

表 5 – 1

国　家	公司数目	国　家	公司数目
联邦德国	86	荷　兰	2
美　国	18	巴　西	1
英　国	18	埃　及	1
奥地利	17	希　腊	1
法　国	16	印　度	1
意大利	12	日　本	1
瑞　士	11	泽西岛（英）	1
比利时	8	波　兰	1
西班牙	4	瑞　典	1
阿根廷	3	总　计	205
摩纳哥	2		

　　上述200多家公司均向伊拉克提供过化学、弹道导弹方面的先进技术，提供过巨型大炮零配件、核反应堆堆芯技术，提供过浓缩铀工厂用的磁环、飞毛腿导弹改进技术，提供修建实验室、建筑化学武器工厂技术，提供电子和信息工程师、导弹设计、生物武器探测器、神经毒气工厂技术，等等。

　　伊拉克军事装备主要依靠从国外采购，购自苏联、法国、德国、意大利等众多国家，采购范围遍布世界一大批国家。伊拉克在世界各地购买的武器金额达数百亿美元。

　　苏联是伊拉克最大的武器供应国，伊拉克军事装备的80%来自苏联，包括作战坦克、米格战斗机、大炮和导弹，价值约140亿美元。

　　20世纪70年代，伊拉克开始向西欧寻求先进的核技术。法国是伊拉克第二大武器供应国，伊拉克空军拥有的94架"幻影式"歼击机、60枚"罗兰"式和700枚"飞鱼"式导弹也均为法国制造。伊拉克欠法国债务40亿美元，其中1/4的债务是用于购置武器的。①

英国、比利时、意大利和美国的公司也不甘示弱，它们向伊拉克提供有剧毒的化工产品、计算机控制的机床、核反应堆技术、操纵和导航技术。② 意大利还答应为伊拉克培训 100 名核技术人员。

德国在向伊拉克提供武器方面业绩颇佳。仅 1981～1985 年，联邦德国公司向伊拉克提供的军备物资就达 7 亿美元。这是美国控制的军备和裁军局所做的估计。③ 与法国有所不同的是，联邦德国与伊拉克政府没有签署供应武器合同。德国最大的军备和航天公司梅塞施米特—伯尔科—布洛姆公司，通过一家子公司参与了"霍特"式穿甲导弹的生产，这种导弹是伊拉克在法国订购的。梅塞施米特—伯尔科—布洛姆公司也参加了"罗兰"式地对空导弹的研制工作。1984 年，该公司经当局批准向伊拉克提供了 6 架大型直升机，价值 3000 万马克。该公司在摩苏尔大沙漠用联邦德国和美国的高技术，装备代号"SAAD—16"机密项目的实验室。这座实验室将能对导弹的性能进行测试。

最骇人听闻之举是德国公司在帮助伊拉克生产毒气。1981 年以来，伊拉克在萨迈拉附近建设一座工厂。专家们确信，这座工厂是用于生产毒气的。实验室设备是法兰克福附近德赖埃希的卡尔·科尔布公司的一家子公司提供的。汉堡的 W. E. T. 公司已经证实是化学试剂的提供者。它出口的氟化纳、异丙胺和三氯化磷成吨计算，这些原料都是生产化学武器不可缺少的。1985 年，这家公司同伊拉克签订了一项提供价值 3500 万马克设备的合同，这些设备每天可生产三氯化磷 17.6 吨。这是生产神经毒气的基本原料。

---

① 《萨达姆·侯赛因——注定要震撼世界的人》，第 293 页。
② 《萨达姆·侯赛因——注定要震撼世界的人》，第 294 页。
③ 《萨达姆·侯赛因——注定要震撼世界的人》，第 294 页。

据悉，捷克斯洛伐克曾向伊拉克提供过 1000 辆装甲运输车。伊拉克曾聘请加拿大的武器设计师，在英国和德国的帮助下，制造了世界上最大的火炮，这种超级火炮长 156 米，完全能够发射化学和核炮弹，射程约 1000 公里，可从巴格达打到以色列。

1982 年以来，阿根廷、埃及和伊拉克试图联合研制一种导弹，也就是"秃鹰"2 式导弹。这种导弹也能运载核弹头。

南非向伊拉克提供了计算机控制的 155 毫米口径榴弹炮 200 门，并从伊拉克获得了价值十多亿美元的石油。巴西向伊拉克提供了 500 辆侦察坦克。

在受到长达 13 年严厉的国际制裁时期，伊拉克仍拥有地下技术收购网，从俄罗斯购买 T—72 坦克，从保加利亚买进反坦克及防空导弹，从西欧某些公司购买空军需要的某些关键的电子设备。法国、德国、英国、瑞士、美国等国，在 20 世纪 80 年代末为萨达姆的军火工业购买零部件和技术提供了极大的支持，这些国家的门面公司一直在积极活动，支撑着伊拉克获得先进武器。

综上所述，伊拉克与世界许多国家保持着良好的军事合作关系，伊拉克军工部门在世界上采购武器的网络四通八达，武器交易范围遍布世界各地。

2. 伊拉克战争之后

联合国第 1518 号决议　2003 年 11 月 24 日，联合国安理会一致通过第 1518 号决议，决定设立一个负责监督伊拉克武器禁运的委员会，强化对伊武器禁运。该委员会由安理会各成员国代表组成，"继续负责调查有关违反安理会决议的行为，并将查明的违禁个人及实体的名单向安理会报告"，以进一步强化对伊武器禁运。新成立的武器禁运委员会将继续履行"伊拉克制裁委员会"在监督对伊武器禁运方面的职责。① 此前，联合国安理会

---

① news. sina. com. cn, 2003 年 11 月 25 日。

在 2003 年 5 月 22 日通过了第 1483 号决议，决议取消了除武器禁运以外的所有对伊制裁，并终止了 1990 年根据联合国安理会第 661 号决议设立的"伊拉克制裁委员会"的工作。

联合国解除对伊武器禁运决议 2004 年 6 月 8 日，联合国安理会以全票一致通过了第 1546 号决议，规定美英在 6 月 30 日之前结束对伊占领，承认 6 月 1 日成立的伊拉克临时过渡政府。6 月 28 日，伊临时过渡政府正式从美英联军手中接管国家主权。鉴于伊拉克已经恢复国家主权，2004 年 7 月，联合国安理会一致通过了一项决议，同意解除对伊拉克长达 14 年的武器禁运。武器禁运令一解除，伊拉克武器订购工作就全面展开。当然，联合国安理会第 1546 号决议，依然包括有关禁止向伊拉克销售和提供违禁武器及相关违禁材料的禁令。

伊拉克战争后武器来源 伊拉克战争结束后，武器来源国家发生了重大变化，美国和参加战争的国家成了向伊拉克提供武器的主要国家，反对美英对伊开战的国家则被美国排斥在外。伊临时过渡政府已签署了多笔合同，其中包括：从奥地利购买 5 万支手枪，从俄罗斯购买 421 辆 UAZ "猎人"越野车，从巴西和乌克兰购买了几百万美元的装甲车以及 AK—47 狙击步枪、9 毫米口径手枪、军用车辆、火控设备和夜视仪等设备。

美国垄断了战后大量武器订单 早在 2004 年 6 月 28 日美英联军向伊拉克临时过渡政府移交主权之前，美国就已经把一大笔军售订单强行塞给了伊拉克临管会，其中包括 6 架 C—130 "大力士"军用运输机、16 架"易洛魁人"直升机和 16 架低空飞行轻型侦察机。

伊拉克军购的最大一笔交易是与美国签订的一项价值 3.27 亿美元的合同，合同的内容是为伊拉克军队装备防弹背心、无线电台和其他通信设备。

美国利用占领军的"优越地位"，与美国军火商签订了两项

价值 27 亿美元的合同，为伊拉克提供军民兼用的传输、通信设备等。美军还计划修缮、扩大乌姆盖斯尔等军事基地，费用完全由伊拉克支付。

伊拉克战争结束后，一直有 14 万名美军和 2 万名联军士兵驻扎在伊拉克全境，伊拉克临时过渡政府不能享受国家主权，无权自主决定武器军购事宜。此时，美国利用对伊拉克临时过渡政府的控制权，强迫伊拉克购买价格昂贵的武器系统，美国的一大批军火商接踵而来，把伊拉克变成了他们进行武器倾销的大市场，这完全是在满足美国镇压伊拉克反美武装力量之需要。在采购武器问题上，伊拉克临时过渡政府始终不能进入正常轨道，倘若要进入正常轨道，尚待伊拉克政府真正能够当家做主之时。况且，伊拉克目前的安全局势持续恶化，烽火连天，每天都在发生着恶性流血事件，各类流血冲突接连不断，政治过渡尚未完成，还在进行之中，安全局势亟待扭转，此时向伊拉克倾销武器是不合时宜的。许多专家对军火商们的做法提出质疑。

欧盟向伊拉克提供武器　为期一天的欧盟内政司法部长会议于 2004 年 7 月 19 日在布鲁塞尔闭幕，会议决定，欧盟成员国可以在一定条件下，向伊拉克销售、出口和转让武器和相关材料。考虑到伊拉克的权力交接已经完成，开始更多地行使国家主权，联合国安理会已经取消了对伊武器禁运，欧盟决定向伊拉克提供武器。不过，向伊拉克销售、提供武器，转让武器材料的前提是必须得到欧盟成员国政府的批准。[①] 另外，欧盟也强调，欧盟成员国在向伊拉克提供武器时，必须遵守安理会通过的第 1546 号决议中有关禁止向伊拉克销售和提供武器及相关材料的禁令。

---

① www//news. sina. com. cn, 2004 年 7 月 20 日。

三　外国驻军

伊拉克战争结束后，前伊拉克军队被解散，警察也同时被拆散，迄今尚未恢复到正常状态。战后，在伊拉克维持安全秩序的是美国领导下的多国部队。多国部队由 32 个国家的部队联合组成，总兵力达 16 万人，他们分别驻扎在伊拉克各地，各国兵力具体部署如下：①

美国：13.8 万人，主要驻扎在伊拉克中部和北部地区，总部设在巴格达。

英国：8900 人，主要驻扎在伊拉克南部地区，总部设在巴士拉。

意大利：近 3000 人，主要驻扎在伊拉克南部地区，总部设在纳西里耶。

波兰：2400 人，驻扎在伊拉克中部和南部地区，负责指挥一支由 9500 人组成的多国部队师，总部设在希拉。

乌克兰：1660 人，接受波兰军官指挥，负责伊拉克与伊朗交界处的治安工作。

荷兰：1300 人，驻扎在伊拉克南部地区，驻军期限延长到 2005 年 3 月中旬。

西班牙：1300 人，负责巴士拉以南什叶派地区的治安。

葡萄牙：130 名宪兵，驻扎在巴士拉，受英军指挥。意大利宪兵部队总部在遭到袭击后，葡萄牙军队被调往纳西里耶，接受意大利宪兵部队指挥。

罗马尼亚：678 人，驻扎在纳西里耶，帮助训练伊拉克警察，接受意大利宪兵部队指挥。

保加利亚：500 人，驻扎在伊拉克南部卡尔巴拉地区，接受

---

①　www. xinhuanet. com，2004 年 7 月 4 日。

波兰军队指挥。

匈牙利：300人，驻扎在希拉，负责武装运输。

拉脱维亚：105人，接受波兰军队指挥。

斯洛伐克：100人，主要负责清理雷区和拆除炸弹。

捷克：90名军事警察，在伊拉克南部沙伊巴地区培训当地警察，将于2005年初结束在多国部队的工作。

丹麦：500多人，驻扎在巴士拉，接受英军指挥，驻军期限已经延长到2004年年底。

挪威：170人左右，主要从事伊拉克安全部队的训练工作，曾计划在2004年6月30日之前联军向伊拉克移交主权后撤出伊拉克。

澳大利亚：850人，驻扎在巴格达机场附近。

新西兰：61人，负责伊拉克南部地区公路、桥梁、学校以及供水系统的重建，预计在2004年9月全部撤出伊拉克。

日本：550人，2004年6月18日，日本内阁决定派自卫队参加美国领导下的驻伊多国部队。自卫队主要承担并参加非战斗行动和人道主义救援工作，这是第二次世界大战结束以来，日本自卫队最大规模的海外行动。

韩国：近700人，主要建设医疗部队。韩国政府宣布，将自2004年8月初起，向伊拉克派遣3000名士兵，此举将使韩国军队成为除美英军队之外规模最大的驻伊部队。

泰国：470人，主要是工程建设和医疗人员，驻扎在南部城市卡尔巴拉。

蒙古：173人，接受波兰军队指挥，主要负责工程建筑，到期后将全部撤出伊拉克。

此外，向伊拉克派兵的国家还有洪都拉斯（370人）、萨尔瓦多（360人）、多米尼加（300人）、新加坡（192人）、格鲁吉亚（190人）、阿塞拜疆（150人）、立陶宛（100人）、爱沙尼亚（50

人，有增兵计划）、菲律宾（51 人）、马其顿（32 人）。

随着伊拉克战后治安情况不断恶化，安全状况始终不见好转，在袭击、绑架等事件频仍的情况下，各国驻伊拉克士兵伤亡数字持续增加，致使美国的一些盟国纷纷打起了撤军算盘，一些国家纷纷作出撤军决定，驻伊联军名存实亡，美英两家是联军主力，其他国家只是象征性的。据悉，自从 2004 年 4 月以来，共有 11 个国家先后从伊拉克撤军，撤军总数为 3760 人。① 这些国家中最先撤军的是西班牙。2004 年马德里发生"3·11"火车连环爆炸恐怖事件，这对西班牙国内民众情绪造成极大冲击。西班牙政府于 4 月 18 日宣布从伊拉克撤军，到 2004 年 5 月 21 日，1300 名西班牙驻伊部队全部撤出。

继西班牙撤军之后，受西班牙军官指挥的洪都拉斯、尼加拉瓜和多米尼加也作出撤军决定。2004 年 5 月，上述三国相继完成从伊拉克撤军工作。

2004 年 7 月 7 日，菲律宾一卡车司机克鲁斯被伊拉克武装人员绑架，为保护人质的生命安全，菲律宾政府应民众强烈要求下令撤军。7 月 19 日，51 名菲律宾驻伊人道主义救援队全部撤离伊拉克。

2004 年 7 月，挪威政府也不愿意承担安全风险，撤走了 155 名军事人员，仅留下 15 人，为伊拉克安全部队进行训练工作。

2003 年 12 月，2 名泰国士兵在伊拉克遭遇袭击身亡，泰国国内人民强烈要求撤军的呼声高涨。泰国政府于 2004 年 8 月 27 日，将驻伊部队全部撤出。此外，匈牙利于 2004 年 12 月、葡萄牙于 2005 年 2 月 10 日，完成了从伊拉克撤军。乌克兰宣布，从 2005 年 3 月 12 日开始撤军，计划在未来 8 个月内全部完成撤军任务。意大利政府宣布，从 2005 年 9 月逐步从伊拉克撤军。保

---

① 2005 年 3 月 18 日《环球时报》。

加利亚随后也表示了撤军意向。日本 2006 年 6 月 20 日正式宣布撤军，计划 8 月中旬前完成。

四　伊拉克战后组建军队情况

2003 年 4 月 9 日，美军占领巴格达，伊拉克军队此前已经"消失"，最终导致萨达姆政府 40 多万军队迅速瓦解。

伊拉克战争结束后，前萨达姆政府的 40 万大军被立即勒令解散。此后，如何重新组建一支全新的伊拉克军队，成为美英联军临时当局及伊拉克临时过渡政府的一项艰巨任务。

2003 年 6 月，美英占领临时当局公布伊拉克新军队的组建计划，在 1 年内先组建一个 1.2 万人的步兵师，装备轻型武器。随后，再组建 2 个师，2 年内达到包括 3 个机械化师共 4 万人的规模。美国、英国和约旦为建立新军队提供协助和训练。据披露，伊拉克临时政府决定拨款 21 亿美元用于伊拉克国家安全，其中 20 亿美元用于组建伊拉克新军队，7600 万美元用于民防。新军队将是一支职业化的、非政治性的武装部队，其任务是保护边疆、守护重要的设施及协助清除地雷和未爆炸武器等。

伊拉克新军队的重组一直在紧张的酝酿和组建进程中。2004 年 3 月，伊拉克临时管理委员会经讨论后决定，伊拉克新军队将主要由什叶派官兵构成，其人数将大大超过逊尼派和库尔德人。据悉，伊拉克新军队人员构成比例为：什叶派占 54%，其余逊尼派占 15%，库尔德人占 12%，基督教和土耳其人占 19%。这个比例分配得到了美国的认可。据《中东地区新闻线》报道，这支新军队将包括三支轻型步兵师，于 2004 年 10 月组建完成。全军共设置有 27 个营，装备装甲车、火炮和轻武器。

伊拉克新军队面临着减员的巨大挑战，执行任务的官兵每月可以领到 72 美元的补贴，军队中辞职、伤亡造成的减员率高达

25%。战后，伊拉克官兵根据军衔的高低每月可以领取到 60 ~ 180 美元不等的津贴。[1]

联军当局于 2003 年 7 月 19 日开始招募新兵。8 月 7 日，伊拉克临管会和联军临时管理当局颁布命令，在伊拉克各主要城市开设征兵站，重新组建武装力量，首批招募了 400 名新兵，被派往北部城市基尔库克附近的美军基地，接受为期 2 个月的军事训练。10 月 4 日，伊拉克军队第一营[2]完成组建，该营由 757 名士兵组成，在完成军事训练后，被部署在北部地区基尔库克。同时，伊拉克新军队第二营和第三营也开始接受军事训练。

截至 2004 年 6 月，伊拉克新军队人数已达 1 万人，不到 1 个师的兵力，其中 60%以上来源于萨达姆政权时期的老兵。伊军装备轻型武器，由于训练水平低、装备差，这支部队不具备战斗力。因为军饷过低，曾有大批士兵逃跑。值得指出的是，在与反美武装交锋时，这支部队曾出现过整营官兵集体拒绝服从命令的情况，令美英联军十分头痛。与前萨达姆政府的军队相比，这支新军队在领导体制、性质、编制结构等方面均已发生重大变化。

伊拉克军队的重组将是缓慢的。根据美国的计划，2004 年年底将完成第一个陆军师及第一支空军中队的组建工作，并建立一支小规模的海岸警卫队。未来 5 ~ 10 年内，伊拉克主要作战部队将由陆军、海岸警备队、空军和防空军组成，总兵力约 20 万人。其中，陆军约 14.5 万人，由 8 ~ 12 个师组成，海岸防御部队约 5000 人，由海岸巡逻中队和海军陆战团组成，主要负责保卫海岸线和港口，执行反走私和海上搜救等任务；空军约 2.5 万人，由战斗机部队和运输后勤保障部队组成，对边境地区、石油

---

① news. sina. com. cn/w/2004 年 3 月 12 日。

② 每个营的编制为 757 人。

运输管道、电力设施进行监控，同时为地面部队提供支援和后勤保障。①

至 2006 年 1 月底，伊拉克武装力量总人数已达 22.73 万人，其中军队 10.69 万人，警察 12.04 万人。伊拉克军队由陆、海、空三军组成，其中陆军约 10.56 万人，编成约 10 个师，每师人数约 7500 ~ 9000 人。这些师的官兵未经充分的军事训练，只装备轻型武器，而且数量不足。海军约 800 人，设海岸卫队和内河部队。海岸卫队的基地设在乌姆盖斯尔，装备有海岸巡逻艇 5 艘和快艇 5 艘。内河部队只装备小型快艇。空军约 500 人，无作战飞机，只装备搜索/救援机 2 架，C—130B 型运输机 2 架，UH—IH 型直升机 16 架。

关于伊新军与联军关系及权力问题，伊拉克阿拉维临时过渡政府制定了新军队与多国部队合作、协调的框架，即美军将继续帮助伊拉克重建安全及警察部队。虽然伊拉克临时过渡政府已接管了政权，但伊军的训练继续由美国掌握，采取重要军事行动必须相互通报协调行动，重型装备基本上以美国化为基础。在美国的严格控制下，伊拉克新军队的命运仍然控制在美国手中，伊军队在提高战斗力、保持相对稳定性等诸多方面将面临严峻挑战，未来发展存在许多变数。

美国在训练伊拉克军队的同时，还负责组建和训练伊拉克警察和民防部队。2003 年 9 月，美国宣布，将在 1 年内使伊拉克的军、警力量达到 11 万余人，其中包括 1.5 万军队、2.5 万边防部队和 7.5 万警察部队。截至 2004 年 7 月，伊拉克警察已达 9 万人。据悉，2004 年 2 月，美国国防部长拉姆斯菲尔德在访问伊拉克时透露，包括自卫队和警察在内的伊拉克武装部队的总人数即将达到 22.6 万。

---

① www.xinhuanet.com，2004 年 6 月 12 日。

第六章

教育、文学艺术、体育、卫生

第一节　教育

一　教育体制和政策

1958 年伊拉克共和国建立之前，教育普及率很低。阿拉伯复兴社会党执政后，加速培养各类建设人才，以适应国家快速发展的需要。教育经费投入数额大量增加，1976～1980 年第二个五年计划中的教育经费由上一个五年计划的 7800 万第纳尔猛增到 7.26 亿第纳尔，这一投资力度很快使伊拉克的教育水平得以改观和提高。此后，伊拉克教育在阿拉伯国家中属于层次较高的国家。

在萨达姆统治时期，政府十分重视教育，在文化和教育领域实施统一管理政策。伊拉克复兴党以其"统一、自由、社会主义"的宗旨，致力于建立以阿拉伯民族主义为基础的"社会主义文化"，重视文化在各领域全面、均衡发展，指导文化更好地为伊拉克人民服务；注意挖掘和保护文化遗产，提倡阿拉伯民族文化为阿拉伯事业和阿拉伯祖国服务。

伊拉克的教育方针是，根据复兴党总的政治原则和国民经济发展需要，提出学生的培养目标是，忠于复兴党的"统一、自由、社会主义"原则和目标，勇于反对帝国主义和犹太复国主义的挑战，具备现代科学思想和创造能力。

伊拉克政府历来对发展教育事业和科研都十分重视，前总统萨达姆指出，"青年是国家的未来，谁赢得青年，谁就赢得未来。"两伊战争之前，国家拥有充足的石油收入，教育经费直线上升，教育投资在国家预算中占第二位，仅次于国防预算，由此可以看出国家对教育的重视程度。

伊拉克实行免费教育，全日制教学。现行学制：小学 6 年，初中 3 年，高中 3 年。伊拉克的教育体制完备，门类齐全，不仅有学龄前教育体制，还有一系列正规教育体制。包括幼儿或学龄前教育、初等教育、中等教育、中等专业技术及职业教育和高等教育。1980 年两伊战争之前，高等教育和职业教育在伊拉克政府计划中占有重要地位。另外，还有扫盲普及教育，各类学校以公立学校为主。

2003 年 7 月，美英联军管理当局签署命令，废除原伊拉克全国教育方案，新的全国教育方案制订由美英占领当局领导，他们任命了一个专门小组负责具体工作。正在制定教育方案包括历史、地理、文学和社会研究，存在很大争议，专门小组制订的方案剔除了宗教教育内容，"抛弃"了伊斯兰教价值观，这引起伊拉克宗教界的强烈反对。另外，美英占领当局对中、小学 12 个年级的教科书进行了严格审查和修改，删除了所有赞美萨达姆和复兴党的内容，去除了所有反美、反以色列的内容。

（一）教育制度

1970 年颁布的临时宪法和 1974 年革命指挥委员会颁发的法令明文规定，伊拉克政府对全国大、中、小学和幼儿园全部实行免费教育，学校对学生使用的课本实行免费提供。政府规定实施初级义务教育，对小学和幼儿园的学生每天提供午餐，对大学生提供奖学金，对女大学生更加"照顾"，女大学生奖学金每月为

30 第纳尔，男生为 25 第纳尔。此外，还为大学生提供免费住校，建有大学城宿舍区，在 20 世纪 70 年代到 80 年代，大学生宿舍内均配备有空调、电冰箱、衣柜和毛毯等，大厅内配有电视机、电话等设备，提供取暖炉及炊具等。

（二）双轨制

由于伊拉克高中毕业生数量大幅度增加，远远超过了大学的容纳量，政府推行"双轨制"以解决这一矛盾，即开办职业高中和各类技校，为大量初中毕业生能及时地继续学习专业技术知识提供机会，从而减轻了大学的压力，与此同时也补充了社会经济建设劳动力的不足。此类专业技术学校的教育设备全部由教育部出资，效果显著。自 1972 年开始，伊拉克设立了"技术学院机构"，直接属于高教科研部，专门培养具有设计和施工能力的中级技术干部。

（三）教育管理机构及科研机构

高教科研部是国家教育部门最高管理机构，主管各大学教育。教育部主管中、小学教育和幼儿教育。科研机构：伊拉克政府重视教学与科研相结合，各大学大都成立了研究中心，设有实验室。大、中学校经常举办科研讲座、科学展览和科学营地活动。作为国家级科研机构，政府设立了"科学研究委员会"，主管全国的科研工作。该委员会主席职务相当于部长级，通常由总统任命。该机构下设 7 个中心：农业和水利研究中心、石油研究中心、太阳能研究中心、建筑研究中心、生物研究中心、宇宙航天研究中心和科学文献研究中心。

二　教育现状

海湾战争之前，伊拉克的教育水平名列阿拉伯世界前茅，拥有良好的教育制度，国民文化层次较高。根据联合国衡量卫生和教育成就的人文发展指数排名，1990 年在世

界 130 个国家中, 伊拉克位居第 50 位; 1995 年下降到第 106 位, 2000 年下降到第 126 位。①

海湾战争结束后, 由于持续的经济制裁, 伊拉克的教育投资每况愈下, 国家投入的教育经费逐年减少, 严重影响到教育水平的提高, 教育水平呈不断下降趋势。适龄儿童的入学率已从 1980 年的 67% 下降至 1998 年的 50%, 大量失学或辍学的孩子都是为了家庭生计而被迫为之, 他们过早地担起了 "家庭重任"。即使在校生也只能坐在地上上课, 学校的教育经费十分紧张, 课桌、椅子严重缺少或损坏, 设施不能得到维修, 教育水平严重倒退。海湾战争前, 伊拉克曾一度扫除了文盲, 全民识字率水平较高, 但 1998 年成人识字率却骤降为 54%。据统计, "在联合国对伊实施的 14 年经济制裁期间, 伊拉克新文盲率以每年 15% 的速度递增。"②

2003 年伊拉克战争结束后, 伊拉克的教育水平继续大幅度倒退。80% 的校舍被战火摧毁, 教学设施毁坏十分严重, 孩子们无法复课。据有关部门估算, 若恢复全民教育体系需要 32 亿美元, 然而这一大笔经费却无着落。另外, 教材也存在严重问题, 美英联军禁止学校教授有关歌颂萨达姆内容的教材, 他们紧急印制了数千套没有萨达姆内容的教材供临时使用, 具有规范的教材尚未出台。另外, 由于高达 60% 以上的失业率, 伊拉克大学生就业很难, 大学生的压力很大, 难以找到合适的工作。

（一）高等教育

20 世纪 80 年代, 伊拉克全国共建有大学 8 所, 巴格达大学、巴士拉大学、摩苏尔大学、苏莱曼尼亚大学、穆斯坦索尼亚

---

①　2005 年 4 月 10 日西班牙《起义报》。
②　新华社电讯稿, 2004 年 8 月 1 日。

大学、萨拉丁大学、科技大学等。学生约为 20 万人左右，教师 7280 人。[①] 其中巴格达大学是一所综合性大学，历史最为悠久，规模最大，下设学院达 12 个。此外，分布在全国的技术学院达 20 多所。1993/1994 年度，有高等院校 19 所，教师 19.7 万人，学生 1.1 万人。[②]

（二） 初级和中级教育

伊拉克在实行义务教育中，政府规定小学教育是强制性的。1988 年，6 ~ 11 岁的适龄儿童中有 84% 接受小学教育，12 ~ 17 岁青年中有 39% 接受中学教育。1993/1994 年度，全国有小学 7966 所，学生约 339.1 万人，教师 12.6 万人；有中学 2511 所，学生 111.5 万人，教师 4.5 万人；有职业学校 271 所，学生 13.7 万人，教师 0.9 万人。1998 ~ 1999 学年，小学在校生为 310 万人，中学为 61.91 万人。

伊拉克开办有贵族小学，曼苏尔小学是伊拉克精英分子家庭的首选目标。萨达姆的长子乌代就毕业于这所小学。伊拉克战后，该所小学依然被视为巴格达最好的小学，吸引着巴格达富裕家庭和中产阶层。当然，绑架团伙也把手伸向了这所小学的学生，曼苏尔小学遭到绑架的学生已经达数十人，敲诈的赎金为 2 万 ~ 25 万美元不等。据伊拉克内政部统计，截至 2005 年 4 月，已有 130 例儿童绑架案件发生。[③] 被绑架的儿童大多数可以赎回来，但也有少数人即使交纳了赎金仍然被撕票。频发的绑架事件使伊拉克中产阶层心惊肉跳，他们纷纷离开祖国，以求他们的孩子能在和平环境中接受教育。

伊拉克战争后，小学生的心理受到很大打击，他们不能投入

---

① 《世界知识年鉴》（1989/1990 年），世界知识出版社，1990，第 191 页。
② 《世界知识年鉴》（1998/1999 年），世界知识出版社，1999，第 222 页。
③ 2005 年 4 月 10 日《星期日泰晤士报》。

正常的学习。由于伊拉克境内抵抗占领军的活动频繁发生，袭击爆炸事件频仍，安全问题威胁到每个人，家长们越来越怕子女在上学途中发生意外。于是，许多家长甚至选择让孩子待在家中，直到安全确有保障后再续学业。另外，师资存在严重问题，近年来教师队伍中未接受过任何师资培训的人越来越多，他们甚至不具备完成教学任务的基本条件。

（三）义务扫盲运动

1978 年 5 月，伊拉克政府颁布"全国义务扫盲法"，目的旨在提高全体国民的识字率和文化素质，所针对的对象是解决 230 多万 14 ~ 45 岁的文盲问题，其中妇女占 150 多万人。

为保证按计划完成扫盲，伊拉克设立了"全国扫盲最高委员会"，该委员会成员由各部部长组成，萨达姆总统亲自出任主席职务，由此可见，政府对文化扫盲事业的重视程度。伊拉克政府动员了一切资源，投入巨资，共拨款 6600 多万第纳尔，大力开展全国性的、广泛的扫盲运动。扫盲机构充分调动全国党政机关、群众团体及武装部队的积极性，在全国各地实施扫盲教育大规模工程，各省、市、地、县开办了多所扫盲学校，据统计，开办了 2.8 万所人民学校和 1800 个扫盲中心。政府宣布，截至 1983 年，已扫除文盲 158.9 万人，[①] 他们达到小学毕业水平，在人民学校毕业，其中一部分人继续升入高一级学习班。

伊拉克扫盲教育之所以取得成功，首先在于政府重视，执行"全国义务扫盲法"条款，以法律形式规定 3 年必须完成扫盲任务，抹掉落后的耻辱。其次，全民参与，最大限度地让所有成年人都接受扫盲教育。第三，实行自愿与强制相结合的政策，两种政策并重，对无故不参加扫盲班者给予严厉的惩罚，如不分配工

---

① 《伊拉克复兴党第九次全国代表大会报告》，巴格达，1984 年 1 月，第 165 页。

作、不加薪、不提职，文盲不能申请贷款，不发给任何营业执照、罚款甚至监禁，等等。对考试不及格者，采取强行补课措施。

伊拉克全国上下以极大的激情投入扫盲运动，鉴于伊拉克扫盲成绩卓有成效，取得了丰富的经验，荣获 1982 年联合国教科文组织颁发的"克鲁比斯卡亚"奖，伊拉克是迄今为止唯一一个获得此殊荣的国家。为表彰伊拉克在扫盲文化事业中所作出的贡献，并在世界推广伊拉克的扫盲经验，联合国教科文组织已经把伊拉克的扫盲运动拍摄成了纪录片。

伊拉克扫盲教育运动呈断断续续的状态，政府原计划 1990 年全部扫除文盲，成为无文盲国家，但由于海湾战争爆发，这一计划未能实现。

三 人文社会科学

在自然科学走进大学之前，人文科学是伊拉克大学知识结构的基础，传统的人文科学在了解阿拉伯民族的来龙去脉和历史延续性方面，发挥着重要作用。

宗教学对国家意识形态领域具有指导地位，对人们的思想意识和社会道德风尚，对社会的稳定和发展都产生着巨大而深刻的影响，是阿拉伯民族的精神源泉和动力。伊拉克大学开设《古兰经》、圣训、圣训学等课程，作为经典教育，学生必须接受以背诵和讲解《古兰经》为内容的伊斯兰宗教教育，这是知识的基础，阿拉伯民族精神亦包含在其中。大学课程形成了以《古兰经》为指导，与社会相适应、学科门类齐全、科研实力雄厚的科研和教育体系。传统的文学、历史、哲学学科不断深化和发展。宗教学院是传统学院，教育严格按照宗教理念设置课程，开设 20 多门课程，宗教学科在大学知识结构中很重要，从这里毕业的学生，具有良好的宗教学综合素质。

人文社会科学历史悠久，有着深厚的文化底蕴，特别是文、史、哲，诗歌发展到了很高的水平（早在阿拔斯王朝时期，文学已经发展到了一个顶峰）。经济学、法学、政治学、人口学、民族学、宗教学、新闻学和国际问题研究等学科也在发展。人文社会科学领域不断拓展和深化，基本上形成了比较完整的学科体系。社会科学虽不能创造即时的财富，但它却影响着一个民族的精神、性格，为民族不断发展和进步提供不竭的思想和理论支持。

近代以来，人文教育在大学教育中已成为值得关注的问题，它遇到了社会科学的挑战，自然科学和社会科学的发展对人文社会科学形成很大的挑战和冲击，在科学和人文之间，人们越来越重视实际，重视科学，选择宗教学的学生人数占弱势，大多数人追赶现代化，选择热门专业。

清真寺是人们广泛接受教育的地方，是教育"圣地"，清真寺包含有一种特殊的教育功能和培养人才的功能，这是大学教育中不具备的功能。这种人文社会教育是纵向的继承，横向的发展。从伊斯兰教诞生起，清真寺教育作为公民教育基地，任何人均不能缺课，这是先知穆罕默德亲自传下来的宗教制度。人们在主麻日都自觉地到清真寺聚礼，听讲和学习，不仅接受信仰强化教育，还接受伊斯兰教精神教育。尤其是在伊斯兰教初期，中世纪的清真寺教育占据绝对主导地位，凡能熟读经训者均可成为逊尼派的领拜人，而什叶派对领拜人水平的要求很高，由于伊玛目享有尊贵的社会地位，能成为清真寺领拜者十分显贵。

伊拉克是人类古文明的发祥地，境内文化遗址颇多，超过万处，在伊拉克南部地区，几乎每座山丘都埋藏着人类古文明的早期建筑，即使在北部地区，许多山丘下也埋藏着古代文明的重要遗产。

在伊拉克战争之前，伊拉克政府十分重视保护文化遗址，曾是保护文化古迹成绩最突出的国家之一，考古学也得到发展。但遗憾的是，1991年海湾战争，严重地破坏了古代遗址和古建筑，仅炮弹造成的震荡就足以摧毁许多古建筑。资料显示，海湾战争期间，部分文物损坏十分严重，乌尔城的庙宇遭到严重洗劫和毁坏。另外，许多伊拉克文物丢失，进入到国际黑市市场。幸运的是，海湾战争爆发之前，伊拉克政府为了保护文物遗产，事先将大批的博物馆藏品分散到各个省区的博物馆中去，甚至还设法疏散到巴格达中央银行，从而避免了不小的损失。

海湾战争结束后，伊拉克保存的文物收藏信息十分简略，以至连丢失文物的数量和种类都没有精确的统计。更加惨痛的是，文物中许多无价之宝已经非法流入文物走私市场，情况极端严重，不知何时能收回那些国宝级文物。"伊拉克文物局"曾向联合国教科文组织申请援助，以修复被战火洗劫的文物和古迹，但遭到安理会的否决。联合国教科文组织请求派专家去伊拉克调查文化遗产损失情况，也被安理会拒绝。

伊拉克考古学家在萨尔贡宫殿群的城门处，挖掘出一尊巨大的带翅膀的牛身人面像守护神雕塑。1999年伊拉克政府在边境抓获了一群走私贩，在所查获的文物中就有这尊飞牛守护神雕塑。但令人沉痛的是，盗贼已经砍掉了这尊像的头，还粗暴地把它锯成了11片，企图走私到国外，幸亏被政府截获。虽未被运到国外，但飞牛守护神塑像已被严重损毁。参与这起走私的12人已被政府判处了死刑。

由于遭受联合国的经济制裁，伊拉克没有足够的资金和财力维护及保护文化遗产和文物。博物馆因资金缺乏，大量保安人员被裁减，使盗贼有机可乘，伊拉克文物保护机构一度陷入瘫痪，众多的文物陷入了危险的境地。始终没有准确的统计数字，说明有多少考古地遭到严重破坏，又有多少文物被偷盗和抢劫，还有多少文物流失到国外，遗址和文物的损坏程度一时还难以系统统计。

2003 年伊拉克战争对文物的摧毁是毁灭性的，伊拉克的人类文明和文物再次遭到浩劫，美英联军占领巴格达的第四天，巴格达城内处于混乱的无政府状况，抢劫成风，抢劫者不仅哄抢政府机关、宾馆，甚至一些国家的驻伊大使馆也成了抢劫的目标。其中，伊拉克国家博物馆惨遭大规模浩劫，损失巨大。4 月 11日，博物馆遭到史无前例的暴行哄抢，无数价值连城的古代文物珍品在浩劫中荡然无存。其他省的 28 家博物馆也遭到野蛮抢劫，国际社会对此极为震惊和痛惜。由于伊拉克文物对世界文明所具有的重大价值，美英对伊战争所造成博物馆遭劫，文物大部分丢失，历史遗产遭到破坏，这是对世界文明的巨大摧残，是全人类的一场大灾难，损失无法估量。

第二节　文学艺术

一　文学

（一）古代文学

拉克文学发展历史十分悠久，约公元前 2300 年，当文明已达到相当成熟的地步时，古代苏美尔的诗人学者们开始撰写他们的远古历史。诗人们创作了创世纪、乐园、洪水等故事，如洪水的故事叙述古代一个君主因犯罪触犯神怒，神发洪水惩罚他。这一洪水故事传至巴比伦人和希伯来人，最后成为基督教信仰的一部分。1929 年，伍利教授在发掘乌尔城时，发现在相当深的文化层中有一厚达 3 米的沙土堆积层。伍利教授认为，这一堆积层形成于幼发拉底河泛滥时，后代传说中的大洪水，就是对这场泛滥的记忆。这一堆积层下，是前洪积层文化的遗迹，苏美尔诗人所说的人类的黄金时代，即此一文化期。① 苏美尔人编撰了一系列王朝，记述了许多君主的动人故事，其中有关塔穆兹和吉尔伽美什的最为著名。吉尔伽美什是巴比伦最著名的史诗中的英雄，塔穆兹则进入了巴比伦的万神殿。

苏美尔人在文学上的贡献是无与伦比的。苏美尔城邦为人类文明留下了许多光辉灿烂的文学作品，大多是描写宗教神话的史诗，其中最具代表性的作品是：人类文化史上第一部史诗——著名的《吉尔伽美什史诗》。

（二）中世纪文学

伊拉克曾是中世纪文学艺术的古都，文学艺术门类齐全，而且带有强烈的阿拉伯民族性。早在中世纪的阿拔斯王朝时期，伊斯兰文化发展到了一个顶峰时期。众哈里发十分重视发展文化教育，采取多种措施促进文化发展。他们招贤纳士，派人赴各地搜求古代的稿本。哈里发马蒙曾派遣智慧宫的馆长萨拉姆等人赴君士坦丁堡，向拜占庭的皇帝索取希腊语的著作。

哈里发不仅重金罗致知名学者，还奖励学术研究。各地的学者都可在此自由地从事科学研究。文人们纷纷拥向巴格达，那里学术气氛热烈，人气旺盛，文化和学术活动十分活跃，因此成为世界文化名城。

哈伦·拉希德（公元786~809）时期是帝国最兴盛的时期。巴格达在文学、建筑、艺术、音乐、天文学、星相学、地质学、医学、化学、数学等众多的领域空前繁荣，成就纷繁，影响深远，为中世纪世界文明作出了杰出的贡献。

阿拉伯伊斯兰文化的重要基础发轫于翻译运动，即翻译波斯、印度、希腊的古籍著作。这个翻译运动名传四海，持续时间百余年，几乎整个阿拉伯帝国的人才都集中在巴格达从事翻译和

---

① 〔美〕维尔·杜伦著《东方的文明》，李一平等译，青海人民出版社，1998，第141页。

研究。为哈里发主持翻译工作的学者是侯奈因·伊本·伊司哈格（780～850）。他是一位景教徒，担任过智慧宫的馆长，是一位著名的翻译家和学者，精通希腊语、波斯语和阿拉伯语，他的译作深得哈里发马蒙的赏识。为搜集珍本，他遍访伊拉克、叙利亚和埃及等地。他把格林的全部科学著作都翻译成叙利亚语和阿拉伯语，并流传至今，因此而闻名于世。马蒙不惜用与译稿同样重量的黄金来奖励他。

其他文明古国大量的哲学和自然科学著作译成了阿拉伯文，使阿拉伯帝国的诸多领域都取得了卓越的成就。从各地区搜集到的一系列古籍为阿拉伯文化的发展作出了不可磨灭的功绩。波斯的历史巨著《波斯列王记》，古希腊重要的哲学和自然科学著作柏拉图的《理想国》和《对话集》，亚里士多德的《形而上学》和《论理学》，托勒密的《天文集》等一大批著作，都在这个时期被译成了阿文。哈里发曼苏尔曾命法萨里翻译印度天文学的名著《悉檀多》，法萨里因此成为阿拉伯的第一位天文学家。梵文原版的《比德洧寓言》早已散佚，多是仰赖阿文译本才流传至今。巴格达人才辈出，巨著珠联，学者们不仅翻译，还对古籍加以注释和补正。历经百余年的翻译工作的重要意义和学术价值是划时代的。

伊拉克是天方夜谭的故乡。中世纪阿拉伯文学创作发展到了登峰造极的程度，成就颇丰，不仅有脍炙人口的诗歌、散文，还有家喻户晓的著名故事，其中最具代表的文学巨著是《一千零一夜》，又名《天方夜谭》，这是一部广为传播世界的文学名著。10世纪上半叶，杰赫希亚里（942年卒）在巴格达完成该书的初稿。初稿以古波斯的《一千个故事》为蓝本，其中收录了少量印度故事，后增添了许多阿拉伯民间故事，经过几个世纪的修改筛选，到16世纪在埃及最后定型。由于这些故事十分动人和精彩，每个故事与下一个故事之间都特意安排了悬念，而且是每夜讲述一个，故有《一千零一夜》之赞誉。

绚丽夺目的《一千零一夜》以持久的魅力深受各国喜爱，流传久远。它对东西方文学产生了巨大影响，有世界上很多种语言的译本。最早的译本是 1704~1707 年在巴黎出版的法语译本。《一千零一夜》的故事描绘了富丽堂皇的宫殿府邸，浓郁的风土人情，反映了阿拉伯哈里发帝国繁荣昌盛程度所达到的非凡高度。故事引人入胜，美化生活，富有浪漫主义色彩，在世界文化宝库中始终占有重要位置。它的讲故事技巧达到了一个高峰，其他作品极少能够超越。在巴格达城里街头，矗立着许多以《一千零一夜》故事为内容的雕塑，供人们欣赏。

（三）近现代文学

在奥斯曼帝国统治时期，伊拉克文学几乎为停滞状态，处于一种与世隔绝的封闭状态，与外界联系很少。伊拉克的文学复兴远远迟于埃及、黎巴嫩和叙利亚等国。直到 1869 年米德哈特帕夏（1822~1883）任总督时，才开始透露出复兴的曙光。整个19 世纪，大部分诗人投靠于总督或达官贵人、巨富豪绅门下，为他们歌功颂德、献媚取宠。诗歌的形式内容往往因陈袭旧，没有个性，缺乏创新。[①] 许多诗人甚至还是因袭旧诗歌模式，抒写驻足于沙漠废墟前，追忆往日恋情的诗歌。诗的主旨多为赞美、悼亡、恋情、咏酒、矜夸等词调。这一时期的主要诗人有阿卜杜·巴吉·欧麦里（1790~1862）、阿卜杜·盖法尔·艾赫赖斯（1805~1872）、哈伊达尔·西里（1831~1887）、易卜拉欣·塔巴塔巴伊（1832~1901）、穆罕默德·赛义德·侯布比（？~1906）等。[②] 19 世纪的诗人多以伊斯兰宗教事业为重，竭力维护奥斯曼帝国的统治，诗以颂诗和宗教诗为主。由于奥斯曼帝国的压榨、剥削及民族压迫政策等，也涌现出一些勇敢的诗人，他们

---

① 仲跻昆著《阿拉伯现代文学史》，昆仑出版社，2004，第 508 页。

② 仲跻昆著《阿拉伯现代文学史》，昆仑出版社，2004，第 508 页。

发出怨愤的声音。

20世纪初期的伊拉克仍处于封闭状态，奥斯曼帝国的专制统治使伊拉克人民长期生活在黑暗之中，但阿拉伯民族主义意识已经觉醒，奥斯曼帝国以青年土耳其党为代表的改良主义运动，激励了伊拉克的有识之士奋起反抗。他们要求自由、平等、公正，许多诗人挺身而出，他们的作品虽然仍遵循古典诗歌的传统格律，但在内容上却有大胆的突破。他们控诉奥斯曼帝国统治者的暴行，揭露社会的黑暗，反对愚昧、落后、迷信，呼吁人们追求社会公正、科学、民主、自由、妇女解放、反对贫富悬殊。这些诗人是社会改良的启蒙者，也是文学复兴的先驱者。其中最著名的是鲁萨菲和宰哈维。①

两次世界大战之间的伊拉克诗坛，是传统的格律诗，即新古典派的诗歌占统治地位。这类诗歌在艺术上严格遵守古诗的模式，一首诗限用一种格律，一韵到底。由于受近现代文化、报刊、书籍的影响，一些诗的用词更为通俗易懂。新古典派诗人沿用传统古诗的题材，但诗歌的内容是新的，反映政治风云、社会现实，投入反对帝国主义、封建主义和殖民主义的斗争中。20世纪40年代伊拉克诗坛出现了浪漫主义潮流，他们在艺术领域里否定任何沿用成俗的规则，主张创新。这一流派的诗人主张诗歌不仅要写社会现实，更要发掘人的内心世界，偏重于表现主观理想，强调实现个性解放，抒发强烈的个人感情，强调从生活中揭示美。在他们的诗中，摆脱了古典传统诗歌的陈述式和讲演式口气，而更多的是娓娓道来的悄声细语。② 浪漫主义出现不久就产生了自由体新诗。伊拉克的浪漫主义诗潮虽然晚于埃及、黎巴嫩、叙利亚，但自由体新诗却处于阿拉伯世界的领先地位。浪漫

---

① 仲跻昆著《阿拉伯现代文学史》，昆仑出版社，2004，第510页。

② 仲跻昆著《阿拉伯现代文学史》，昆仑出版社，2004，第510~511页。

主义诗歌的代表人物是娜齐克·梅拉伊卡，她是阿拉伯诗坛自由体新诗的先驱之一。"现当代的伊拉克诗歌从形式上讲，无非是两种：一种是传统的格律诗，主要是新古典派，另一种则是自由体的新诗。至于浪漫主义派新诗人，在诗歌形式上，则有时用格律诗，有时用自由体。"①

与诗歌相比，近代伊拉克散文的发展比同期埃及、黎巴嫩、叙利亚显得落后，表现在，知名作家少，作品少。成就较大的散文作家是谢哈布丁·阿鲁西和舒克里·阿鲁西。

伊拉克的小说在第一次世界大战后才开始出现，文学仍以诗歌为主。小说的出现与发展晚于埃及和黎巴嫩等国。真正被认为伊拉克现代小说的奠基人是迈哈姆德·艾哈迈德·赛义德。赛义德的创作道路代表了伊拉克现代小说的发展历程。20世纪20年代的伊拉克小说主要受西方浪漫主义和纪伯伦、曼法鲁蒂小说的影响，多为一些以爱情、冒险为主要情节的浪漫主义短篇小说，最初发表于黎巴嫩的报刊上，后来才见于伊拉克创办的一些报刊上。自20世纪30年代起，现实主义成为伊拉克小说的主流，其中成就最大、最具有代表性的作家是祖·努·阿尤布。第二次世界大战期间小说处于停滞状态，但却孕育了被称为"五十年代辈"的一代作家。"五十年代辈"的作家带来了伊拉克小说20世纪50年代至60年代初（即1958年7月革命前后）的第一次繁荣。这一代作家大都懂外文，能直接阅读原著。他们受到埃及、黎巴嫩本民族近现代一些知名作家的影响，同时也受到苏联和欧美文学的影响。此外，伊拉克革命后政治思想的宽松也是促进文学繁荣的一个重要因素。"五十年代辈"的作家多遵循传统的现实主义创作道路。其中著名的作家有：沙基尔·海斯巴克（1930～），他的主要作品有中篇小说《新时代》（1951）、《残

---

① 仲跻昆著《阿拉伯现代文学史》，昆仑出版社，2004，第513页。

酷的生活》（1959）等。艾德蒙·萨布里·拉祖格（1921~
1975），主要作品有短篇小说集《泪的收获》（1952）、《逃出咖
啡馆》（1955）、《失望》（1956）、《在灾难的海洋里》（1959）、
《逃离黑暗的人》（1960）、《官饭》（1961）、《当生命不值钱的
时候》（1968）等。"五十年代辈"作家群中最有成就的是阿卜
杜·塔阿迈·法尔曼。他发表于1966年的长篇小说《枣椰树与
邻居》被认为是伊拉克小说史上里程碑式的作品。该作品以第
二次世界大战期间巴格达的一个贫民区为背景，多层次、多角度
地描述了各个阶级不同人物的典型形象，特别描绘了下层劳动人
民的群像，他们受殖民主义和封建主义的欺压，在艰苦中挣扎，
他们有痛苦、有追求、有斗争……小说无论在思想性和艺术性方
面都达到了空前的高度。此后，他又陆续发表了长篇小说《五
种声音》（1967）、《阵痛》（1974）、《牺牲》（1975）、《窗上的
阴影》（1979）……他像埃及作家纳吉布·迈哈福兹一样，在艺
术上不断地探索、求新。他以强烈的忧患意识去描绘伊拉克不同
的历史阶段不同阶层的人物典型。他的小说基本上属于现实主义
的范畴。[①] 此外，还有加尼姆·戴巴厄（1923~）、沙菲莱·杰
米勒·哈菲兹（1926~）、阿卜杜·迈里克·努里等一批作家。

（四）当代文学

伊拉克自古以来文学底蕴十分丰厚，现代伊拉克人继承了祖
先的遗传基因，在文学艺术方面取得过很大成就。进入当代以
来，伊拉克文学艺术发展很快。在小说创作方面，一些作品投向
现实社会生活。当代最著名的小说家是鲁拜伊。鲁拜伊1939年
生于伊拉克南部的纳西里耶，1958年毕业于巴格达美术专科学
校，一度在南方任教，后回到巴格达，在美术学院进修，1968
年毕业。成名于20世纪60年代。鲁拜伊的创作道路可以分为三

---

① 《阿拉伯现代文学史》，第540~541页。

个阶段：最早出版的三个短篇小说《剑与船》（1966）、《头脑中的影子》（1968）和《坎坷旅途中的面容》（1969）为第一阶段的作品。第二阶段始于短篇小说集《别的季节》（1970），包括长篇小说《黥墨》（1972）和短篇小说集《梦中的眼睛》（1974年，包括同名中篇小说）。作家的第三个阶段的作品主要是以民族斗争为主题，包括长篇小说《江河》（1974）、《月亮与围墙》（1978）、《巢》（1980）和短篇小说集《城市的记忆力》（1975）、《马群》（1976）。其中，被人们公认为写得最好的是《月亮与围墙》。

当代伊拉克被阿拉伯作家协会选入 20 世纪 105 部阿拉伯最佳长篇小说的有 6 部。其中有鲁拜伊的《黥墨》，福阿德·泰克里利的《远归》（1980），加伊卜·塔阿迈·法尔曼的《枣椰树与邻居》（1966），阿卜杜·哈里格·赖卡比的《创世的第七天》（1994），姆瓦法格·海德尔的《暗杀与愤怒》，海迪尔·阿卜杜·埃米尔的《现代的象征》（1978）。他们多为"六十年代辈"的作家，具有先进的政治思想、强烈的历史使命感和社会责任感。[①] 他们往往将现实主义与现代主义的手法结合起来，用以表达对现实的态度和对理想的追求。

由于伊拉克战争频仍，于是描写战争、伊拉克遭受美国长期制裁、人们生活艰窘的政治题材作品纷纷问世。伊拉克前总统萨达姆可以说是战争文学的代表之一，1991 年海湾战争结束之后，他连续撰写了三部文学作品，它们是：《扎比芭国王》、《坚固的堡垒》和《男人与城市》。这三部作品都未署作者的真实姓名，由于伊拉克媒体对这三本书均进行了超大力度、广泛的报道和宣传，几乎没人怀疑它们不是萨达姆所撰写。这类作品具有极强的写实性，精神内涵独到，三部书的思想套路一样，均通过文学，

---

① 《阿拉伯现代文学史》，第 543～544 页。

揭露美国对伊拉克人民的百般蹂躏，折射了伊拉克人对美国的仇恨。

《扎比芭国王》一书在伊拉克国内刮起一阵狂潮，该书讲述了伊拉克妇女扎比芭在多国部队发动海湾战争的当天遭到强奸，国王不惜牺牲生命为她报仇雪恨的故事。书中扎比芭代表了遭受美国欺侮的伊拉克人民，国王代表萨达姆。根据该作品改编的戏剧已被搬上舞台，2002 年 4 月 28 日，萨达姆 65 岁生日时，在"伊拉克国家大剧院"公演，引起了轰动效应。凡是观看过该剧的作家和批评家都称，该剧生动地再现了阿拉伯国家高涨的反美情绪。

《坚固的堡垒》一书，将海湾战争后的伊拉克政治与浪漫的爱情故事联系在一起，赋予了浓厚的浪漫色彩。《男人与城市》一书，通过讲述一名不屈服于灾难的圣战骑士的奋斗历程，精心地描述他宁死不屈，绝不投降，以寓意伊拉克人民的伊斯兰圣战精神。

伊拉克教育部决定，从 2002 年下半年起，三部文学作品被编入中学教材，作为新版教科书，列入全国中学生的必读课程。

二 戏剧电影

（一）戏剧

19 35 年，伊拉克政府派遣哈基·希卜里等一批戏剧爱好者赴埃及、法国学习戏剧，以创办伊拉克戏剧。这批人学成回国后，于 1942 年成立了伊拉克第一所艺术学院，主要设置戏剧系，从此开创了伊拉克的戏剧事业。现在伊拉克戏剧界的名流大师大都是该艺术学院早期的毕业生。

60 年代初期，伊拉克曾经有几个小型剧团，戏剧有所发展。1968 年，哈基·希卜里发起、成立了伊拉克民族话剧团，代表了伊拉克戏剧的国家水平。1975 年，该团划属由"电影、戏剧总机构"领导，受到政府的优厚待遇，团员增至百人以上。

"伊拉克民族话剧团"演出的节目使用伊拉克方言，力求民族化、群众化、通俗化。该团驻地设有剧场兼排练场，平均每年上演 10 多个剧目，观众达 5 万人次左右。该团经常缺乏新剧本。

（二）电影①

早在 1939 年，伊拉克私营影片商已经与埃及电影制片厂合作制片。20 世纪 50 年代后期，伊拉克开始自行制作影片，其中故事片《谁该负责》、《赛义德艾芬迪》等影片受到群众的喜爱，被认为是伊拉克电影事业的重要开端。

1970 年，伊拉克成立了广播、电视、电影局，主要生产新闻纪录片。1972 年，故事片《渴望者》问世，被认为是伊拉克电影事业的重要进步。1975 年，广播、电视、电影局并入电影、戏剧总机构。总机构拍摄的故事片有《头》、《河》、《尝试》、《小巷之家》、《墙》、《另外的一天》、《搜索者》、《狩猎者》、《卡迪西亚》、《头等大事》等 10 多部故事片。其中，《墙》曾荣获 1979 年第三届大马士革国际电影节金奖，受到了萨达姆总统的特别嘉奖。值得一提的是，由埃及导演拍摄的《卡迪西亚战役》一片，是一部描写阿拉伯人战胜波斯人的大型历史故事片，该片耗资 1500 万美元，被誉为阿拉伯世界电影界的"超级产品"。

1982 年，伊拉克成立了公私合营的巴比伦电影、电视生产公司，国家股份占 60%。1984 年 7 月，该公司的处女作《法伊克的婚事》故事片问世。《燃烧的边境》是电影、戏剧总机构生产的第一部反映两伊战争的故事片，于 1984 年 11 月上映。该片作为爱国主义教育片，歌颂了一大批英雄，在国家机关、学校、团体中广泛放映。

---

① 本节参考了文化部外联局驻伊拉克大使馆文化处编写的材料。

伊拉克全国拥有影院 80 余家，"巴比伦影院"是唯一的国营影院，也是全国最大的影院，拥有 2000 个座位，其余各影院均为私营。影院的设备一般比较简陋，卫生条件均较差。喜欢电影的观众大多为中、下层群众，青年人居多。

观看电影是伊拉克民众喜欢的娱乐方式之一，除欣赏上映的国产影片外，外国电影充斥伊拉克的电影市场。伊拉克每年进口外国电影 300 多部，主要是由美国、意大利、英国、法国等西方国家进口的影片，其次是由印度和埃及进口的故事片，还有少量中国、日本进口的影片或电视片。影院老板的经营活动依赖国家，一般是从"电影、戏剧总机构"租借影片放映，其票房收入的 30% ~ 50% 需要上缴。

伊拉克政府重视发展本国的电影事业，但贪大求洋、耗资多、产量低。为加速国产电影的发展，伊拉克政府聘请了外国影作专家来巴格达举办训练班，并向西方发达国家派遣留学生。伊拉克国产影片相当数量都是歌颂领袖，如萨达姆总统的革命事迹曾经被推向银幕。

萨达姆政府统治时期，电影和电视剧都必须接受严格审查。伊拉克政府的审查机构有一套严格的规章制度，禁止进口败坏道德、纵容犯罪的色情和暴力影片，银幕上不允许出现裸体镜头。20 世纪 80 年代，伊拉克政府放宽了进口限制，许可一些影院自行进口影片，以活跃电影市场，但必须按照规定提出申请并通过必要的审查。1980 年，伊拉克"电影、戏剧总机构"以每部 3000 美元的价格购买了中国两部电影《小花》和《啊！摇篮》为期 5 年的放映权。

2003 年伊拉克战争结束后，伊拉克电影业处于十分不景气状况，巴格达有 10 多家影院，大都分布在西亚杜大街上，放映的影片弥漫着色情，与传统的伦理道德大相径庭，影院门前的橱窗里贴满了海报，大多是衣着裸露的性感影片广告，吸引了好奇心强的年轻人。伊拉克人对这些影响不好的影片极为反感，战前，如果放映黄色影片肯定会被政府关进监狱，但现在却无人管理。一位巴格达书店的老板说："美国人说他们解放了我们，其实他们首先解放的是妓女、色情信息和那些道德败坏的人。"① 为了维护健康的道德风尚，一些较为激进的什叶派组织把这些影院列为袭击对象，经常有打砸影院设备的事情发生。

伊拉克战争后，电视剧也充斥了大量黄色内容，美军放映这些黄色剧目冲击传统的伊斯兰教剧目。人们认为，这类文化冲击甚至比战争本身对人们造成的危害还要大，它是摧毁人们精神崩溃的炸弹。

2004 年 2 月，伊拉克开始拍摄战后第一部电视连续剧，片名为《再一次成为人质》。这部电视剧长达 21 集，以 2003 年伊拉克战争结束后，伊拉克被美英联军占领为背景，表达了作者反美占领的爱国主义立场。每一集播放 1 小时，其中心思想是将美英联军对伊拉克的占领比作历史上蒙古人对伊拉克的入侵。该部电视剧的导演是阿巴斯·卡迈勒，他称自己是伊拉克抵抗力量中的一员。他指出要用文化作为抗击美军占领的武器。

2004 年 10 月，伊拉克推出首部影片，片名是《会飞的乌龟》。该片的主题思想是描写在伊拉克战争中受害儿童的悲惨境遇，将在第 48 届伦敦电影节上首映。这部影片是 1979 年以来伊拉克制作的首部影片，是由伊拉克与伊朗合拍，拍摄地点选在伊拉克土耳其边境附近的一个伊拉克难民营。该片导演是伊朗库尔德人巴赫曼·戈巴迪。② 他在萨达姆逃离巴格达几天后到达那

---

① 聂晓阳：《战后巴格达色情弥漫》，载 2004 年 2 月 5 日《参考消息》。
② 杨教：《伊拉克首都电影问世》，载 2004 年 10 月 19 日《北京青年报》。

里，当时巴格达的战况场景触发了他拍摄《会飞的乌龟》的灵感。2004年9月，《会飞的乌龟》在西班牙举行的第52届"圣塞巴斯蒂安"国际电影节上，获得最佳影片"金贝壳"奖，并得到世界许多报章杂志的广泛赞誉。导演戈巴迪的电影公司已经与英国"当代艺术中心"就《会飞的乌龟》影片在英国的发行权签订了协议。

值得指出的是，担任该部影片的主要演员大都是非专业演员，而且大部分是由那些已被地雷炸断手臂或腿脚、成为残疾者的受害儿童亲自出演。影片内容是，伊拉克的许多儿童为了生存和糊口，甘愿冒生命危险，到雷区去从事拆除联军埋设的地雷的工作，然后把地雷卖给联合国部队。他们中的许多孩子在拆除地雷时被炸致残，影片就是描述这段战后发生在伊拉克的真实故事。有人称，美国的孩子玩的是橄榄球，而伊拉克的孩子玩的却是地雷。由于影片的演员是由残疾儿童亲自出演，效果极为真切，是一部震撼力极强的作品，已经获得2005年奥斯卡最佳外语片候选资格。

三 音乐舞蹈

（一）音乐

"**摩**西赫"是伊拉克北部摩苏尔地区流行的民间音乐；在南部地区流行"里费"音乐，即乡村音乐；中部巴格达地区则流行"木卡姆"音乐。"木卡姆"是一种富有地方色彩的古典音乐，内容深奥，带有叙事性演唱，不容易听懂。最负盛名的"木卡姆"专家是穆罕默德·格班基。

北部库尔德少数民族地区拥有自己民族特色的库尔德音乐、土耳其音乐等。伊拉克的民族乐器有"奥德琴"（类似中国的琵琶）、"桑图尔"（一种八弦琴）、"卡努"（竖琴）等。

巴格达艺术学院的东方音乐系和西方音乐系是伊拉克培养音乐人才的主要学院。该院经常派遣留学生到国外进修和深造，以利研究并继承传统音乐。1970年，伊拉克文化新闻部成立了"曲调研究院"，学制为6年，学生近百人。在巴格达开设了一所"音乐芭蕾舞学校"，培养青少年音乐和芭蕾舞人才。

伊拉克乐团有国家交响乐团和伊拉克传统乐团。伊拉克文化新闻部"音乐艺术司"主管上述乐团和音乐学院。该司还负责举办国际音乐艺术节、音乐学术研讨会等活动。伊拉克电视台每周都播放专题音乐节目，介绍音乐知识，以利于普及和提高人民群众的音乐素质水平和欣赏能力。

伊拉克的流行音乐不受国界限制，一批埃及歌手、黎巴嫩歌手十分受欢迎。在巴格达等各大城市，都开设了迪斯科舞厅、酒吧、赛马场、赌场等娱乐场所，这类高消费场所是有钱人的乐园，科威特的富人也经常到此消遣娱乐。

（二）舞蹈

伊拉克的民间舞蹈与其他阿拉伯国家一样，具有朴素、健康和生动的特点。内容大多反映劳动人民热爱劳动、热爱生活。"伊拉克国家民间艺术团"是最具有权威的民间舞蹈团体，演员的精湛艺术和精彩表演受到老百姓的极大欢迎，人们由此可以得到很高的艺术享受。

每逢喜庆佳节，北部库尔德少数民族地区十分活跃。北部摩苏尔地区素有"双春之母"之称，意思是指一年一度的春季在4月开始，而4月同时又是库尔德少数民族的"春节"，在这个季节里，人们尽情地载歌载舞。

在社交场所，伊拉克人喜欢跳迪斯科舞。在一些旅游区或高级饭店，人们可以欣赏到埃及著名的东方舞，还可以领略到东南亚舞女的开放性舞姿。

四 美术

伊拉克是一个具有古老文化传统的文明古国，从古至今保留着许多举世闻名的古代文明遗址。从伊拉克挖掘出的苏美尔人（公元前3000年美索不达米亚南部的民族）的雕塑到亚述帝国、巴比伦王国的雕像和壁画，无不以其优美的自然造型和线条，向世界展示了伊拉克古代艺术独特的魅力。

美术在伊拉克有着悠久的历史。陈列在巴格达的伊拉克国家博物馆、巴士拉"尼纳瓦博物馆"中的出土文物，集中反映了伊拉克6000多年的文明史，同时也反映了伊拉克历史上人民的艺术成就。早在8000年前，伊拉克就出现了陶器；公元前4500～前4000年出现了寺庙建筑和泥板文字。苏美尔人保持了原始的文化特色，在寺庙和王宫的建筑中更多地使用圆柱和拱门结构。亚述时代，王宫建筑的壁画上已经雕刻了精美的浮雕，巨大的飞牛和石狮造型栩栩如生，十分壮观。新巴比伦时期的绘画和雕刻表现出与前不同的自然风格。

伊斯兰教传入伊拉克后，伊拉克艺术家们的艺术成就集中表现在清真寺和一些重要建筑上，他们广泛吸取希腊、罗马的传统建筑精华和风格，取长补短，突出了严谨、富丽的图案艺术。

阿拉伯书法艺术是一座璀璨的文化宝库，1400多年来的伊斯兰艺术，生动地体现在书法造诣上。伊斯兰教初期，书法带有强烈的宗教色彩，书法艺术备受重视，几乎成为穆斯林的艺术之最。在伊拉克和阿拉伯世界各地都有专职抄写《古兰经》的书写者，这是一项重要的工作，不仅要求抄写准确，还要给人以美的感受。阿拉伯包括伊拉克的艺术家们，把书法应用到建筑、绘画、雕塑、彩陶等造型艺术中去。经过不断的演进，"出现了纷繁的书体，形成独立的艺术门类，书法艺术与伊斯兰建筑艺术并列为伊斯兰艺术的两大支柱。"① 阿拉伯书法艺术家们，以娴熟的技法，"在几何图案与书法结合的基础上，通过点线搭配，变化无穷的组合，布局严格的章法，使阿拉伯书法艺术的造型具有独特的东方魅力，在形质和神采上达到美的极致，成为阿拉伯民族和全世界穆斯林为之骄傲的瑰宝。"② 阿拉伯书法种类繁多，究竟有多少种尚无准确统计，据说"在倭马亚王朝时至少有 70 多种，但此后又有新的发展"。③ 各朝代书法分类众说不一，有以地方命名的，如库法体、巴士拉体、麦加体、汉志体、波斯体、伊斯法罕体等，也有以名字命名，如图马尔体等，还有三一体、签署体、公文体、行书体，等等，其中伊拉克的库法体十分著名。各类书体有鲜明的艺术造型和严格的书写规则，发挥了阿拉伯字母的线条美。阿拉伯书法是阿拉伯艺术和伊斯兰艺术发展的实录，对社会发展起了深远影响。伊拉克的书法艺术发展到 20 世纪初，出现了一位书坛巨匠，享誉整个阿拉伯书法届，他的名字是哈希姆·穆罕默德。1944 年他荣获埃及皇家书法学校金奖，并以优异的成绩获优秀毕业证书，他的作品集被许多阿拉伯国家翻印出版，奉为范帖，他在巴格达的故居被辟为纪念馆，成为阿拉伯书法工作者的参观地。

图案花饰是书法艺术的一个重要组成部分，由于受伊斯兰教义的影响，艺术家们集中在这个领域从事艺术创作。图案艺术与书法线条配合起来，整体效果自然和谐，气度圣洁，韵势高雅，艺术价值独特。它广泛运用在清真寺、殿宇、陵墓等伊斯兰建筑艺术装饰中。伊斯兰经典书籍的装帧也以书法和图案艺术为基本内容，主色调大都是蓝色和金色，并以玄黑作底色，起到烘托

---

① 袁义芬：《阿拉伯书法艺术》，载《阿拉伯世界》1989 年第 3 期。
② 袁义芬：《阿拉伯书法艺术》，载《阿拉伯世界》1989 年第 3 期。
③ 李文彦：《浅谈阿拉伯书法艺术》，载《阿拉伯世界》1989 年第 1 期。

伊拉克的艺术家在书法、图案花饰、陶瓷及金属工艺等领域都有不凡的造诣，展现了才华。1988 年 4 月 19～30 日，伊拉克在巴格达举办了首届"阿拉伯书法及伊斯兰装饰国际艺术节"，其宗旨是推动书法艺术的不断发展。有来自阿拉伯国家、伊斯兰国家、中国、日本、美国、英国、法国、西班牙、印度、联邦德国、保加利亚等 30 多个国家的 200 多名书法家参加。由于反映很好，伊拉克决定每 3 年举行一次国际书法艺术节，只是因战争原因未能实现。

早在 13 世纪，当时阿拉伯帝国的首府巴格达建立了一所绘画学校，它曾是阿拉伯传统绘画、装饰艺术的摇篮。叶海亚·本·马哈茂德·瓦斯特是该校的创始人之一，杰出的艺术家，他在美术上有独特的见解，是著名的《丝绸等级》一书的装帧设计者。绘画学校曾因他创造性的艺术作品和美术理论而闻名遐迩，其艺术风格的影响还波及东西方许多国家。①

奥斯曼帝国后期，阿拉伯文明遭到外来列强的野蛮践踏，巴格达经历了一场大浩劫。即使如此，伊拉克的艺术家们也未停止对艺术的追求，他们以强烈的民族责任感为己任，以饱满的工作热情，在复兴、再建文明的思潮下，掀起了一场寻根运动。19 世纪末 20 世纪初，奥斯曼军队中的一批军官开始从事绘画创作，代表人物是阿卜杜·卡迪尔·拉萨姆，他在土耳其军队工作，长期学习绘画，他曾在伊斯坦布尔军事学院学习艺术，并作为第一位伊拉克艺术家参加了当时在柏林举办的画展，他有一幅作品被博物馆收藏。拉萨姆学成归国后，从事发展伊拉克现代绘画艺术，有很大影响，被誉为"伊拉克现代绘画之父"。

与拉萨姆同时代的一批现代造型艺术家们，纷纷前往欧洲高等艺术学校学习现代艺术，成为伊拉克造型艺术的先驱。

---

① 蔡友祥：《伊拉克现代造型艺术及其先驱》，载《阿拉伯世界》1987 年第 2 期。

　　30 年代中期，伊拉克受到来自西方现代艺术潮流的冲击和影响，艺术家们在吸取欧美现代艺术精湛技艺的同时，创造了大量具有时代风貌和民族特色的现代艺术作品。1939 年，巴格达美术专科学院成立，开设了绘画和雕塑系。1941 年，"艺术友人会"问世。

　　伊拉克的现代绘画艺术基本上属于借鉴外来的艺术，其历史只有几十年之久。第二次世界大战之后，伊拉克政府派遣留学生到欧美国家学习，这些学生在巴黎、罗马、伦敦等西方国家深造，引进了现实主义学派、印象派的艺术，填补了伊拉克现代艺术的空白。他们中间的代表人物是贾瓦里·萨里姆，他在西方成了一名画家和雕塑家，学成归国后，筹建了"巴格达美术学院雕塑系"。他认为，伊拉克的文化古迹是艺术宝库，是无价之宝，可以挖掘出无数的艺术珍宝。另外，古老的美索不达米亚艺术与现代艺术有着内在的联系，可以互为补充，相得益彰。以他为代表的一批艺术家为民族传统艺术的发展奠定了理论基础。随之，各种艺术团体在伊拉克纷纷建立。1950 年，"艺术先驱者协会"和"巴格达现代造型艺术协会"成立；1956 年，"伊拉克艺术家学会"诞生。这些组织创作了许多优秀的艺术作品。50 年代是贾瓦里·萨里姆创作的鼎盛时期，形成了贾瓦里学派。他们以阿拉伯色彩、民间绘画和阿拉伯书法为基调，使用活泼明朗的色彩，强调重视与世界优秀艺术的发展相结合，但是又要创造具有伊拉克艺术特点的作品。

　　《巴格达》组画是贾瓦里·萨里姆的代表作，这幅画由 3 个部分组成。矗立在巴格达市中心解放广场的《自由碑》是他雕塑造型艺术的精髓，是他的不朽杰作。《自由碑》已经成为伊拉克民族解放的象征。该作品是一个宽 50 米、高 8 米多的大横梁，碑上有 14 个画面，25 个脸谱以及牛、马等动物。他用了一年半时间在意大利用青铜塑制完成。《自由碑》采用了现实主义和抽象主义相结合的艺术手法，艺术成就十分完美，它以粗犷、豪放的艺术风格，表现了革命者坚韧不拔、挣脱锁链、冲破牢笼的斗争场面。这幅作品被誉为艺术性与思想性紧密结合的典范。贾瓦里·萨里姆当之无愧地被赞誉为伊拉克现代造型雕塑艺术家。

经过艺术家们坚持不懈的努力，1961 年，隶属于巴格达大学的美术学院最终建立。至此，伊拉克的现代造型艺术活动已经相当活跃。他们在国内外频频举办画展，开创了伊拉克现代造型艺术，作出了杰出的贡献。①

伊拉克造型艺术包括绘画、雕刻、烧瓷、编织、书法等。伊拉克的造型艺术在阿拉伯国家中比较先进，受西方抽象派的影响比较深。政府主张时代精神和民族特色的完美统一，主张艺术通俗化、革命化。

值得指出的是，萨达姆的"御用"画师是个不错的职业，萨达姆非常热衷于树立自己的"光辉形象"，他的各种画像矗立在伊拉克所有重要地方，重要街头，于是就涌现了一批以专画萨达姆画像为生的画师。穿着军装的萨达姆、身着法官服装的萨达姆、慈祥的萨达姆等，各种形象的萨达姆纷纷问世伊拉克。画师们的薪金十分充足。

2002 年 1 月 23 日，《伊拉克绘画展》在北京隆重举行。此次画展共展出了 70 幅作品，具体地展现了伊拉克艺术家们不同的风格、技巧和流派。主要参展作者是，穆赫莱德·穆赫塔尔和萨米拉·瓦哈布等艺术家。他们参展的作品从不同的角度描绘了伊拉克各个历史时期的文明，其中以"受伤的母狮"、"巴比伦"、"亚述古国"、"阿拔斯文明"、"巴格达古迹"、"和平使命"、"辉煌胜利"、"文明和积累"等命名的一批优秀作品最为

---

① 蔡友祥：《伊拉克现代造型艺术及其先驱》，载《阿拉伯世界》1987 年第 2 期。

抢眼，逼真地描绘了伊拉克人的现实生活，伊拉克土地上的友爱与和平等。伊拉克人称，这次画展的举办是向中国人传达，伊拉克人民在被封锁了长达 11 年之后的精神面貌，伊拉克的土地被封锁了，但艺术、文学、思想和诗歌是不会被封锁的。伊拉克的艺术源于苏美尔、巴比伦、亚述王朝、阿卡德和阿拉伯人的故乡，艺术家们以高尚的艺术创作表现了人间的友爱和坚忍，用颜色、线条和细致的内心，来表达伊拉克文明与现代精神和生活的结合。这次绘画展对进一步加强中伊两国文化交流起到了促进作用。

五 博物馆

伊拉克历史悠久，古迹颇多，分布于全国各省市，因历史文物极为丰富，全国建有各类博物馆和纪念馆 29 座，多数集中在巴格达，外省市也分布着各具特色的地区博物馆，分布如下：

（一）巴格达地区

伊拉克国家博物馆 伊拉克国家博物馆坐落在巴格达的库尔哈区，与电讯大楼相对。20 世纪 20 年代建立，是由一个名叫贝尔的英国人出资兴建，主体建筑为一幢两层高的楼房。这是伊拉克最大、最早的一座国家博物馆，也是世界最大的博物馆之一。伊拉克国家博物馆藏品极为丰富，收藏了大量的绝世珍宝，有大量的美索不达米亚珍贵文物，苏美尔时期乌尔城邦国家的金币，亚述时期的象牙和黄金，楔形文字的泥板，还有各文明时期十分精湛的雕塑等，是人类文化和世界文明的宝库之一，也是世界著名的人类最早期文明的重要象征。

伊拉克国家博物馆是世界最重要的博物馆之一，被联合国教科文组织列为世界 11 大博物馆之一，被世界公认可与巴黎罗浮宫博物馆、纽约大都会艺术博物馆和开罗古埃及学博物馆相媲

美。这里收藏着人类最早期文明之一——美索不达米亚文明的重要证物，其中包括远古时期在两河流域生息过的各民族的珍贵文物，如苏美尔王国、阿卡德王国、乌尔王国、尼尼微城邦、古巴比伦王国、亚述帝国、迦勒底人、萨珊王朝等珍贵的文物，还有数以千计的记载人类最早文字的楔形文字泥板。伊拉克国家博物馆收藏了两河流域出土的大量文物，包括从远古时期到近代阿拉伯伊斯兰文明各个时期的珍贵文物。

博物馆内陈列品均为伊拉克境内考古遗址的出土文物，收藏着远古时期早期人类曾在这里生活过的各民族所使用的许多文物，时间距今 10 万～1 万年前，属旧石器时代，如部分劳动工具，其中最为珍贵的馆藏是一把 50 万年前人类最早使用的石斧。这里有苏美尔人的雕塑，有乌尔王墓中出土的黄金饰品、竖琴、印章、楔形文字泥板、硕大蓝色眼珠的苏美尔人雕像、精美的苏美尔人头像等。反映了苏美尔人高度发展的文明，也反映了从古代苏美尔时期到阿卡德时期、乌尔第三王朝时期、巴比伦、亚述、塞尔柱、萨珊等几个时代留下的文明发展史。

博物馆内的图书馆藏有 6000 种手稿，约 7 万册各种文字的书籍，是研究两河流域文明最珍贵的资料。馆内收藏着亚述人创作的精美壁画和楔形文字的碑刻以及许多古代的金银墓葬品。博物馆内有各个时期的珍贵文物展品和历史资料均不分等级，依次按照历史时代、年代先后排列有序展出。亚述时代的人面狮爪飞牛，体积庞大，造型壮观，令人赞叹不绝。巨大的壁画浮雕，亦是世界文物宝库中的精品。另外，文化发展、朝代更迭、风土人情等展品的展出，也能够给参观者一个十分清晰的印象和感觉。

1990 年海湾危机期间，伊拉克政府为保护馆内文物，曾经转移了一些最精美的珍宝、雕像、陶器等，此后该博物馆关闭长达 10 年之久。海湾战争期间和战后，该博物馆及其他一些考古地遭到抢劫，2264 件文物和考古发现品以及若干手稿丢失，其中包括公元前 2000 年亚述时代的雪花石雕像不翼而飞。此外，由于联合国的长期制裁，伊拉克经济长期处于停滞状态，博物馆疏于管理，一些不法分子为牟取暴利，偷盗和走私活动嚣张，致使博物馆文物遭到严重破坏，大量国宝级文物流失国外。

2000 年 12 月 26 日，由于受制裁而尘封了 10 年之久的伊拉克国家博物馆重新向观众开放，展出的展品达 1 万多件。有来自两河流域、希腊、波斯等地的文物，也包括犹太人始祖亚伯拉罕的遗物等稀世之宝。

2003 年 4 月，美英发动的伊拉克战争期间，伊拉克国家博物馆再次遭到史无前例的暴行哄抢和劫掠，几乎所有价值连城的古代文物珍品在浩劫中均荡然无存。尽管政府在战前曾经将数以千计的文物转移，但在美军攻进巴格达后，博物馆再遭洗劫，丢失 1.4 万件珍品，至今追回的不到 4000 件。其他省的 28 家博物馆也遭到程度不同的野蛮抢劫，国际社会对此极为震惊和痛惜。由于伊拉克国家博物馆馆藏极为丰富，这次劫掠制造了人类文明历史上最为灾难性的文化劫掠。[①]

伊拉克国家博物馆内陈列品极为丰富，共拥有 20 个展厅，存放着各个时期极具收藏价值的许多历史珍品，珍品按照年代的顺序、历史阶段进行排列。每一个展厅均分别展出着伊拉克有史以来不同时代的历史和那个时代杰出的文化成就，展有大量不同风格的文物、珍品及艺术。

巴格达博物馆 位于巴格达市中心的马蒙大街，隶属巴格达市政府管理。该博物馆主要是介绍风土人情内容的博物馆，反映巴格达的历史和各个发展阶段的社会生活。它是一座伊斯兰式风

---

① 1990 年之前，伊拉克国家文物部管理着所有文化遗址和文物，全国未发现非法盗窃考古挖掘及文物走私活动。20 世纪 20 年代，伊拉克政府颁布了《文物法》，对非法挖掘、偷盗或走私文物，制定了严厉的法律处罚规定。

格的建筑，馆内收藏了许多实物、塑像、一些重要代表人物的相关资料、照片、图表、绘画等。从陈设的实物和塑像可以看到，逼真地反映了进入现代文明之前的巴格达人民的社会生活。

民间遗产博物馆 位于巴格达市内，底格里斯河东岸的拉希德大街上，是一座典型的、传统式的巴格达风格的古老建筑。馆内展出两河流域各民族、各部落历史及现代的服装和服饰，还展出一些民间工艺品。

萨达姆现代艺术中心博物馆 这是一座现代化展馆，位于巴格达市中心的海法大街，隶属文化部管辖。博物馆内设置4个展厅，展出伊拉克艺术家们的优秀作品，包括从有名望的艺术大师到青年艺术家创作的绘画、雕塑、陶艺以及现代造型艺术等领域的成果。此外，还有一些为筹办专门艺术作品或其他展览的一些展厅。

国家现代艺术博物馆 该博物馆建于1963年，有4个展厅，常年举办国内外艺术展览。2003年美国对伊战争中，现代艺术博物馆收藏的名画被偷盗，同时还遭到焚烧。

伊拉克先驱艺术博物馆 该博物馆是一座具有古典色彩的巴格达老式建筑，位于拉希德大街，专门保存和展出伊拉克20世纪初至50年代中期一批著名的造型艺术家们的精品，数量有200多幅。他们创作的油画、水彩画、素描等作品，展示了伊拉克现代绘画艺术的发展史。2003年美国对伊战争中，先驱艺术博物馆收藏的名画被偷盗，同时还遭到了焚烧。

自然历史博物馆 展出各种用于科学研究目的的动、植物标本。该博物馆还拥有一个图书馆，藏书2.6万册。

军事博物馆 位于巴格达卡斯拉区，艾阿扎米亚公园内。隶属国防部管理。所展出的展品主要包括两大部分，一部分是古代两河流域各民族、各部落当时使用过的兵器，历史上发生的著名战例与战术模型；另一部分是伊拉克军队的总体介绍，表现了从开始组建军队到当今历史发展的各个阶段情况，包括组成军队、武器装备、战略战术思想发展与演变，典型战例和英雄人物的事迹等。

阿巴斯宫博物馆 1179～1225年的古建筑。

巴格达妇女博物馆 分为两个展馆，展出了妇女自两河流域时期至今参与社会生活的状况。

凯旋门博物馆 巴格达旧城门，建于1100～1135年，古遗址之一。

阿加古夫博物馆 公元前14世纪的古城址，现存一个祭坛，高57米。

艺术宫 该宫建于阿拔斯王朝时期，距今已有1700多年的历史，最早是阿拉伯帝国阿拔斯王朝贵族的居住地。著名哈里发拉希德的女儿乌姆·哈比布公主在此生活了70多年。20世纪20年代，伊拉克国王费萨尔二世曾居住于此，该宫厅室甚多，陈设奢华。

党史博物馆 位于巴格达市区内，主要展出复兴党的历史及党的领袖生平。

此外，还有国家历史博物馆、艺术社团博物馆、儿童博物馆等。

（二）北部和南部地区

摩苏尔博物馆 伊拉克北部古城摩苏尔博物馆藏有丰富的文物，伊拉克战争后遭到暴力抢劫。该馆的馆藏可追溯到公元前几个世纪，藏有雕塑、牌匾、手工制品等珍贵文物。

巴比伦博物馆 伊拉克政府在巴比伦遗址上建立了巴比伦博物馆，但馆内除巴比伦城模型、挖掘出土的少量文物和尸骨外，陈列品不多，尚未形成规模。截至2004年初，据伊拉克古文物局报道，伊拉克已找回了近25万件文物，其中包括亚述、巴比伦时期的陶器、碑刻、带翼的公牛及方形塔等。

巴士拉博物馆 该博物馆建于 1975 年，展品按照历史年代划分，从史前时期至伊斯兰教历史晚期。分为 6 个展室，它们是史前室、苏美尔室、巴比伦室、亚述室、哈特尔室和伊斯兰室。

巴格达伊斯兰图书馆 巴格达是中世纪伊斯兰文化的古都，巴格达伊斯兰图书馆在伊拉克战争中遭到焚烧，这里收藏着世界最早版本的《古兰经》惨遭厄运。其他的 28 个博物馆也同样遭到了严重破坏。

此外，还有摩苏尔大学民俗博物馆和摩苏尔大学自然博物馆、奈尔加博物馆、萨迈拉博物馆、基尔库克博物馆、埃尔比勒博物馆、苏莱曼尼亚博物馆、安巴尔博物馆、纳西里耶博物馆、1920 年革命博物馆等。

第三节　医疗卫生

一　医疗卫生政策

20 世纪 70 年代，伊拉克的卫生事业发展迅速，政府对全体公民实行免费医疗制度，并积极开展防治疾病的普及教育，协调防治与治疗的关系，医疗卫生事业取得了长足的发展和进步，人民健康水平显著提高。人均平均寿命由 1958 年的 56 岁提高到 1980 年的 64 岁，2002 年为 66.95 岁。婴儿死亡率由 1960 年的 2.8% 降至 1980 年的 0.8%。

伊拉克的大医院一般由外国公司承建，配备了世界一流的先进医疗设施。如，巴格达医学城是由日本公司承建的庞大的医疗中心，是一所综合性医院，设备先进，科目齐全，免费为全民服务。20 世纪 70～80 年代，伊拉克的社会福利制度在中东地区名列前茅，人们拥有充分的就业机会，可享受高质量的医疗服务及多种社会福利保障，是阿拉伯国家中为数不多的高福利国家。平均每 1740 人有一名医生。在城乡相继建立了一系列不同水准的医院和诊所。1980 年全国共有医院 65 所，门诊所 88 个，卫生中心 1108 个，共有病床 25 万张，医生 5319 人。两伊战争爆发以后，伊拉克的医疗卫生水平持续下降，虽然医院和医生数量增加，但医疗服务水平下降。1994 年全国共有医院 252 所、26652 张床位、医生 8126 人；民间诊所和卫生站 1176 个，病床 3.08 万张。为提高每个家庭的卫生保健水平，1985 年伊拉克革命指挥委员会颁布法令，规定每个初中、高中、大学的女毕业生，在就业前必须学习护理专业一年。

二　经济制裁下的医疗卫生

因受连年战争的严重影响，伊拉克国内缺医少药，饮用水污染，卫生条件每况愈下，许多地区疾病流行，人民健康状况十分糟糕，健康水平十分低下。联合国对伊拉克实施的严厉制裁使伊拉克卫生状况急剧倒退，引发了空前的人道主义危机。更为严重的是，儿童因病得不到及时医治而死亡，儿童死亡率居高不下，饥饿日益严重，1/3 的儿童患有营养不良症或发育迟缓，他们的身心遭受到严重摧残。

2003 年 3 月 22 日，伊拉克贸易部长萨拉赫透露，12 年的制裁，有 100 万人死亡，其中大部分为儿童和妇女，儿童大多死于腹泻、心脏病、呼吸系统疾病或营养不良。同年 6 月 26 日，据联合国专家一项调查说，伊拉克卫生保健体系运转严重不良，伊拉克战争以来，腹泻的发病率与去年同期相比有显著增加。10 多年来，由于联合国实施的经济制裁，有数十万儿童因营养不良而丧生，儿童健康问题主要应归咎于水质恶化造成的巨大危害，再是药品严重缺乏而导致死亡率上升。世界卫生组织发表的多份调查报告得出的结论显示，由于严重缺医少药、断水、断电等，医疗、卫生水平均处在严重低下状况，并持续下滑。由于长期的

经济封锁，一些早已消灭了的疾病又开始复活，如疟疾、伤寒、霍乱、血吸虫病等。因许多急救药品和医疗器械严重短缺，不能及时运进医院，绝大多数手术和化验无法进行，医院人满为患，医疗设备年久失修，打点滴的吊瓶反复使用，卫生条件极为恶劣。另外，美英不间断的轰炸严重破坏了生态环境，水、空气和土壤污染严重，这是导致各种疾病蔓延的主要原因之一。

2003 年伊拉克战争爆发后，伊拉克卫生部与其他所有部门一样处于瘫痪状态。2004 年 3 月 28 日，美国驻伊临时管理机构最高行政长官布雷默，正式向伊拉克临时管理委员会移交卫生部的权力，这是 25 个政府部门中第一个由伊拉克人自己管理的机构。

三　医疗卫生现状

伊拉克医疗水平出现极大倒退，大不如前。医生紧缺是困扰医疗卫生改善的重要原因。伊拉克战后，医疗管理存在严重问题，缺少技术精良的医生，医务人员的医疗水平、现代化技术和知识结构很难得到提高，导致服务水平明显下降。由于一直缺少充足的资金，医疗卫生服务质量很差，严重影响了人民健康。一般来看，部分医术高的医生大都开设私人诊所，高昂的诊费使老百姓不敢问津。正因为如此，巴格达的一些名医虽赚了钱，但他们的人身并不安全，以勒索钱财为目的绑架医生的事件屡屡发生，甚至有医生、医院院长不时遇害。巴格达卡拉马医院院长就被不明身份的武装人员开枪打死。战后，医生职业十分不安全，人人自危，很多医术精良的医生不敢在伊拉克冒险行医，纷纷跑到国外去开诊所。据伊拉克医疗协会称，过去一年，"巴格达总共 3.2 万注册医生中，有大约 10% 已经自动离开工作岗位或被赶走。"[①] 由于条件恶劣，处境危险，医生外流严重，

---

① 2005 年 5 月 30 日《纽约时报》。

逃离者大都是资深医生。在公立医院，有名望的医生每天需接待60～100名患者，而预约需要等待数月。公立医院医疗体系基础、设备很不完备，设备难以更新，许多病及外伤都难以及时得到治疗。

由于战乱的持续影响，目前医疗服务状况和水平很差，人民的健康状况正面临着严重而紧迫的威胁。英国一家由医疗卫生专家组成的团体2004年11月30日发表的一份调查报告指出，伊拉克战争使本来就已衰败的医疗服务体系受到更大的损害，伊拉克目前的医疗体系无法满足需要，服务质量令人担忧。美英在推翻萨达姆政权后，将人道主义救援事务交给了美国国防部的相关部门，而联合国等善于协调人道救援事务的机构却被边缘化。美国对伊拉克医疗服务体系的重建工作无具体规划，而伊拉克卫生部获得拨款的款项却远远无法满足实际需要。

第四节　体育

一　体育政策和机构

伊拉克历届政府对体育运动十分重视，萨达姆统治时期，国家设置了青年部，负责全国青年和体育工作。青年部下设关系司、青年司、运动司、行政司等部门。运动司下设训练处、体育俱乐部处等，负责指导全国的体育活动。体育课程是在校学生的必修课，中、小学的体育活动直接由教育部体育司主管。

伊拉克军队内设有军体部，由国防部领导。

在各省分布着广泛的青年体育中心和体育俱乐部，这些中心或俱乐部在1985年总数曾经达到129个。

　　"伊拉克全国奥林匹克委员会"是民间体育的最高权力机构，行政和财务独立。奥林匹克委员会设置执行机构，由 13 人组成，任期为 4 年，设有主席、副主席、秘书长、秘书助理等。奥林匹克委员会下设足球、篮球、排球、乒乓球、网球、手球、田径、游泳、摔跤、健美、拳击、举重、自行车、体操等 14 个协会，各协会在地方均设立分会。

　　20 世纪 90 年代之前，伊拉克足球协会主席的职务一般由青年部长或有权威的政府官员担任。90 年代后，萨达姆的长子乌代亲自出任伊拉克足球协会主席，兼任奥委会主席等职务。伊拉克战争后，伊拉克奥委会现任主席艾哈迈德·萨马赖，是 20 多年前叱咤伊拉克体坛的知名宿将。①

　　2004 年美英联军向伊拉克移交主权后成立的临时政府，设置了青年体育部。

　　二　体育设施

　　19 80 年两伊战争之前，伊拉克政府雇佣外国建筑公司修建了一大批具有国际水平的体育馆，体育馆数目达 19 个（其中巴格达有 8 个）。巴格达的"萨达姆体育馆"耗资 600 万第纳尔（当时 1 第纳尔 = 3.2 美元），可以容纳 5000 名观众。该体育馆可以进行篮球、排球等多项比赛。此外，伊拉克体育部门还自行建立了一些小型体育馆。

　　"国际人民体育场"是巴格达最大的运动场，总面积达 25 万平方米。其中，足球场面积占 5 万平方米，可以容纳 4.5 万名

---

　　①　2002 年 11 月，一家总部设在伦敦的人权组织和国际奥林匹克委员会联名将乌代告上法庭。这两家组织一致认为，乌代极端粗暴，根本不爱护本国运动员，经常用监禁或鞭笞等酷刑惩罚运动员，逼迫他们必须取得出色成绩，否则就得受惩罚，这在很大程度上亵渎了奥林匹克精神，这种行为应受到严厉惩戒，特将伊拉克从国际奥林匹克委员会清理出去。

观众。场内还建有游泳池、手球场、篮球场等设施。在距离巴格达不远的迪亚拉省，建有一座占地面积为 27.7 万平方米的庞大体育城，被命名为"萨达姆体育城"，包括几个室内体育馆、露天体育场、餐厅和剧场等。

2003 年伊拉克战争后，由于美英联军的狂轰滥炸和战后发生的大规模哄抢行动，体育设施几乎全部被洗劫一空，严重缺乏必要的训练器械和资金。此后，伊拉克便没有了合格的训练场地，没有了进行比赛的体育馆，也没有了合乎标准的室内训练场。所有体育场所都处于百废待兴的状态。出于安全的原因，因局部冲突四起，运动员甚至没有训练的基本条件，只能组织运动员到邻国去进行训练，而且这种训练处于不正常的状态，时而中断。

由于伊拉克足球队在 2004 年雅典奥运会十分出色的表现，国际足联主席布拉特表示，将为伊拉克足球发展提供更多的帮助，为伊拉克国家队建立一个现代化的训练中心，为被摧毁的伊拉克足协总部重建大楼，计划总花费将超过 50 万美元。

三　足球

伊拉克足球水平曾取得过骄人的成绩，足球运动是最受伊拉克人重视的体育项目之一，它具有雄厚的群众基础，同时受到政府重视，被认为是国家体育运动的灵魂。伊拉克人对足球运动有广泛的参与热情，人们对足球的喜爱程度甚至超过传统赛马、赛驼等运动。20 世纪 70 年代，伊拉克足球事业发展欣欣向荣，足球水平明显提高。伊拉克战争后，儿童们甚至赤脚在街上踢球，足球成为国家的"第一运动"。

（一）亚运会及国际比赛历史记录

伊拉克足球队训练有素，在中东阿拉伯国家中以实力强大著称，也是亚洲强队。在历届地区性足球锦标赛或重大国际比赛

中，伊拉克足球队是亚洲的一支劲旅，名列前茅，在亚洲杯和亚运会上多次取得佳绩。1981年，在马来西亚夺得"默迪卡杯"国际足球赛冠军，萨达姆总统特别为此颁奖，奖励足球队队员每人一层楼房和一辆汽车，以表示政府对足球运动的高度重视。1982年亚运会上，伊拉克足球队荣获金牌，受到萨达姆总统的重奖，赠送住房、增加拨款等奖励。

1984年4月，第23届奥运会亚太地区足球预选赛中，伊拉克足球队在拥有10支亚太足球劲旅的激烈角逐中，以精湛的球艺、顽强的作风过关斩将，力挫群英，夺取了进军洛杉矶奥运会的通行证。在第九届亚运会足球赛中，伊拉克足球队夺得冠军。亚洲足联秘书长曾评价："亚大区三支出线队伍（伊拉克、科威特和沙特阿拉伯）的水准，已经能与世界某些足球强国相媲美，它们在新加坡决赛圈的表现，证明它们在奥运会上完全有能力击败一些世界强队，为亚洲争取荣誉。"①

1985年8月，伊拉克国家足球队在摩洛哥举行的阿拉伯国家运动会上再次荣获冠军。1986年获得墨西哥世界杯赛决赛的参赛资格。

1999年，伊拉克国家足球队参加了在伊朗举行的亚洲足球锦标赛。

2000年，伊拉克足球队获得亚洲青年锦标赛冠军。

2003年伊拉克战争结束后，伊拉克足球队员在各自所属的俱乐部很快地恢复了训练，他们以饱满的精神状态投入了紧张的体能训练和球技训练。同年8月，伊拉克足球队与伊朗足球队在伊朗首都德黑兰的阿扎迪体育场进行了一场友谊赛，这是伊拉克战争之后伊拉克国家足球队首次参加国际比赛。

---

① 魏同超：《阿拉伯国家的足球运动》，载《阿拉伯世界》1984年第4期，第111页。

2004 年 7 月，伊拉克国家足球队在中国举行的亚洲杯上打进了 1/4 决赛，最后负于中国队。

伊拉克国家足球队运动员基本上是原班人马，队员主要由什叶派穆斯林、逊尼派穆斯林和库尔德人联合组成。职业球员 6 名，其中 2 名在卡塔尔、1 人在阿拉伯联合酋长国踢球。

2000 年，伊拉克足球队主教练是阿德南。2002 年 11 月，55 岁的德国教练贝恩德·斯坦格受伊足协聘请，出任伊国家足球队主教练。他在 1983～1988 年期间担任前民主德国国家队的主帅。2004 年雅典奥运会前夕，阿德南再次出任伊拉克国家男子足球队主教练，积极备战 2004 年的奥运会。

伊拉克的球队是靠新政府体育部和奥委会的支持才得以维持生存和训练，赛前，伊足球队员聚集在一起进行训练十分困难，因安全问题，球队很多时候需跑到邻国进行训练。

（二）2004 年雅典奥运会

伊拉克战后国内局势烽火连天，伊足球队却在国际奥林匹克赛场上展现了其强劲的实力。在 2004 年希腊雅典举行的第 28 届奥运会男子足球首轮比赛中，8 月 15 日，伊拉克国家足球队以 4:2 击败强队葡萄牙队，爆出奥运会特大冷门。次日，在 D 组第 2 轮比赛中再创辉煌，2:0 击败哥斯达黎加队，连胜两场，率先获小组出线权，打进奥运会 8 强，创历史纪录。在这场比赛中，球员哈瓦尔·穆罕默德和马哈迪·卡里姆在下半时为伊拉克各进 1 球。伊拉克球员的出色表现和成绩令世界震惊。

8 月 21 日，在希腊克里特岛举行的奥运会男子 1/4 决赛中，伊拉克国家足球队 1:0 战胜澳大利亚队，奋力杀进世界 4 强，进入半决赛，伊拉克球员伊玛德在这场比赛的第 64 分钟踢进全场唯一一个进球，这是伊拉克在奥运会大赛上取得的最好成绩。伊拉克跻身 4 强，是个了不起的战绩，引起轰动，令世界刮目相看。

伊拉克足球队成为这届奥运会耀眼的亮点，伊足球队连连获胜的战绩受到观众的极大欢迎，无论伊足球队在哪个城市出场比赛，都能引起狂热的欢呼，爆发出经久不息的掌声，有上千人的球迷跟着他们呐喊、助威、加油。作为亚洲唯一的一支男子足球队进入世界 4 强，足以令人异常兴奋，因为这是一支来自饱遭战乱煎熬国家的足球队。伊拉克足球队队员顽强、凶猛强悍、奋力拼搏、狂飙突进，展现了极强的攻击力，球技精彩，踢出了国威，展现了其魅力，值得自豪和骄傲。它向世界证明了自身价值，为满目疮痍的国家赢得了最及时的荣誉和尊严。在进行半决赛时，伊拉克足球队 1:3 输给巴拉圭队，被挡在了决赛之外，最终失去夺取奥运会金牌的机会。

有"意思"的是，美国总统布什为竞选连任增加砝码，居然借用伊拉克足球晋级世界 4 强的声威拍摄了广告片，做起了广告。他用伊足球队赫赫战功往自己脸上贴金，他在竞选广告中说："伊拉克足球队在奥运会上的表现完全可以用'绝妙'来形容，不是吗？如果美军不在伊拉克采取行动，他们能够自由地在这里踢球吗？"伊拉克球员激烈地抗议，抵制足球政治化，表示不需要布什的掌声。

这届奥运会，伊拉克共参赛 7 个项目。除足球外，还有拳击、举重和田径（男子 400 米和女子 100 米栏）等项目，参赛运动员有 2 名女性。轻量级拳击手阿里杀进了 1/4 决赛，获得一枚铜牌。

举重选手穆罕默德·阿里在男子 56 公斤 B 组比赛中获第三名。短跑选手莫塔在 400 米栏项目中的成绩是 50 秒。雅典奥运会后，伊拉克国家男子足球队下一个目标是，力争打入 2006 年德国世界杯的决赛圈。

（三）计划申办 2014 年世界杯

伊拉克足球协会已与约旦足球协会就申办 2014 年世界杯一

事进行了商议，两国将有可能联合申办世界杯的主办权。① 据报道，为了在激烈的申办中取得成功，两国正在积极活动。约旦国王阿卜杜拉二世的弟弟费萨尔·阿尔·侯赛因亲自参与这一计划的策划和实施。据悉，世界杯从未在中东国家举办过，鉴于伊拉克足球队在 2004 年雅典奥运会上取得的佳绩，鼓舞了阿拉伯人的参赛热情。

四　其他运动

除了足球运动外，伊拉克的举重、摔跤、拳击、乒乓球及田径等项目的水平也比较突出。海湾战争结束后，伊拉克的体育团体由于经费紧张，很少出国参加比赛。

五　奥运会参赛简介

伊拉克运动员具有良好的运动天赋和素质，从 1948 年开始参加夏季奥运会，历届参赛奥运会情况如下：

1960 年，伊拉克参加了在罗马举行的第 17 届奥运会，举重选手阿赫利·阿齐兹荣获一枚举重铜牌。1980 年，46 名伊拉克运动员参加了在莫斯科举行的奥运会，伊拉克男足跻身本届奥运会 8 强。1988 年，参加汉城奥运会，伊拉克男足首轮即遭淘汰。2000 年，4 名伊拉克运动员参加了悉尼奥运会。2003 年伊拉克战争结束后不久，国际奥委会于 5 月 17 日对伊拉克奥委会宣布"奥运禁令"，中止了伊拉克奥委会的一切权利。2004 年 1 月 29 日，伊拉克奥委会重新组建，曾遭流放的艾哈迈德·萨马赖当选为新一任奥委会主席。国际奥委会于 2004 年 2 月 27 日在雅典宣布，解除禁止伊拉克参加奥运会的禁令，伊拉克被国际奥委会"隔离"9 个月后，恢复了其权利，重返奥运大家庭。伊拉克积极争取获得奥

---

① 2004 年 10 月 7 日《北京青年报》。

运会参赛资格，主要参赛项目为田径、游泳、摔跤、拳击、举重、跆拳道等。在 2004 年雅典奥运会举办之前，伊拉克甲级联赛就有 20 支球队，在战争和动荡的局势中，虽联赛被迫停止，但一些俱乐部一直坚持训练，只要局势稍有缓和，球员们便与教练聚集在一起切磋技术。战后，伊拉克足协积极争取重开联赛。2003 年 6 月 21 日，第 11 届世界夏季特殊奥运会在爱尔兰举行，伊拉克派出 8 名运动员，分别参加了乒乓球和部分田径项目的比赛。2004 年 8 月，伊拉克运动员参加了在雅典举行的第 28 届奥运会。

六　骑术俱乐部

拉克的体育项目很多，赛马就是其中之一。前总统萨达姆酷爱这项运动，他不仅喜爱宝马，还曾是一位优秀的骑士。每逢闲暇时间或节假日，萨达姆会专程光顾骑术俱乐部，与家人或复兴党的高官在此举行赛马。萨达姆骑术俱乐部是萨达姆私人专门饲养优良马的场所。伊拉克战争之前，这里饲养着 70 匹阿拉伯纯种马。伊拉克战争结束后，美军找回了仅剩下的 16 匹纯种马。① 由于战争中缺医少药，缺少饲料、水和兽药等，萨达姆的宝马的生活环境改变，生活水平下降，遭到了前所未有的灾难，不少宝马被饿死、渴死或病死，被找回的 16 匹纯种马的健康状况也不好，目前已被送到巴格达"贾德利赛马俱乐部"精心饲养和治疗。

阿拉伯纯种马被称为宝马，是世界上最古老的优良马种。所谓纯种阿拉伯马是指具有沙漠血统、在阿拉伯地区培育的阿拉伯马。阿拉伯纯种马的威名之所以驰名世界，是因为它在中世纪阿拉伯帝国时期名声大振，它是骁勇善战、战无不胜的阿拉伯骑兵的坐骑，为阿拉伯帝国打江山立下赫赫战功。

---

① 　万铤：《萨达姆宝马回巴格达》，载 2003 年 6 月 25 日《环球时报》。

七　中国与伊拉克体育交流

中国与伊拉克体育关系一直很好。伊拉克政府曾经积极支持恢复我国在国际奥林匹克委员会的合法席位。中伊两国体育部门的主要领导人曾先后互访，中伊两国体育部门之间签有年度交流计划，或将交流项目纳入两国文化合作执行计划。除各项目运动队互访外，伊拉克乒乓球队、体操队还多次来华进行短期训练。

1972 年中国足球队、1978 年中国辽宁队曾先后访问伊拉克，在比赛中均负于伊拉克足球队。1980 年前后，伊拉克青年部曾几度聘请我国乒乓球、体操、田径、篮球、排球、手球、游泳、举重等项目的教练，帮助训练伊拉克运动员，最多时达 20 人左右，伊拉克是我国派出体育教练最多的国家之一。伊拉克对我国全运会团体操非常赞赏，1980 年曾聘请我国团体操专家组赴伊拉克执教半年。两伊战争后，伊拉克因经济困难而难以支付经费，停止延聘我国体育教练。伊拉克战争结束后，2004 年雅典奥运会之前 1 个月，伊拉克足球队赴中国进行亚洲杯比赛。

第五节　新闻出版

一　新闻政策

1968 年伊拉克复兴党执政后，对全国各大报刊实行严格的管制，设立"群众新闻社"、"自由出版社"、"革命出版社"和"国家出版发行局"。伊拉克政府实行新闻垄断、严格审批制度，记者采访受到很大限制。

库尔德文学组织——"伊拉克作家协会"于 1970 年成立，总部设在巴格达，库尔德作家大都是其成员，它在埃尔比勒、苏莱曼尼亚和达胡克设有分会，出版一份库尔德文的期刊，是库尔德作家唯一的文学组织。它下属的库尔德文学委员会设有"库尔德语研究机构"，主要负责编写库尔德文出版的教科书，起草教学大纲。1970年后，库尔德文化进入了新的发展阶段，成立了许多专业性的文化机构，如，库尔德文化出版机构，它属于文化新闻部领导下的机构，1976年由库尔德文化局与塔塞姆印刷出版社合并而成。它的任务是通过文化事务鼓励出版库尔德文化作品，负责制订出版作品的年度计划，有关科技、文化、文学、小说等方面内容的作品，均由该机构负责出版。它还负责翻译出版有价值的文学和艺术著作，丰富库尔德文化，举办纪念活动、文化活动和研究班，与库尔德知识分子、专家、语言学家保持密切接触。

"伊拉克科学协会库尔德委员会"，用库尔德文和阿拉伯文创办了一份刊物，在库尔德文化运动和出版事业方面具有显著作用。巴格达大学和苏莱曼尼亚大学教育艺术系设有库尔德专业，它们出版库尔德文期刊，出版的文化、科学作品在思想内容和文学艺术上都受到世界倾向的影响，突破了传统上只能写小说的习惯。

2003年伊拉克战争结束后，前萨达姆政府创办的报刊全部取消。美英联军允诺言论自由，提倡无党派办报刊，伊拉克新闻业出人意料地迅速发展，截至2003年10月，有139种阿拉伯文报刊一下子诞生，其中包括日报和周刊，仅巴格达就有60多份。有评论说，伊拉克的报刊从未像现在这样繁多，人们有选择的余地，可以看自己喜欢的内容，诸如政治、经济、体育、闲谈、娱乐等丰富多彩的报道。新创办的这些报刊利用战后的无政府主义状态，也利用"新闻自由"导向，其中报道的一些消息不准确，来源不可靠，需认真核对确认，多数报刊处于需要改进的状态。

二 主要报刊

（一）伊拉克战争后主要报刊

1.《独立报》

是 伊拉克现在发行量最大的报纸，主编是阿米德·阿布杜勒·马吉德，他是前伊拉克政权的持不同政见者。该报纸为日报，每天印 5 万份。长期目标是日销售达 25 万份。该报纸分别在巴格达和伦敦印刷。

2.《早晨报》

是伊拉克战后唯一的官方报纸，每周印两次，每次印数为 5 万份，是第二大畅销报纸，由美国支持。该报曾正式发表过一份声明，禁止报道美军针对伊拉克人的暴行，否则将被取缔。美国担心，如实地报道美军的粗暴行为，会刺激伊拉克人对占领军的仇恨情绪。伊拉克人表示，虽然在表面上看，伊拉克战争后报纸增多，言论自由了，但自由明显是有限的，伊拉克人民的言论在摆脱了萨达姆的严格限制后，又受到美国的严格限制。

此外，还有《两河》、《时间》报等一批报纸。

（二）前萨达姆政府时期主要发行的报刊如下：

1.《革命报》（Ath—Thawra）

1968 年 7 月创刊，为伊拉克复兴党机关报，该报社共有编辑、记者和其他工作人员达 500 多人，发行量为 25 万份。

2.《共和国报》（AI—Jumhuriya）

1963 年创刊，发行量为 2.5 万份。1968 年 12 月复刊，它是伊拉克国家新闻部发行的政府机关报。该报由"群众新闻社"印刷发行，阿拉伯文版，工作人员达 300 余人，发行量为 16 万份。

3.《伊拉克报》（AI—Iraq）

1968 年创刊，库尔德民主党机关报，由库尔德民主党和库尔德革命党共同主办。该报为日报，某些不宜政府报刊公开表态的重大问题则通过该报报道，属全国民族进步阵线领导。它主要反映库尔德民族各派的观点和意见，有工作人员 300 余人，发行量为 3 万份。

4. 《巴格达观察家报》

1967 年 12 月创刊，是伊拉克新闻部发行的官方报纸，也是伊拉克唯一对外发行的英文日报，发行量达 2.2 万份（英文版）。

5. 《雅尔穆克军报》

创刊于 1977 年 12 月，是伊拉克国防部政治指导处主办的周报，发行 16 版，主要刊载政治和军事消息，为加强军队建设服务。此外，还有《卡迪西亚军报》。

6. 《巴比伦报》

创始于 1991 年，社址设在巴格达，该报所有权属前总统萨达姆的长子乌代·萨达姆·侯赛因，乌代出任总编辑。

7. 《体育人报》

始创于 1971 年，伊拉克青年部出版。发行量不足万份，阿拉伯文版。

8. 《人民之路报》

伊拉克共产党机关报，阿拉伯文版。

9. 《阿拉伯复兴体育人报》

体育专报，所有权人和主编是前总统萨达姆之长子乌代·萨达姆·侯赛因。

10. 《电台和电视》

阿拉伯文版，电台和电视节目的介绍与文章，发行量为 4 万份。

11. 《工人意识》

阿拉伯文版，伊拉克贸易协会机关刊物，发行量达 2.5

万份。

伊拉克在萨达姆统治时期，出版业和新闻业均受到严格的控制和审查。全国获准出版的各类报刊为 39 份。除上述主要报纸外，主要图书期刊如下：《艾利夫·巴》，为综合性周刊；《艺术》为艺术周刊；《今日伊拉克》，英文版半月刊，等等。

三　通讯社（简称伊通社）

伊拉克通讯社 1959 年 11 月 9 日创建，是国家官方通讯社，使用阿拉伯语和英语两种文字发稿。有编辑、记者等工作人员 700 余人。下设 14 个部和处：秘书处、国际新闻部、国内新闻部、分社部、技术部、资料部、人事部、社会部、供给部、维修部、关系处及体育处等。伊拉克通讯社在国内 18 个省设有分社，在中央各部派有记者，在贝鲁特、伦敦、突尼斯、维也纳等城市设有区域性办事处，在新德里、柏林设有代理处；在纽约、尼科西亚、伊斯兰堡、达卡、布达佩斯、日内瓦聘请了代理记者；在贝尔格莱德、安卡拉以及阿拉伯国家派有常驻记者或设有分社。

伊拉克通讯社对外发行阿文和英文两种文字的新闻稿，还负责发行不定期的经济信息专稿；发行阿文版周刊《巴勒斯坦》；半月刊《国际问题》；月刊《今日伊拉克》。另外还发行《经济》、《事》、《科学与艺术》杂志，英文版《经济事务》。

伊拉克通讯社在国内新闻报道中居指导性地位，垄断各报刊、电台、电视台的新闻报道，一律使用电传发稿。外国通讯社的消息、传真照片等必须经伊拉克通讯社转发后，各新闻机构方可以采用。1979 年，伊拉克通讯社与我新华社签署了新闻合作协定。此外，伊拉克通讯社还与其他 30 多个国家的通讯社签有双边协定。

自 1979 年 2 月起，伊拉克通讯社开始在阿拉伯国家地区使用电话广播，即将新闻摘要稿录制成 4 分钟的磁带，反复播发，平均每小时都有新消息播出。20 世纪 80 年代以来，伊拉克通讯社的电讯设备有了很大发展，它建立了一个包括 4 条通讯渠道的发射台，通过 9 条天线，多种语言向国外发稿。它拥有一个 22 组天线网和 18 台接收机组成的接收台。伊拉克国内各分社直接用电传或微波无线电话向总社发稿，国外各分社也大都使用国际电传或电话发稿，以提高效率。

四　广播电视

（一）广播电台

拉克广播电台和电视台为官方所控制，全国建有"巴格达电台"、"群众之声电台"和"库尔德电台"等。"巴格达电台"始建于 1936 年 6 月 1 日，当时只有一个中波，每隔一天播音 4 小时。1958 年伊拉克革命后，每天播送 19 小时。1960 年开始用乌尔都语、波斯语、土耳其语、俾路支等语对周围伊斯兰国家进行广播。国内播出语言主要有阿拉伯语、库尔德语和土库曼语；国际台用英语、法语、德语、西班牙语、俄语对欧洲广播，用希伯来语对以色列广播。该台每天播送 20 小时，有 2 个中波 5 个短波，两伊战争开始后，该台每天用波斯语向伊朗广播 17 个小时。

"群众之声电台"成立于 1970 年 5 月 1 日，它是对整个阿拉伯国家广播的"民族台"，其宗旨服务于阿拉伯民族解放事业，宣传阿拉伯复兴社会党的革命原则。该台建台初期每天播送 3 小时，后全天播送 24 小时，其中 19 小时对阿拉伯世界，4 小时对旅欧的阿拉伯人，1 小时对旅居美洲的阿拉伯人广播。截至 1990年，全国有收音机约 380 万台。

伊拉克共和国广播电台，分两套节目，用阿语和英语播出。1998 年，美军在捷克首都布拉格开设了"自由之声"广播电台，对伊拉克全境和周边阿拉伯国家地区进行播出，采用多频段的覆盖播出方式，从事反对萨达姆政权的广播节目。当时，萨达姆政府在多个地区对这个电台实行了封锁和干扰。除上述电台外，从1998年开始，美国资助北部库尔德人建立了电台和电视台，宣传对伊政策，瓦解民心，攻击前萨达姆政府，策动伊拉克的政治反对派起来造反，推翻萨达姆政权。

2003年3月伊拉克战争后，伊拉克所有官方新闻媒体全部停止运作，电台和电视台停止播出，报纸杂志停刊，网站关闭。开战期间，美军在科威特开设了军方广播电台，对伊拉克进行广播。战后初期，在伊境内可自由接收到美国"自由之声"电台的广播。

（二）电视台

伊拉克巴格达电视台是由政府所办，电视台的台标是"雄鹰"。1956年5月2日，伊拉克使用英国的设备建立了中东地区第一座电视台，20年后，即1976年开始播送彩色电视。巴格达中心发射台的发射范围为120公里，发射功率为10千瓦，它通过微波网与设在摩苏尔、尼尼微、基尔库克、巴士拉、米桑、穆萨纳等省的电视台连接。1976年3月，伊拉克建立卫星地面接收站，主要用于转播国际新闻和各种重大体育比赛。

伊拉克电视台设有两个频道，第一台为中央台，第二台为青年台。伊拉克电视台以阿拉伯语节目为主，插播英语新闻。播送时间为每天18：00～24：00。电视台内设置了节目处、电视影片创作组和音乐歌曲创作组，等等。

在国际上，伊拉克电视台与法国、联邦德国、前南斯拉夫等欧洲国家有较多的技术和业务联系。另外，伊拉克与海湾国家组成了"电视节目联合制作机构"。伊拉克电视台与中国电视台也有交换电视节目的联系。巴格达电视台承接官方和商业广告业务。

除巴格达国家电视台外，还有一些地方电视台，主要有：基尔库克电视台、摩苏尔电视台、巴士拉电视台、米桑电视台和库尔德电视台，它们均由政府出资承办，每天播放 6 小时左右。此外，在其他各省还建有 18 家地方电视台，其规模略小些。1993年，全国有电视机约 150 万台。

（三）自由电视台

该台于 2003 年伊拉克战争中建立，由美国出资，带有明显的美国背景，甚至还有美国人出任编辑人员。该台节目用阿拉伯语播出，在伊拉克享有"美国阿拉伯文版的 BBC"之称，主要传播美国的声音、意志和观点。

第七章

对外关系

第一节 外交政策

伊拉克与世界几十个国家建有外交关系，其外交政策大体上可划分为独立初期、复兴党执政时期及伊拉克战争之后时期。

一 独立初期的外交政策（1958～1968年）

1958年伊拉克推翻了费萨尔王朝，结束了英国的殖民统治，英国退出其在伊拉克的势力范围。伊拉克"自由军官组织"主席卡塞姆上台执政，出任伊拉克总理，国家政治体制发生变化，由君主政治体制进入共和政治体制，其外交政策也随之发生重大变化。卡塞姆政府宣布，奉行中立的外交政策，退出"巴格达条约组织"，废除《英伊同盟条约》及《美国对伊援助条约》，断然切断了与殖民者的从属关系。与此同时宣布恢复与苏联的外交关系。卡塞姆政府迅速得到了世界上社会主义国家和埃及等国家的承认。

伊拉克共和国成立初期，在国际事务中的外交政策可以概括为，不干涉别国内政，同一切友好国家保持合作关系，对东、西方两大阵营奉行不结盟政策，反对大国干涉阿拉伯国家内部事务，主张加强阿拉伯国家的团结，反对犹太复国主义，支持巴勒斯坦人民的正义事业。

二　复兴党时期的外交政策（1968～2003 年）

68 年复兴党再次执掌政权后，对外宣布奉行中立、不结盟的外交政策，反对外来侵略和干涉，支持第三世界反帝、反殖斗争。伊拉克复兴党政府重视与世界各国发展友好关系，强调奉行独立自主的外交政策，反对超级大国的霸权主义，反对外部势力插手中东地区和海湾地区事务，1979 年前苏联出兵占领阿富汗，伊拉克坚决反对前苏联的入侵。1981、1982 年在第 36、37 届联大会议上，伊拉克对要求苏联从阿富汗撤军的提案投了赞成票。1983 年和 1984 年，伊拉克在第 38 届和第 39 届联大会议上对上述提案均投了弃权票。

伊拉克对外政策的重点之一是中东地区，受泛阿拉伯主义理想的影响，复兴党政权热衷于当阿拉伯世界的领袖，热心于阿拉伯地区事务，呼吁阿拉伯国家加强团结与合作。伊拉克在阿拉伯世界打出"均贫富"的旗帜，提出阿拉伯富国应拿出钱来帮助贫穷的阿拉伯兄弟国家，在阿拉伯穷国中赢得好评和赞誉。

伊拉克复兴党的奋斗目标是："统一、自由和社会主义"，这一指导思想必然也带到对外政策中，尤其是对阿拉伯民族"统一"的执著追求，这集中体现在它对巴勒斯坦问题的支持。关于中东问题，伊拉克奉行支持阿拉伯人民和巴勒斯坦人民反对以色列侵略扩张的正义斗争，认为巴勒斯坦问题是中东问题的核心，支持巴勒斯坦人民的自决权，将巴勒斯坦的解放事业当作整个阿拉伯民族的共同事业。伊拉克坚决反对与以色列作任何妥协，主张与以色列斗争到底。伊拉克不同意联合国 242 号决议，1977 年 11 月至 1979 年 3 月，埃及放弃消灭以色列的目标，与以色列单独媾和，签署了《戴维营协议》和《埃以和平条约》，打开了与以色列单方面媾和、通过对话解决被占领土的大门。伊拉克政府强烈反对，并与叙利亚、利比亚、阿尔及利亚、南也门和巴勒斯坦解放组织组成"拒绝阵线"，谴责《戴维营协议》和《埃以和平条约》，主张制裁埃及。沙特阿拉伯等其他海湾阿拉伯产油国组成"温和阵线"，不同意立即制裁埃及。伊拉克于1978年11月在巴格达召集阿拉伯联盟首脑会议，作出决议反对与以色列和谈。1979年5月，伊拉克又在巴格达召集各阿拉伯国家开会，作出立即从埃及撤回大使，中止埃及阿拉伯联盟成员国资格的决议。伊拉克赞同第12届阿拉伯国家首脑会议关于解决中东问题的非斯方案。

复兴党政权执政后，伊拉克的国力和国际地位迅速提高，成为中东地区具有影响力的国家，复兴党政权建立强大伊拉克的目标，符合伊拉克民族和整个阿拉伯民族的根本利益。由于伊拉克很快强大起来，萨达姆的个人威望也在阿拉伯世界和国际上迅速提高，这一背景刺激萨达姆有了当阿拉伯世界领袖的欲望。这个时期，伊拉克对阿拉伯穷国慷慨解囊，大力提供经济援助。1980年5月，萨达姆宣布，给在伊拉克政府部门或国营企业中工作的巴勒斯坦人每人100第纳尔的住房补贴。

海湾危机期间，联合国安理会曾先后通过了29项决议。在联合国的监督下，伊拉克的导弹、生物、化学武器和核设施等大规模杀伤性武器已经销毁。1993年11月，伊拉克宣布接受关于对其武器生产进行长期监督的第715号决议。1994年11月，正式承认科威特主权和联合国划定的伊科边界。

三 伊拉克战后的外交政策（2003年后）

2003年5月22日，联合国安理会以14票赞成票通过了第1483号决议，解除对伊长达13年的制裁，伊拉

克重新融入国际社会，对外关系发生了转折。

战后新成立的伊拉克临时管理委员会和阿拉维临时过渡政府均由美国一手任命，自然与美国关系密切。2005 年 4 月，经过民选的贾法里临时过渡政府成立，该政府宣布，对外奉行睦邻友好外交政策。由于贾法里过渡政府是由什叶派和库尔德人占主导地位，本届伊拉克政府与伊朗关系出现"密切"趋势，也是这一同样原因，伊拉克与美国的关系出现某些问题，美国担心伊拉克与伊朗关系走近，导致出现激进的伊拉克伊斯兰政权。伊拉克正式政府还未成立，对外政策存在诸多未知因素，尚需密切关注。

第二节　与美国的关系

在 伊拉克的对外关系中，伊拉克与美国的关系极其重要，尤其是在 1990 年海湾危机之后，美国几乎主宰了伊拉克的命运走向，伊美关系经历了以下若干阶段。

一　冷漠关系时期（第一次世界大战之前后）

第 一次世界大战之前及之后，伊拉克是英国殖民当局的势力范围，美国对伊拉克事务还插不上手，美国与伊拉克只是有一些商业关系。1919 年，美国的石油财团企图勘察伊拉克的石油资源，并派遣了两名地质专家赴巴格达考察，遭到英国的阻止。此时，正是英法等帝国主义瓜分中东势力范围的时期。

历史上，美伊关系起始时间晚于伊拉克与英国和德国的关系。1921 年，经历了土耳其奥斯曼帝国 400 年统治的伊拉克在英国的"专门"安排下获得独立，建立了伊拉克王国，国王是费萨尔一世。此时的美国则被排斥在伊拉克事务之外，原因是美国否决了包括瓜分原奥斯曼帝国属地在内的《凡尔赛和约》草案，从而放弃了在第一次世界大战之后将势力范围扩展到中东的机会，这个时期，美国对包括伊拉克在内的中东地区影响甚微。

二 早期伊美盟友关系（第二次世界大战后至 1957年）

由于英国殖民当局力量强大，伊拉克费萨尔王朝与英国保持了特殊的"密切"合作关系。美国不甘心被排斥在局外，一直极力寻找机会欲挤进中东地区。

第二次世界大战期间，美国不遗余力地在中东扩展势力。此前，美国看准了时机，它充分利用中东国家与英、法殖民当局的尖锐矛盾，打起支持"民族自决"、反对殖民主义的大旗，得到一些阿拉伯国家的好感。伊拉克费萨尔王朝历届政府均奉行亲西方政策，它们一面追随英国殖民当局，另一面希望借助美国力量摆脱英国的殖民控制。费萨尔王朝极力主张美国在中东地区事务中发挥重要作用，颇得美国赞赏。1941 年 4 月 1 日，德国在伊拉克策划了一场亲纳粹的军事政变，[①] 事成后，人们得知了一个重要背景，正是美国驻伊大使馆挺身而出掩护了费萨尔王室成员，帮助摄政王等人成功地逃往国外，避免了纳粹分子的追杀。这个重要背景为日后美伊关系打下了"良好"基础。借此，美国逐渐把英、法老牌殖民者排挤出局，取代了英法的地位。

不久，美国为东山再起、为重新夺回政权的费萨尔王朝[②]慷慨解囊，大力提供军事和经济援助，终于获得伊拉克王室的信

---

① "金方阵"政变成功，以拉希德·阿里·盖拉尼为首的"国防政府"成立，并立即得到轴心国的支持，亲英的伊拉克政治家逃亡国外。

② 1941 年 5 月，英国和伊拉克军队联合组织反攻，5 月 19 日伊军击溃拉希德·阿里·盖拉尼的军队，盖拉尼率其他军政要员一行逃亡德黑兰，费萨尔王朝重新执掌伊拉克政权。

任。第二次世界大战期间，伊拉克首相努里·赛义德亲自赴华盛顿，表示希望与美国建立密切关系的愿望。美国开始不断地把军队调入海湾地区，扩展其势力范围，1951年10月，美、英、法、土四国提出了建立"中东司令部"的计划。根据这一计划，要求阿拉伯国家应允许在其领土上建立军事基地，把自己的军队置于"中东司令部"的督促之下，由美国提供武器供应。这一计划遭到中东国家的强烈反对，在1951年举行的联合国大会第六次会议上，中东与会代表揭露了"中东司令部"的企图，该司令部计划最终宣告失败。

第二次世界大战后，美国加紧向伊拉克渗透。1954年，美国与费萨尔二世签署了"军事援助协定"，根据协定规定，美国为伊拉克提供武器和一批军事顾问。当英国的势力在伊拉克逐渐衰退时，美伊合作关系逐步取得进展。1955年2月24日，在英国策动下，土耳其和伊拉克在巴格达签订了《伊拉克和土耳其间互助合作公约》，即巴格达条约。本公约的有效期为5年，可以延续，每次以5年为期。同年4月、9月、11月英国、巴基斯坦、伊朗分别参加了该条约。1955年11月，五个参加国在巴格达举行第一次理事会，正式建立"巴格达条约组织"，美国以观察员的身份参加会议。观察员身份不能小看，事实上，这是美国建立的由它在幕后操纵控制的"北层联盟"，美国是该组织多个常设机构的参与国，是"经济、反颠覆和军事三个委员会的成员，并担任该组织的军事计划参谋部的副主席职务"。① 该条约代表了美伊战略盟友关系的确立。

伊拉克是"巴格达条约组织"中唯一的阿拉伯国家，因而成了美国在中东地区建立亲西方军事联盟的中坚力量。20世纪

---

① 谢朝晖、罗庆旺主编《战后世界重大军事事件始末》（1945～1990年），军事科学出版社，1991，第86页。

50 年代，费萨尔二世国王成了美国抵抗苏联势力扩张和抗衡埃及纳赛尔阿拉伯民族主义的骨干，他是当时的风云人物。由于费萨尔国王持亲西方立场，作用重大，伊拉克成为美国的忠实盟国，是美国在中东地区的一根重要支柱。

1957 年 1 月，美国总统艾森豪威尔在国会发表以拯救中东为核心的中东政策特别咨文，即艾森豪威尔主义，伊拉克成为阿拉伯国家第一个接受艾森豪威尔主义的国家。该主义主要内容是，遏制苏联向中东渗透，控制中东各国日益高涨的阿拉伯民族主义。

三 伊美关系由盟友转变为敌对（1958～1980 年）

20 世纪 50 年代，美国、苏联大举进入中东地区，两大世界霸权国家取代了英、法殖民的传统地位，开始了冷战时期的激烈争夺。

从 1958 年卡塞姆政府到 1967 年伊美断交 美国同英国一样，在伊拉克的名声十分糟糕。1958 年 7 月 17 日，卡塞姆政府宣布中止巴格达条约，关闭《巴格达条约组织》的办事处，伊拉克决定脱离与西方在政治、军事上的关系，转为发展与苏联等社会主义国家的新关系。1958 年 10 月 17 日，"巴格达条约组织"总部迁往土耳其首都安卡拉。

1959 年 3 月 24 日，伊拉克宣布退出"巴格达条约组织"，这使美国失去了制约埃及纳赛尔阿拉伯民族主义的一个得力工具。1959 年 8 月 19 日，"巴格达条约组织"改名为中央条约组织。此后，该组织的作用下降，逐步走向夭折，美国苦心经营的中东防务战略遭到失败。

美国与伊拉克卡塞姆政府结下了难解之仇，美伊关系转入低谷时期。1958 年美伊关系恶化的大背景是，阿拉伯地区在阿拉伯民族主义思潮的影响下，民族解放运动日益高涨，伊拉克复兴党政府大力支持这一思潮和运动，这势必与美国在该地区的战略利益发生了冲突，影响到美伊关系。这个时期伊拉克政变频仍，无论是卡塞姆政府、还是阿里夫政府或是贝克尔政府，都与美国关系敌对。

美苏冷战时期在中东地区展开激烈争夺，中东国家大都奉行反封、反殖、反帝的外交政策，新老殖民主义犹如过街老鼠。美苏在中东地区力量对比中，苏联此时占上风，美国居劣势。究其原因，风起云涌的民族解放运动和反封、反殖、反帝的国际政治潮流为民心所向，更重要的是美国在中东一直热衷于支持犹太复国主义，奉行支持以色列的政策和立场，因而遭到阿拉伯国家的一致反对。尤其在1967年第三次阿以战争结束后，以色列占领了大片阿拉伯领土，伊拉克阿里夫政权断绝了与美国的关系。

伊美敌对关系（1967～1980） 萨达姆·侯赛因出任伊拉克副总统期间，在与贝克尔总统联合执政时期，表现出强烈的反对以色列、反对美国的强硬立场。鉴于上述原因，美伊关系此时为敌对状态。另外，美国当时陷入越南战争的泥潭难以自拔，无力抽出更多的力量与苏联在中东展开争夺。

1972年，伊拉克颁发了石油国有化法令，收回了外国公司在伊拉克的全部股份，美国石油公司也被完全收回。伊拉克石油国有化打击了美国等西方国家的经济利益，此时的美伊关系只剩下了数额不多的双边贸易。70年代末，美伊双边关系有所缓和，美国公司开始在伊拉克承建一些基础建设项目。

四　伊美合作关系时期（1980～1990年）

19　80年两伊战争爆发，由于美国希望伊朗霍梅尼政权垮台，暗中大力支持伊拉克，美伊敌对关系得以明显改善。两伊战争是美伊关系的一个重大转折点，也是美伊关系"畸形"合作时期。

在美伊两国基于一致对付伊朗的"共同利益"前提下，双方"心领神会"，两国关系发展迅速。美国与苏联较量，对两伊战争公开表态持中立立场，但实际上明里暗里在支持伊拉克，给萨达姆提供了大批武器弹药及装备，寄希望萨达姆打败伊朗，阻止伊朗霍梅尼对外输出伊斯兰革命的强劲势头，并雪1979年伊朗扣押美国大使馆外交人员之仇。

这个时期，伊美关系得到迅速发展，呈积极合作状态。美国对萨达姆在两伊战争中的种种表现，采取了睁只眼、闭只眼的纵容态度。如，对伊朗要求确定究竟是谁开的第一枪？美国不予追究；对萨达姆在两伊战争期间对伊朗使用化学武器，美国也不予"理睬"；萨达姆对本国库尔德人使用化学武器一事也未受到认真追究。美国放过了萨达姆一系列"违反国际法"的严重行为，最终导致萨达姆对美国有"误解"，自认为攻打科威特美国也不予"理睬"。但萨达姆错了，美国仇恨霍梅尼，不仇恨科威特。科威特不是伊朗，它是美国的盟国，萨巴赫家族与美国关系密切，美国不能置之不理，任凭萨达姆扩充势力。

值得指出的是，伊拉克战争后国际上广为流传美国防部长拉姆斯菲尔德当年作为外交使者赴巴格达，为恢复美伊关系扮演了重要角色，他受到萨达姆总统的接见。由于拉姆斯菲尔德的积极努力，伊美两国于1984年11月恢复外交关系，美伊复交完全是两国利益需要的产物，这种合作关系很快被证明是短命的。

五 伊美关系再次敌对（1990～2003年）

19 90年8月2日，伊拉克出兵科威特，海湾危机爆发，伊美合作关系的脆弱性立即显露出来，很快就从合作走向敌对和对抗，伊拉克随即成为了美国最大的敌人。

美国坚决反对伊拉克侵吞科威特，组建了以美国为首的多国部队，于1991年1月17日对伊拉克境内和侵略科威特的伊军发动了大规模空袭行动，2月24日开始地面攻势，最终通过武力恢复了科威特的国家主权和独立。1991年2月，伊拉克宣布与美国断交。

海湾战争结束后，伊美关系持续紧张，双方多次发生冲突或对抗。美国多次指责伊拉克拒绝执行安理会对伊制裁决议，阻挠联合国销毁伊拉克拥有的大规模杀伤性武器。1992年以后，围绕着安理会决议、武器核查等问题，美国与伊拉克发生了一系列对抗或冲突。美国一再声称要以武力迫使伊拉克无条件执行安理会决议。克林顿总统上台执政后，伊拉克政府立即表示愿意通过对话解决问题，但美国态度强硬并傲慢，根本不回应伊拉克的对话要求。并以伊未全面执行安理会决议为由，坚持对伊制裁，保持对伊军事打击权力和压力，扩大南部"禁飞区"，阻挠国际社会减缓对伊制裁的努力，屡次把萨达姆政权逼到绝境。

1998年2月，伊美在联合国特委会核查伊拉克总统府邸问题上发生严重对峙，后经过联合国秘书长安南赴伊斡旋而暂告缓解。1998年，美国通过"解放伊拉克法案"，并特为此拨款9700万美元，以扶植伊拉克反对派，实现"倒萨"目标。美国甚至开播了"自由伊拉克电台"。1998年12月，美国以伊拉克与联合国特委会对伊核查不合作为由，联合英国对伊发动了代号为"沙漠之狐"的军事行动。此后，伊美在两个"禁飞区"不断发生交火，美英战机日夜巡逻在"禁飞区"上空，持续轰炸军用和民用设施，造成大量平民伤亡。

1999年克林顿总统任命美国驻土耳其大使弗兰克·理查德为伊拉克问题协调员，负责与伊拉克各反对派联络，策划推翻萨达姆政权的活动。同年11月，美国亲自出马，纠集了300多名伊反对派，在纽约开会，策划"倒萨"大计，并着手训练伊反对派武装。伊拉克问题因"沙漠之狐"军事打击而陷入僵局，联合国一直在设法酝酿打破僵局的新方案，伊拉克扬言除非联合国解除对伊制裁，否则决不允许联合国武器核查人员返回巴格达。安理会经过一年的反复磋商，于 1999 年 12 月 17 日通过了第 1284 号决议，决定成立联合国监督、核查和视察委员会，代替特委会负责对伊武器核查工作。该机构可以无条件地进入伊拉克，检查任何可疑地点，并与国际原子能机构合作，向安理会提交报告：如报告认为伊拉克在各方面予以合作，联合国可在 120 天后中止对伊制裁。如果认为伊不合作，则重新启动制裁。伊拉克拒绝该决议，指责决议是对安理会第 687 号决议的改变。

美国打着联合国旗号对伊实施经济制裁、武器核查、军事打击，设立了两个"禁飞区"，支持伊境内外的反对派从事反政府活动，对伊进行全面遏制。美伊关系就上述一系列问题一直处在激烈的斗争中。

海湾战争结束后，因美国的政治、军事作用，伊拉克已不是一个完整主权国家，不仅国土被一分为三，而且美国有关人员以武器核查的名义和身份自由地出入伊拉克领土，任意检查可疑地点，甚至连总统府邸也不放过，随时保持着对伊拉克动武的临战状态。政治上，美国对伊拉克实施孤立、肢解政策，制造"一国三区"，即南部、北部及中部，使伊拉克政府只能控制中部地区。经济上，美国对伊拉克继续实施自海湾危机以来的经济制裁。军事上，着力消灭伊拉克有生力量（军力），摧毁伊拉克拥有的大规模杀伤性武器，进行不间断的武器核查，保留军事打击权力等。这个时期美伊屡屡交锋，两国关系呈严重敌对状态。

海湾战争结束后，美伊关系有五大特点。制裁与反制裁、核查与反核查、颠覆与反颠覆、解禁与反解禁、禁飞与反禁飞。美国在处理伊拉克问题上有六大要点：（1）坚持强硬的制裁立场，反对一切解除对伊制裁的主张。（2）坚持"禁飞区"政策，控制伊防空系统，使伊国土一分为三，北纬 33°线以南约 10 个省被划为禁飞区，不在中央政府控制下，为什叶派控制区；北纬

36°线以北地区为库尔德势力范围，也不在萨达姆政府控制之内，萨达姆政权实际控制的地区仅为巴格达及其周围地区，制空权仅剩下3个纬度，造成事实上伊拉克政府不能对全国行使主权。美国对伊禁飞区轰炸一直呈低烈度，规模和范围有限，但是轰炸次数却十分频繁，呈隔三差五状态，这无论如何都是对伊拉克国家主权的严重侵蚀。(3) 坚持武器核查，彻底摧毁伊大规模杀伤性武器，其中包括生、化武器。美伊因武器核查不断发生军事对抗，伊拉克陷入了美英军事打击的恶性循环中。(4) 美国坚持保留军事打击。只要伊拉克力量有所恢复，美伊必定发生军事冲突，伊拉克军事力量必遭毁灭性打击。(5) 坚持推翻萨达姆政权政策，并与解除制裁挂钩。美国坚持只要萨达姆还在台上，就不解除对伊制裁。(6) 支持伊国内外政治反对派的颠覆活动等。概括20世纪90年代至新世纪的美伊关系，双方发生了9次核查危机和数次军事行动，14年的国际制裁。

六　伊美敌对关系升级（2001～2003 年）

（一）小布什将伊美关系推向极端敌对

国总统小布什上台执政，伊拉克的厄运开始了，2001年2月16日和23日，美英战机分别两次空袭巴格达，在轰炸中正式出台了布什对伊政策，明确表明布什政府对伊强硬政策和军事打击升级，由轰炸"禁飞区"升级为轰炸巴格达郊区，实施所谓的"聪明制裁"。

小布什杀气逼人，加大了推翻萨达姆政权的力度，明显超过了他的前任克林顿执政时对伊拉克军事打击的范围。综观布什对伊拉克行动，可看出美国对伊总体政策为：（1）阻止萨达姆获得大规模杀伤性武器；（2）继续制裁，最终置萨达姆于死地；（3）维持"禁飞区"政策，持续不断地轰炸两大"禁飞区"内的目标，使萨达姆的军队不时地付出难以承受的代价；（4）公

开武装伊拉克的政治反对派，策划推翻萨达姆政权的行动，美伊敌对关系进一步加深。

（二）9·11后伊美敌对关系

阿富汗战争后，布什一直在策划针对萨达姆的战争。作为海湾地区大国，伊拉克仍然是美国在海湾地区的战略威胁，世界霸权与地区霸权之间的斗争仍然十分尖锐，伊美两国仍然是敌手关系。美国在海湾地区继续奉行称霸、结盟、对抗、针对伊拉克的冷战模式。它利用科威特和沙特阿拉伯对伊拉克的惧怕心理，制造伊拉克威胁论，保持美国为主导的战略格局。

自美国对阿富汗发动"反恐战争"后，美国内就是否将战争扩大到伊拉克展开了激烈辩论。美总统国家安全顾问赖斯、副总统切尼、国防部长拉姆斯菲尔德代表了对伊政策的强硬派，他们不时地敦促布什总统扩大反恐战争的目标，将伊拉克作为新的攻击对象。强硬派力主利用阿富汗战争的有利势头，采取行动一举将萨达姆赶下台。尤其是赖斯的言论对伊拉克更为不利，她说即使伊拉克与恐怖事件无关，也可以作为打击对象。不仅如此，主张对伊拉克采取军事手段的鹰派人士又提出新意见，认为萨达姆一直想拥有大规模杀伤性武器，对伊实施军事打击已没必要将它与恐怖事件联系在一起。强硬派不时地提出新主张，使伊拉克面临反恐战争扩大化的危险急剧上升。

（三）邪恶轴心论

在大规模杀伤性武器问题上，美国一直抓住伊拉克不放，强迫伊同意恢复联合国对伊武器核查，否则就对其进行新一轮军事打击。由此，派生出了邪恶轴心论。9·11事件后，打击恐怖主义成为美国的首要任务。美国首先怀疑恐怖分子是否与伊拉克有关。在确认了伊拉克与恐怖主义事件无关的情况下，美国依然坚持要对伊动武，原因上是研制大规模杀伤性武器的国家也是重点打击对象。美国极力扩大反恐范围，并把伊拉克锁定为下一个打击目标。2002 年 1 月，布什发表国情咨文中抛出"邪恶轴心"论，将伊拉克、伊朗和朝鲜锁定为邪恶轴心并准备分别予以打击。三个国家中侧重点不同，其中伊拉克最为招眼，力量最弱，最容易攻打，而且对美国最为危险。

（四）先发制人理论

美国竭力准备采用阿富汗模式收拾萨达姆，一直在寻找合适战机。美国指责伊拉克暗中与恐怖组织有染，在为人民圣战者组织、库尔德工人党、巴勒斯坦解放阵线和阿布·尼达尔组织等多个恐怖主义组织提供基地。美国曾怀疑伊拉克参与了恐怖活动，但始终没找到确凿证据。关于炭疽热事件，也没有任何证据证实伊拉克有过错。但美国执意要对伊拉克动武，这表明美国是在借反恐之名收拾敌对国家。就像有人比喻，恐怖主义是个筐，美国想装什么就装什么，伊拉克就这样被装进了反恐战争的大筐中，被锁定为下一个打击目标。

2002 年 6 月 1 日，布什推出"先发制人"论，对伊拉克发出了强烈的敌对信号，态势逼人，不断加码，美国对伊动武"子弹上膛"。美国发表声明，说美国打击伊拉克无需证据。即美国不需要等到搜集到足够的证据证明萨达姆在使用大规模毁灭性武器时再采取行动来制止他。十分明显：布什对伊进行军事打击一环扣一环，步步紧逼，不给伊拉克喘息之机，颠覆伊拉克政权的决心已定。

七　伊美占领关系（2003 年 4 月~）

20 03 年伊拉克战争后，伊拉克与美国关系发生了重大转折，战后双方进入"密切合作"时期。萨达姆政权被美英联军推翻是伊拉克政治发展史上一个巨大事件，也是一个分水岭，伊拉克的政治发展从此进入了一个最混乱时期，外来力量左右国家政治发展，它记录了伊拉克一段充满屈辱的历史。

2003 年 5 月 22 日，由于美国的作用，联合国安理会以 14 票赞成通过了第 1483 号决议，解除对伊拉克长达 13 年的制裁。至此，伊拉克终于卸下了一个沉重的包袱。

美英联军动用战争完成了"倒萨"使命后，伊拉克历史进入了无总统、无政府、无军队的美英联军占领时期，美英联军行使伊拉克的权力，控制伊拉克的政治发展。美国以战争胜利者、占领者和改造者的身份凌驾于伊拉克人之上。建立亲美的伊拉克政权、改变伊拉克的政治结构、更换最高领导层是美国的主要目标。从萨达姆政权垮台到阿拉维临时过渡政府执政，美国基本完成了对伊拉克政权的改造。

伊拉克战争后，美国对伊开始实施军事管制，俨然成了伊拉克的主人。战争最大的受益者是美国，在萨达姆政权垮台后，美国开始介入战后重建，政治上，美国与伊拉克临时过渡政府保持密切联系；经济上，经济重建合同大都由美国的公司把持，军事上，美军驻扎在伊拉克的兵力为 14 万 ~ 16 万人左右。

梳理伊拉克战后的美伊关系脉络很多，首先，在未来较长一段时间内，美伊关系的主体框架不会变，美国继续居主导地位，干预伊拉克政治走向和发展。在这一前提下，仍存在一些明显的不确定因素，影响美伊关系的前途，主要是：占领与反占领的斗争，反美、反占领武装组织频繁激烈的活动继续发展。民族主义思想和情绪是反美和反占领的基础，在民众中有市场和生存的土壤，只要联军一天不撤，反占领袭击就不会停止。战后，伊拉克境内爆发了持续的反占领运动，袭击、绑架、自杀性爆炸事件层出不穷，企图迫使美英联军尽快撤走，针对美英联军的袭击成为战后热点，很大程度上表明战争还远未结束。

美伊关系未来前景框架是：第一，伊拉克作为被占领国，真正走向国家独立将不是短期的事，这主要是受到美国强有力的干预所致，美国不放弃控制伊拉克，反占领和摆脱美国控制将成为

美伊关系的最大难题。从国际关系理论看，国家主权具有神圣不可侵犯性，而美国却以莫须有的罪名对伊拉克发动了战争，颠覆了其政权，砸碎了其国家机器。关于伊拉克战争的定性问题，联合国秘书长安南于 2004 年 9 月明确指出，美英在 2003 年 3 月未经联合国安理会授权发动伊拉克战争，违背了《联合国宪章》的宗旨和原则，是非法的。① 联合国对伊拉克战争的定性，道出了伊拉克人的心声。伊拉克人视这场战争为侵略战争，于是，反侵略便有了理论根据。战后，伊拉克境内各类反美武装组织从事的暴力活动均是在反占领的正义旗号下展开。由于反占领具有正义性，所以各类反美活动始终难以制止。恢复主权和反占领是战后社会的主流思想，这是强烈的民族主义思想使然。

第二，美国与伊拉克临时过渡政府的关系是合作与矛盾共存，合作为主，矛盾伴随。伊拉克贾法里政府表示自己能管理好国家，但不敢轻言要求美国撤军，贾法里既想取得美国的支持，更想摆脱美国的控制，处于复杂的矛盾状态，美伊关系在矛盾中发展。

第三节　与法国的关系

一　政治关系

伊拉克与法国一向保持友好合作关系，与其他大国关系相比，伊法两国关系彼此信任度较高，联系密切。在许多重大问题上，伊拉克基本上都能得到法国的支持。

早在两伊战争期间，法国公开表示在政治和军事上持支持伊拉克的立场。截止到 1990 年海湾危机之前，法国是仅次于苏联

① 2004 年 9 月 17 日《人民日报》。

向伊拉克提供军火及军事装备的主要国家，甚至一度超过苏联，成为伊拉克最大的武器供应国、民用物资居第三位的供应国。

海湾危机和海湾战争中，法国谴责伊拉克侵略科威特的行径，并冻结了伊拉克在法国的资产，法伊两国断交。法国与美国在采取军事手段介入伊拉克入侵科威特问题上立场不同，法国曾一度拒绝加入美国向沙特阿拉伯派遣多国部队的要求，但随着事态的急剧发展，法国最终参加了以美国为首的多国部队，派出兵力数千名偕同美国共同与伊军作战，伊法两国关系处于冷淡状态。

法国虽然参加了美国领导的多国部队，出兵攻打伊拉克，但此前曾明确反对美国对伊拉克动用武力，主张通过政治途径解决海湾地区危机。

海湾战争结束后，由于法国被美国排斥在海湾事务之外，没有公平地享受到海湾战争的红利，科威特战后经济重建项目几乎全部为美国的公司所垄断，法国对美国颇有微词。不久，法国看准伊拉克的战略空间，于是及时调整对伊政策，积极发展两国关系，在国际上大胆替伊拉克说话，争取恢复伊拉克的信任，显示出作为世界大国的法国与美国不同的立场及"亲阿拉伯战略"意图，以表明其在处理国际事务中的大国地位和作用。

1994年初，法国积极、主动地改善与伊拉克的关系，两国开始秘密接触，伊法两国政府高官互有往来。同年9月，联合国大会期间，法国外长朱佩与萨达姆的特使进行了秘密接触。法国强调，它在中东地区问题上奉行独立的外交政策，不追随美国政策。法国率先打破伊法关系的冷淡局面，主动改变对伊拉克奉行的强硬政策，很快得到收益，伊拉克与法国关系逐渐得到恢复。

法国积极推动国际社会解除对伊拉克的制裁，提出逐步减轻对伊制裁的方案，推动联合国与伊拉克之间达成"石油换食品"协议，以实现最终解除对伊制裁。法国的外交努力遭到美国的极

力抵制。1994 年 10 月，伊拉克因向伊科边界调兵而引起新一轮危机，法国与美国立场出现分歧，法国公开反对美国对伊实施建立重武器禁区的补充性制裁提案，呼吁联合国应"放宽"对伊制裁，主张从 1994 年 10 月 7 日开始 6 个月后逐步解除对伊制裁。法国积极施展外交手段，展现其在海湾地区事务中的重要作为。1995 年 1 月 6 日，法国外长朱佩宣布，法国将在巴格达设立一个由罗马尼亚代管的代办处。此前 1994 年秋，伊拉克已在巴黎设立了由摩洛哥驻法国大使馆代管的代办处。1996 年 9 月，法国公开反对美国对伊拉克进行导弹袭击，12 月又做出惊人之举，宣布退出与美英两国一起在伊拉克北部"禁飞区"进行的侦察飞行行动，这不仅在政治上而且在军事上支持了伊拉克。

法国有别于美国的政策受到了伊拉克的欢迎，伊拉克积极回应法国的外交努力，大力争取法国的支持。1997 年 1 月 15 日，伊拉克副总理阿齐兹访问法国，与法国总理等领导人举行了会谈，双方讨论了解除对伊拉克制裁、武器核查等问题。

在每次发生伊拉克核查危机时，法国都不同程度地与美国立场拉开距离，而且还充当了调停者的角色。如，1998 年 2 月发生的美伊核查危机，法国力主通过政治、外交途径，以和平方式解决，为此巴黎与巴格达之间的特使频繁来往，最终促成了联合国秘书长安南亲赴巴格达进行调停，希拉克总统还特别安排用自己的总统专机送安南出使。安南调停成功后，首先飞到爱丽舍宫向希拉克总统通报情况，之后才返回联合国总部纽约。由此，法国在处理伊拉克问题上发挥的大国作用展示于国际社会，国际地位上升，成为"最合适的调停者"。

法国是西方世界阵营中的重要一员，它在处理伊拉克问题时不迎合美国，不亦步亦趋，表现出独立立场，显示了其坚持公正的形象。法国甚至不惜与美国公开对抗，时而表现出某种程度的"亲阿拉伯"态度，受到阿拉伯世界的信任，因而使法国大国地位得以提高。

1998 年，连续发生了四次美伊核查危机，法国与俄罗斯、中国和联合国四方组成了国际协调机制框架，多方面进行协调，劝告伊拉克方面作出一些让步，以避免遭受迫在眉睫的军事打击。在联合国安理会 5 个常任理事国中，美、英两国极力主张对伊动用武力，俄、中明确反对美国的军事打击立场，法国则处于"中立"。法国一面将危机的责任归咎于萨达姆不与联合国无条件合作，另一面也反对美、英的军事立场，表示对伊拉克袭击或轰炸不能从根本上解决问题。法国深表同情伊拉克人民，同时认为军事打击不可避免。法国在海湾地区事务上奉行的独立、务实、灵活的外交政策已非常清楚。

1998 年 12 月，国际社会最终未能阻挡住美英对伊拉克发动"沙漠之狐"军事行动。由于美国在伊拉克问题上一直是一手遮天，很多时候，法、俄、中和联合国秘书长的作用也很有限。法国明确反对美国独家垄断海湾地区的种种强权做法，经常提出一些有利于伊拉克的建议，如，审查解除对伊拉克经济制裁的新设想等。安南秘书长也提出了就解除对伊拉克制裁进行全面审查的建议，得到法国支持。法国甚至批评美国阻止减轻对伊拉克制裁所提出的附加条件，竭力推动通过和平途径尽快解决伊拉克问题。法国承认在解除对伊制裁上存在"政治"障碍，尤其是关于伊拉克有可能使用石油收益进行扩充军备的担心。针对这种担心，希拉克总统立即建议：可在逐步解除石油禁运的同时，对伊拉克如何使用石油收入建立严格的监控机制。

"沙漠之狐"打响的次日，希拉克总统立即宣布，法国将尽全力促成化解这场危机。美英刚一宣布停止轰炸，法国立即提出处理这场危机的建议，该建议试图让各方都能接受，它主要包括三项内容：（1）改善伊拉克人民的生活条件；（2）结束特委会核查方式；建立一种新的连续性监控机制，取代现行的武器检查

方式，阻止伊拉克重建大规模杀伤性武器库；（3）审议取消对伊实施 8 年之久的石油禁运并同时辅以严格的财政控制。由于法国将引起这次危机责任归咎于萨达姆，引起了伊方的批评和不满，但法国提出的关于取消禁运的建议则是伊拉克所求之不得，与法国的"过失"相比，法国的积极作用更重要，因此法国引起伊方的不悦不足以影响两国关系正常发展，伊法关系总体上呈积极合作的态势，发展前景被国际社会一致看好。

法国改变对伊拉克的强硬政策，是在伊拉克陷入困境、需要外交突破时，法国抓住了时机，对伊拉克进行"政治感情投资"，凸显其大国作用，填补了美国在海湾地区留下的战略空间，在与美国争夺战略利益中抢占了一席之地，并对美国独霸海湾地区形成挑战。总体看，伊拉克历来十分重视与法国的战略关系，特别是在与美国长期对抗中，发展与法国友好关系的重要性就更加突出。伊拉克实现解除制裁、解决面临的一系列难题并摆脱困境，对法国寄予极大希望，两国关系长期保持了良好发展状态和势头。

美国在酝酿 2003 年伊拉克战争时，法国坚决明确反对美国对伊拉克动武，赢得了伊拉克的好感，促进了伊法关系。在伊拉克战争开战之前的争论中，美英极力动员国际力量赞同对伊拉克动武，制造动武的舆论和理由，谎称伊拉克拥有大规模杀伤性武器，与拉登和"基地"组织有联系等，而法国则力主采取和平方式解决问题，始终反对采取军事行动。法国的原则立场赢得了伊拉克的赞赏。伊拉克战争结束后，在美英联军向伊拉克移交主权问题上，法国为伊拉克着想，主张真正归还给伊拉克主权，包括政治、经济、军事、安全等权力的恢复。

二　经济合作关系

法国一直是伊拉克重要的贸易伙伴，它不否认在海湾地区存在经济利益，它不愿处于只出钱，没有权的境地，它要求与美国平等扮演"地区监护人"角色，共同维护海湾地区安全和稳定，找回自己大国地位和尊严，发挥与其贡献相适宜的作用。海湾战争结束后，法国不顾美国的反对，率先在巴格达设立了贸易中心，以便在伊拉克市场占有相对大的份额。它抢先进入了尚处于制裁中的伊拉克军火、战后恢复及经贸等领域市场。

伊拉克积极回应法国主动的外交姿态，这也是伊拉克求之不得的。为争取法国支持联合国尽快解禁，它通过与法国签订共同开发油田及购买对方商品等手段，发展与法国的关系，客观上造成法国经济利益与伊拉克局势密切相关的局面，从而使法国能够为伊拉克讲话，进一步得到法国支持。2000 年 3 月，法国 35 家大公司组成大型访问团访问伊拉克，法伊经贸关系进一步发展。

就地理位置而言，法国与海湾国家较美国距离近，政治、经济利益交织和历史文化的联系较美国密切。美国与以色列是特殊的战略盟友，在中东事务上很难做到"一碗水端平"，让阿拉伯人服气，美国对阿以问题奉行的双重标准早已不是什么秘密，经常引起阿拉伯人的警惕。而法国人则不同，比起美国来法国介入海湾事务是一种平衡因素，因为法国的外交政策不像美国政策那样容易受到犹太人院外集团的左右，于是，法国比美国能够得到海湾国家的更大信任。就此而言，法国在海湾地区的经济利益能够得到支持。

第四节　与英国的关系

一　历史关系

由于历史原因，英国对伊拉克进行过殖民统治，伊拉克人对英国无任何好感。英国对伊拉克的殖民活动早在

16 世纪就已开始，在众列强争夺伊拉克的过程中，英国人捷足先登。16 世纪时，英国就已勘探过幼发拉底河的航运水道。17 世纪，英在巴格达和巴士拉开设了商馆。18 世纪，英国东印度公司代理商在巴士拉和巴格达设立了固定栈，英向伊派驻了由驻扎官领导的庞大的驻扎处，并拥有军队和内河轮船。巴格达的帕夏对英国驻扎官必须给予优遇，听从他的指挥。[①] 1830 年，英国曾控制了伊拉克的交通。1834 年 8 月，英国国会批准 2 万英镑的经费，用来勘探幼发拉底河。1861 年，英国取得巴格达和巴士拉之间的内河航运权。通过与英国的定期海运，英国的商品源源不断地涌进伊拉克，巴士拉联系着欧洲、波斯湾和印度各港口，成为英国资本家掠夺伊拉克及东方财富的一个重要基地。1868 年，英国在伊拉克建立可邮政体系，法国、德国、俄国等国也不示弱，起而效仿，法国在巴士拉和巴格达设立了领事，在伊拉克进行考古挖掘活动，建立印刷所，出版书籍，扩展其影响。

1918 年，英国从奥斯曼帝国手中获得对伊拉克的统治权。1920 年伊拉克沦为英国的委任统治地。1921 年 8 月 23 日，英国扶植费萨尔国王登上伊拉克王位宝座，费萨尔国王的王位是英国"赐予"，这注定了伊拉克王国与英国之间的特殊关系。1921 年伊拉克现代国家建立后，英国作为殖民者，主导着伊拉克的政治、经济和军事，1921～1958 年，伊英两国是殖民关系，伊拉克王国是英国的殖民地和半殖民地。英国与费萨尔王朝签署的一系列不平等条约，全面控制着伊拉克的政治、经济、军事和外交，伊拉克成为英国的附属国。1958 年 7 月 14 日，卡塞姆将军领导"自由军官组织"发动军事政变，彻底推翻了费萨尔王朝的封建统治，结束了英国的殖民统治，英国殖民者退出了伊拉克的历史舞台。

---

① 郭应德著《阿拉伯史纲》，第 301 页。

二 现实关系

1968 年 7 月，阿拉伯复兴社会党上台执政，推行阿拉伯统一、自由和社会主义纲领。1979 年 7 月，萨达姆·侯赛因接管伊拉克国家最高权力，伊拉克与英国关系一直处于冷淡状态。

英国长期追随美国对伊拉克的外交政策，它支持美国发动海湾战争，支持美国在海湾战争结束后对伊实施制裁及历次军事打击。伊拉克认为，英国伙同美国发动了两场对伊拉克的战争，在萨达姆政权眼里，英国是美国对伊拉克政策的支持者，它是与美国并列的伊拉克的敌国。1991 年海湾战争结束后，伊拉克的许多政治反对派跑到英国，在伦敦建立了多个反萨达姆基地，伦敦成为伊拉克政治反对派的主要聚集地，这加深了伊拉克与英国关系的敌对性。

2002 年 7 月 12 日，几十名伊拉克的前高级军官聚集在伦敦开会，密商暗杀萨达姆、"倒萨"大计，就如何推翻萨达姆政权、控制伊拉克军队、建立未来的伊拉克民主政权，进行了为期三天的讨论。会议宣布成立了一个由 15 人组成的"军事委员会"，准备进行推翻萨达姆的行动。该委员会呼吁国际社会支持他们从事的"反萨"活动。伊拉克的政治反对派，把伦敦作为反政府基地总部，这足以说明英国政府的政治立场，揭示了伊英两国的关系现状。除这个新成立的"军事委员会"外，在伦敦还有其他若干个政治反对派组织。其中，最大的是"伊拉克国民大会"，伊拉克国民大会的领导人是沙拉比，他一直在伦敦进行颠覆萨达姆政权的活动。

2004 年 6 月 28 日，美英联军在向伊拉克移交主权之后，英国于 7 月 7 日正式恢复与伊拉克的外交关系，英国驻伊大使是查普林，他在复交前一日（6 日）专门从英国抵达巴格达，与意大

利、荷兰和罗马尼亚大使一同向伊拉克临时总统亚瓦尔递交了国书。

第五节　与苏联/俄罗斯的关系

一　伊苏历史关系

（一）建交后的关系（1944～1958 年）

伊拉克与苏联于 1944 年建交。此时，由于伊拉克是西方阵营的重要成员，费萨尔王朝奉行强烈的亲英、反苏、反共的外交立场，伊拉克与苏联关系不睦。在 20 世纪 30 年代，苏联拒绝承认伊拉克，直到 1944 年两国才正式建立外交关系，这时的伊苏关系十分平淡，两国只限于名义上互设外交使节，并无实质性往来。

第二次世界大战结束后，以美国为首的资本主义阵营和以苏联为首的社会主义阵营在全球展开激烈争夺，中东地区纳入了美苏争夺的前沿，伊拉克也包括在其中。为防止苏联的南下战略，英国策划土耳其、伊拉克、伊朗和巴基斯坦 5 国，于 1955 年组成了“巴格达条约组织”，即“北层军事联盟”，目的之一在于围堵苏联。鉴于巴格达条约组织的深刻背景，1956 年伊拉克与苏联正式断绝外交关系。

在伊拉克王国与苏联关系不睦的时期，苏联极力插手伊拉克境内的库尔德人事务，给伊拉克政府制造麻烦。苏联认为，伊拉克与其不合作关系不仅威胁了苏南下政策，而且伊拉克国内的库尔德人问题与苏联境内阿塞拜疆和亚美尼亚的库尔德人问题存在密切关系，他们相互呼应和支持。苏联有意识、有目的地支持库尔德人反伊拉克政府的活动。20 世纪 40 年代，苏联向库尔德斯坦地区宣传共产主义意识形态，伊拉克共产党中许多高官党员就是库尔德人出身。在库尔德共产党和库尔德解放阵线的影响下，许多库尔德知识分子开始学习吸收马克思主义和列宁的思想，苏联对库尔德人的影响日益增大，伊拉克库尔德人开始依靠苏联的援助，伊拉克库尔德民主党就是在苏联的建议和支持下建立的。

20 世纪 50 年代，苏联势力进一步跻身中东，它利用中东国家争取民族独立和要求摆脱英、法殖民统治的政治愿望，通过军事、经济援助向中东地区施加影响，一批新独立的中东国家，与苏联建立了良好的外交关系，它们宣称奉行社会主义，在反对殖民主义、帝国主义的民族解放运动中，伊拉克开始接受苏联的援助，伊苏关系进入密切合作时期。

（二）伊苏战略关系密切时期（1958～1980 年）

1958 年伊拉克共和国成立后，卡塞姆政府宣称奉行社会主义，伊拉克与苏联正式恢复外交关系，而且关系发展迅速。1958～1980 年，两国维持着战略合作关系，进入双边关系密切合作时期。与此同时，美苏在中东地区的争夺也拉开了帷幕。

1953 年，斯大林逝世，赫鲁晓夫上台，苏联对中东国家的外交政策发生重大变化。赫鲁晓夫改变了斯大林时期僵化的两极思维，认为不同社会制度的国家可以和平共处，并作为苏联外交政策的主要原则。他还认为，有不属于资本主义也不属于社会主义的大批国家，它们是第三种力量。在这一外交思想指导下，赫鲁晓夫采取了更加灵活的外交政策，制定了新的中东政策，越过北层地带，以政治支持、经济援助和政治渗透为手段，全面进入中东阿拉伯国家。[①] 在这一背景下，伊拉克也成为苏联的重要争取对象。

1956 年，第二次阿以战争（苏伊士运河战争）爆发，苏联对英、法、以三国发出警告，这对三国最终接受停火协议起到了

① 彭树智主编《二十世纪中东史》，第 337 页。

重要作用，这是一个标志性的事件，表明苏联对阿拉伯事务的原则立场。

苏联积极支持卡塞姆总理领导的新政府，1959 年 3 月 16 日，伊拉克与苏联签署了"伊苏经济和技术合作协议"。该协议签署后，苏联给予伊拉克大量的经济援助，既有资金援助，也有石油开采、铁路建设等技术援助。根据该协议，苏联向伊拉克提供了 1.8 亿美元的贷款，两国签署了 32 项经济技术合作协议，苏联承诺帮助伊拉克建立现代工业体系。从 20 世纪 50 年代开始，伊苏关系发展势头良好。

1963 年 2 月，伊拉克复兴社会党推翻卡塞姆政权，上台执政，9 个月后，阿里夫政府取代了第一个复兴党政府；在此期间，苏联不断加大对伊拉克援助力度，包括经济、技术和军事援助等。1967 年 12 月，伊苏两国互换了共同开发伊拉克石油的备忘录。备忘录指出，苏联对伊拉克国家石油公司的援助将包括伊拉克北部的石油勘探。

1968 年 7 月，复兴党政权重新上台。此后，苏联与历届伊拉克政府关系均有发展。伊苏两国在 1969 年签订了更加广泛的一系列重要合作协议。

1972 年 4 月，伊苏两国在巴格达签订了为期 15 年的《伊苏友好条约》，这标志着伊拉克与苏联关系进入了历史最好时期，两国友好关系达到高潮。此后，苏联成为伊拉克主要战略盟国和武器供应国。该条约强调阿拉伯国家之间团结，反对帝国主义、殖民主义和犹太复国主义的立场；同时还强调在相互尊重主权、领土完整和不干涉内政的基础上，加强两国在政治、经济、贸易、技术、科学和文化领域的合作。正是因为有苏联这个大国做靠山，伊拉克在 1972 年实施了石油国有化，将外国公司的石油股份全部收归国有。此后，苏联立即帮助伊拉克进行石油勘探和运输的指导，帮助建设炼油厂及石油输出管道等。

1987 年 4 月，《伊苏友好条约》期满，伊苏两国政府立即决定将该条约顺延 5 年。

（三）伊苏关系出现裂痕（1979～1994 年）

两伊战争前，伊拉克力量在中东地区相对强大，一个时期伊拉克甚至以阿拉伯国家的代言人自居。1979 年，苏联入侵阿富汗遭到伊拉克的强烈反对，伊苏关系出现裂痕，处于紧张状态。苏联对阿富汗的入侵暴露了其霸权野心，东、西方冷战进入新高潮。随着伊苏关系由热转冷，伊拉克与西方国家关系增温，在经济上和军事上，西方国家取代了苏联的位置。

1980 年两伊战争初期，苏联公开奉行的立场是"中立"，然而事实上却在暗中通过第三国向双方提供武器，企图利用这场战争削弱双方实力，造成两败俱伤，进而使两伊都依赖苏联进口武器，甚至使有离苏倾向的伊拉克重新倒向苏联，依赖苏联的政治、经济和军事支持。对两伊战争的立场，苏联表示，支持任何旨在结束战争的实际可行的方案。冷战时，基于美苏争霸战略，美苏双方都极力争夺势力范围，伊拉克与苏联关系在冷战的阴影下发展。

1990 年 8 月海湾危机爆发，苏联正式表示反对伊拉克对科威特的吞并，伊苏关系受到一定程度的影响。1991 年 2 月，伊拉克副总理兼外长阿齐兹两次出访苏联寻求支持，并与其达成从科威特撤军的方案。此时，美国利用苏联经济困难和有求于西方国家的经济援助之机，拉拢苏联与其合作并加入反伊联盟。应美国的要求，在伊拉克入侵科威特的次日，美苏外长发表联合声明，宣布反对伊拉克侵略科威特的行径，苏联暂时停止对伊拉克的武器供应。海湾危机期间，苏联一直保持与美国等西方国家协调立场，支持美国推动联合国通过对伊拉克动用武力的所有决议。借此，苏联与沙特阿拉伯恢复了外交关系，并得到了沙特阿拉伯 40 亿美元的财政援助。

海湾战争结束后不久，苏联发生"8·19"事件，伊拉克公开表示支持推翻戈尔巴乔夫的"紧急状态委员会"。在1991年苏联解体后，伊拉克即承认俄罗斯等独立国家联合体11个成员国、波罗的海三国和格鲁吉亚共和国的独立。

二　伊拉克与俄罗斯关系

苏联解体后，俄罗斯继承了苏联的"政治遗产"，成为联合国安理会常任理事国。伊拉克与俄罗斯关系的基础即是伊苏关系。

1991年苏联解体后，俄罗斯处于困难时期，为继续换取美国等西方国家的经援，俄罗斯在中东和海湾地区重大事务中明显采取退缩政策，在伊拉克问题上尽力与美国立场保持一致。俄罗斯支持所有迫使伊拉克遵守联合国安理会决议的措施，赞成美、英、法三国在伊拉克境内建立北、南两大"禁飞区"计划，伊俄关系冷淡。由此所带来的后果是，俄罗斯在中东地区连连失分，经常处于被动地位，国际地位极大地下降，其国际形象严重受损。

1993年，俄罗斯外交部中东司副司长、经济贸易代表团先后出访伊拉克，伊拉克与俄罗斯关系出现松动迹象。1994年，俄罗斯对伊拉克政策作出重大调整，推出改变退缩外交，不再迎合美国的政策，决定重返伊拉克和海湾地区以挽回政治损失，重振昔日雄风，夺回失去的战略地位。为此，在海湾国际事务上开始向美国发起一系列挑战行动，国际上称这一年为俄罗斯"重返中东地区年"。伊俄关系得到改善，政治交往增多，两国高层互访频繁。伊拉克副总理阿齐兹及外交部次长等先后访俄，俄罗斯外交部长、副部长也纷纷访伊。在力促与伊拉克关系上，俄罗斯作出积极努力，主张在伊拉克必须完全执行安理会的所有决议的同时，安理会应取消或减轻对伊拉克的制裁。"俄罗斯把改变对伊拉克外交政策作为敲门砖，另通过与海湾国家签订经贸合同的途径重返海湾地区。"① 俄罗斯在中东地区重振雄威离不开与伊拉克的战略合作。

（一）政治关系

1994年2月，伊拉克外长访问俄罗斯，俄罗斯表示希望恢复与巴格达之间的密切关系，并重申俄罗斯推动安理会松动对伊拉克制裁的立场，积极主张取消对伊制裁。② 尽管伊俄之间存在海湾危机时敌对关系的记录，但这并未影响两国战略合作关系的发展。

如前所述，1994年后伊俄政治、经济和军事往来逐渐增多，两国合作领域全面铺开，高层互访日益增多。由于俄罗斯对伊拉克政策发生重大转变，特别是俄积极呼吁联合国尽快解除对伊制裁的立场有了一定作用，伊拉克受孤立的处境得以改善，这对恢复伊俄关系起到了关键性影响。在这一基础上，伊俄两国关系全面迅速恢复并积极发展。

1994年10月伊拉克危机中，俄罗斯一面积极呼吁解除对伊制裁，另一面公开反对美国对伊实施补充性制裁提案，即在伊拉克境内建立重武器禁区，最终迫使美国放弃了这一提案，缓解了剑拔弩张的气氛。在俄罗斯的斡旋下，伊拉克还宣布承认科威特国家主权和伊科边界，为最终解除制裁奠定了基础。政治上，俄罗斯与法国和中国在联合国注意协调立场，共同帮助伊拉克解除制裁，并为此与美国发生严重分歧；军事上，俄罗斯恢复了对伊拉克的武器供应，坚持反对美国动辄以军事打击解决伊拉克危机的做法；经济上，两国于1997年签署了合作开发伊拉克油田协议；同年11月，在俄罗斯的积极斡旋下，伊拉克武器核查危机得以缓解，伊俄关系加强。1998年，俄罗斯总统特使多次出访

---

① 《阿拉伯祖国》周刊，第906期，1994年7月15日。
② 《阿拉伯祖国》周刊，第906期，1994年7月15日。

伊拉克，调解武器核查危机，俄罗斯强烈反对对伊动武。12月，美国对伊拉克发动军事打击，俄罗斯下令召回其驻美国大使以示抗议。俄罗斯还谴责美国在伊拉克"禁飞区"的军事行动。至此，伊俄两国政治关系进入了良性发展时期。

鉴于伊拉克与美国关系的强烈敌对，伊拉克更需要与俄罗斯发展关系。"以美国人的观点，美国仍把俄罗斯看做一个超级大国，认为俄罗斯将肯定重建，并在未来十年内作为一种超级力量突出自己。甚至今天，俄罗斯的军力仍是一支令人畏惧的军事力量。由于这个公认的原因，俄罗斯在争取寻求政治途径解决海湾地区冲突方面将起到重要作用，它仍是抗衡美国的一支不能忽视的重要力量。"① 美国清楚地了解俄罗斯的潜力，于是不择手段地采取单边行动，极力排斥俄罗斯势力，不给俄争夺势力范围的任何机会。

伊拉克也看准了俄罗斯的这种潜力和重要作用，十分重视与俄罗斯发展友好、战略合作关系。与此同时，俄罗斯也不放弃海湾地区、其中包括与地区大国伊拉克的传统战略关系，还重视打通南下通向温水港的通道。俄罗斯不甘心受美国挤压，对不能独立支配从前的势力范围深感不满，俄罗斯不时地反击美国的挤压，在处理伊拉克危机问题上有时与美国对抗，不时发出强音，并收到良好效果。

（二）经贸和军事关系

伊拉克与俄罗斯两国合作的领域十分广泛，除了前已提及的政治合作外，两国在经贸领域的合作十分密切。海湾战争结束后，俄罗斯抓住了美国在该地区留下的伊拉克空间，当美国独吞在科威特和沙特阿拉伯等国的经济、军事利益，坚持制裁、武力打击伊拉克时，俄罗斯与伊拉克关系得以恢复。

---

① 《阿拉伯祖国》周刊，1995年5月14日。

伊拉克与苏联拥有传统的军事合作关系，早在伊拉克共和国成立初期时，苏联就是伊拉克军事装备的主要供应国，两国军事合作十分密切，签署了一系列军事合作协议。同时，苏联军事顾问也进入了伊拉克，帮助训练伊拉克军队。1959 年 8 月，伊苏两国签署了一项"核技术协议"，由苏联帮助伊拉克建立了一座小型实验性原子能反应堆，供研究使用。1966 年，伊苏再次签订一项"核技术协议"，由苏联在巴格达以南 15 公里处的沙漠里建立一座核反应堆，该反应堆于 1968 年投入使用。1969 年伊苏签署新的"军事援助协定"，苏联向伊拉克派出 1000 多名军事专家和技术人员。到 1971 年止，伊拉克共接受苏联军事援助约 10 亿美元。

两伊战争期间，伊苏军事关系依然密切，从 1983 年后，苏联源源不断地向伊拉克提供大批军火，伊拉克的军事装备是以苏制武器为主。1984 年 4 月和 10 月，伊拉克第一副总理拉马丹和副总理兼外长阿齐兹先后访问苏联。1984 年 9 月，苏联军事代表团访问伊拉克，两国签订了 25 亿美元的军火合同和 20 亿美元的经济援助贷款。

俄罗斯继承苏联时期的伊俄关系，伊俄两国在军事领域的合作十分密切。冷战思维在俄罗斯和美国对外政策中都还没完全消失，海湾地区作为重要的能源基地，俄罗斯认为不能由美国一家独宰，俄必须争取应有的地位。外电常有报道，俄罗斯在帮助伊拉克恢复、重建并扩大常规军事力量。俄伊军事关系的发展经常引起美国的不满，认为这是向美国的战略利益发起挑战。

鉴于俄罗斯强大的军事实力，美国特别担心俄罗斯的武器、核技术以及核技术人员无节制地扩散，尤其不能扩散到伊拉克手中。1998 年美英发动"沙漠之狐"行动之后，伊俄两国迅速达成军火交易协议，俄同意向伊拉克提供价值 1 亿英镑的先进武器装备，包括米格—29 战斗机和导弹。此外，两国还达成俄罗斯

为伊拉克培训飞机组装和维修技术的技师的协议，向伊拉克派驻米格飞机工业公司的专家，提供技术支持和指导，俄罗斯米格飞机工业公司将对伊拉克所有的米格作战飞机，特别是米格—23和米格—29进行检修和升级，提供航空电子系统、燃料、发动机和其他飞机零部件。俄罗斯还将帮助伊拉克提高防空能力，达到海湾战争以来从未达到的水平。普京执政后，在伊拉克问题上，一方面积极争取解除对伊拉克的制裁，另一方面为开采伊拉克石油和出口武器作准备。俄罗斯多次表示，联合国制裁一旦取消，它将立即恢复与伊拉克的军事合作。伊拉克和海湾地区是俄罗斯武器销售的重要市场，俄罗斯急于成为首先进入伊拉克市场的国家，它希望能够尽快抢占伊拉克市场。

伊拉克与俄罗斯之间的情报交流拉近了彼此关系。据外电披露，1999年10月以来，俄罗斯与伊拉克签署了一项从俄罗斯购买卫星侦察照片的重要协议，俄罗斯已同意向伊拉克提供部分邻国的卫星图片。海湾危机前，伊俄两国就在履行互利的军事协议，俄罗斯定期向伊拉克提供卫星情报，特别是在两伊战争期间。当时，萨达姆十分需要高技术卫星资料情报，特别是有关邻国伊朗、科威特、沙特阿拉伯、土耳其和叙利亚的高分辨率的图像情报。据报道，伊拉克已经得到的70幅海湾地区数字卫星图像，将增强伊拉克对在其"禁飞区"执行巡逻任务的美英飞机进行监视，还将大大增强伊拉克武装部队的作战能力。

（三）两国关系现状

针对美国酝酿发动2003年伊拉克战争，俄罗斯坚决反对对伊拉克动用武力，反对美英联军发动的伊拉克战争。战争结束后，俄罗斯积极呼吁美英联军向伊拉克尽快移交完全主权。在美国于2004年5月24日，向联合国安理会提出交权决议草案后，俄罗斯外长拉大罗夫对草案提出严厉批评说，只有在伊拉克过渡政府建立以后，俄罗斯才会讨论这一决议草案。

第六节 与中国的关系

一 历史关系

中国与伊拉克关系源远流长，已有 2000 多年的历史，这要追溯到汉代，阿拉伯人曾在中国与西方进行的贸易活动中起过中介作用。那时，伊拉克还不是一个独立国家，而是伊朗安息王朝的省份，中国与伊拉克的关系主要体现在中国与阿拉伯人的关系之中。

唐代以前，中国称阿拉伯人为条枝，这是沿袭波斯人对阿拉伯人的称呼。中国古籍《史记》和《前汉书》中谈到阿拉伯人的情况，这是我国最早有关阿拉伯的记载，也是张骞出使西域时掌握的知识。中国与伊拉克正式交往早在公元前 2 世纪的汉朝就已开始，即张骞率领百人团出使西域的历史。唐代以前，中国的丝绸先运到塞琉西亚和泰西封，一部分经美索不达米亚北部的安条克运往意大利等地，一部分经帕尔米拉运到大马士革，为提尔、西顿和加沙等城市的纺织业提供原料。继张骞之后，西汉（公元前 206～公元 25 年）使节不断出使西域各国，其中就包括阿拉伯地区。

除上述间接的经济关系外，中国与阿拉伯之间还有直接的经济往来。公元 360 年左右，在幼发拉底河岸巴塔尼亚的定期集市上，有中国商品出售，这些商品可能是中国船只运来的。阿拉伯历史学家麦斯欧迪曾记述，中国船只在唐代以前就航行至幼发拉底河的希拉城，与阿拉伯人进行贸易。

唐朝（公元 618～907 年）初始，中国与伊拉克的交往进入全盛时期，大批阿拉伯商人分别由陆、海两路来到中国，进行经贸活动，陆路和海上两条丝绸之路成为古代东、西交通的两大动脉和重要通道。陆路"古代丝绸之路"绵延7000公里，是古代交通最长的一条线路，它东起长安（今西安），经河西走廊出新疆，向西越过中亚，至伊拉克的塞琉西亚和泰西封（两地均在巴格达东南32公里处），这里有多条道路通往叙利亚，最后到达地中海沿岸。这条交通线路就是著名的"古代丝绸之路"。西汉武帝时期的张骞，为开辟这条线路作出了巨大贡献。丝绸之路不仅是一条通商之路，也是华夏文明与阿拉伯文明相融合沟通之路。

中国的丝绸成为阿拉伯人的日常生活用品，公元8世纪时，巴格达有专门销售中国丝绸的市场，伊拉克人十分喜爱中国杭州的丝织品，丝绸文化在中国与伊拉克文化关系上起了重要的媒介作用。中国的瓷器也曾远销伊拉克，在伊拉克曾发掘出中国古瓷碎片，巴格达的伊拉克博物馆中，陈列着中国的古瓷。伊拉克人称中国瓷器为"绥尼"，意思为中国的，瓷器在两国关系中起到的重要作用可见一斑。

唐朝时，海路交通发达，许多阿拉伯商人来中国经商是通过海路。海路西起亚丁或红海或两河下游河口或波斯湾，然后东行沿印度半岛南端，经斯里兰卡，过马六甲海峡，经南海至中国重要港口广州、泉州、宁波、扬州等沿海城市，这条线路是有名的"香料之路"，又名"海上丝绸之路"。广州、泉州、宁波和扬州等城成为阿拉伯商人和商货集中的地方。巴格达和巴士拉等地也是重要的贸易市场之一。中国输出的商品有丝绸、锦缎、瓷器、麝香、沉香、黑貂皮、马鞍等，阿拉伯商人带到中国的是大量香料和珠宝等。

据唐代史籍记载，唐高宗李治永徽二年（651年），阿拉伯帝国第三任哈里发奥斯曼首次派遣使者访问长安，与唐朝正式结好，揭开了中阿商贸、文化往来的序幕。651～798年间，阿拉伯帝国的使节到唐代长安的共有37次。当时，中国与阿拉伯贸易的线路主要通过陆路往来。

7 世纪中叶，伊斯兰教传入中国后，唐王朝尊重来华穆斯林的宗教信仰，伊斯兰教成为联系中阿关系的纽带。阿拔斯王朝的哈里发（中国称黑衣大食）多次向中国派遣使节。中国造纸术传播到阿拉伯，对阿拉伯文化发展起了重要作用。公元 794 年，哈里发哈伦·拉希德在巴格达建造了第一所造纸厂，并下令一律使用纸张代替羊皮纸。10 世纪末，在整个穆斯林世界，纸张已经完全取代了纸草纸和羊皮纸。

五代时，由于我国北方战争频仍，社会、经济、文化各方面均遭到严重破坏，中阿陆路贸易陷入瘫痪。五代后期到两宋时期，航海业崛起，中阿海路贸易随即成为主要交通干线，中国的贸易和文化中心由长安、洛阳等内地转移到南方沿海城市。

宋代（960～1279 年），来华的阿拉伯人日益增多，中国与伊拉克关系进一步发展。据史料记载，大食正式遣使中国 39 次。中国的海船常航行至幼发拉底河河口，交易的商品为瓷器、丝绸、金、银、铜钱、铁、刀剑、天鹅绒及纺织品等。阿拉伯人运到中国的商品是乳香、龙脑、象牙、蔷薇水、丁香、苏合香油、犀角、没药、檀香、珊瑚、玻璃器皿、珍珠及玛瑙等，这些商品都是西亚地区的名产。宋代时，中国西北先后为辽、西夏的辖地，河西走廊受阻，对外交通只能依靠海路，中阿贸易十分活跃，广州、泉州、杭州、明州（今宁波）和扬州等地成为国际港口，尤其是广州的外商还有专门的聚居区。宋代的海外贸易额在国家财政收入中占有很大比例。宋代，中阿商贸往来频繁，到中国的穆斯林越来越多，为便于宗教活动，他们建造了不少的清真寺，如泉州的圣友寺（又称清净寺），于北宋大中祥符二年（1009 年）建立；扬州南门外的清真寺，于南宋德祐元年（1275年）建立。中国的指南针大约是在南宋时传播到阿拉伯地区。

元代（1280～1368 年）东西海路交通极盛。商使往来不绝，泉州和广州外商云集，尤其是泉州成为世界最大的商港之一。元代和元代以前来华的阿拉伯商人，以及从中亚迁居中国的阿拉伯人，不少在中国落户，这些人成为以后形成中国回族的重要来源之一。元代很重视阿拉伯医药学，在太医院中，有专门研究和使用阿拉伯医药的广惠司。北京图书馆收藏的"回回药方"残卷抄本中，记载着一些阿拉伯药物。

明代（1368～1644 年）最初百年，中阿海陆交往密切。据不完全统计，阿拉伯人在明代向中国派遣使节达 40 多次，不过这些使节大都是商人。在明代中阿交往中，值得提到的是郑和下西洋，他对一些阿拉伯国家进行过访问。另外，明代大医学家李时珍所作的《本草纲目》里，记有阿拉伯的药物和治疗方法。此外，阿拉伯的服饰、绘画、建筑和音乐对中国的穆斯林也有影响。

清朝对外奉行闭关锁国政策，中国与阿拉伯的交往基本上中断。

二　政治关系

华人民共和国十分重视发展与伊拉克的关系，两国关系发展始终处于良好状态。在国际关系中，中国一向把自己定位于发展中国家，无论是过去、现在或是将来，中国始终把发展同第三世界国家的关系作为外交政策的基本立足点。

伊拉克与中国于 1958 年 8 月 25 日建交，两国一直保持着传统友好的外交关系。1971 年 10 月，在联合国通过关于恢复中华人民共和国合法席位的提案时，伊拉克投了赞成票。长期以来，两国相互支持，党、政、民间相互往来频繁。多年来，两国之间高层互访不断，访问积极务实，并非礼节性接触，签有合作项目。

中国与伊拉克一直保持着密切的高层接触，两国就海湾地区重大问题经常交换意见和看法。海湾危机爆发后，伊拉克第一副总理于 1990 年 9 月访华。同年 11 月，钱其琛外长访伊，就伊拉克危机进行穿梭外交，向伊拉克领导人阐明中国政府对解决危机的原则立场，敦促其接受安理会的有关决议，尽快从科威特撤军；出访约旦、埃及和沙特阿拉伯，积极向各方做工作，绝大多数中东国家对中国的立场均表示赞赏。1991 年 2 月，伊拉克副总理哈马迪访华，向中国政府通报海湾战争的形势和伊拉克对解决问题的立场。

中国在伊拉克危机中奉行的原则立场是：明确反对伊拉克入侵和吞并科威特，但同时也反对美国等国对伊诉诸武力，主张力争通过外交努力谋求和平解决危机，积极斡旋，避免发生军事冲突。根据这一立场，中国对海湾危机期间联合国安理会作出的关于采取政治、外交和经济手段迫使伊拉克从科威特撤军的 11 项决议都投了赞成票，但对授权美国对伊拉克使用武力的第 678 号决议投了弃权票，这表现出中国与美国等其他安理会常任理事国所不同的立场，同时也表现了中国作为大国的气魄。

长期以来，中国一贯坚持反对美国单极霸权，反对外部势力插手海湾地区事务，积极推动争端或冲突通过和平途径解决，伊拉克对中国的立场表示欢迎，并愿与中国发展两国友好合作关系。

海湾战争打响后，中国一再呼吁各方应以最大克制防止战争蔓延或升级，尽快实现停火。战争结束后，中国对伊拉克立场有所变化，较前立场有所不同。中国首先要求伊拉克遵守联合国有关决议，但同时坚决反对美国单方面对伊拉克诉诸武力。在海湾地区政治、安全结构和秩序问题上，中国注意与俄罗斯和法国保持接触与合作，就促使海湾地区实现"多极化"结构达成共识。中国十分关注伊拉克局势的发展，主张在全面执行联合国安理会有关决议的基础上，尽快解决海湾战争的遗留问题，使海湾地区

实现稳定，为该地区国家和人民创造一个和平与发展的良好环境。

海湾战争结束后，根据联合国有关制裁决议，中国原则上停止了与伊拉克的贸易往来，但在政治上两国一直保持接触和交往。1991 年以来，我国政府及红十字会通过国际和伊拉克红十字会向伊拉克方面 6 次提供了价值共 1500 万元人民币的药品和食物等人道主义援助。

中国历来反对美国对伊拉克动用武力。2003 年伊拉克战争爆发前，中国与法国、德国和俄罗斯等国坚决反对动武，反对美英联军发动的伊拉克战争，并做了大量外交斡旋工作。

伊拉克战争结束后，中国积极呼吁美英联军向伊拉克尽快移交完全主权。在美英联军向伊拉克移交主权问题上，中国发挥了重要作用。2004 年 5 月 24 日，美国向联合国安理会提出交权决议草案后，5 月 28 日，中国提出解决伊拉克问题的五项原则和四个目标。中国主张并建议，尽快实现"伊人治伊"、尊重伊拉克人民的意愿，充分发挥联合国作用等一贯立场。在政治过渡进程方面，中国认为，在 6 月 30 日应结束对伊拉克的占领，全面恢复伊拉克主权；最迟于 2005 年 1 月底在伊拉克举行选举，建立伊拉克人的新政府；伊拉克的政治过渡方案应确保伊拉克人民的广泛参与，有关方案要首先得到伊拉克人民的支持；在伊拉克临时政府的权限上，中国主张，伊拉克临时过渡政府要在政治、经济、安全、司法和外交等领域拥有全部主权，包括掌管和支配本国全部的自然和经济资源，签署经济合作协议和合同的权力等。

在安全方面，中国认为联合国安理会可以授权：6 月 30 日后在伊拉克部署多国部队。新决议应该明确多国部队的职责和任期，并尊重伊方意见。应建立伊临时过渡政府与多国部队之间的协商机制，确保伊拉克临时过渡政府对安全问题有发言权。

在联合国作用方面，中国一直呼吁应全面发挥联合国在伊拉克问题上的重要作用，支持联合国秘书长安南及其特别顾问卜拉希米，强调安理会应注意听取秘书长、伊拉克及其邻国和阿拉伯国家的意见和看法。[①] 此外，在司法、经济重建等方面，中国也提出了一些积极的建设性意见，中国的建议得到了包括法国在内一些安理会成员国的支持。

2003 年 7 月上任的伊拉克临时管理委员会高度重视发展与中国的关系，2004 年 3 月 25～27 日，伊临管会当月轮值主席乌鲁姆访华引起强烈反响。伊拉克临时政府评论说：中国是伊拉克摆脱美国为首的西方国家控制最可依靠的伙伴。由此，反映出中国与伊拉克关系的前景。

三 经贸关系

中国与伊拉克自从 1958 年建交起就有经贸往来，20 世纪 70～80 年代，两国经贸关系发展十分活跃。1981 年 6 月，两国政府成立了经济、贸易、技术混合委员会，签署了一系列经济、技术合作协定，迄今已经召开了 11 次会议，最近一次是 2001 年在北京召开。20 世纪 80 年代，中国机械进出口总公司、纺织品进出口总公司、五矿总公司都在伊拉克设有代表处。据统计，1988 年伊拉克与中国进出口总额达 8873 万美元。当时，中国的轻工和文具产品很受欢迎，如中国的永久自行车、前进牌胶鞋、金星牌电视机等。

海湾战争后的几年，根据联合国的有关决议，中国一度停止了与伊拉克的贸易往来。1996 年底，联合国与伊拉克签订了"石油换食品"计划后，中国积极组织有关公司参与伊拉克的招

---

① 杨志望：《中国就伊拉克问题新决议草案提出非正式文件》，2004 年 5 月 28 日《人民日报》。

标。2000 年中国与伊拉克的贸易进出口额达到 9.7 亿美元。截至 2000 年 11 月 15 日，中国有 60 余家公司参与"石油换食品"项目竞标，并与伊方签订了 650 余份出口合同，总金额超过 16 亿美元。2002 年，中伊双边贸易额达到 5.2 亿美元。2003 年由于伊拉克战争的原因，进出口总额只有 764 万美元。

参与伊战后重建 在 2003 年西班牙召开的国际援助大会上，中国政府承诺将向伊拉克提供 2500 万美元的人道主义援助。伊拉克市场潜力巨大，拥有极丰富的石油资源作后盾，市场发展前景极具诱惑力。中国早已关注到伊拉克市场的巨大价值。虽然伊拉克战后经济重建市场由美国和支持战争的国家所垄断，但中国的商机依然存在，中国企业进入伊拉克市场还是有路可走，大有希望。"走出去"是中国对外经贸战略的重要组成部分，中国对外经贸政策是争取每一块市场，其中包括伊拉克战后重建市场。

中国向伊拉克市场出口的潜力很大，可以从伊拉克石油资源、工业设施、日常生活消费等方面着手，结合我国的商品优势，在重建中占有一席之地。

能源合作 中国在伊拉克拥有石油利益，在争取获得石油勘探和生产特许权方面曾取得过进展。中国石油天然气集团公司经过努力，曾取得伊拉克石油特许开采权。1997 年 6 月，中伊签署了一项价值 12 亿多美元开发"阿达卜油田"的协议，有效期为 22 年。中国、俄罗斯、英国和法国的公司与伊拉克签署了共同开发拉费丹油田的协议，中国与伊拉克在石油能源领域的合作一直被看好。这将是今后两国合作关系的重点。据统计，2002年中国进口原油 7000 多万吨，其中 3% 是从伊拉克进口。随着伊拉克经济重建的逐步恢复，中伊能源合作存在空间。

石油能源领域是中伊经济合作的重要领域。中国在 1993 年变为了石油进口国，此后不断地扩大石油进口，2005 年中国原油进口量已达到 1.27 亿吨。伊拉克石油部长 2004 年 12 月 2 日访华，双方就两国能源合作交换了意见。中方表示："中国石油工业经过几十年的发展，在勘探开发、提高采收率、炼化设施建设方面积累了丰富的经验，并且有资金、技术、人才和装备等方面的优势。"[①] 中国企业希望能参与伊拉克石油工业重建。出于能源战略需要，中国的石油安全在外交政策中占据越来越重要位置，中国选择的战略是，能源来源多样化，与中东海湾产油国保持密切合作关系，其中包括伊拉克。在能源合作方面，中国采取了积极的措施，速度大大加快。

基础设施及工程承包 中伊合作领域有基础设施和工程承包，这是两国合作的传统项目，也是未来经贸合作的重要领域。它包括投资新建、扩建基础设施，恢复水电供应，对机场、道路、桥梁、电力、饮水排水系统、医院、港口、学校等公共服务设施的修建等。伊拉克国内交通运输以公路为主，以巴格达为轴心，向全国和邻国延伸。由于连年遭受战争的反复破坏，公路需大规模重新铺修，中小城镇的公路也面临年久失修，新建或扩建。底格里斯河和幼发拉底河上许多桥梁被炸毁，桥梁建设工程须立即上马。修复和扩建发电厂、架设和修复输电线路、建变压电站、修建和扩建自来水厂、铺设输水管道等。城市和城区建设工程主要包括，修复道路、城区道路改造、上下水道的疏浚、街道路面的扩宽、写字楼和商店的重建等。另外，修复通信设施也有一批适宜的项目。在上述基础设施中，中国公司可以做工程承包项目。

劳务输出 对外进行劳务输出合作是我国最早走出国门并取得很好业绩的行业之一，这一政策始终没有发生变化。伊拉克劳动力缺乏，20 世纪 80 年代，外籍劳动力总数占伊拉克就业人口

---

① 2004 年 12 月 3 日《人民日报》。

的 1/3 左右。中国和伊拉克承包工程和劳务合作始于 1979 年，从 1979～1990 年，中国公司在伊拉克积极开展承包劳务合作，"共签订承包劳务合同 702 项，合同总金额 20.67 亿美元，其中承包合同 85 个，合同额 10.82 亿美元，劳务合同 617 个，合同额 9.85 亿美元。承包项目中，1000 万美元以上的大项目 27 个，总金额 11.1 亿美元。中国在伊拉克的大部分项目已经竣工。"① 中国向伊拉克先后派出劳务人员（包括工程技术人员）9 万人次，高峰时曾达 2.2 万人，共创汇 7.8 亿美元。1990 年 8 月海湾战争爆发后，中国在伊拉克的承包劳务完全中断。劳务输出是中伊两国长期合作的传统领域，在有安全保障的前提下，抓住向伊拉克输出劳务的时机，可创造市场机会，大有可为。

技术培训 2004 年 11 月 21 日，伊拉克临时政府总理阿拉维在会见中国驻伊拉克大使杨洪林时表示，欢迎中国积极参与伊拉克战后重建。伊中两国可以在专业技术培训等方面开展合作，伊拉克正在建立自由经济体制，希望在经济改革和政府机构重建方面借鉴中国的丰富经验。② 伊拉克是中东地区传统的农业国，在农业、水利领域具有巨大的发展潜力和市场。中国在农机、灌溉技术等方面能提供相当大的支持。另外，农业灌溉设施、农作物品种具有投资的空间，牧业和渔业产品也具有很大的销售市场。

转口贸易 由于美国报复反对对伊拉克开战的国家参与战后重建，只允许 61 个支持布什开战的国家分享战争红利，这对中国进入伊拉克市场构成一定压力和困难，造成中国公司不能直接投标，没有机会拿到总包合同，但并不等于不存在其他商机。

---

① 石广生主编《伊拉克战争与中国经济》，中华工商联合出版社，2003 年 11 月版，第 132 页。

② 2004 年 11 月 23 日《人民日报》。

伊拉克的邻国都接受转口贸易。如约旦，长期以来，亚喀巴港是伊拉克唯一与外部进行进出口贸易联系的港口，主要承担转口贸易。科威特是伊拉克战后商品供应的转口地，中国在科威特的出口额已位居科进口额的第四位，科威特企业信誉度高，支付能力强，经营规范，一些大公司很愿意采购中国商品。海湾战争结束后，中国石化、中国石油、中国建设、江苏国际等公司在科威特承建了一些大项目，而且信誉和影响颇好。这些公司与当地的代理商保持着良好的合作关系，他们对国际招标、工程建设管理积累了一定的经验，对当地的工程操作规程、法律和法规很熟悉。他们凭借技术优势可涉足石油领域、港口建设、路桥、电站、水利、公路、市政建设、通信等多领域的竞争。在上述条件下，我国的企业完全有能力抓住商机，通过第三国作转口贸易，不仅通过伊拉克的邻国，还可通过与欧盟、美国、澳大利亚的关系，进行转口贸易。

争取转包或分包项目 中国商家还可以通过"转包"或"分包"途径争取拿到订单和项目。我国与阿拉伯国家保持着友好的经贸关系，中国企业完全可以从这些国家拿到转包的重建订单，虽然转包项目利润少，但毕竟在激烈的经济竞争中拿到了份额。另外，采用二次投标的方式，可从阿拉伯国家的公司获得分包项目，一些具有潜力的阿拉伯公司愿与中国公司进行合作。中国商家还可以通过科威特、约旦、埃及、阿联酋等国的商品集散地向伊拉克市场进行商品转销。

美国虽然反对反战国家竞标伊拉克战后经济重建项目，但对转包项目未作出明确限制，这似乎为反战国家开了一道"后门"，留有讨价还价的余地。可以预计，美国若要求反战国家提供某种帮助或合作，必须拿出重建合同与这些国家进行交换，至少满足它们的部分要求，这便是中国在伊拉克的商机所在。

四　军事关系

中国与中东国家贸易关系中包括军事关系，中国与伊拉克关系也不例外。20 世纪 80 年代，中国向中东国家出口的商品中有军火，购买国家是伊拉克、伊朗、埃及、沙特阿拉伯等国，这在国际上已不是什么秘密。中国的武器早在 60 年代和 70 年代已经进入中东地区，但那时是无偿赠送，目的是支持民族解放斗争。80 年代后，随着中国经济改革开放政策，逐步走向市场经济模式，中国与其他国家的武器交易变成了正常交易商品，过去对外无偿援助的武器也变成了有偿交易。① 中伊武器交易额比起伊拉克与美、英、法、俄等国的武器交易是微不足道的。80 年代后半期，伊拉克向苏联购买的武器达 140 亿美元，向法国购买的武器达 50 亿美元。而美国则一直是中东地区最大的军火供应商，仅 1990～1993 年间，美国向中东地区输出武器达 400 亿美元。因此，中国向中东地区出售的武器，无论在数量上、质量上或是在武器性能上，都远远逊色并落后于上述国家。

由于中东地区包括伊拉克在内战争频仍，是个巨大的军火市场，中国在中东地区，出售一些军火，同时多次声明，中国向中东地区出售武器是有原则的，严格掌握道义标准。20 世纪 90 年代初期，中国还在中东军控问题上表明了其严正立场，它包括三个方面，一是中东军控应遵循"公正、合理、全面、均衡"的原则，向中东出售武器最多的国家应承担特别责任和义务，应尊重和听取中东国家的意见和主张；二是支持在中东地区建立无核区和无大规模毁灭性武器的主张；三是中东地区的军控应该与中东和平进程相联系，这是公正、全面解决中东问题的一部分，其最终目的应该是实现中东地区的和平。中国还公开宣布了关于军

---

① 肖宪主编《世纪之交看中东》，时事出版社，1998，第 443 页。

售信守的三原则，即出售武器的目的是帮助进口国进行防卫；不利用出售武器干涉别国内政；不出售武器可能破坏中东战略均势失衡。

伊拉克战争结束后，美国基本上垄断了伊拉克的军火市场，这影响并损害了其他国家在伊拉克军火市场上享有的经济利益，其中包括中国。

五 文化关系

中国与伊拉克建交后，为增加两国人民相互了解，增进两国的传统友谊，双方于 1959 年签订文化合作协定，并据此每年制定年度执行计划，加强文化、新闻、体育、卫生和教育等方面的来往。海湾危机爆发后，两国文化交流暂时停顿。1995 年起开始逐步恢复。2003 年两国文化交流因伊拉克战争再次中断。伊拉克战后，两国文化教育合作再度恢复，中国每年继续向伊拉克提供 20 个留学生奖学金名额。

第七节 与周边国家的关系

伊拉克的周边邻国有 6 个，它们是伊朗、科威特、土耳其、沙特阿拉伯、叙利亚和约旦。海湾危机爆发前，伊拉克与多数阿拉伯国家关系友好，与海湾国家关系较为密切。1987 年，伊拉克与利比亚关系恢复正常化。1989 年 2 月，伊拉克与埃及、约旦和也门四国组成"阿拉伯合作委员会"。1989 年 5 月，阿拉伯国家特别首脑会议在巴格达召开。

1990 年伊拉克因入侵科威特阿拉伯兄弟，与阿拉伯国家关系迅速崩溃。海湾 6 个阿拉伯国家、埃及、叙利亚和摩洛哥派兵加入了美国领导的"反伊联盟"，并向其提供军事方便。其他阿拉伯国家不同程度地反对或谴责伊拉克对科威特的入侵和吞并。

海湾战争结束后，多数阿拉伯国家停止了与伊拉克的官方交往，奉行支持联合国对伊制裁立场，要求伊拉克执行安理会关于伊拉克问题的所有决议。曾经坚决支持伊拉克的约旦和巴勒斯坦在美国的高压和利诱下，与伊拉开了距离，致使伊拉克的处境一度极其孤立。

为缓解孤立处境，伊拉克采取措施，调整对外政策，积极与阿拉伯国家和解，化解矛盾，缓和关系。伊拉克不仅与邻国加强经贸合作，还与所有阿拉伯国家改善关系。截至伊拉克战争之前，伊拉克与阿拉伯国家的关系恢复很快，除毛里塔尼亚①外，其他阿拉伯国家都恢复了与伊拉克的外交关系。

由于伊拉克的努力、国际和地区局势不断变化，阿拉伯国家改变了立场，愿为呼吁解除对伊制裁执言。如埃及敢于当面反驳美国务卿鲍威尔的"伊拉克威胁论"。② 伊拉克石油走私是通过几个邻国的密切合作进行的，这些国家中有美国的盟国约旦和土耳其。海湾6国也改变了立场，持避免与伊拉克关系恶化的立场。

埃及、叙利亚、约旦、黎巴嫩、阿联酋等国与伊拉克的贸易额增长很快。伊拉克与阿拉伯国家之间贸易关系的发展促进了政治关系的改善。埃及的立场对伊拉克至关重要，尤其是在一些重大问题上，埃及的表态对伊拉克支持很大。就2001年2月16日美国袭击伊拉克事件，埃及表示了强烈谴责，穆巴拉克总统发表

---

① 毛里塔尼亚曾主动要求恢复与伊拉克的外交关系，但是，伊拉克却以毛里塔尼亚与以色列建有外交关系为由，拒绝与其复交。

② 2001年2月，埃及外长穆萨与美国务卿鲍威尔联合举行记者招待会，鲍威尔在会上大谈伊拉克威胁论，公开挑拨阿拉伯国家的关系，说伊拉克拥有大规模杀伤性武器并不对美国构成威胁，而对中东国家构成威胁，因此必须对伊继续实行制裁。穆萨当即严正驳斥，埃及并未感受到来自伊拉克的威胁，即使伊拉克正在寻求得到大规模杀伤性武器，我也能猜出这些武器是对准谁的。

声明，指出美英的轰炸只会造成流血和使局势复杂化，这种局面不能再没完没了地继续下去了。他要求在联合国范围内合理地解决这一问题。穆巴拉克针对美国散布的"伊拉克威胁论"说，他认为萨达姆没有对世界构成威胁，因为伊拉克不是超级大国，它没有先进的洲际导弹。无疑，埃及的立场对伊拉克是雪中送炭。

伊拉克战争后，阿拉维临时过渡政府调整外交政策、奉行主动改善与邻国关系的立场。

一 伊拉克与伊朗关系

伊拉克与伊朗的关系是海湾地区最重要的关系之一。两伊都是地区大国，在海湾地区占有重要地位，对本地区局势发展具有重大影响和作用。两伊都是具有悠久历史的文明古国，位于亚洲的西部和西南部，伊朗位于伊拉克的东部，两国陆地边界长 1200 公里。阿拉伯河是两国间的自然边界。伊朗国土大，面积为 164.5 万平方公里。相比之下，伊拉克的国土面积要小得多，只有 44 万平方公里。20 世纪 80 年代，两伊敌对关系影响了整个海湾地区。随着本地区国际关系格局的发展与变化，两国关系不断转变为相互依存与竞争并重，在地区格局中，两国越来越重视相互协调与合作，敌对关系逐渐缓解，合作日益增多。

（一）两伊战争：矛盾总爆发

长期以来，两伊之间存在着严重的民族矛盾、教派矛盾、领土纠纷以及历史遗留下来的其他各种矛盾和争端。随着这些矛盾不断激化，尤其是两国边界冲突的加剧，1980 年 9 月 22 日，两伊战争爆发，这是两国长期存在的多种矛盾的总爆发。

两伊战争双方一直打了 8 年，难决胜负。1987 年 7 月，联合国安理会一致通过第 598 号决议，要求两伊立即无条件停战。

7月23日，伊拉克立即宣布接受这项决议，而伊朗却迟迟不肯接受。直到拖延一年后的1988年7月18日，伊朗才被迫宣布正式接受这项决议。8月20日，两伊战争正式结束。战争在战事上虽然结束，但两国间的矛盾和问题并未解决，在边界及阿拉伯河主权等问题上分歧依旧存在，陷于不战不和的僵局，处于敌对状态。两国外长在联合国秘书长的主持下，在日内瓦进行了四轮谈判，均无果。

（二）海湾危机：两伊关系的转折点

1990年8月2日，海湾危机爆发，伊拉克与另一邻国科威特之间战火又起，美国迅速参战，对伊形成灭顶态势。情急之下伊拉克立即主动与伊朗缓和关系，以摆脱四面受敌的险境。8月17日，伊拉克正式宣布从伊朗领土撤军。10月14日，两国正式恢复外交关系。两伊曾因谋取地区事务支配权而长期进行争夺，两国关系长期处在对抗中。海湾危机使伊朗坐享其成地成为受益者，它轻而易举地收复了两伊战争中想得而未得到的一切，同时伊拉克自动解除了对伊朗构成的战略威胁。

海湾战争中，伊拉克把伊朗作为战略后方延伸地，为保存武器装备，主动将其一大批高性能作战飞机藏匿到伊朗境内避难。战后，1993年10月，两伊就解决在海湾战争期间的问题举行了多轮谈判及副外长级互访，其中包括伊拉克请伊朗代为保管的作战飞机及战俘等问题，但均无果，伊朗拒绝归还这批作战飞机。

伊朗利用美国与伊拉克的军事冲突，抓紧时间增加石油生产和出口，随着国内政治、经济和国际环境的好转，经济实力逐渐恢复，力量超过了对手伊拉克，伊拉克在海湾战争中战败使伊朗在海湾地区坐大成为可能，伊朗企图恢复在海湾地区的霸权地位有了新机会。

哈塔米总统上台后，奉行"消除紧张，文明对话"这一灵活的外交政策，他首先迅速而认真地改善了与邻国关系。阿拉伯人有一种观点认为："无疑，阿拉伯与伊朗之间的合作具有重要意义，对两个民族的重大利益十分重要。我们认为，双方从争端转向战略合作和战略一体化，对增强它们的利益十分重要。两伊战争已结束，之后伊拉克的军事能力在第二次海湾危机中被削弱；后来，又发生了毁灭性的事件；伊朗对与阿拉伯国家之间的交往、合作关系面临着挑战，要么支持，要么拒绝。"① 面对选择，伊朗采取了中立立场，既反对伊拉克侵吞科威特，也反对美国以任何借口对伊拉克动武，主张尊重伊拉克主权和领土完整。海湾战争后，两伊关系迅速得以恢复，合作领域扩大。经济上，尤其是两伊边境贸易改善了两国双边贸易环境，伊朗积极帮助转运伊拉克的石油等物资，以解伊拉克财政燃眉之急。战后，伊朗仍是伊拉克走私各种物品，如石油、武器、各类商品等一个不可多得的重要通道。

1997 年 8 月，伊拉克宣布允许伊朗穆斯林前往伊拉克什叶派宗教圣地朝觐和旅游。此后，两国高层访问接触开始频繁，12 月，伊拉克外长访问伊朗。同月，在德黑兰举行的伊斯兰首脑会议期间，伊朗总统哈塔米会见了伊拉克副总统拉马丹。1998 年斋月伊始，伊朗总统致电萨达姆总统表示祝贺致意，打开了两国 18 年来的首脑接触的大门。1998 年 2 月，伊拉克外长萨哈夫两次访问伊朗，并与哈塔米会晤。4 月，两伊互释大批战俘。8 月，伊朗文化和宗教部长率团赴伊拉克境内的什叶派圣地进行朝拜，双方友好往来日益增多。这一系列的交往，标志着两个有称霸意图又经过 8 年战争的地区强国，走出了极端敌对的状态。

2001 年后，两伊之间几次交换战俘和两伊战争期间丧生士兵的遗骸。同时，伊拉克还明确表示，愿意与伊朗尽快实现双边

---

① 贾马尔·阿里·宰哈拉著《持续与变动之间的国际——地区秩序》第 1 部，第 353 页。

关系正常化，伊朗方面也给予了积极回应。"9·11"事件后，伊拉克和伊朗一同被美国列为"邪恶轴心"国，在面临共同敌人的背景下，两国加强了政治、经济等方面的合作，签署了一项发展双边经贸的备忘录。

2003年伊拉克战争爆发，伊朗一直表示奉行"中立"的立场，伊朗坚决反对美国对伊拉克动武，呼吁国际社会努力迫使美国尽早停止对伊战争，发挥联合国在解决国际危机中应有的领导作用。虽然两伊间矛盾已有一定程度的解决，关系时好时坏，时紧时松，时冷时热，但两国距最终解决问题还有很长的路。

（三）两伊之间尚未解决的若干问题

两伊战争全面恶化了伊拉克与伊朗的关系，海湾战争修复了两伊关系，但两国间许多问题仍未得到圆满解决。海湾危机爆发后，两伊关系出人意料地出现了突破性改善，1990年8月，萨达姆总统宣布接受伊朗的全部条件，同意从伊朗撤军，释放战俘，接受1975年关于划分两伊边界的阿尔及尔协议。至此，伊拉克主动放弃了两伊战争的全部胜利果实。伊拉克为减少来自东翼的压力，行权宜之计，两伊间所有的矛盾和问题被暂时搁置。海湾战争结束后，那些矛盾和问题时常显现，主要包括：

第一，阿拉伯河下游争端问题仍未解决。两伊战争结束后，因战争而被毁的两国边境上750个界桩还未重新竖立，伊拉克对伊朗要求重新勘定两国边界的要求反应冷漠，原因是伊拉克处于不利地位，正遭受国际制裁，两伊力量对比，伊拉克明显处于劣势，伊拉克认为现在解决两国边界划分问题肯定对它不利，只能对伊朗的呼吁不予理睬。

第二，战争赔款问题。伊朗始终指责伊拉克挑起了两伊战争，坚持要求伊拉克有义务对伊朗做出巨额赔偿。

第三，阿拉伯与波斯民族矛盾是两伊间的历史问题。历史上的民族矛盾严重地影响到两国关系的进展。伊朗"老兵组织"

在感情上不能接受与伊拉克恢复关系，他们强烈反对与伊拉克改善关系的努力。在两伊战争中，有 20 万伊朗人丧生，50 万人受伤或致残，当年参战的伊朗老兵反对与昔日的敌人和解。他们经常为所发现的阵亡士兵遗骸举行集体葬礼，借此煽动民众反对与伊拉克改善关系。

第四，战俘问题。伊朗与伊拉克就两伊战争中的战俘问题一直未能得到妥善解决。1993 年 10 月以来，两国的"战俘问题委员会"就解决此问题举行过多次谈判。其间，两国曾交换过部分战俘，但至今尚未最终确定未释放战俘的人数及战争期间失踪的人数。1994 年 4 月，两伊重新开始交换战俘，就解决寻找两伊战争阵亡士兵遗骸、两国公民到对方伊斯兰圣地朝觐等问题上达成了协议。1999 年 8 月，伊拉克总统萨达姆表示希望与伊朗继续合作，尽快解决两伊战争遗留下来的战俘问题，以加快两国关系正常化，希望伊朗尽快遣返被其扣押的伊拉克战俘。伊拉克声称已释放了所有伊朗战俘。2000 年 4 月，在国际红十字委员会代表的监督下，伊朗单方面释放了 2479 名伊拉克战俘；5 月，伊朗再次释放了 460 名战俘，向伊拉克做出友善表示。两伊战争结束后，交战双方已交换了 9 万多名战俘。但伊朗指责伊拉克仍扣押着 3000 名伊朗战俘；伊拉克称，伊朗仍扣押着 9000 名伊拉克战俘。战俘问题成为影响两国关系的一大障碍。①

第五，伊朗拒绝归还伊拉克让其代为保管的"避难飞机"问题。海湾战争期间，伊拉克为保存实力和军事装备，转移到伊朗 138 架飞机（包括 23 架民用客机和 115 架军用飞机），一直被伊朗扣留，这成了两国正常关系化的重要障碍之一，严重影响到两伊关系的进一步改善。伊朗只承认总共有 22 架伊拉克飞机，但从未表示归还。伊朗单方面准备将这批飞机作为它要求伊拉克

---

①　2000 年 5 月 25 日《北京青年报》。

进行战争赔款的一部分。萨达姆曾多次要求伊朗归还飞机，但一直遭到拒绝。萨达姆承认，"当初作出把飞机转移到伊朗代为保管的决定是错误的。"[①] 伊拉克多次表示，伊朗必须归还转移到伊朗避难的飞机，这是与伊朗恢复关系正常化的条件。

两伊之间存在的不稳定因素很多，且难以控制的因素也很多。两国关系很大程度上是对地区权力和财富的争夺。在国际上，两伊的处境相似，都很艰难，均面临来自美国的制裁，也面临着与美国等西方国家改善关系的问题，两国都需稳定国内局势，因此无法倾注全力解决上述一系列矛盾。

（四）争夺与合作并重

伊朗与伊拉克之间尽管存在种种问题，但两国就改善关系、解决分歧、地区合作等问题进行了多次对话，两国关系总体上在朝改善的趋势发展。伊朗与伊拉克在一系列尚未解决的问题上均保持了极大克制，这是因为两国必须在地区重大问题上进行战略性合作，尽管维护领土完整是关乎国家生存的根本问题。两伊都依据国家利益制定对外政策，针对美国对本地区的威胁，两伊求同存异是上策，甚至包括暂时放弃曾坚持的根本利益。两国在对付地区战略威胁、抗衡美国支持的"以色列土耳其军事联盟"等重大问题上存在共同利益，立场接近，面对美国干涉及地区格局的重大变化，两伊需要战略性合作。

伊朗与伊拉克重视战略性合作，出于战略利益需要，两伊构筑战略联盟已酝酿过几种形式：（1）建立"两伊联盟"，反对美国双重遏制两伊政策；（2）建立"叙利亚、两伊三方同盟"，反对以色列土耳其联盟。据悉，两伊秘密谋求建立战略轴心和阵线，这是战略需要使然。两伊从敌对走向频繁磋商足以表明，两国在地区重大问题上存在战略利益合作的必要性。

---

① 1999 年 8 月 9 日《人民日报》。

两伊关系可概括为：竞争、对抗与合作并举，这取决于不同时期内外环境及多种因素。20 世纪 80 年代是两国为敌时期，90 年代初期以海湾战争为背景，两伊关系进入重新定位的转折期；90 年代中期后，两国竞争与合作并存。

"9·11"事件后，伊拉克与伊朗双双都被美国宣布为"邪恶轴心"国，"共同的命运"使两伊在政治、经济上加强了合作，两国关系作出了新的调整。伊朗采取支持伊拉克领土完整，反对美国对伊动武的立场。虽然伊朗并不满意萨达姆政权，但美国对伊拉克动武对自己不利，一旦出现一个亲美的伊拉克政权，伊朗会受到直接威胁，甚至成为下一个军事打击目标。

2005 年 4 月，伊拉克什叶派的贾法里临时过渡政府成立后，两伊关系明显好转，官方开始往来，民间交往迅速增多，尤其是进入圣地纳杰夫的伊朗人越来越多。伊拉克什叶派与伊朗什叶派有着亲缘关系，双方的意识形态更加接近。5 月 17 日，伊朗外长卡迈勒·哈拉齐对伊拉克进行历史性的访问，成为两国关系升温的信号。伊拉克临时过渡政府中一些高官曾在伊朗长期流亡，他们与伊朗有着千丝万缕的关系，这为两伊改善关系提供了有利条件。7 月 16 日，贾法里总理对伊朗进行了为期三天的正式访问，这是两伊战争以来两国最高级别的往来，两国关系进一步升温，开始走向良性互动，昔日的仇恨在慢慢地化解。但不能忽视的是，两伊关系受到美国的制约，美国不愿意看到两伊什叶派政府走得"过近"，由于伊拉克政治重建尚未最终完成，正式政府刚刚建立，两伊关系的前景尚处于不稳定中。

二 伊拉克与科威特关系

科威特是伊拉克的南部邻国。历史上，两国曾长期属于阿拉伯帝国和奥斯曼帝国的同一版图内。1756 年，萨巴赫家族崛起，在科威特建立科威特酋长国，实施酋长制部落统治。1871 年，科威特酋长接受了奥斯曼帝国巴格达总督赐予的封号，成为奥斯曼帝国巴士拉行省的一个县。[①] 这段历史代表着科威特酋长国接受了土耳其人统治的标志。但此时的伊拉克尚不是一个统一的政治实体，它处在奥斯曼帝国统治下，分成巴格达、巴士拉和摩苏尔 3 个行省。1913 年，英国与奥斯曼帝国签订条约确定了伊科边界，但伊拉克却一直要求科威特租让布比延和瓦尔巴两岛，并试图颠覆萨巴赫家族在科威特的统治。伊拉克从科威特建国开始就对其有领土要求，科威特面对虎视眈眈的伊拉克，基本上不具备强有力的反抗能力。不久，伊拉克和科威特同时沦为英国的殖民地。1923 年，英国与奥斯曼帝国签署"洛桑条约"，将伊拉克和科威特正式从奥斯曼帝国的领土中瓜分出来，分别建立伊拉克王国和科威特埃米尔国。

奥斯曼帝国解体后，伊拉克于 1921 年独立，成为了一个独立国家，建立了费萨尔王朝，但受到英国委任统治的制约。在英国殖民当局的策划下，1932 年伊拉克费萨尔王朝的首相努里·赛义德与科威特埃米尔萨巴赫交换信件，确定了划分两国边界的协议，这成了两国边界实际控制线的依据。不过，伊拉克国王加齐在第二年就正式否定了这个边界协议，致使两国一直未能正式勘定边界。1961 年 6 月，科威特也摆脱了英国殖民统治，宣布独立。当时伊拉克共和国的卡塞姆政府当即宣布不予承认，认为科威特是原奥斯曼帝国巴士拉省的一部分，巴士拉是伊拉克的领土，而伊拉克是巴士拉的继承者，科威特应与巴士拉一样是伊拉克的领土，并明确对科威特提出领土要求。卡塞姆政权曾经向伊科边界调集重兵，企图逼迫科威特与伊拉克签署城下之盟，遭科

---

① 赵国忠主编《海湾战争后的中东格局》，中国社会科学出版社，1995，第 13 页。

威特的反对。后来在英国及一些阿拉伯国家的压力下，伊拉克只得暂时作罢，但卡塞姆政府一直坚持强调科威特是"伊拉克领土整体"的一部分，并试图收回。1963 年 2 月，伊拉克复兴党政权上台后，曾宣布承认科威特独立，并从科威特获得过一些经济补偿，两国签署了伊科边界协议，但伊科之间仍然有 160 公里的边界因争议严重悬而未决。长期以来，复兴党政府对科威特的主权持"反复无常"的态度，在遇到外界压力时或有利益需要时，曾不止一次地承认过科威特主权，但在骨子里一直认为科威特是伊拉克领土不可分割的一部分，科威特分离出去是英国殖民主义对阿拉伯国家实施"分而治之"政策的直接产物，科威特成为独立国家是不合法的。这种态度为以后伊科关系恶化埋下了隐患。

由于历史原因，加上两国政体不同，国际背景不同等多种因素，两国关系时好时坏，边界争端时有发生，屡屡发生武装冲突或摩擦。1980 年两伊战争爆发后，伊科关系处于友好时期，在长达 8 年的战争期间，为了阻止伊朗向海湾国家输出伊斯兰革命，科威特大力支持伊拉克，并提供了 180 亿美元的支持。然而，两国之间的矛盾并未消除。

1990 年 8 月 2 日，伊拉克突然大举出兵入侵科威特，一夜间就神速地将弱小的石油富国科威特吞并。同年 8 月 28 日，伊拉克政府正式宣布科威特为其第 19 个省，① 并将科威特市更名为卡迪马市（奥斯曼帝国时期曾使用过这个名字），从而引发了震惊世界的海湾危机。此后，经过 5 个半月的演变，海湾危机转变为战争，1991 年 1 月 17 日，以美国为首的多国部队出兵科威特，海湾战争爆发。

---

① 1991 年 3 月 5 日，伊拉克政府宣布废除有关吞并科威特的一切法律和法规，科威特不再是伊拉克的一个省。

1990 年海湾危机和次年的海湾战争是伊科两国历史上最为严重的事件，伊科关系从此恶化，从刚刚结为的盟友关系（两伊战争期间）转向敌对关系。伊科矛盾发展到白热化程度，激化到诉诸武力，表明两国由来已久的矛盾早已在不断的激化过程中，各种矛盾从量变向质变转变。同时也成为阿拉伯国家关系史上兄弟阋墙，反目成仇，自相残杀的突出事例。

伊科两国之间的仇恨和裂痕在海湾战争结束后继续扩大，难以修复和弥补。科威特一直坚持国际社会和联合国继续保持对伊拉克进行制裁，要求伊拉克全面执行联合国安理会各项有关决议。科威特是海湾国家中唯一坚持主张美国对伊拉克动用武力的国家，尽管也表示主张尊重伊拉克的国家主权和领土完整。科威特曾拒绝伊拉克希望与它改善关系的表示，强调改善关系的先决条件是伊拉克必须公开承认侵略科威特的错误，释放所有战俘及失踪人员，全面履行安理会的所有有关决议等。

海湾战争结束后，联合国安理会于 1991 年 4 月通过了第 687 号决议，责成伊拉克遵守伊科两国于 1963 年签署的边界协议，并于同年 5 月成立了伊科划界委员会。该委员会于 1992 年 5 月划定了伊科边界，但遭到伊拉克反对。1993 年 5 月，安理会又通过第 833 号联合国决议，强调伊科划界委员会划定的伊科国际边界是"最后的定案"。然而，伊拉克却一直未宣布放弃对科威特领土和主权的要求。迫于遭受经济制裁的巨大压力，直到 1994 年 3 月，伊拉克才被迫表示愿意与科威特讨论"所有悬而未决的问题"，其中包括边界、战俘以及战争赔偿等问题。同年 11 月，伊拉克副总理阿齐兹向联合国安理会递交了关于承认科威特主权、领土完整和政治独立的文件，同时承认联合国划定的两国之间的边界。还表示愿意与科威特直接对话，消除疑虑，建立相互信任。

2002 年 3 月，在贝鲁特召开的阿拉伯首脑会议上，伊拉克革命指挥委员会副主席易卜拉欣在发言时宣布，伊拉克将在尊重科威特主权、独立、领土完整和国际承认的边界的基础上，结束两国的对抗并实现关系正常化。同年 12 月 7 日，萨达姆总统就1990 年占领科威特一事向科威特人民表示道歉。同时，萨达姆总统也指责科威特领导人与美国及伊拉克的反对派联合对付伊拉克。

面对美国即将发动的"倒萨"行动，科威特支持阿联酋提出的让萨达姆总统下台的建议，认为这是和平解决伊拉克危机的唯一途径。还表示，如果萨达姆下台，科威特愿意与伊拉克新政府合作，建立睦邻友好关系，提供经济援助并参与伊拉克的战后重建。

2003 年伊拉克战争中，科威特不仅为美英联军提供了军事基地，而且还为美军部署在海湾地区的军队提供后勤支持，美军兵力的一半都驻扎在科威特境内。不过，科威特政府多次强调并解释，科威特不是交战的一方。

伊拉克与科威特关系最终恢复将取决于科威特认可"伊拉克威胁"消失。伊拉克战争结束后，伊拉克对科威特已不再为患。2004 年伊拉克阿拉维临时内阁成立后，阿拉维总理访问科威特，向科威特传递友好信息，积极修复伊科关系，伊科关系得到改善。

三　伊拉克与土耳其关系

伊拉克的北部与土耳其接壤，土耳其的大部分领土位于小亚细亚半岛。历史上，伊拉克曾被土耳其奥斯曼帝国统治者占领并统治了长达 400 年之久。第一次世界大战后，库尔德斯坦地区被划分给土耳其、伊拉克、叙利亚和伊朗四国所有，于是就有了以后库尔德人在四国间互相支持和串联的历史。土耳其长期以来，一直坚持认为将摩苏尔划归伊拉克是一个历史

错误，应该重新确定它的归属。

1991 年海湾战争期间，有 50 多万伊拉克库尔德难民涌入土耳其境内。多年来，库尔德分离主义运动使伊拉克和土耳其政府都很棘手，为追剿库尔德分离主义武装，土耳其多次发兵进入伊拉克北部，1997 年 5 月和 9 月，土耳其政府军未经许可，两次大规模进入伊拉克北部地区，清剿土耳其库尔德工人党武装。10 月，土耳其居然单方面宣布在伊拉克北部建立"安全区"，遭到伊拉克和阿拉伯国家的强烈谴责。1998 年 10 月和 11 月，土耳其又两次越境闯进伊拉克北部地区清剿库尔德工人党。1999 年，土耳其库尔德工人党领袖奥贾兰被捕后，武装活动数量大大减少，伊土边境地区相对趋于平静。

在美国的大力撮合下，1996 年以色列与土耳其结成军事同盟，这对地区格局明显构成某种危险及政治、军事压力。1997 年 11 月、1998 年 1 月，以、土两国连续进行了两次联合军事演习，美国参加了 1998 年 1 月以、土在地中海举行的联合军事演习，引起伊拉克和本地区国家普遍反对和不安。针对土、美、以三国军事联盟，伊拉克与叙利亚和海湾国家迅速恢复关系，立即作出一致的强烈反应，加强了集体防范意识和措施。

海湾战争之前，土耳其是伊拉克最大的贸易伙伴之一。土耳其进口伊拉克的石油，向伊拉克出口工业品和日常生活用品。海湾战争结束后，土耳其也成为国际制裁伊拉克的间接受害者。由于土耳其被迫关闭了伊拉克经土耳其到地中海沿岸的输油管道，加上转口运输费以及对伊拉克和科威特出口等方面的损失，致使土耳其每年损失 45 亿美元。

2000 年以后，土耳其不顾美国反对，主动改善与伊拉克的关系，支持解除或缓和对伊拉克的国际制裁，并增加两国间高级官员互访，恢复与巴格达的航空往来，实现外交关系正常化，增加开放边界通商口岸，恢复"土耳其—叙利亚—伊拉克"国际铁路运输等。

土耳其是美国在中东地区传统的战略盟友，也是北约组织中唯一的伊斯兰国家。1991 年，土耳其曾经支持美国为首的多国部队，把伊拉克军队从科威特赶出去。在伊拉克战争爆发前，美国曾提出计划借道土耳其进入伊拉克库尔德北部地区，开辟攻打伊拉克的"北方战线"，对萨达姆实施南北夹击的方案，但土耳其没有满足美国的要求。它既不愿得罪美国，也不愿意把自己拖入战争，避免激怒萨达姆，不同意美国借道，只同意为美英战机开放空中走廊，提供机场服务，即同意美军 F–111 轰炸机部署到土耳其机场。

伊拉克战争爆发后，为争取土耳其的支持与合作，推进战争速度，美国国务卿鲍威尔于 4 月 1 日飞抵安卡拉，与土耳其就伊拉克北部问题、土耳其为美军特种部队提供后勤补给、协助美军救治伤员等问题达成协议。但是，土耳其坚持对美军从土耳其领土进入伊拉克北部地区不提供方便。

四　伊拉克与叙利亚关系

伊拉克西部的邻国是叙利亚。20 世纪 60 年代中期，伊叙关系一直友好。此后，伊拉克与叙利亚关系长期处于不睦状态。主要问题有三：第一，复兴党内党权之争。伊拉克和叙利亚的执政党同属阿拉伯复兴社会党，自从 1968 年以来，两党一直就争夺领导权发生严重分歧。第二，幼发拉底河水分配问题。西亚的大河——幼发拉底河流经伊叙两国境内，对伊叙两国经济发展均十分重要。叙利亚地处河的上游，长期以来，伊叙两国在幼发拉底河河水分配问题上存在经济利益分歧和矛盾。第三，石油过境税问题。叙利亚是伊拉克对外输出石油的一条通道，伊拉克在叙利亚建有石油输出管道，两国因过境税问题发生

分歧。上述问题导致两国关系长期不和，两国在政治上、经济上、军事上均采取不合作立场。

1980年两伊战争爆发，叙利亚持公开支持伊朗的立场，伊叙两国断交。1990年海湾危机中，叙利亚是美国的盟友，反对伊拉克侵略吞并阿拉伯兄弟邻国科威特，要求伊拉克无条件撤军，支持联合国安理会有关对伊拉克实施制裁的决议，参加了美国领导的多国部队，并向伊拉克出兵达2万人，协同多国部队对伊作战，至此伊叙两国关系全面冻结，两国之间尖锐的矛盾难以调和，双方关系达到历史上最敌对状态。不过，在海湾战争结束后，叙利亚出于共同的利益，改变了对伊政策，不同意美国和西方国家继续诉诸武力摧毁或肢解伊拉克。

1997年，伊叙关系逐步有所缓和，这一年两国之间的接触十分频繁。5月，双方实现了商务往来，叙利亚首派贸易代表团访问伊拉克，双方就伊拉克在联合国安理会第986号决议的框架内，从叙利亚进口食品、医药和其他物品达成协议。6月，伊拉克工商会主席宰海尔率经济代表团访问叙利亚，签署了开通两国间通讯联络的协议，原则上同意建立两国陆路运输公司，并根据工商会开的许可证向两国商人和货物开放边界。同年7月，叙利亚重新开放了关闭长达17年之久的叙伊边境。8月，叙利亚工商会主席穆罕默德率团访问伊拉克，双方签署了价值5000万美元的药品和粮食合同。两国还分别关闭了各自专门攻击对方的反对派电台。10月，伊拉克水利部副部长萨勒曼访问叙利亚。11月，伊拉克副总理阿齐兹访问叙利亚，这是自1980年以来两国间首次高级别的访问。

2000年2月，叙伊两国互设利益代管处，打破了双方间19年外交敌对僵局。2000年叙伊两国达成了重新开放1982年关闭的输油管的协议。2001年11月，叙伊输油管开始启用，伊拉克每天向叙利亚输送20万桶轻原油，价格大大低于国际市场价格，每桶以 12 ~ 15 美元向叙利亚出售。据估计，叙利亚以国际市场价格再向市场出售，每年可以从中获利 3 亿 ~ 3.5 亿美元。伊拉克出口到叙利亚的这些石油不属于"石油换食品"计划范畴。伊叙关系的改善对两国都有极大的益处。

海湾战争后，伊拉克受到严厉的国际制裁，为突破制裁带给伊拉克人民的灾难，伊拉克与邻国积极发展关系，与叙利亚在内的包括伊朗、约旦开展水域和边界贸易，伊拉克通过邻国开展石油走私，并且取得了收效。2001 年，叙利亚向伊拉克开放的石油输出管道是伊非法贸易最为活跃的线路，叙把与美国合作的程度与美国在中东和平进程中的政策直接挂钩，尤其与美国是否对以色列施加压力挂钩，同时也与对伊拉克问题联系起来，作为讨价还价条件综合考虑，对美国造成一定压力。相互交错的关系和利益使美国处理起伊拉克问题已不那么得心应手。伊叙关系得以迅速改善，叙利亚甚至还从中积极做疏通工作，[①] 促使伊拉克与伊朗关系改善，进而实现三国区域性战略同盟关系，联合对付以色列与土耳其战略军事同盟的威胁。

2000 年 7 月，巴沙尔总统执政后，伊叙两国关系进一步发展，除两国间高级官员频繁互访外，双方就经贸合作达成了一系列协议，两国贸易额稳步增长。伊拉克危机爆发后，叙利亚一方面敦促伊拉克无条件接受联合国武器核查小组的决定，另一方面坚决反对美国发动对伊战争。叙利亚认为，伊拉克总统萨达姆没有对海湾邻国构成威胁，未对海湾地区和平构成威胁，改变伊拉克现政权应该是伊拉克的内部事务，应由伊拉克人民来决定，与其他国家无关。

---

① 2001 年 1 月 27 日，在叙利亚总统巴沙尔·阿萨德的撮合下，萨达姆的次子库赛在两伊边界的一个军事基地，同伊朗国防部长阿里·哈姆哈尼、情报部长阿里·尤尼斯、革命卫队副司令穆罕默德·巴吉尔就两国关系等重大问题进行了会谈，两国改善关系的前景被看好。

伊拉克战争期间，美国指责叙利亚藏匿了伊拉克的高官和政要，且已有 7 名伊拉克高官被点名。美国警告叙利亚必须交出这些人，否则后果将十分严重，并威胁不排除对叙利亚进行军事打击。美国没有证据证明叙利亚藏匿了上述被通缉的伊拉克的高官，但在美国的打压下，叙利亚表示，不会向任何因战争罪而被通缉的伊拉克人提供庇护，并且将驱逐所有非法进入叙利亚的伊拉克人。此外，美国还强烈指责叙利亚向伊拉克反美武装提供军用物资，叙利亚坚决予以否认，强调这是美国在企图掩盖在伊拉克战争中的失败，转移国际视点的伎俩。

伊拉克战争后，阿拉维过渡政府为创造一个良好和谐的周边安全环境，十分重视与叙利亚发展友好关系。2004 年 7 月 24 日，阿拉维总理圆满结束了就职以来对叙利亚的首次访问，对叙利亚的访问是阿拉维 7 国之行的第三站，受到了叙利亚方面高规格接待和礼遇。在政治合作领域，两国首脑一致强调尽快恢复两国自 1980 年中断的外交关系，巴沙尔总统明确表示，叙利亚将竭尽全力地支持伊拉克人民维护领土和主权完整，帮助伊拉克实现安全和繁荣。在安全合作领域，两国的内政部长及有关专家组成了一个"联合安全委员会"，负责制定包括维护两国边界安全在内的有关"安全合作机制"。据悉，伊拉克还专门就安全合作问题向叙利亚提出了一份工作文件，其内容是除建立外长级安全委员会外，还提出了叙利亚帮助培训伊拉克警察部队，组建联合边防巡逻队等要求。在经济合作领域，双方成立了多个部长级委员会，涉及经济、贸易、石油、运输、医疗卫生等方面。伊拉克在叙利亚有 8 亿美元的存款，这也是双方解决的重要问题之一。两国签署了石油、天然气合作的新协定，根据新协定，叙利亚将向伊拉克提供成品汽油、航空用油、柴油及液化气，伊拉克将向叙利亚提供原油。值得指出的是，两国关系发展一定程度上受到美国的制约。

五 伊拉克与沙特阿拉伯关系

沙特阿拉伯（以下简称沙特）是伊拉克西南部的重要邻国。伊沙两国都是阿拉伯兄弟国家，有着相同的宗教信仰，伊斯兰教是两国的国教。有着相同的文化渊源，两国境内的居民大多数为阿拉伯人，阿拉伯语是两国的官方语言。长期以来，伊沙两国都是逊尼派执掌国家最高权力。沙特境内逊尼派约占全国人口85%，什叶派约占15%。

伊沙两国之间拥有很长的边界线，边界地处沙特北部，伊拉克西南部的大片沙漠。据报道，两国边界最初是20世纪20年代由英国外交官用红色铅笔在地图上划定。伊沙两国都是阿拉伯联盟成员国，也是石油输出国组织成员国，相互间的政治、经济利益紧密相关。

1980年两伊战争爆发后，包括沙特阿拉伯在内的大多数阿拉伯国家都一致支持伊拉克，反对伊朗。沙特阿拉伯向伊拉克提供了大量经济援助。两伊战争结束后，伊拉克强大的军事力量急剧膨胀，成为海湾地区的军事强国，对包括沙特在内的海湾国家构成威胁。

伊拉克与沙特阿拉伯关系恶化发生在海湾危机后。1990年8月伊拉克入侵科威特，科威特被萨达姆的军队一夜间吞并，沙特阿拉伯感到伊拉克对自身的威胁迫在眉睫。于是，为了国家安全，沙特阿拉伯参加了美国为首的多国部队，伊拉克与沙特关系恶化。在1991年的海湾战争中，多国部队50多万人驻扎在沙特阿拉伯，沙特阿拉伯出动兵力6万多人，主战坦克267辆，作战飞机216架，成为反伊联盟中的阿拉伯国家主力之一。由于沙特阿拉伯参战，1991年2月，伊拉克宣布与沙特阿拉伯断交。海湾战争中，沙特阿拉伯向美军提供了168亿美元的资助和17亿美元的燃料费。有评论说，海湾战争是美国出军队，沙特阿拉伯和科威特出钱的战争。海湾战争结束后，沙特阿拉伯同意美军在本土驻扎，同意美军在其境内建立军事基地。美军战机曾多次使用沙特阿拉伯境内的军事基地对伊拉克进行空袭。

海湾战争结束后，沙特阿拉伯与美国的战略盟友关系进一步发展，关系密切，为战略合作热度期。沙特阿拉伯与伊拉克的关系处于十分矛盾的状态，沙特阿拉伯一面表示反对美国对伊拉克使用军事手段，另一面却保障了美英轰炸伊拉克的飞机从沙特阿拉伯的基地起飞。沙特阿拉伯主观上反对美国在本地区驻扎军队，但又不敢脱离美军保护，害怕伊拉克一旦对自己发起入侵。因此，沙特阿拉伯与伊拉克的关系十分复杂，兄弟情谊难断，但安全矛盾严重，尚需严格防范。

不过，沙特阿拉伯在联合国是否解除对伊制裁问题上，一直坚持只有在伊拉克全部履行联合国安理会决议后，联合国才能解除对伊拉克的制裁。与此同时，支持国际社会要求改善伊拉克人道主义状况，支持伊拉克与联合国达成"石油换食品"协议。随着伊拉克与阿拉伯邻国关系逐步改善，伊沙关系也出现明显改善。沙特阿拉伯于 1999 年 9 月阿拉伯联盟会议上首次表示，不再坚持反对联合国解除对伊制裁，同年还归还了其冻结的 100 万美元伊拉克资产。1999 年，伊沙两国贸易额突破了 1 亿美元。2000 年 11 月 6 日，沙特阿拉伯政府决定开放伊沙之间已经关闭了长达 9 年的陆地边界。

"9·11"事件后，由于劫机者中多数是沙特阿拉伯国籍，沙特阿拉伯政府与美国关系出现缝隙，两国关系亦冷亦淡。沙特阿拉伯与美国在对伊实施军事打击问题上发生摩擦，沙特阿拉伯表示反对美国对伊拉克动用武力，拒绝美军使用其设在沙特阿拉伯境内的军事基地，对任何阿拉伯国家实施军事打击。

六　伊拉克与约旦的关系

约旦是伊拉克西部的邻国。在伊斯兰教历史上，伊拉克与约旦有着密切的亲缘关系。1921年，伊拉克费萨尔王朝成立，国王费萨尔一世与约旦现国王阿卜杜拉二世的曾祖父阿卜杜拉国王是同胞兄弟，伊约两国在血缘上是近亲，有着血浓于水的关系，两国均为圣族的嫡系后裔，这在伊斯兰世界享有着崇高的荣耀。1958年2月，伊拉克与约旦组建"阿拉伯联邦"。不过，这个联邦只存在了5个月，因伊拉克爆发革命而解体。

长期以来，伊约两国保持着传统的友好关系。在伊拉克最困难的时候，约旦总是能坚定地支持伊拉克。两伊战争期间，约旦在政治上坚定地站在伊拉克一边，侯赛因国王公开支持伊拉克对伊朗开战。在军事上，约旦派遣了一支5000人的志愿军赴伊参战。与此同时，还在伊约边境集结了4万人的机械化部队待命增援，征调全国的车辆为伊拉克运送食品、药品和医疗器械等物资，成为伊拉克的"大后方"。

1990年海湾危机中，约旦一如既往地支持伊拉克，公开指责美国对伊拉克动用武力。海湾战争结束后，约旦反对联合国对伊进行制裁的决议，后虽然表示同意，但并未完全付诸行动，为此约旦在战后付出了沉重的代价。伊拉克在海湾战争中失败"连累"到约旦，它受到美国的间接制裁，美国对约旦实施经济限制，取消了原定向约旦提供5700万美元的援助计划，约美关系急转直下，处于恶化状态。与此同时，海湾一些国家决意报复并教训约旦，宣布停止向约旦提供经济援助，驱逐了30万约旦劳工。约旦经济上遭到沉重打击，损失惨重，政治上受到美国和海湾某些国家的挤压，处境十分困难。

为打破经济、政治和外交困境，寻求外援，约旦只能"明智"地与伊拉克拉开距离,宣布执行制裁伊拉克的联合国有关决议。侯赛因国王采取主动行动,竭力修复与美国的关系。1995年8月,约旦因收留叛逃到安曼的萨达姆总统的两个女婿,伊约关系即刻变得冷淡,与此同时约旦与美国关系却得到迅速改善。1996年,美国宣布约旦为其主要的"非北约盟国",向约旦提供700万美元赠款。1997年,克林顿总统宣布约旦是美国的"准盟国"。表面上,伊约两国仍表示保持传统的友好关系,事实上,直到1997年伊约关系才得以修复,两国贸易往来开始增加。

伊拉克与约旦有密切的经贸关系。海湾战争结束后,约旦亚喀巴港口转口贸易的60%来自伊拉克,出口商品的一半则销往伊拉克,它所需原油的90%、石油制品及燃料的99%一直由伊拉克廉价提供。长期以来,在联合国"石油换食品"计划框架内,伊拉克以极优惠的价格向约旦供应原油。约旦每年消费500万吨原油全部来自伊拉克,其中一半是赠送,另一半则按国际市场价格的一半付款。换言之,约旦所需全部石油只需支付给伊拉克1/4的款。对伊拉克而言,由于长期遭受国际制裁,对外渠道被封锁,各种急需物资运不进来,约旦成了它与外界联系最主要的通道,几乎所有物资都是经约旦进入到伊拉克。在与伊拉克有贸易往来的几十个国家中,约旦是伊拉克的第四大贸易伙伴。

伊拉克十分需要约旦的政治支持,约旦历来主张尊重伊拉克主权和领土完整,呼吁尽快解除对伊制裁,在对伊拉克武器核查危机中,约旦明确反对对伊拉克动用武力。1999年2月,约旦现任国王阿卜杜拉继承父亲王位,登上国家最高权力顶峰。同年12月,阿卜杜拉国王率先派出特使访问伊拉克。2000年11月,约旦首相拉吉卜访问伊拉克,成为海湾战争后访问伊拉克的首位阿拉伯国家政府首脑。"9·11"事件后,约旦明确表态,伊拉克与"9·11"恐怖事件无关。伊拉克战争爆发后,约旦领导人谴责美英发动的战争，要求美英立即停止对伊拉克的军事打击，用和平的方式在联合国框架内解决伊拉克问题。

伊拉克战争结束后，约旦仍然是伊拉克与外界接触的唯一门户，国际交往活动因安全原因不能进入伊拉克时，大都停留在约旦。如，联合国监督伊拉克国民议会大选的观察员，就是在约旦执行并完成监督任务的。

萨达姆政权倒台后，约伊关系不睦凸显。在萨达姆统治时期，伊拉克人对约旦已经颇有微词，对约旦与以色列单独媾和、约旦与美国关系密切心存不满，认为这是约旦背离阿拉伯世界的表现。伊拉克政权倒台后，许多伊拉克人迁居约旦，其中包括不少前伊拉克政府高官及其亲属，甚至还有萨达姆的两个女儿、阿齐兹的家人等，这惹恼了伊拉克新政府及什叶派穆斯林，一些曾遭受过萨达姆政府迫害的什叶派人士对此十分愤怒，伊约关系的裂痕加大。2003 年 8 月，约旦驻伊拉克大使馆发生汽车爆炸事件，造成至少 10 人死亡，60 人受伤。现今，伊拉克什叶派执掌国家权力，约旦人在伊拉克成了不受欢迎的人。

2005 年 3 月，约伊关系突然紧张，约旦首相费萨尔·法耶兹称，约旦正面临威胁，"来自伊拉克的武装分子正在企图向约旦渗透，与约旦的反政府人士勾结，试图破坏约旦国家的政治、经济秩序，进而推翻约旦政权。"[①] 引发伊约关系恶化的导火索是 2 月 28 日发生在伊拉克希拉的自杀性爆炸事件，这一惨剧最终造成 118 名伊拉克平民丧生，146 人受伤。事后约旦披露，是一名叫拉伊德·曼苏尔·贝纳的 32 岁的约旦青年实施了此次爆炸，这立即引起伊拉克民众的反约情绪。3 月 14 日，巴格达、纳杰夫及希拉等地爆发了大规模示威游行，示威群众冲进约旦驻伊大使馆，焚烧约旦国旗，高喊反对约旦王室和政府的口号。约

---

① 2005 年 3 月 18 日《环球时报》。

旦政府对此十分重视，立即展开调查，很快找到了嫌疑人的家人，但嫌疑人的父亲坚决否认儿子是自杀性爆炸袭击者。这场风波严重影响到伊约关系。

在伊拉克邻国中，约旦是进入伊拉克境内较安全的国家。在伊拉克战后经济重建中，约旦十分活跃，已举办了两届"伊拉克经济重建展览会"。约旦利用与伊接壤的地理位置，获取实惠和经济利益，许多欲到伊拉克"淘金"的外商大都先在约旦做准备，或坐镇约旦遥控其在伊拉克的经贸生意。约旦是伊拉克的重要邻国，两国关系千丝万缕，2005 年仍有数十万伊拉克人滞留约旦不归。

七　伊拉克与巴勒斯坦的关系

巴勒斯坦虽然不是伊拉克的邻国，但与伊拉克关系十分密切，无论是海湾战争之前或是之后，无论经济困难或是富裕，伊拉克对巴勒斯坦政策一贯如一：支持巴人民反抗以色列的斗争，这是伊拉克主动承担阿拉伯民族历史责任的一面大旗。当阿拉伯国家对资助巴勒斯坦行动迟缓时，萨达姆立即决定给巴勒斯坦每个在起义中失去一名亲属的家庭提供 1 万美元，而且还声势浩大地向巴勒斯坦运送食品援助。2000 年 10 月，在召开阿拉伯紧急首脑会议期间，沙特阿拉伯提出成立"支持巴勒斯坦起义基金会"的建议，基金会的基金总额为 10 亿美元，沙特阿拉伯主动承担其中的 1/4（2.5 亿美元）。同年 12 月，萨达姆决定向巴勒斯坦提供 10 亿欧元的财政援助，这一援助数额超过了财力富国沙特阿拉伯。此外，伊拉克还组织了志愿军准备随时派往巴勒斯坦前线，直接参加反以战争。

2002 年 4 月 10 日，巴以冲突严重恶化之时，萨达姆总统发布命令，立即慷慨拨款 1000 万欧元，支持巴勒斯坦人民反抗以色列的斗争，这笔款项不属于最近阿拉伯国家外长会议规定的阿拉伯各国援助巴勒斯坦的份额。萨达姆为支持巴勒斯坦起义，曾慷慨地给在巴以冲突中死亡的每个巴勒斯坦人（包括士兵或儿童）发放 2.5 万美元的抚恤金，给在冲突中受伤的每个巴勒斯坦人发放 1 万美元的补助金。

伊拉克忍受着本国经济制裁的煎熬，大力援助巴勒斯坦，萨达姆的目的是多重的，一是换取政治资本，证明自己一贯主动履行阿拉伯民族义务和国际义务，他是阿拉伯民族的强人，是英雄；二是制造外交声势，以唤起国际社会对呼吁解除对伊制裁的重视，并促进为解除对伊制裁作出更加积极的努力，此举确实收到了预期效果，一些贫穷的阿拉伯国家把他赞为阿拉伯世界的英雄。

附　录

著名历史人物及政要

古代著名人物

萨尔贡一世（Sargon Ⅰ，约公元前 24 世纪）

萨尔贡一世（Sargon Ⅰ）是阿卡德王国的缔造者和国王。据说他的身世很坎坷，是个平民，出身微贱，自称母卑，父不知所在。他出生后被母亲遗弃，幸好被一好心的园丁收养。成年后，萨尔贡到基什王乌尔扎巴尼的宫廷中当了一名园丁，兼任"献杯者"职务，成为基什王的一个近臣。后推翻国王自立为王。

公元前 2369 年，萨尔贡以武力征服了两河流域北部阿卡德周围的诸多城邦（即巴比伦尼亚以北，今天巴格达以北），建立了统一的阿卡德王国（约公元前 2371 ~ 前 2191 年），史称萨尔贡一世（公元前 2371 ~ 前 2316 年）。萨尔贡建国初期，由于基什城邦旧贵族的势力依然强大，萨尔贡仍延用基什的国号，称自己为"基什王"。不久，萨尔贡得到了苏美尔城邦贵族的支持，亲自率强兵进攻苏美尔诸城邦，他在位 50 余年，先后出征达 34 次，击溃了苏美尔 50 个城邦联军，统一了两河流域南部苏美尔各主要城邦和阿卡德城邦，完成了对巴比伦尼亚南部和北部的统一，在两河流域建立了最早的中央集权国家。

萨尔贡继续对外进行军事扩张，先后占领北部的亚述，挥兵攻占了东南部的埃兰，远征西部，降服叙利亚、腓尼基、巴勒斯坦和小亚细亚，东部的埃兰（今伊朗胡齐斯坦地区）、苏萨等城也被占领，他还长驱进兵到小亚细亚的陶鲁斯山区及沿黎巴嫩山脉的地中海东岸地带。此时，萨尔贡废除了使用基什的国号，自封"天下四方之王"之称号。在萨尔贡统治时期，阿卡德王国国土面积达到从南部阿拉伯湾、阿拉伯地区，直到北部地中海和伊拉克北部。

萨尔贡完成对南部两河流域的统一，使奴隶制城邦国发展到王国统治阶段，对西亚历史和文明进步具有重大贡献和深远的意义。

汉穆拉比国王（Hammurabi，公元前？～约前 1750 年）

汉穆拉比是古巴比伦王国的第六代君王（公元前 1792～前 1750 年在位）。他继位后开始对外进行征服、统一两河流域的战争。公元前 18 世纪初，两河流域为两强对峙，即以拉尔萨为首的南方王朝和新兴的北方巴比伦王朝，当时有几大强国并立，伊新、拉尔萨、马里、亚述、埃什努那、埃兰等邦国。各邦国因争雄，陷在四分五裂之中，元气大伤。汉穆拉比即位正值此时。

汉穆拉比以强悍著称，他长年征战，兼并邻邦，拓展国土，直到完成了统一巴比伦尼亚的大业。他是一位伟大的军事家和政治家，雄才大略，谋略过人，靠非凡的军事才能最终一统天下。他足智多谋，善于利用各城邦国的矛盾，采取各个击破的战略，先与阿摩利亚人的拉尔萨邦国结盟，联合灭伊新和乌鲁克；接着又与马里结盟，征服拉尔萨；灭拉尔萨后，巴比伦的国力得以扩充，拥有了推进统一大业的实力，他挥师直逼盟国马里城下，迫

马里俯首称臣。之后，攻占埃兰和埃什努那。汉穆拉比历经 38
年戎马生涯，最终完成了对两河流域南北的统一。

汉穆拉比在位 43 年，古巴比伦王朝进入强盛时期，他名垂
青史。在他统治期间，实行中央集权制，总揽行政、立法、司
法、军事、财政和宗教大权。他不仅统一了巴比伦尼亚，还征服
了一批外围国家，亚述、埃什努那、埃兰等国，统一了两河流
域，广大的亚述地区和在内的数十个小国全部臣服于他，他被尊
称为"威武之王、四方之王汉穆拉比"。他建立了一个空前强大
的中央集权的奴隶制国家，控制的疆土超过历史上任何王朝，成
为最大版图的王国。他在统一天下 5 年后逝世。

汉穆拉比是著名的立法者，他辉煌的功绩之一是编制了一部
著名法典，史称《汉穆拉比法典》。这部法典综合了原各奴隶制
城邦国的法典，融合氏族部落的特点，在这个基础上制定完成，
法典正文保存相当完整，无法辨认的断句很少。《汉穆拉比法
典》是美索不达米亚法律的集大成之作，它在继承苏美尔法律
的基础上，又有了新的发展。被认为是人类古代文明史上一部最
为完整的成文法典。

萨尔贡二世（Sargon II of Assyria，公元前？~ 前 705 年）

萨尔贡二世是新亚述帝国最著名的国王（公元前 722 ~
前 705 年在位）之一。本名为沙鲁金，意思是"真
正的王"。他是提格拉特·帕拉沙尔三世之子，曾任下级军官，
因战功显赫而平步青云。其兄沙尔马内塞尔五世因损害了神庙祭
祀集团的利益，被暗杀。之后，萨尔贡二世继位为亚述王。

萨尔贡二世统治时期，对内改变了前亚述王支持军事官僚贵
族集团的政策，以大量授予城市自治权的办法笼络神庙祭司，建
立起以军事官僚贵族和神庙祭司、工商业奴隶主为支柱的专制王
权。对外，进行大规模扩张，扫平了西方和南方，击溃北敌，战

绩辉煌。公元前 721 年，征服了以色列和埃及，势力抵达北非地区，将其民迁移到两河流域。公元前 720 ~ 前 717 年占领叙利亚全境。公元前 714 年，战胜乌拉尔图王国，毁灭了其主神哈尔基神庙，占领其南部大部分领土。其后占领伊朗高原西北部米底地区。公元前 710 年，依靠巴比伦祭司和商人的支持，击败马都克·阿帕尔·伊迪纳，征服巴比伦。随即镇压了乌拉尔图、巴比伦、叙利亚、腓尼基和巴勒斯坦等地的起义，使亚述帝国进入鼎盛期，成为两河流域最强大的帝国，势力远达小亚细亚和塞浦路斯。公元前 705 年，在进攻伊朗的战争中阵亡。

亚述巴尼拔（Ashurbanipal，公元前？ ~ 约前 627 年）

亚述巴尼拔又译为阿淑尔巴尼帕尔，是亚述帝国彪炳千古的国王（公元前 668 ~ 约前 627 年在位），他是亚述王伊萨哈顿之子，最后一位国王，也是著名国王之一。他在位期间，对外发动了一系列征服战争，完成了亚述历史上对外最狂暴的征服。约公元前 662 年远征埃及，将其首都底比斯夷为平地；约公元前 646 年攻占巴比伦城，平定了以其弟沙马什·舒姆·乌金为首的叛乱；公元前 639 年吞并了埃兰。在他晚年时期，亚述帝国走向衰落。

亚述巴尼拔在世界古文明史上的地位显赫，在他统治时期，亚述的国力和文化均达到最兴盛时期。史料记载，他在首都尼尼微、巴比伦、乌鲁克等地都建造了宏伟的宫殿和神庙，最有名的是他兴建了巨大豪华的巴尼拔王宫和巨大的泥版图书馆。图书馆馆藏十分丰富，收集了当时世界各地的书籍，收藏了有关文学、医学、天文、地理、历史、数学、巫术等大量书籍，详细记载了亚述帝国的辉煌发展史。丰富的书籍和档案记载，为研究西亚古代历史提供了极为珍贵的史料。19 世纪中叶，从这个图书馆遗址中发掘出的泥版文书多达 2 万余块。

尼布甲尼撒二世（Nebuchadrezzar Ⅱ，约公元前 630 年～前 562 年）

尼布甲尼撒二世是古代新巴比伦王国最著名的国王（约公元前 604～前 562 年在位）。尼布甲尼撒二世的父亲那波帕拉萨是新巴比伦王国的缔造者，其父执政时，尼布甲尼撒出任王国的军事统帅，公元前 604 年即位新巴比伦王国国王。当时，叙利亚闻风立即归顺新巴比伦王国，但巴勒斯坦、腓尼基和埃及却不愿归降，尤其是埃及对这一地区心存野心。埃及与推罗和西顿等腓尼基城市维持着结盟关系，它准备随时兼并这些盟城，此时的外部形势对新巴比伦王国非常复杂。

尼布甲尼撒二世是米底国王之婿，与米底王国保持着盟国关系。为巩固统治地位，他多次发动对外战争，扩展疆土。他即位次年出征叙利亚和巴勒斯坦。公元前 601 年左右，在与埃及争夺势力范围中战败。

公元前 598 年和公元前 587 年，尼布甲尼撒二世曾两度大举亲征耶路撒冷，进攻反抗新巴比伦王国的犹大王国。公元前 598 年，尼布甲尼撒率军进攻巴勒斯坦，兵临耶路撒冷城下，犹大国不战而降，新巴比伦王国攻占耶路撒冷。不久，新巴比伦大军撤回巴比伦，犹太人待机复辟。公元前 587 年，尼布甲尼撒二世第二次大举进攻巴勒斯坦，发誓彻底消灭犹大王国。尼布甲尼撒大军强攻，连连夺取战略要地，直逼耶路撒冷。犹太人顽强抵抗，尼布甲尼撒二世围城长达一年半时间，于公元前 586 年攻破耶路撒冷，灭犹大王国。

新巴比伦王国军力日盛，继而对腓尼基的推罗城也进行了长期围困，但却一直未能攻陷。公元前 574 年，双方议和，推罗国王依托巴尔在承认尼布甲尼撒二世为尊的条件下，保持了推罗的自治权地位。外约旦等一些小国向尼布甲尼撒二世俯首称臣。公元前 567 年，尼布甲尼撒远征埃及，劫掠了大量财富。尼布甲尼撒统治时，新巴比伦王国为最强盛时期。

巴比伦城是当时世界上最繁华的著名城市，尼布甲尼撒二世闻名于世的成就是巴比伦建筑，他执政时大兴土木，调集人力、物力和财力对巴比伦城进行大规模建设，修建了许多宏伟的建筑物。其中，马尔杜克神庙雄踞众神庙之首，它就是《旧约》中提到的"巴别塔"。新巴比伦王国最著名的建筑是"空中花园"，它坐落于巴比伦城内。相传，尼布甲尼撒二世以奇特的构思，设计建造了这座花园，献给来自波斯米底王国的王后，这座花园同他与米底王后的爱情故事久远地流传于世。"空中花园"成为这个时期最伟大的建筑杰作，被列为世界七大奇迹之一。

现代著名人物及政要

费萨尔一世（Faisal Ⅰ，1885～1933 年）

费萨尔一世是伊拉克王国的国王。他出身于汉志哈希姆家族，1916 年，其父侯赛因在汉志发动起义，自称阿拉伯国王，但英法列强只承认他为汉志的统治者。费萨尔当时出任内务大臣。1917 年，他率军攻占了约旦的亚喀巴和叙利亚的大马士革。1920 年 3 月，叙利亚召开国民大会，宣布独立，他当选为叙利亚国王。同年 7 月，法国军队占领大马士革，费萨尔被驱逐出境。1921 年 8 月 23 日，英国宣布伊拉克独立，为君主立宪国，费萨尔被英国殖民当局立为伊拉克国王，成为非伊拉克国籍的伊拉克国王。

1922 年 10 月，英国与费萨尔王朝签订了《英伊同盟条约》。该条约对英国在伊享有的特权作出若干具体规定，如英国有权在伊拉克驻扎军队、占有军事基地、享有治外法权，等等。英国通

过签署双边条约形式在法律上确立了对伊拉克的统治，并将伊拉克的政治、军事、经济和财政等都置于英国最高委员会的直接控制下，保护了英国在伊拉克的全部利益。

1924 年 3 月，伊拉克制宪会议通过宪法，1925 年经费萨尔国王批准后生效。这部宪法规定：不得同建立伊拉克委任统治制度的条约相抵触，英国通过宪法确立其地位，很大程度上剥夺了国王的权力，造成国王在民众中有傀儡的形象。1932 年国际联盟宣布取消伊拉克的委任统治地位，但国王的权力依然受英国殖民者的制约。1933 年 6 月，费萨尔到英国等欧洲国家进行国事访问，8 月 2 日回国后心脏病复发，9 月 8 日逝世。

阿卜杜勒·卡里姆·卡塞姆（Abdul Karim Kassim，1914~1963 年）

19 58 年 7 月至 1963 年 2 月任伊拉克共和国总理兼国防部长。1914 年 11 月 21 日出生于巴格达，父亲是阿拉伯人，母亲是库尔德人。1932 年进入巴格达军事学院，1934年毕业。1940 年考入巴格达参谋学院，1941 年赴英国圣赫斯特皇家军事学院进修。1941 年参加伊拉克反英起义。1948 年参加第一次阿以战争。1950 年进入英国高级军官学校深造。从 1953年起，先后担任机械化旅旅长、驻约旦的伊拉克旅旅长。回国后任伊拉克陆军第 19 旅旅长，1955 年被授予准将军衔。1957 年加入伊拉克自由军官组织，并任该组织最高委员会主席。

1958 年 7 月 14 日，以卡塞姆为首的"自由军官组织"同阿里夫等人一起发动军事政变，一举推翻了费萨尔封建王朝，宣布建立伊拉克共和国，卡塞姆出任内阁总理兼国防部长和武装部队总司令。1959 年，由于政见分歧与阿里夫分道扬镳。卡塞姆在任期间，于 1958 年 9 月颁布了土改法。1959 年 3 月，伊拉克宣布退出巴格达条约和英镑区。1963 年 2 月 8 日，卡塞姆政府被阿里夫和伊拉克阿拉伯复兴社会党发动的军事政变推翻，卡塞姆被判处死刑，同年 2 月 11 日执行。

阿卜杜勒·萨拉姆·阿里夫（Abdul Salam Mohammed Arif，1918～1966 年）

1963 年 2 月 8 日至 1966 年 4 月 13 日任伊拉克共和国总统、武装部队总司令，元帅。1918 年 3 月 21 日出生于巴格达拉马迪区，属贾米拉部落。1938 年，进入巴格达军事学院、参谋学院学习，毕业后在军队任职。参加了 1948 年的第一次阿以战争。历任陆军炮兵军官，第 20 旅副旅长（上校军衔）。1957 年加入自由军官组织，是卡塞姆为首的自由军官组织中的主要成员。1958 年 7 月 14 日，参加了卡塞姆发动的推翻费萨尔王朝的革命。伊拉克共和国建立后，出任武装部队副总司令、副总理，兼任内政部长。1959 年 2 月因被指控阴谋暗杀卡塞姆被逮捕，同年 12 月被判处死刑（由于民众舆论的压力，伊拉克当局后来将死刑改为终身监禁），1961 年 11 月获释。1963 年 2 月 8 日，他参与了阿拉伯复兴社会党发动的政变，政变成功后出任总统职务。军衔晋升为元帅。同年 11 月，他发动军事政变，把复兴党人清除出政府，自任武装部队总司令。1964 年 5 月，颁布伊拉克临时宪法，称伊拉克为社会主义国家，与埃及签署了统一协定，并仿效埃及，建立伊拉克社会主义联盟。1966 年 4 月 13 日，因飞机失事遇难。

艾哈迈德·哈桑·贝克尔（Ahmed Hassan al-Bakr，1914～1982 年）

1968 年 7 月 17 日至 1979 年 7 月 17 日任伊拉克共和国总统、革命指挥委员会主席。曾出任政府总理、武装部队总司令、阿拉伯复兴社会党伊拉克地区领导机构总书记。

1914 年出生于萨拉赫丁省提克里特县一个商人家庭。1932 年毕业于师范学校，后任教 6 年。1938 年考入巴格达军事学院，毕业后在军队服役，曾出任第一步兵营营长，是伊拉克自由军官组织的重要成员。1958 年 7 月 14 日参加了推翻费萨尔王朝的革命，后出任第一军事法庭法官。同年 10 月，因涉嫌参与反对卡塞姆政权的活动，被勒令退职，1959 年被监禁，两年后出狱。1963 年 2 月 8 日，筹划并执行了阿拉伯复兴社会党发动的军事政变，一举推翻了卡塞姆政权，党外人士阿里夫出任总统，贝克尔出任总理。同年 10 月，当选为阿拉伯复兴社会党地区领导机构总书记。1964 年 9 月因参与反对阿里夫政权被拘留，半年后获释。

1968 年 7 月 17 日，贝克尔率领复兴社会党军官再次发动军事政变，推翻阿里夫政权，建立了以他为核心的领导集团，他就任伊拉克共和国总统、革命指挥委员会主席、武装部队总司令，兼任政府总理。贝克尔集党、政、军大权于一身，还出任复兴社会党伊拉克地区领导机构总书记，兼任过国防部长。1969 年军衔晋升为元帅。1970 年 10 月，当选为阿拉伯复兴社会党民族领导机构总书记。

贝克尔在任期间，努力实现阿拉伯世界在政治、经济和军事上的统一，坚持解放巴勒斯坦。在国内，他于 1970 年 3 月曾就解决伊拉克北部库尔德问题达成协议。1972 年 6 月 1 日宣布实行石油国有化政策。1973 年 7 月建立了包括复兴党和伊拉克共产党在内的全国民族进步阵线。1975 年 3 月与伊朗实现和解，签署了阿尔及尔协议。1978 年 10 月签署了"民族统一行动宪章"。1979 年 7 月因病辞去所有职务。1982 年 10 月在巴格达家中病逝。

萨达姆·侯赛因（Saddam Hussein, 1937～2006 年）

19 79 年 7 月至 2003 年 4 月出任伊拉克共和国总统、革命指挥委员会主席、武装部队总司令、阿拉伯复兴社会党伊拉克地区领导机构总书记、阿拉伯复兴社会党民族领导机构总书记、全国民族进步阵线主席。1994 年兼任总理，直至1991 年 3 月。

1937 年 4 月 28 日，他出生在北部萨拉赫丁省提克里特县一个贫苦农民家庭，是前总统贝克尔的外甥。他是个遗腹子，出生前他的父亲因病过早离世，母亲带着他改嫁他的叔叔，他由母亲和继父抚养成人。萨达姆儿时常受人欺负，童年生活十分艰难，从小就不得不面对命运的挑战，这一切造就了他坚忍、倔强、不畏艰险的性格。

他在家乡提克里特读完小学和初中后，考入巴格达市卡尔赫中学读高中。1957 年，萨达姆还是学生时就加入了阿拉伯复兴社会党。1959 年因参与行刺卡塞姆总理的行动而被捕，后成功越狱，潜逃到叙利亚，后又辗转到埃及。1960 年 2 月在开罗大学法律系学习。1963 年 2 月 8 日复兴党在伊拉克第一次执政，萨达姆奉命返回国内，出任复兴党伊拉克地区领导机构"中央农民局"成员，负责情报工作。同年 11 月，阿里夫推翻复兴党政权，将复兴党人清除出政府，萨达姆与贝克尔继续领导复兴党转入地下活动。1963 年复兴党在失去政权后，党组织遭到严重破坏，党内派别林立，出现严重分裂。萨达姆征得阿弗拉克的同意，决定重新恢复党的工作，他同贝克尔秘密地建立了伊拉克复兴党"临时地区领导机构"，继续从事推翻阿里夫政权的活动。1964 年 9 月，复兴党密谋推翻阿里夫政权的暴动计划被侦破，再次遭到镇压，大批党员包括党的负责人相继被捕入狱，10 月，萨达姆因涉嫌参与推翻阿里夫政权的活动而被捕入狱。1965 年 4 月他在狱中仍被复兴党"八大"选为民族领导机构成员。1966 年 7 月，经党组织营救越狱。同年 10 月，他重新恢复了复兴党地区领导机构，被选为复兴党地区领导机构副总书记。

1968 年 7 月 17 日，萨达姆参与以贝克尔为首的复兴社会党

军官联合党外人士纳伊夫等青年军官发动的军事政变，一举推翻阿里夫政权，复兴党第二次上台执政。同年 7 月 30 日，复兴党人赶走了纳伊夫，建立了一党制政权。同年 11 月，萨达姆被选为革命指挥委员会副主席、复兴党伊拉克地区领导机构副总书记，出任副总统（同贝克尔一起被称为一个司令部里的两个司令）。1970 年 3 月当选为复兴党民族领导机构助理总书记。1976 年 11 月晋升为上将军衔。1977 年 7 月，任复兴党民族领导机构副总书记。1979 年 7 月 16 日，贝克尔总统称病辞职，萨达姆接替了贝克尔的所有职务，接任伊拉克共和国总统、革命指挥委员会主席、武装部队总司令、全国民族进步阵线主席、复兴社会党地区领导机构总书记等。同年 8 月，他被授予元帅军衔。同年 10 月，当选为复兴党社会民族领导机构副总书记（1989 年 6 月阿弗拉克病逝后，总书记职务一直空缺）。

萨达姆在任期间，伊拉克的一些重大内外决策大都是在他任伊拉克副总统期间做出的，如 1972 年石油国有化运动、1975 年与伊朗签署《阿尔及尔协议》、1977 年提出在伊拉克建设社会主义的特殊道路等。1978 年，埃及与以色列单独媾和，达成了《戴维营协议》，遭到阿拉伯世界的一致反对和抵制。此时，在身为副总统的萨达姆的努力下，促成了 1978 年 12 月巴格达最高首脑会议和 1979 年 3 月的阿拉伯外长会议的举行，伊拉克的政治地位大增，一度成了阿拉伯世界的政治中心。1979 年 7 月，贝克尔因病辞去总统职务，萨达姆顺利登上总统宝座，集党政军大权于一身，达到了权力的顶峰。

1980 年 2 月 8 日，萨达姆发表了关于阿拉伯民族安全和处理国际关系的《民族宣言》，宣言内容包括八大要点：反对任何外国军队和军事基地在阿拉伯领土上存在，这一原则适用于阿拉伯国家与邻国关系。当时的背景正值苏联入侵阿富汗，这被认为萨达姆在表明他反对超级大国侵犯阿富汗的立场。民族宣言得到了阿拉伯国家的普遍支持。

　　萨达姆的政治势头日益增强，他的某些政治主张在不结盟运动中也具有很大影响。1979 年 9 月，萨达姆作为总统出席了在哈瓦那召开的第六次不结盟国家首脑会议，这次会议决定伊拉克担任下届不结盟国家首脑会议的东道主，萨达姆有望成为不结盟运动新一代阿拉伯领导人之一。但原定 1982 年 9 月 6 日在巴格达召开不结盟国家首脑会议却因两伊战争而未能如期举行。

　　1991 年 9 月，伊拉克复兴社会党召开第 10 次代表大会，萨达姆当选为总书记。1994 年兼任内阁总理。1995 年 10 月，在伊拉克首次全民公决中以 99.96% 的高得票率蝉联总统。2001 年 5 月，在复兴党第 12 次代表大会上连任地区领导机构总书记。

　　萨达姆执政 24 年，在任期间打了 3 场战争，① 1980 年 8 月～1988 年 8 月的两伊战争，战争期间有百余万人伤亡；② 1990 年 8 月 2 日，伊拉克入侵邻国科威特。1991 年 1 月爆发了海湾战争。战后，伊拉克遭受了长达 13 年之久的国际制裁，经济建设倒退了若干年，但萨达姆却永不言败。③ 2003 年 3 月，美英联军发动伊拉克战争。4 月 9 日，巴格达陷落。12 月 13 日，萨达姆在他的家乡提克里特附近被美军抓获，先关押在美军军营，2004 年美军向伊拉克移交主权后，萨达姆被移交给伊拉克临时过渡政府关押。2006 年 11 月 5 日，伊拉克高等法庭以反人类罪和屠杀罪判处萨达姆绞刑。2006 年 12 月 30 日，萨达姆被执行绞刑。

　　萨达姆共有 4 个妻子。结发妻子塔勒法·沙吉达，她是乌代和库赛的母亲，他们共育了 5 个子女，三女二男；第二个妻子是萨米拉·谢哈班达，曾是一名空姐；第三个妻子是哈姆达尼，是个舞蹈演员；第四个妻子名为伊蔓，27 岁，2002 年迎娶进门。

加齐·亚瓦尔（Ajil al-Yawer, 1958～）

齐·亚瓦尔是逊尼派穆斯林，现年48岁，出生在伊拉克北部城市摩苏尔附近的一个部落。据悉，该部落拥有逊尼派和什叶派穆斯林约300万人，在海湾地区颇具影响。摩苏尔是伊拉克不同种族和教派的聚居区，所以亚瓦尔与逊尼派、什叶派和库尔德人都保持着良好的关系。他通常身着传统的阿拉伯服装（阿拉伯白色大袍）、头戴阿拉伯头巾出现在公众面前，给人以伊斯兰教忠实信徒的印象。

亚瓦尔早年在美国乔治·华盛顿大学学习工程学，后成为土木工程师。他是个商人，在沙特阿拉伯开有私人通信公司。2003年4月，萨达姆政权被推翻后，他应邀回国并被选入伊拉克临时管理委员会。2004年5月17日，临时管理委员会5月轮值主席萨利姆遭自杀性袭击而身亡，亚瓦尔随即出任轮值主席。6月1日，临管会提名亚瓦尔为临时过渡政府总统，6月28日，他正式就任伊拉克过渡总统。2005年4月5日任期届满。

亚瓦尔代表了伊拉克部分逊尼派穆斯林的利益，属温和派，他既能与民众沟通，又能与美国进行合作，是各方都能接受的人，他有从商的背景，乐于施财助人，人缘好，在民众中有一定的亲和力。

亚瓦尔有3个妻子，前两任妻子均居住在沙特阿拉伯。第三任妻子是他出任伊拉克临时过渡总统后于2004年9月迎娶的，是库尔德人，曾任伊拉克临时政府公共工程部部长，名为尼斯林·穆斯塔法·西迪克·贝尔瓦里。

贾拉勒·塔拉巴尼（Jalal Talabani, 1933～）

1933年，塔拉巴尼出生在伊拉克库尔德地区南部的小村庄拉坎，他在当地读完小学，在基尔库克就读中学。1946年年仅13岁的他组织了库尔德学生秘密联盟，从事库尔德人解放运动，该联盟属于库尔德民主党的地下组织。不久他加入了库尔德民主党。1951年，当选为该党中央委员。1953年，他考入巴格达一家医学院，王室政府以他参与政治运动为由，取消了他的学籍。1956年，他因是库尔德学生联盟领导人受到当局通缉而四处躲藏。1958年费萨尔王朝被推翻后，他进入巴格达大学法学院深造。1959年毕业后应征入伍，在炮兵和装甲部队服役，其间升任坦克部队指挥官。

1961年9月，库尔德人发动反卡塞姆当局的起义，塔拉巴尼率部下参战，辗转于北部地区，为争取国际支持，他曾作为特使前往欧洲国家和中东地区游说。1963年，他与阿里夫总统谈判，商讨解决库尔德人自治问题未果。1975年，库尔德人起义失败，因政见不和，塔拉巴尼和一些库尔德知识分子退出库尔德民主党，另立中央，组建库尔德斯坦爱国联盟，一直在伊拉克境内开展游击战，从事反政府活动。1988年夏秋，库尔德斯坦爱国联盟遭萨达姆政府镇压。据悉，萨达姆动用了化学武器，塔拉巴尼的武装元气大伤，他本人逃亡伊朗。

1991年海湾战争后，库尔德斯坦爱国联盟东山再起，在美英联军的支持下，占据了库尔德北方部分地区。美英等国在库尔德地区开辟了安全区，禁止萨达姆的军队进入，长期对立的库尔德斯坦爱国联盟与库尔德民主党实现了和解。1992年，库尔德人进行选举，库尔德斯坦爱国联盟与库尔德民主党组建了联合政府。但好景不长，矛盾重重的两党关系破裂，1994年一度发展到兵戎相见的地步。在西方大国的调解下，塔拉巴尼与巴尔扎尼最终于1998年在华盛顿签署和平协议。

2003年伊拉克战争结束后，塔拉巴尼在政治上迎来新生，成为决定国家未来命运的重要政治人物之一。同年7月13日，他成为伊拉克临时管理委员会成员之一。同年11月1日，出任

伊临时管理委员会轮值主席。2005 年 1 月 30 日举行的大选中，库尔德人组成"库尔德政党联盟"成为国内第二大政党，4 月 6 日，塔拉巴尼当选为伊拉克临时过渡政府总统。2006 年 4 月 22 日，他再度当选总统。

伊亚德·阿拉维（Iyad Allawi，1945 ~ ）

20 04 年 6 月 1 日至 2005 年 4 月，出任伊拉克临时政府总理。阿拉维 1945 年生于伊拉克一个著名的商人家庭，从小受到严格的教育，是一位虔诚的什叶派穆斯林，一名神经科专家。20 世纪 60 年代末，阿拉维在巴格达加入了阿拉伯复兴社会党，他曾数次为萨达姆总统医治过背痛和胃炎。

1990 年伊拉克入侵科威特后，阿拉维组建了"伊拉克民族团结阵线"，主要在中东地区活动。阿拉维因受萨达姆的冷落和迫害，流亡英国，在英国接受了医学高等教育，成为一名神经科医生。在流亡生涯中，他与美国中央情报局和英国情报机构积极接触，与英国军情六处建立了联系，伊拉克战争开战之前，美英指责萨达姆曾拥有"45 分钟即可发射大规模杀伤性武器的能力"，据悉，这一情报系由英国军情六处从"伊拉克民族团结阵线"那里获得。

"伊拉克民族团结阵线"主要集结了一批由伊拉克前军队和警察中反对萨达姆的人员，大部分成员是从阿拉伯复兴社会党和安全卫队中叛逃出来的，这一重要背景被美国看中。从 1994 年开始，美国中央情报局利用阿拉维对萨达姆政权的仇恨，对该阵线大力提供资助，曾支持阿拉维的兵变计划，并敦促他将其阵线扩大成一个"军事委员会"，以吸收更多的伊拉克官兵，支持这些军官们奋起造反，企图推翻萨达姆政权。

"伊拉克民族团结阵线"主要任务是：策反伊拉克军队中对萨达姆不满的军官和士兵。阿拉维多次组织实施对萨达姆及其高官的暗杀活动。1996 年，在美国中央情报局和英国情报机构的协助下，阿拉维曾暗中联络萨达姆军队中的内应，计划一举推翻萨达姆政权，但由于事先暴露了行踪，计划最终归于失败。2003年 4 月，美英联军推翻萨达姆政权后，阿拉维率众部下返回伊拉克，结束了流亡生涯。

2004 年 6 月 1 日，阿拉维出任伊拉克过渡政府总理。在伊拉克民众眼中，凡是与美国关系密切的人都不受信任，由于阿拉维与美国中情局和英国军情六处关系密切，在 2005 年 1 月大选中落选，之后，他拒绝在贾法里政府中任职。

易卜拉欣·贾法里（Ibrahim al-Jaafari，1947 ~ ）

易卜拉欣·贾法里集多重身份于一身，是什叶派，有反萨达姆的政治资本，有先后流亡伊朗和英国的经历，既得到过伊朗的收留，也得到过英国的帮助，还得到美国的认可，可谓是一位背景复杂的人物。

1947 年，易卜拉欣·贾法里生于圣城卡尔巴拉，毕业于摩苏尔大学医学院，毕业后从医，当了一名内科医生。贾法里青年时期就有坚定的政治信念和远大志向，1966 年他加入了达瓦党，后成为该党总书记兼发言人。当时，作为反对党达瓦党受到政府严厉镇压，加入该党须有莫大的勇气。鉴于达瓦党从事反政府活动十分活跃，1980 年 3 月，伊拉克政府颁布第 461 号法令，取缔达瓦党，禁止其活动。明令凡是过去和现在参加达瓦党的人都将判处死刑。萨达姆政权的情报人员在全国展开搜捕，贾法里工作的医院遭到突然搜查，他以敏锐的政治嗅觉，当即作出逃离伊拉克的决定。为躲避追杀，他先逃到叙利亚，后辗转到伊朗，在伊朗流亡长达 9 年之久，并在伊朗坚持进行"倒萨"斗争，发动越境袭击，最后到英国，在伦敦参加了伊拉克海外政治流亡组织，从事反萨达姆政权的斗争。

2003 年萨达姆倒台后，贾法里冒险返回伊拉克，以施展其政治抱负。他由英国归国，但他的家依然安在伦敦，妻子及 5 个子女都生活在那里。他流亡国外 20 多年，在任何环境下从未改变过政治信念。贾法里为人和蔼，意志坚强，平日身着笔挺的蓝色西装，灰白的胡须修剪得十分整齐，透出优雅的风度和修养，他生就一副温厚智慧的面容，彬彬有礼，给人留下深刻的印象。

2003 年 8 月，贾法里成为伊拉克临时管理委员会成员，为九人主席团成员之一，担任首任轮值主席（以姓氏字母为先后排序）。2004 年 6 月 1 日，他被提名为伊拉克第一届过渡政府两名副总统之一，并于 6 月 28 日正式就职。2005 年 1 月 30 日，伊拉克国民议会大选前，达瓦党成为"伊拉克团结联盟"内三大主要政党之一，贾法里作为该联盟推出的总理候选人，当选为伊拉克过渡政府总理。2006 年 4 月，伊拉克新政府成立后下台。

贾瓦德·马利基（Jawad Maliji，1950～）

马利基出生于伊拉克南部城市希拉，生长在一个中等阶层的什叶派家庭，毕业于巴格达大学，获阿拉伯文学硕士学位，曾在家乡希拉市担任教育部门官员。他是达瓦党的二号人物，20 世纪 80 年代，达瓦党遭到萨达姆政府镇压，为免遭政治迫害，1980 年马利基逃离伊拉克，先在伊朗避难，后因达瓦党内部发生分裂，辗转至叙利亚，领导在大马士革的达瓦党分部，2002 年底秘密返回伊拉克。

2003 年伊拉克战争后，马利基开始活跃于政治舞台。在过去的 3 年里，马利基一直是贾法里的高级顾问。他参与了伊拉克永久宪法草案的起草、制定工作，曾代表什叶派与逊尼派和库尔德政党举行艰苦谈判，2003～2004 年期间，马利基曾经在一个特别委员会担任高官，负责抓捕、清除萨达姆领导的伊拉克复兴社会党成员。在 2005 年 1 月伊拉克过渡国民议会选举中，马利基当选为议员，并担任过渡议会"安全和国防委员会"的负责人。同年 12 月伊拉克正式议会大选后，他参与了组建民族团结政府的谈判，并指导制定了《反恐怖法》。伊拉克国民议会选举后，什叶派政党联盟推举的总理人选贾法里遭到了逊尼派和库尔德人的一致反对。2006 年 4 月 21 日，什叶派政党联盟决定推选马利基取代贾法里，作为总理人选。4 月 22 日，伊拉克现任总统塔拉巴尼在国民议会获得连任，他随即任命马利基为新总理，并得到议会批准。

马利基一直坚持强硬路线，是什叶派利益的坚决捍卫者。一名参与伊拉克宪法制定工作的逊尼派政界人士透露，马利基比贾法里"更强硬和固执"，但是也"更实际与灵活"。马利基执政后面临的最大问题是：寻求解决伊拉克国内日益恶化的教派冲突的办法，并设法控制什叶派的武装力量继续滋事。此外马利基还需要对付逊尼派背景的反政府武装，并采取有效措施解决伊拉克的经济危机。

马利基已婚，有 4 个子女。

主要参考书目

一 中文

吴仪主编《世界各国贸易和投资指南——西亚分册》，经济管理出版社，1994。

贾希姆·穆罕默德·海拉夫等：《伊拉克地理》，兰亭等编译，北京出版社，1982。

吴富贵：《一个中国人眼中的阿拉伯世界》，经济日报出版社，1996。

〔美〕皮埃尔·塞林格、〔法〕埃里·洛朗著《海湾战争——秘密档案》，廖先旺等译，世界知识出版社，1991。

〔美〕威廉·兰格主编《世界史编年手册》（古代和中世纪部分），刘绪贻等译，生活·读书·新知三联书店，1981。

〔美〕詹姆斯·多尔蒂、小罗伯特·普法尔茨格拉夫著《争论中的国际关系理论》，邵文光译，世界知识出版社，1991。

〔美〕西·内·费希尔：《中东史》，姚梓良译，商务印书馆，1979。

〔美〕萨米尔·哈里勒：《萨达姆的伊拉克》，汤玉明等译，西北大学出版社，1991。

〔苏〕约·阿·克雷维列夫：《宗教史》上卷，王先睿、冯加方等译，中国社会科学出版社，1981。

〔苏〕格·伊·米尔斯基：《混乱时期的伊拉克（1930～1941年）》，中译本，人民出版社，1972。

〔英〕S. H. 朗里格：《伊拉克（1900～1950年）》，中译本，人民出版社，1977。

汝信总主编、刘文鹏主编《古代西亚北非文明》，中国社会科学出版社，1999。

吴于廑、齐世荣主编《世界史》（古代史编，上卷），高等教育出版社，2001。

刘家和主编《世界上古史》，吉林人民出版社，1985。

周一良、吴于廑主编《世界通史》，齐思和主编《上古部分》，人民出版社，1973。

陈晓红、毛锐：《失落的文明：巴比伦》，华东师范大学出版社，2001。

世界知识出版社编《海湾纵横》，世界知识出版社，1990。

彭树智主编《中东国家通史》，黄民兴著《伊拉克卷》，商务印书馆，2002。

中国大百科全书总编辑委员会：《中国大百科全书·外国历史Ⅰ，Ⅱ》，中国大百科全书出版社，1990。

纳忠：《阿拉伯通史》上卷，商务印书馆，1997。

纳忠：《阿拉伯通史》下卷，商务印书馆，1999。

郭应德：《阿拉伯中古史简编》，北京大学出版社，1987。

郭应德：《阿拉伯史纲（610～1945）》，中国社会科学出版社，1991。

杨灏城、朱克柔主编《民族冲突和宗教争端》，人民出版社，1996。

赵国忠主编《简明西亚北非百科全书》，中国社会科学出版社，2000。

艾哈迈德·爱敏：《阿拉伯——伊斯兰文化史》第1册，商

务印书馆，1982。

王昉：《巴比伦战车伊拉克》，时事出版社，1997。

弘杉编《向山姆大叔叫板的人——萨达姆》，中国电影出版社，1998。

殷罡、秦海波主编《萨达姆·侯赛因——注定要震撼世界的人》，警官教育出版社，1990。

展学习：《伊拉克战争》，人民出版社，2004。

荷竹：《专家评说伊拉克战争》，军事科学出版社，2004。

仲跻昆：《阿拉伯现代文学史》，昆仑出版社，2004。

二 阿拉伯文

萨利赫·艾哈迈德·阿拉等：《伊拉克通史》，巴格达，伊拉克国家图书馆，1983。

伊拉克文化部编著《伊拉克1958年七·一四革命》，巴格达，拉希德出版社，1979。

伊拉克计划部编著《伊拉克年鉴/1988年》。

伊拉克宣传部：《在社会主义农村道路上》，巴格达，自由出版社，1980。

《1982年伊拉克复兴社会党第九次大会文件》，巴格达，1983。

伊拉克农业和农业改革部：《前进十三年的伊拉克》，巴格达，自由出版社，1981。

哈米德·穆罕茂德·尔萨：《中东地区库尔德问题——从开始到1991年》，埃及，迈得布里出版社，1992。

贾马尔·阿里·宰哈拉：《持续与变动之间的国际—地区秩序》，埃及研究、训练、出版、保管中心发行，1996。

法塔哈·阿里·哈桑尼：《中东的水和政治游戏》，开罗，迈得布里出版社，1997。

三 网站

http：//www. sina. com. cn

http：//www. xinhuanet. com

http：//www. google. com/intl/zh-CN

http：//www. sohu. com

http：//www. fmprc. gov. cn

http：//www. moftec. gov. cn

http：//www. iraqi government. org

《列国志》已出书书目

2003 年度

吴国庆编著《法国》

张健雄编著《荷兰》

孙士海、葛维钧主编《印度》

杨鲁萍、林庆春编著《突尼斯》

王振华编著《英国》

黄振编著《阿拉伯联合酋长国》

沈永兴、张秋生、高国荣编著《澳大利亚》

李兴汉编著《波罗的海三国》

徐世澄编著《古巴》

马贵友主编《乌克兰》

卢国学编著《国际刑警组织》

2004 年度

顾志红编著《摩尔多瓦》

赵常庆编著《哈萨克斯坦》

张林初、于平安、王瑞华编著《科特迪瓦》

鲁虎编著《新加坡》

王宏纬主编《尼泊尔》

王兰编著《斯里兰卡》

孙壮志、苏畅、吴宏伟编著《乌兹别克斯坦》

徐宝华编著《哥伦比亚》

高晋元编著《肯尼亚》

王晓燕编著《智利》

王景祺编著《科威特》

吕银春、周俊南编著《巴西》

张宏明编著《贝宁》

杨会军编著《美国》

王德迅、张金杰编著《国际货币基金组织》

何曼青、马仁真编著《世界银行集团》

马细谱、郑恩波编著《阿尔巴尼亚》

朱在明主编《马尔代夫》

马树洪、方芸编著《老挝》

马胜利编著《比利时》

朱在明、唐明超、宋旭如编著《不丹》

李智彪编著《刚果民主共和国》

杨翠柏、刘成琼编著《巴基斯坦》

施玉宇编著《土库曼斯坦》

陈广嗣、姜俐编著《捷克》

2005 年度

田禾、周方冶编著《泰国》

高德平编著《波兰》

刘军编著《加拿大》

张象、车效梅编著《刚果》

徐绍丽、利国、张训常编著《越南》

刘庚岑、徐小云编著《吉尔吉斯斯坦》

刘新生、潘正秀编著《文莱》

孙壮志、赵会荣、包毅、靳芳编著《阿塞拜疆》

孙叔林、韩铁英主编《日本》

吴清和编著《几内亚》

李允华、农雪梅编著《白俄罗斯》

潘德礼主编《俄罗斯》

郑羽主编《独联体（1991～2002）》

安春英编著《加蓬》

苏畅主编《格鲁吉亚》

曾昭耀编著《玻利维亚》

杨建民编著《巴拉圭》

贺双荣编著《乌拉圭》

李晨阳、瞿健文、卢光盛、韦德星编著《柬埔寨》

焦震衡编著《委内瑞拉》

彭姝祎编著《卢森堡》

宋晓平编著《阿根廷》

张铁伟编著《伊朗》

贺圣达、李晨阳编著《缅甸》

施玉宇、高歌、王鸣野编著《亚美尼亚》

董向荣编著《韩国》

2006 年度

章永勇编著《塞尔维亚和黑山》

李东燕编著《联合国》

杨灏城、许林根编著《埃及》

李文刚编著《利比里亚》

李秀环编著《罗马尼亚》

任丁秋、杨解朴等编著《瑞士》

王受业、梁敏和、刘新生编著《印度尼西亚》

李靖堃编著《葡萄牙》

钟伟云编著《埃塞俄比亚　厄立特里亚》

赵慧杰编著《阿尔及利亚》

王章辉编著《新西兰》

张颖编著《保加利亚》

刘启芸编著《塔吉克斯坦》

陈晓红编著《莱索托　斯威士兰》

汪丽敏编著《斯洛文尼亚》

张健雄编著《欧洲联盟》

社会科学文献出版社网站

www.ssap.com.cn

1. 查询最新图书   2. 分类查询各学科图书

3. 查询新闻发布会、学术研讨会的相关消息

4. 注册会员，网上购书

　　本社网站是一个交流的平台，"读者俱乐部"、"书评书摘"、"论坛"、"在线咨询"等为广大读者、媒体、经销商、作者提供了最充分的交流空间。

　　"读者俱乐部"实行会员制管理，不同级别会员享受不同的购书优惠（最低7.5折），会员购书同时还享受积分赠送、购书免邮费等待遇。"读者俱乐部"将不定期从注册的会员或者反馈信息的读者中抽出一部分幸运读者，免费赠送我社出版的新书或者光盘数据库等产品。

　　"在线商城"的商品覆盖图书、软件、数据库、点卡等多种形式，为读者提供最权威、最全面的产品出版资讯。商城将不定期推出部分特惠产品。

资询/邮购电话：010-65285539　　邮箱：duzhe@ssap.cn

网站支持（销售）联系电话：010-65269967　　QQ：168316188　　邮箱：service@ssap.cn

邮购地址：北京市东城区先晓胡同10号　社科文献出版社市场部　邮编：100005

银行户名：社会科学文献出版社发行部　　开户银行：工商银行北京东四南支行　　账号：0200001009066109151

图书在版编目（CIP）数据

伊拉克/刘月琴编著.—北京：社会科学文献出版社，
2007.5
（列国志）
ISBN 978 - 7 - 80230 - 564 - 9

I. 伊… II. 刘… III. 伊拉克 - 概况　IV. K937.7

中国版本图书馆 CIP 数据核字（2007）第 049489 号

伊拉克（Iraq）　　　　　　　　　　　　·列国志·

编 著 者／刘月琴
审 定 人／杨灏城　孙必干　赵国忠

出 版 人／谢寿光
出 版 者／社会科学文献出版社
地　　址／北京市东城区先晓胡同 10 号
邮政编码／100005　网址／http://www.ssap.com.cn
网站支持／(010) 65269967
责任部门／《列国志》工作室　　(010) 65232637
电子信箱／bianjibu@ssap.cn
项目经理／宋月华
责任编辑／孙以年
责任校对／陈桂筠
责任印制／盖永东

总 经 销／社会科学文献出版社发行部
　　　　　　(010) 65139961　65139963
经　　销／各地书店
读者服务／市场部 (010) 65285539
排　　版／北京中文天地文化艺术有限公司
印　　刷／北京智力达印刷有限公司

开　　本／880 × 1230 毫米　1/32 开
印　　张／16.5　字数／400 千字
版　　次／2007 年 5 月第 1 版　2007 年 5 月第 1 次印刷

书　　号／ISBN 978 - 7 - 80230 - 564 - 9/K · 073
定　　价／39.00 元

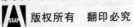

《列国志》主要编辑出版发行人

出　版　人　谢寿光

总　编　辑　邹东涛

项目负责人　杨　群

发　行　人　王　菲

编辑主任　宋月华

编　　　辑　（按姓名笔画为序）

孙以年　朱希淦　宋月华

宋　娜　李正乐　周志宽

范　迎　范明礼　赵慧芝

薛铭洁　魏小薇

封面设计　孙元明

内文设计　熠　菲

责任印制　盖永东

编　　　务　杨春花

编辑中心　电话：65232637

网址：ssdphzh＿cn@sohu.com